Die Geschichte der Translation in Korea

Fachrichtung Angewandte Sprachwissenschaft
sowie Übersetzen und Dolmetschen
der Universität des Saarlandes
Alberto Gil – Johann Haller – Erich Steiner – Elke Teich
(Hrsg.)

Sabest
Saarbrücker Beiträge
zur Sprach- und Translationswissenschaft

Band 25

PETER LANG
Frankfurt am Main · Berlin · Bern · Bruxelles · New York · Oxford · Wien

Won-Hee Kim

Die Geschichte der Translation in Korea

PETER LANG
Internationaler Verlag der Wissenschaften

Bibliografische Information der Deutschen Nationalbibliothek
Die Deutsche Nationalbibliothek verzeichnet diese Publikation in
der Deutschen Nationalbibliografie; detaillierte bibliografische
Daten sind im Internet über http://dnb.d-nb.de abrufbar.

Zugl.: Bonn, Univ., Diss., 2011

Umschlagabbildung:
Abdruck mit freundlicher Genehmigung
von Peggy Daut.

Gedruckt auf alterungsbeständigem,
säurefreiem Papier.

D 5
ISSN 1436-0268
ISBN 978-3-631-62360-2
© Peter Lang GmbH
Internationaler Verlag der Wissenschaften
Frankfurt am Main 2012
Alle Rechte vorbehalten.

Das Werk einschließlich aller seiner Teile ist urheberrechtlich
geschützt. Jede Verwertung außerhalb der engen Grenzen des
Urheberrechtsgesetzes ist ohne Zustimmung des Verlages
unzulässig und strafbar. Das gilt insbesondere für
Vervielfältigungen, Übersetzungen, Mikroverfilmungen und die
Einspeicherung und Verarbeitung in elektronischen Systemen.

www.peterlang.de

Vorwort

Die hier vorgelegte Arbeit soll einen Beitrag zur Translationsgeschichte leisten, wobei sie der dominierenden Entwicklung des Faches Translationswissenschaft folgt. Das Fach Translationswissenschaft selbst ist erst seit den späten 1980er Jahren durch die Entwicklung des Faches der Übersetzungswissenschaft in den Mittelpunkt des Interesses gerückt. In der Translationsgeschichte sollen Translatoren mit ihren geschichtlichen Umwelten im Zentrum stehen. Eine solche Geschichte für das Land Korea wurde mit Rücksicht auf meine Herkunft und aus studienfachbezogenem Interesse meiner Ausbildung gewählt. Ich habe dabei versucht, darzustellen, wie sich das Fach Translationswissenschaft historisch entwickelt hat, wobei die Untersuchung der Translatoren selber eher etwas zurückgetreten ist. Mit der Vergangenheit und Zukunft verbunden, sind wir zwar immer im Hier und Jetzt, doch schauen wir immer wieder zurück, um einen Blick in die Tiefe der gegenwärtigen Welt zu gewinnen, damit sie uns vertraut wird. So versuchen wir in allen Situationen, Dinge zu korrigieren, zu verbessern, zu bearbeiten oder auch neu zu produzieren. Für diese Gestaltung bedürfen wir einer Vision für unsere Zukunft. Dabei ist die Einsicht in die Geschichte hilfreich, um über unseren Tellerrand hinauszusehen.

Vom thematischen Charakter her wurden verschiedene Bereiche behandelt: der theoretische Bereich wurde als Ausgangspunkt genommen, der historische Teil sowohl in der Translation als auch am Beispiel der Bibel bildet den Hauptteil mit einem kultur-historischen Teil als Erörterung der die Perioden prägenden Hintergründe, ebenso der angewandte Bereich mit dem Translatorenbezug und der Ausbildungssituation in Korea, wobei auch der interkulturelle und ethische Aspekt Beachtung findet. Gleichzeitig muss zugegeben werden, dass inhaltlich nicht alle Primärliteraturen überprüft werden konnten, indem diese heute schwer oder kaum zugänglich sind. Nicht wenige dieser Texte zeigen keine Eigenleistung, dafür aber Quellenverweise. Namen und Begriffe für die koreanische Transkription wurden nach dem McCune-Reischauer-System wiedergegeben, gefolgt von denen auf Koreanisch und denen in chinesischen Zeichen in eckigen Klammern, was für Leser gedacht ist, die bereits einschlägige Vorkenntnisse haben, sowie denen für die chinesischen nach dem Pinyin-System.
Wenn Übersetzungen für die koreanischen und anderen Werke existieren, wurden diese übernommen, wenn nicht, dann wurden die Titel von mir ins Deutsche übersetzt.
Trotz der länger als geplanten Anfertigungszeit weist auch diese Arbeit unvermeidbar doch auch unvollkommene und sicherlich auch widersprüchliche Stellen sowie Lücke auf. Darum steht sie kritischen, korrigierenden und sonstigen Anregungen wie Bemerkungen aufgeschlossen gegenüber.

Zuletzt möchte ich mich an dieser Stelle bei meinen Eltern bedanken, die mich bedingungslos immer unterstützt haben. Meinem Doktorvater, Herrn Prof. Dr. Wolfgang Kubin, der mir immer vorbildlich war und ist, und meinem Mann, Herrn Dr. Klaus Honrath, der mich neben dem unendlich geduldigen Lesen meiner Arbeit sowie Anregungen zur philosophischen Einsicht geistig und seelisch immer unterstützt hat, und allen, die mir zur seelischen Stärke und als helfende Hand mit Rat und Tat zur Seite standen, gilt mein besonderer Dank.

Bonn, Juli 2012,
Kim Won-Hee

Inhaltsverzeichnis

0.	Einleitung	11
0.1	Übersetzen und Dolmetschen in Korea	11
0.2	Forschungsschwerpunkt und Vorgehensweise	13
0.2.1	Periodisierung	14
0.2.2	Grundlagentexte der Forschung	15

I.	Der theoretische Ausgangspunkt: Der Stand der modernen Übersetzungswissenschaft	17
1.	Die Bedeutung der Translationswissenschaft innerhalb der modernen Übersetzungswissenschaft	17
1.1	Allgemeiner historischer Überblick über die westliche Übersetzungswissenschaft	17
1.1.1	Übersetzen und Dolmetschen	17
1.1.2	Die neue Orientierung der Übersetzungswissenschaft	21
1.2	Die Methodik	24
1.2.1	Der funktionale Ansatz	24
1.2.2	Texttyp und Übersetzungstypologie	26
1.2.3	Die Relevanz der Texttypen in der Translationswissenschaft	29
1.3	Die Theorien	30
1.3.1	Definitionen und Begriffsbestimmungen	31
1.3.2	Die Skopostheorie	32
1.3.3	Die Theorie vom translatorischen Handeln	34
1.3.4	Die *Descriptive Translation Studies*	34
1.4	Der Aspekt der Translationsgeschichte	35
1.4.1	Der Forschungsstand	36
1.4.2	Bereiche der Translationsgeschichte	38
1.4.2.1	Exkurs zur Archäologie der Translation	39
1.4.2.2	Die Ursachen	43
2.	Translation und Religion	46
2.1	Ihre Relevanz	46
2.2	Bibeltext und Bibelübersetzung	48

II.	Der historische Teil: Die Translationsgeschichte in Korea	51
1.	Die frühe Geschichte (ca. 700–1391 n. Chr.)	52
1.1	Die Relevanz chinesischer Schriftzeichen in der koreanischen Übersetzungsgeschichte	52
1.2	Die Differenz von Koreanisch und Chinesisch	56
1.3	Die Entwicklung der Schreibmethoden	58
1.3.1	Zur Schreibung der Eigennamen	58

1.3.2	Die der koreanischen Wortstellung folgende Schreibung	59
1.3.3	Hyangch'al	59
1.3.4	Idu	60
1.3.5	Kugyŏl	60
1.4	Exkurs zum Begriff der Übersetzung	61
2.	Die Vor-Neuzeit (1392–1894)	62
2.1	Die Institution für die Fremdsprachenausbildung und Dolmetschtätigkeit	62
2.1.1	Vor der Chosŏn-Zeit	62
2.1.2	Die Chosŏn-Zeit	64
2.1.3	Das Amt für Übersetzung	65
2.1.4	Die drei Typen der Translatoren	67
2.2	Die Schaffung des koreanischen Alphabetes	69
2.3	Die Fremdsprachenlehrbücher und die Übersetzungsarbeit	71
2.4	Das Zeitbild des Spät-Chosŏn-Reichs	85
3.	Die Bibelübersetzung	87
3.1	Allgemeine Einführung	87
3.2	Das Christentum: Religiöse Texte in der Vielfalt der Sprachen der Welt	92
3.3	Die koreanische Bibelübersetzungsgeschichte (1790–1971)	95
3.3.1	Die Vorgeschichte der ersten koreanischen Bibelübersetzung	101
3.3.2	Die Publikation der Bibelübersetzung und die Missionsarbeit in der Mandschurei	103
3.3.3	Die Bibelpublikation und die Missionierung in Japan	105
3.3.4	Die Verbesserungsarbeit an der Bibelübersetzung	106
3.3.5	Zusammenfassung	107
3.3.6	Exkurs zur Übersetzungsproblematik	108
4.	Die Neuzeit (1894–1950)	112
4.1	Das Zeitbild	112
4.2	Die Aktivitäten der Reformer (1895–1917)	118
4.2.1	Sieben Übersetzungstypen nach 1894	120
4.2.2	Die Übersetzungsarchäologie	120
4.3	Die Zeit der kritischen Betrachtung der Übersetzungsliteratur (1918–1925)	127
4.3.1	Die erste Fachzeitschrift für Übersetzung westlicher Literatur und Kunst	127
4.3.2	Der Dichter und Übersetzer Kim Ŏk	128
4.3.3	Die Tendenz der Übersetzungsliteratur in den 1920er Jahren	129
4.3.4	Die erste Mitgliederzeitschrift für Dichtung und ihr Vertreter Yang Chudong	134
4.3.5	Die Bedeutung der Auseinandersetzung zwischen Kim Ŏk und Yang Chudong	136
4.4	Die Zeit der Veränderung der Praxis des Übersetzens (1926–1935)	136

4.4.1	Die Auseinandersetzung zwischen der Gruppe der *Überseeliteratur* und Yang Chudong	138
4.4.2	Die Tendenz der Übersetzungsliteratur in den 1930er Jahren	140
4.4.3	Die übersetzungstheoretische Debatte zur Rezeption westlicher Literatur in den 1930er Jahren	146
4.4.4	Exkurs: Kim Öks Ansicht zum Übersetzen	148
4.5	Die sog. dunkle Zeit unter der japanischen Herrschaft (1936–1945)	151
4.6	Eine Zeit der Wiederbelebung (1945–1950)	154
4.6.1	Überblick	154
4.6.2	Einzelbetrachtungen der nach Ländern gegliederten Übersetzungen	155
4.6.3	Die chronologische Betrachtung der Einzelbücher der Übersetzungsliteratur	158
5.	Die moderne Zeit	162
5.1	Eine hohe Zeit für das Übersetzen in den 1950er bis 1970er Jahren	162
5.1.1	Die 1950er Jahre	163
5.1.2	Die 1960er Jahre	165
5.1.3	Die 1970er Jahre	169
5.1.4	Die Zeit der Einführung westlicher Literaturtheorien (1970–1979)	172
5.2	Die Übersetzungsliteratur zwischen 1980 und 1985	174
5.3	Translation im heutigen Korea	178
5.3.1	Ausbildungsstätten und Organisationen für Übersetzer und Dolmetscher	178
5.3.2	Ausbildungssituation und Chancen auf dem Arbeitsmarkt für Übersetzer und Dolmetscher	182
III.	Der praktische Teil	185
1.	Translatoren und ihre Rolle	185
2.	Das Berufsbild des Übersetzers	188
3.	Der ethische Aspekt	189
3.1	Die Auseinandersetzung um die Shakespeare-Übersetzung in den 1960er Jahren	192
3.2	Die Anforderungen an die Übersetzer in konkreten Situationen	193
4.	Die translatorische Kompetenz	194

Schlussfolgerung ... 195

Abkürzungsverzeichnis ... 203

Literaturverzeichnis ... 205

0. Einleitung

Der Zivilisationsprozess der Menschheit ist geprägt von dem Prozess der Entfaltung der Kommunikation zwischen den Menschen, die durch die Sprache – die ein tragender Teil der Kultur ist – dargestellt wird. Ein Moment dieser Entfaltung ist das Übersetzen und Dolmetschen, und das Bedürfnis dieses Übersetzens und Dolmetschens begleitete schon immer die Geschichte der Menschen: Z. B. ist die Erfindung einer eigenen Schrift durch die Übernahme fremder Schriftzeichen für den eigenen Gebrauch – dies gerade auch am Beispiel Korea – als eine der kulturellen Fortentwicklungen zu bezeichnen.

Auf der Grundlage dieses (Kommunikations-) Prozesses entwickelt sich die wissenschaftliche Disziplin des Übersetzens und Dolmetschens. Was wir heute unter Übersetzungswissenschaft verstehen, nahm seinen Anfang in der Entwicklung der 60er und 70er Jahre des 20. Jahrhunderts und wird im Englischen mit *translation studies* bzw. *translatology* bezeichnet. Im Deutschen ist die Bezeichnung „Translationswissenschaft" bzw. „Translatologie" seit dem Ende der 80er Jahre dominierend. Sie strebt insbesondere danach, sich als eigenständige Wissenschaft zu etablieren.

Der Weg des Faches Übersetzungswissenschaft im Westen, der sich im Ausgang vom Kommunikationsbedürfnis verschiedener Völker und Kulturen über übersetzerische sowie dolmetschende Tätigkeiten bis hin zu einer eigenständigen wissenschaftlichen Disziplin entwickelte, soll zuerst mit dem ersten theoretischen Teil als Ausgangspunkt dargestellt werden, worauf dann die konkrete koreanische Entwicklung des Übersetzens und des Dolmetschens folgt, die das vorrangige Anliegen dieser Abhandlung ist. Im Verfolgen dieses Anliegens war es kaum möglich, die Geschichte vollständig darzustellen, aber es wurde versucht, das, was sich im großen und ganzen zum Thema Übersetzen des Standorts „Korea" im Laufe der Jahrhunderte ereignet hatte, chronologisch zu berichten und verschiedene Aspekte rings um das Übersetzen – wie auch das Dolmetschen – zu behandeln sowie Informationen darüber zu liefern. Weil dies in dieser Art noch nicht dargestellt worden ist, bemüht sich diese Arbeit darum, eine Lücke zu schließen und möchte zum Weiterforschen anregen. Im Folgenden wird ein kurzer Abriss der koreanischen Entwicklung den Anfang machen.

0.1 Übersetzen und Dolmetschen in Korea

Die ersten Berichte über das Dolmetschen und Übersetzen in Korea finden wir in einem Geschichtsbuch, der *Aufzeichnung der Geschichte der Drei Reiche* – Koguryŏ, Paekche und Silla (18 v. Chr. – 935 n. Chr.), *Samguk sagi* (三國史記)[1]. Im 7. Jahrhundert n. Chr. soll es in Silla beim Empfang von Ausländern, vor allem von Japanern, Sprachvermittler – Dolmetscher – gegeben haben. Im 8. Jahrhundert traten sog. Übersetzer auf, die als schriftliche Sprachvermittler speziell mit dem geschriebenen Chinesisch beschäftigt gewesen sein sollen. Dies kann leicht aus den geographischen Gegebenheiten begründet werden: Zwischen den beiden großen Nachbarn China und Japan

---

1 S. hierzu Teil II. Kap. 1. der vorliegenden Arbeit.

spielte Korea in seiner Geschichte immer die Rolle einer kulturellen Brücke. Jahrtausende lang erfuhr Korea eine starke kulturelle Beeinflussung durch China und gab die aufgenommenen Kulturgüter weiter nach Japan, wie zum Beispiel den Buddhismus oder den Konfuzianismus. Bereits beim Einrichten der Präfekturen um etwa 108 v. Chr. kam es in Korea durch die chinesische Han-Dynastie zum ersten Kontakt mit der chinesischen Schrift und den klassischen chinesischen Schriften. Im späten 4. Jahrhundert n. Chr. kamen der Konfuzianismus und der Buddhismus von und durch China nach Korea. Die Folge davon war, dass für das Erlernen der chinesischen Sprache, des Konfuzianismus usw. Akademien bzw. Schulen eingerichtet wurden. Auf diese Weise war Chinesisch für Korea in seiner Geschichte immer die wichtigste Sprache der Diplomatie, der Wissenschaft und auch der Kultur überhaupt.

In der nachfolgenden Zeit des Koryŏ-Reichs (918–1392) wurde das staatliche Institut für Fremdsprachenvermittlung und deren Ausbildung, T'ongmun'gwan 通文館, eingerichtet, was anhand der Geschichtsannalen der Koryŏ-Zeit, *Koryŏsa* (高麗史), zu belegen ist. Zu Beginn der anschließenden Zeit des Chosŏn-Reichs (1392–1910) wurde das für Übersetzen und Dolmetschen zuständige Amt etabliert, Sayŏgwŏn (司譯院). Hier lernten Beamte, Amtsanwärter, Wissenschaftler und überhaupt Sprachbegabte für den diplomatischen Dienst die Fremdsprachen Chinesisch, Mongolisch, Japanisch und Dschurdschisch[2]. Die Beziehungen zu den Nachbarländern waren für die Politik des Chosŏn-Reichs so wichtig, dass man für den problemlosen diplomatischen Ablauf Beamte mit fundierten Fremdsprachenkenntnissen systematisch ausbildete. Diese große politische Bedeutung der Tätigkeiten des Übersetzens und Dolmetschens zeigte sich darin, dass es letztendlich zur Entwicklung des koreanischen Alphabets *Hunmin chŏng'ŭm* (訓民正音, die richtigen Laute zur Unterweisung des Volkes), später „Han'gŭl" genannt, kam. Weil es bis dahin auf koreanischem Boden keine eigene Schriftsprache gab, konnten nur die Intellektuellen schriftlich kommunizieren, indem sie sich chinesischer Zeichen bedienten, während das Volk im wesentlichen mündlich und nur sehr beschränkt schriftlich verkehren konnte. Der vierte König der Chosŏn-Zeit, Sejong [reg. 1418–1450], unter dessen Herrschaft große kulturelle Fortschritte errungen wurden, sah die Grundlage für eine gute Politik in den „rechten Lauten" [Sprache]. Dies war der Ausdruck für das Bedürfnis der Präzisierung und Normierung der Sprache. Zu dieser Haltung war er durch das *Rechtschreibbuch für die Lautung des Chinesischen, Hongwu zhengyun* 洪武正韻, inspiriert worden. Anhand von *Hongwu zhengyun* wollte der chinesische Ming-Kaiser Taizu innerhalb von China überall eine gültige Standardaussprache des Chinesischen für das Volk festlegen. Nach diesem Vorbild wollte auch der koreanische König Sejong mit *Hunmin chŏng'ŭm* die Aussprache des Sinokoreanischen neben der Lehre der Standardaussprache des Chinesischen vereinheitlichen. Außerdem war die genaue Lautschrift notwendig für den Fremdsprachenunterricht bzw. die Fremdsprachenausbildung. So wurde z. B. im Amt für Übersetzung Sayŏgwŏn die Tätigkeit als Dolmetscher nur für den Bereich der Dip-

---

2 Dies ist die Sprache der Dschurdschen, die 1115 das Jin-Reich (1115–1234), dessen Hauptstadt im Nordosten des heutigen Harbin lag, gründeten. 1119 wurde die Dschurdschen-Schrift bei den Jin eingeführt. 1616 gründeten die Dschurdschen die Späteren Jin und nahmen 1635 den Namen Mandschu an, was Grundlage für unsere heutige Bezeichnung Mandschurei ist. Vgl. Gernet 1997: 608–630.

lomatie und die des Übersetzers zum sprachdidaktischen Zweck, etwa zum Erlernen der Standardaussprache, ausgeübt.

Als erste „Übersetzungsarbeit" war die *Koreanische Lautschrift der Rechtschreibung der chinesischen Phonetik, Hongmu chŏngun yŏkhun* (洪武正韻譯訓), in 10 Bänden aus dem Jahr 1455 von den Fremdsprachenwissenschaftlern bzw. -gelehrten herausgegeben worden. Die Übersetzungsart war, die Schriftzeichen in diesem chinesischen Buch mit koreanischer Aussprache anzugeben, und zwar in zweifacher koreanischer Transkription unter einem betreffenden chinesischen Schriftzeichen, in der chinesischen Standardlautung und der umgangssprachlichen koreanischen Lautung. Auf diese Weise wurde in verschiedenen Bereichen, z. B. bei den konfuzianischen sowie buddhistischen Schriften, bei den Lehrbücher vor allem für Chinesisch sowie bei den phonologischen Büchern, die Übersetzungsarbeit geleistet, indem man die koreanische Transkription und die Kommentierung bzw. Erläuterung an das Ende jedes Abschnitts oder jeder Phrase des Originals setzte. Dieses Verfahren wurde in damaliger Zeit unter dem Begriff der Übersetzungslehre, Yŏkhak (譯學), zusammengefasst.

Ende des 19. Jahrhunderts fand in Korea die Reform als Übergang zur Neuzeit durch seine offizielle Öffnung zum Westen, also nach Europa und den USA, statt und damit begann zugleich die Einflussnahme der westlichen Kultur. Von da an kamen auch die westlichen Literaturen ins Land, insbesondere englische, französische und deutsche Literatur, erst vermittelt über Japan und China, dann aber begann die eigentliche Übersetzungsarbeit, und zwar zunächst aus dem Chinesischen und/oder Japanischen ins Koreanische. D.h., die ersten Übersetzungen erfolgten nicht von einer der Originalsprachen, sondern aus dem bereits ins Japanische oder Chinesische übersetzten Text ins Koreanische. Es handelte sich also um Sekundärübersetzungen. J. Albrecht (1998: 182) nennt dieses Phänomen, das fast für die ganze Neuzeit die Kultur der Übersetzungsliteratur repräsentierte, „Umwegübersetzung" oder „Übersetzung aus zweiter Hand". Zu dieser Zeit gab es je nach dem Grad der Bewahrung und vor allem der Länge des Ausgangstextes prägende Übersetzungstypen – diese finden sich im Kapitel II. 4.2.1 dieser Arbeit. Mit einer Wiederbelebung der Übersetzungsliteratur nach der japanischen Kolonialzeit und mit dem Ende des Koreakriegs beginnt die moderne Zeit, in der das Übersetzen einen Boom erlebte. Im historischen Teil dieser Arbeit wird die Untersuchung dieser Geschichte fortgeführt.

0.2 Forschungsschwerpunkt und Vorgehensweise

Da trotz der langen Geschichte der Tätigkeit des Übersetzens und Dolmetschens die eigentliche Translation[3] eine noch junge Forschungsrichtung ist und erst seit den 80er Jahren des 20. Jahrhunderts als notwendiger historischer Forschungsansatz gesehen wird, wird die vorliegende Arbeit als ein Beitrag zur Untersuchung der Translationsgeschichte in Korea vorgelegt. Dieser Beitrag, – was dem übersetzungs- und rezeptionsgeschichtlichen Aspekte der Übersetzungswissenschaft (Koller 2004: 127f.), ebenso der produktorientierten Untersuchung der deskriptiven Übersetzungswissenschaft zuzuordnen ist –, ist auch eine Herausforderung gerade für Fachleute im Übersetzen.

---

3   Als Oberbegriff für das Übersetzen und Dolmetschen. Auf die terminologischen Bestimmungen gehe ich später ein.

Durch die historische Untersuchung der Translation wird auf Übersetzer, die meist hinter den Autoren der Originaltexte unbeachtet blieben, aufmerksam gemacht und besonders auch auf ihren Beitrag zur geistigen Entfaltung der Menschen. So kann dieser gewiss legitimierend historische Forschungsansatz sowohl für den Berufsstand der Übersetzer als auch für die eigentliche Translationswissenschaft hilfreich sein. Der französische Denker Antoine Bermann behauptete sogar, die Geschichte des Übersetzens solle für eine moderne Übersetzungstheorie der erste Untersuchungsgegenstand sein (Woodsworth 1999: 39).

Wir wollen im Hauptteil dieser Arbeit versuchen, die Translationsgeschichte in Korea etwa vom 14. Jahrhundert bis heute vor allem als Übersetzungsgeschichte zu betrachten und dabei die Vorphase vor der Erfindung der koreanischen Schrift sowie die Entstehung der Übersetzungslehre in Korea und ihre Entwicklung in der „Vor-Neuzeit" in den wichtigsten Grundlinien darzustellen. Die politischen Geschehnisse, die damit eng verbunden zu sein scheinen, werden auch in ihren besonderen Entwicklungstendenzen berücksichtigt. So kann hier ein Überblick von den Anfängen des Übersetzens bis hin zur wissenschaftlichen Entwicklung des Faches im heutigen Korea gegeben werden und auch das entscheidende Charakteristikum der koreanischen Entwicklung mit ihren Hintergründen herausgearbeitet werden.

Als Ausgangspunkt wird zuerst die heute allgemeine bzw. dominierende wissenschaftliche Fachrichtung bzw. Tendenz des Faches und ihr Forschungsstand dargestellt. Damit soll im Auge behalten werden, welche Aufmerksamkeit und/oder welches wissenschaftliche Interesse das Fach heute im Vergleich zur frühen Phase hat. Somit wird auch versucht, mehr oder weniger aus der modernen Perspektive dieses Faches, die koreanische mit der westlichen Entwicklung des Faches zu vergleichen und moderne Begriffe und Methoden darauf, wenn möglich, anzuwenden. So kann die Geschichte im Vergleichen der gegenwärtigen mit den anfänglichen Sichtweisen sowie des Eigenen mit dem Fremden einen eigenen Sinn zeigen, auch wenn die anfängliche, konventionelle oder frühere Terminologie der Geschichte, ganz abgesehen von der kulturellen Verschiedenheit, dem Wissensstand heutiger Zeit nicht gerecht zu werden scheint. Zum Schluss werden die zukunftweisenden Perspektiven vorgestellt.

0.2.1 Periodisierung

Erst nach der Entstehung der modernen westlichen Geschichtswissenschaft ist es zur Diskussion um die Zeiteinteilung der koreanischen Geschichte gekommen, vor allem in den 30er Jahren des 20. Jahrhunderts, als die Geschichtswissenschaft vorwiegend am Standpunkt des historischen Materialismus orientiert war (vgl. Pyŏn 1991: 23/909). In den Kriterien für die Zeiteinteilung zeigten sich in Korea wie anderswo unterschiedliche Geschichtsauffassungen: Man erkannte, dass die übliche Geschichtseinteilung in drei Perioden, das Altertum, das Mittelalter und die Neuzeit, einem westlichen Verständnis entspringt und dementsprechend nur für die Erklärung westlicher gesellschaftlicher Entwicklungen dienen kann. Um dieser Einseitigkeit zu begegnen, fügte man für die östliche, China und Japan einschließende, Geschichte den üblichen westlichen Zeiteinteilungen vor der Neuzeit zusätzlich für den Osten eine sog. „Vor-Neuzeit" hinzu. Auch in Korea tendiert man zur Einsetzung dieser „Vor-Neuzeit" vor der

Neuzeit, und so ist die Einteilung in vier Zeiten – das Altertum, das Mittelalter, die „Vor-Neuzeit" und die Neuzeit – für die koreanische Geschichte weit verbreitet: Der Zeitraum von den Drei Reichen bis zum Vereinigten Silla-Reich gilt als Altertum, das Koryŏ-Reich als Mittelalter, das Chosŏn-Reich als „Vor-Neuzeit" und die japanische Kolonialzeit als Neuzeit. Schulgeschichtlich ist die koreanische Geschichte in die Urzeit (Paläolithikum – Bronzezeit), das Altertum (Eisenzeit – Vereintes Silla-Reich mit Palhae-Zeit), das Mittelalter (das Koryŏ-Reich), die „Vor-Neuzeit" (vom Beginn des Chosŏn-Reichs bis zur Öffnung der Häfen[4], 1392–1876), die Neuzeit (von der Öffnung der Häfen bis zur japanischen Kolonialzeit, 1876–1945) und die Moderne Zeit (von der Befreiung von Japan bis zur Gegenwart) eingeteilt (Pyŏn 1991: 23/909). Die vorliegende Arbeit folgt der Zeiteinteilung der beiden Grundlagentexte, die im Folgenden kurz dargestellt werden.

0.2.2 Grundlagentexte der Forschung

Das für die Darstellung des Zeitraums „Vor-Neuzeit" in der vorliegenden Arbeit primär verwendete Buch heißt *Han'gugŭi yŏkhak* 한국의 역학 (韓國의 譯學, 2000), wörtlich übersetzt „Die Lehre bzw. die Wissenschaft des Übersetzens in Korea". Diese aus dem Projekt "Studien über Korea" von der staatlichen Universität Seoul entstammende Studie wurde von Kang Sinhang, einem bekannten Professor im Fach der koreanischen Sprache und Literatur, herausgegeben und umfasst hauptsächlich die Zeit vom Beginn der Chosŏn-Zeit bis zur Reform des Landes, also dem Beginn der Neuzeit und der Öffnung gegenüber dem Westen (von 1392 bis 1894). Das Chosŏn-Reich, das die diplomatischen Beziehungen zu den Nachbarländern sorgfältig pflegte, förderte von Anfang an die Übersetzungslehre, z. B. mit dem Ausbau eines entsprechenden Amtes.

Das hier für „Übersetzungslehre" verwendete sinokoreanische Wort *Yŏkhak* soll nach Kang, dem Autor des oben genannten Buches, für (nur) diesen Zeitraum „Fremdsprachenstudium und die dafür betriebene Erforschung" bzw. „Übersetzungslehre", „Fremdsprachendolmetscher oder Fremdsprachenübersetzer", „Fremdspracheninstitut" oder auch „Fremdsprache" bedeuten. Diese Bedeutungen weisen auf Phasen der Entwicklung des Fremdsprachenunterrichts und der Fremdsprachendidaktik in Richtung der heutigen Übersetzungs- und Dolmetschwissenschaft und beinhalten bereits auch heutige Aspekte der „Fremdsprachenlehre", so dass das Wort *Yŏkhak* mit der „Fremdsprachenlehre" im heutigen Sinn gleichzusetzen ist.

Für die Neuzeit fasste ein Anglistikprofessor, Kim Pyŏngch'ŏl, zum ersten Mal seine Untersuchung zur die Geschichte der Übersetzungsliteratur in Korea in einem Buch zusammen: „Studie über Koreas Literaturgeschichte in Bezug auf Übersetzungen für die Neuzeit" (한국 근대 번역문학사 연구, 1975). Die Neuzeit positioniert Kim

---

4   1832 ersuchte erstmals ein der ostindischen Kompanie gehöriges englisches Handelsschiff Korea um Handelsbeziehungen, danach folgten französische, amerikanische, deutsche und russische Schiffe, zunächst ohne Erfolg. Kang 1990: 67. Mit der erzwungenen Schließung des Koreanisch-japanischen Freundschafts- und Handelsvertrages von 1876 öffnete Korea die Türen für Handelsbeziehungen nach außen. A.a.O., 184f.

in den Zeitraum von der Landesreform (1895) bis zum Koreakrieg (1953)[5], was im Vergleich zur westlichen Zeiteinteilung eine Differenz aufweist. Seine Abgrenzung begründete er damit, dass die koreanischen Übersetzungen westlicher Literaturen für diesen Zeitraum zwar nicht Übersetzungen aus einer Originalsprache waren und fast nur auf dem Umweg aus der bereits übersetzten japanischen oder auch chinesischen Sprache kamen, aber zum ersten Mal die westliche Literatur inhaltlich einem breiteren Publikum zugänglich machten. Erst nach dem Bruderkrieg bzw. dem „Koreakrieg" wurde von der eigentlichen Ausgangssprache ins Koreanische übersetzt. So kann auch die Zeit der „Umwegübersetzung" mit Recht als Teil der Neuzeit in Bezug auf die Übersetzungsgeschichte bezeichnet werden.

Im Folgenden wird zuerst der interdisziplinäre Ansatz der modernen Übersetzungswissenschaft „Translationswissenschaft" dargestellt.

---

5   Vgl. hierzu Teil II. Kapitel 4.1 Das Zeitbild.

I. Der theoretische Ausgangspunkt: Der Stand der modernen Übersetzungswissenschaft

Das Thema der vorliegenden Arbeit lautet: Die Translationsgeschichte in Korea. Um überhaupt die Geschichte der Translation mit ihren Triebkräften und Widerständen transparent werden zu lassen, ist es sinnvoll, zunächst von der Gegenwart als dem Ausgangspunkt der modernen Form der Übersetzungswissenschaft „Translationswissenschaft" auszugehen.

1. Die Bedeutung der Translationswissenschaft innerhalb der modernen Übersetzungswissenschaft

Seit dem Ende der 80er Jahre dominiert die Translationswissenschaft[6] die Entwicklung des Faches Übersetzungswissenschaft mehr und mehr. Sie ist von der funktionalen Translationstheorie ausgegangen, bei der Auftraggeber und Zieltextleser große Bedeutung haben, und beschäftigt sich heute interdisziplinär mit dem, was über das rein Sprachliche hinausgeht, d.i. etwa mit dem Zweck der Translation, mit der Erwartung der Zieltextleser und der Rolle sowohl des Auftraggebers als auch des Translators als eines Experten (Snell-Hornby 1999: 38). Somit ist auch folgerichtig die Geschichte der Translation, bei der der Translator im Zentrum steht, wichtiger geworden. Allerdings ist das Forschungsfeld der Geschichte der Translation noch nicht systematisch erschlossen, indem man sich in der Vergangenheit mehr mit den vorhandenen Übersetzungen beschäftigt hat. Auch um das Gewicht des Berufsstandes des Translators sowie der Translationswissenschaft selber als eine Disziplin zu verbessern, versucht man, Methoden zur systematischen Erforschung der Translationsgeschichte zu entwickeln. An dieser Stelle ist zunächst eine kurze Darstellung der allgemeinen Historie des Faches im Westen hilfreich.

1.1 Allgemeiner historischer Überblick über die westliche Übersetzungswissenschaft

1.1.1 Übersetzen und Dolmetschen

Während schon seit Jahrtausenden die Tätigkeiten des Übersetzens und Dolmetschens ausgeübt wurden, und die Historiker sie sogar als eine Antriebskraft für die Entwicklung der Menschheit gekennzeichnet haben, wurde das Fach Übersetzungswissenschaft als eine eigene Disziplin erst in den 1970er Jahren an den Universitäten eingerichtet (Gerzymisch-Arbogast 2002: 17): Die individuellen Vorstellungen über das Übersetzen, die bereits von Anfang an in Bezug auf konkrete Übersetzungsprobleme, wie sie in bestimmten Fällen aufgetreten waren, thematisiert und verbreitet wurden, wurden nun institutionell theoretisch diskutiert, wobei die Möglichkeit der Überset-

---

6   Die Bezeichnung Translationswissenschaft setzte sich erst in den 90er Jahren des 20. Jahrhunderts durch. Salevsky 2002: I/58.

zung, die Stimmigkeit zwischen dem Ausgangs- und Zieltext, die Wirkung der Übersetzung usw. Schwerpunkte waren. Im Laufe der Zeit wuchs aufgrund der Mannigfaltigkeit dieser Tätigkeit das Problem- und Methodenbewusstsein, und es folgten Anstrengungen zur Systematisierung des Vorgehens, so dass hinsichtlich der Theorie, Empirie und Anwendung in der letzten Zeit neue Forschungsarbeiten entstanden sind. Hinzu kam der kulturhistorische Aspekt, so dass das Begriffsfeld erweitert wurde.

Die Entfaltung dieser komplexen Tätigkeit bis zur Etablierung als eigenständiges Wissenschaftsfach, kann man in der Geschichte, die man fast als die Geschichte der Übersetzungs*theorien* bezeichnen darf, nachverfolgen. Im Folgenden werden die wichtigen Entwicklungsphasen der Herausbildung der Übersetzungswissenschaft im Westen dargestellt (Stolze 1997: 17–61, 93–110; vgl. auch Kautz 2002: 31–40).

Von der weiteren theoretischen Selbstreflexion ausgehend gab es schon in der Antike die Debatte insbesondere über die wörtliche oder sinngemäße Übersetzung, bei der auch heute noch bekannte Übersetzer wie Cicero im 1. Jh. v. Chr. oder Hieronymus im 5. Jh., sich für das sinngemäß-freie Übersetzen aussprachen, was der Grundzug ihrer jeweiligen Übersetzungsmethoden bzw. -prinzipien war. In der Renaissance wird durch Luther im 16. Jh. diese Tradition fortgeführt.

Cicero (106–43) war zu einer Zeit, wo die „sklavische" Wort-für-Wort-Übersetzung aus dem Griechischen bevorzugt war, einer der wichtigsten römischen Übersetzer. Der lateinische Bibelübersetzer und Kirchenvater Hieronymus (etwa 348–420), dem einerseits die gegebene Reihenfolge der Worte der Heiligen Schriften als ein unantastbares Mysterium galt, bemühte sich andererseits doch um das sorgfältige sinngemäße Übersetzungsverfahren. Der deutsche Bibelübersetzer Martin Luther (1483–1546) übersetzte, im Hinblick auf eine angemessene Wirkung, die Heilige Schrift noch freier. Allgemein galt weiterhin eine möglichst treue Übersetzung im Hinblick auf Originaltext und -autor. Dies führte schließlich zum Gedanken der Gleichsetzung von Sprache und Denken, der insbesondere das 19. Jh. beherrschte – also der Idee, dass Sprache der Ausdruck des jeweiligen Volksgeistes sei[7] –, und auf dieser Grundlage behauptete Wilhelm von Humboldt (1767–1835) die Unmöglichkeit jedes Übersetzens im strengen Sinne, was in der Verschiedenartigkeit jeder Sprache begründet liege.[8] Zur gleichen Zeit trug Friedrich Daniel Ernst Schleiermacher (1768–1834) theoretisch noch Weiteres bei: Er unterschied die für das Übersetzen und das Dolmetschen geeigneten Textsorten, indem er dem Ersten geistige Werke wie Kunstwerke und wissenschaftliche Texte und dem Zweiten Texte über Sachverhalte zuordnete. Darüber hinaus entwickelt er zwei dem Übersetzen entsprechende Übersetzungsmethoden (s. hierzu im zweiten Teil dieser Arbeit den Punkt 4.4), wobei er die Notwendigkeit des Bezuges auf das ‚gesamte' Werk betonte (Stolze 1997: 29f.).

---

7   Vgl. Hegel (1770–1831), z. B. in seiner *Phänomenologie des Geistes*. In: *G. W. F. Hegel. Hauptwerke in sechs Bänden*, Bd. 2, S. 388f., Darmstadt: Wissenschaftliche Buchgesellschaft, 1999.

8   Humboldt verfolgte also nicht das Ideal einer vollkommenen Sprache, sondern betrieb vergleichende Sprachstudien. Er betrachtete die Sprache als Äußerung und Werkzeug der Geisteseigentümlichkeit der Nationen. Sprache ist für Humboldt eine geistige Auffassungsweise, die im Dialog aktualisiert wird. Vgl. Bossong 1999: 709f.

Der erwähnten Sprachauffassung – der Schwierigkeit einer Verständigung zwischen Menschen verschiedener Sprachen mit ihren unterschiedlichen Denkweisen – schlossen sich im 20. Jh. der Sprachinhaltsforscher[9] J. Leo Weisgeber (1899–1985) und Benjamin Lee Whorf (1897–1941) mit der These von der prinzipiellen Unübersetzbarkeit aufgrund des Wesenscharakters der Sprache an. Dazu war die Gegenposition die der prinzipiellen Übersetzbarkeit, die auf der Voraussetzung der „Äquivalenz" bzw. Gleichwertigkeit von Ausgangs- (AT) und Zieltext (ZT) basierte, wodurch schon immer das Übersetzen und Dolmetschen ermöglicht würde. Denn es käme allen Menschen ursprünglich zu, dass sie erkennen und sich darüber in einem sich ständig erweiternden Prozess auch verständigen und miteinander kommunizieren können. Als Grundlage dieser Position haben die Übersetzungswissenschaftler einige fruchtbare moderne sprachwissenschaftliche Ansätze für das Übersetzen in die Übersetzungswissenschaft übernommen: die Differenzierung von Sprachsystem (*langue*) und Rede (*parole*) von Ferdinand de Saussure (1857–1913) und die Zeichentheorie bzw. Semiotik, die die Sprache wesentlich als Kommunikationsinstrument ansah und die Semantik, die Syntax und auch die Pragmatik mit betrachtete.[10]

Unter der Voraussetzung der Übersetzbarkeit sind auch im amerikanischen Raum für die moderne Linguistik die Generative Transformationsgrammatik (GTG) von N. Chomsky (geb. 1928) und die davon initiierte Universalienforschung als wichtige Beiträge zu nennen, die die Entwicklung der Übersetzungswissenschaft beeinflussten: Ihr Hauptforschungsinteresse war es, die grundlegende Sprachstruktur verschiedener Sprachen zu entwickeln, was für diese Position auf die Voraussetzung einer absoluten Übersetzbarkeit hinwies. Diese Ansicht fand in der modernen Linguistik eine weite Verbreitung, auch die Forschungsrichtung maschineller Übersetzung und die sog. „Leipziger Schule" steuerten übersetzungswissenschaftlich weitere Anregungen bei. Die Forschungsrichtung maschineller Übersetzung betrachtet das Übersetzen als das linguistische Grundphänomen, in dessen Theorie die Textanalyse in der Ausgangssprache und Textsynthese in der Zielsprache in ihrem Konzept miteinbezogen ist. Die „Leipziger Schule" betrachtet die Übersetzungswissenschaft als ein Teilgebiet der Linguistik und so ist von „Translationslinguistik" die Rede. Otto Kade, Albrecht Neubert und Gert Jäger sind Vertreter der „Leipziger Schule", und diese stellt ausgehend von der Kommunikationswissenschaft[11] das kommunikations-theoretische Modell des Übersetzungsvorgangs in drei Phasen vor. Das Modell enthält die für die Übersetzungswissenschaft sehr wichtigen Auffassungen des Übersetzers als des Empfängers des Ausgangstextes, des „Kodeumschalters" und zugleich des Senders des Zieltextes. Demnach enthält das Übersetzen die durch den Übersetzer „umkodierte" Botschaft, derer Inhalt dabei aber „invariant" bleiben sollte, d.i. hier ist eine Äquivalenzbezie-

---

9 In Anlehnung an den oft benutzten Begriff Sprachinhaltsforschung.
10 Die Semantik befasst sich mit dem Verhältnis der Sprachzeichen zur bezeichneten Realität, die Syntax mit dem Verhältnis der Sprachzeichen zueinander und die Pragmatik mit dem Verhältnis zwischen Sprachzeichen und Sprachbenutzern. Kautz 2002: 32.
11 Die meisten Kommunikationsmodelle basieren auf dem nachrichtentechnisch entworfenen Modell von 1949 und bestehen aus Sender und Empfänger, Übermittlungskanal bzw. -medium der Information, Kode, Nachricht, Senderintension und Empfängerreaktion. Es enthält zwei Phasen, Enkodierung und Dekodierung. Stolze 1997: 56–59.

hung vorgestellt. So beschäftigte sich die Translationslinguistik damit, „sprachenpaarspezifisch" (Kautz 2002: 34) die möglichen Äquivalenzbeziehungen deskriptiv zu beschreiben und zu klassifizieren, so dass man von einer kontrastiven Linguistik sprechen kann.[12]

In dieselbe Richtung ging die Position der Stylistique Comparée[13], die Äquivalente auf der lexikalisch-syntaktischen Ebene ermittelte und präskriptiv „sprachenpaarbezogene" (Stolze 1997: 74, 88f.) (Äquivalenz-) Beziehungen präsentierte. Dabei spielte der Übersetzer keine Rolle und sollte, obwohl „Übersetzer", der immer in konkreten Situationen steht, in denen keine Eins-zu-eins-Übersetzung gemacht werden kann, doch nur die von der Stylistique Comparée präskriptiv präsentierten Äquivalenzbeziehungen ausführen. Diese Problematik nahm Werner Koller auf und differenzierte die Äquivalenzen[14] weiter, indem er sie nach ihrer Logik hierarchisch ordnete. Er sah die Aufgabe der linguistischen Übersetzungswissenschaft darin, die Äquivalenzbeziehungen, also die Eins-zu-eins-Beziehungen, zu beschreiben, die zwar normalerweise auf der Systemebene (langue: Inventar von Sprachenzeichen und grammatisches Regelsystem) nicht vorliegen, jedoch auf der Textebene (parole: tatsächliche Sprachäußerung, die Rede) erhalten werden können.

Zum Problem der Äquivalenz betonte bereits 1969 der amerikanische Bibelübersetzer Eugen A. Nida aus Zweckmäßigkeitsgründen der Bibelübersetzung sowie aus Erkenntnissen eigener (Bibelübersetzungs-)Arbeit mehr die Invarianz der Empfängerreaktion in der Zielkultur wie auch der in der Ausgangskultur. Weniger wichtig sei die Invarianz des Inhalts, und so nannte er zwei Äquivalenzbegriffe, nämlich den der der verfremdenden Übersetzungsmethode entsprechenden formalen Äquivalenz und den der dem Verdeutschen gleichen dynamischen Äquivalenz, welche den Vorrang hatte. So konnte Nida den „funktionalen Ansatz" herleiten, bei dem man auf den Stil in der Zielkultur und damit den kulturellen Kontext achtete, wofür die Analyse des Ausgangstextes als einer Einheit die Voraussetzung darstellte. Im Gefolge von Nida nahm dann allmählich die übersetzungswissenschaftliche Forschungsrichtung eine andere Richtung, indem mehr der von der Textlinguistik genommene Textbegriff[15] als übersetzungsrelevant ausgearbeitet wurde. Es wurde also der Schwerpunkt mehr auf die kommunikative (Text-)Funktion und damit auf die Situationsadäquatheit des Zieltextes gesetzt als auf die Äquivalenzbeziehung von Ausgangs- und Zieltext.[16]

---

12   Kautz 2002: 34.
13   Eine der modernen sprachwissenschaftlichen, vor allem an Chomskys Generative Transformationsgrammatik angelehnte Richtung in Frankreich ist z. B. durch J. P. Vinay, J. Darbelnet und A. Malblanc vertreten. Sie begann Übersetzungsverfahren zu beschreiben und versuchte damit, übersetzerisches Verhalten zu ordnen, indem sie in Sprachenpaaren die Oberflächenstrukturen miteinander verglich. Stolze 1997: 74–79.
14   Denotative, konnotative, textnormative, pragmatische und formal-ästhetische Äquivalenz wurden unterschieden. Koller 2004: 216. Kade stellte auch vier Arten potentieller Äquivalenzen heraus, nämlich eine totale für Eins-zu-eins-Entsprechungen, eine fakultative für Eins-zu-viele-, eine approximative für Eins-zu-Teil- und eine Null-Äquivalenz für Eins-zu-null-Entsprechungen. Vgl. Kade 1968: 79ff.
15   Auf dem Hintergrund der Semiotik betrachtet die Textlinguistik den Text als komplexes sprachliches Zeichen bzw. als Kommunikationseinheit. Darunter fallen auch Buchteile, Kapitel, Paragraphen usw. in ihrem jeweiligen Kontext. Vgl. Stolze 1997: 111f. S. hierzu auch im ersten Teil

1.1.2 Die neue Orientierung der Übersetzungswissenschaft

Im englischen Sprachraum verwendete James S. Holmes 1972 in seinem Vortrag auf einem Fachkongress erstmals die Bezeichnung „Translation studies", womit die Übersetzungswissenschaft mit ihren eigenen verschiedenen Teildisziplinen – die Entstehung der „modernen" Übersetzungswissenschaft (Snell-Hornby 1994: 10ff.) – als eine neue „geisteswissenschaftliche" Disziplin unter den bereits etablierten anderen das Übersetzen erforschenden Disziplinen gemeint war. Er veröffentlichte einen Artikel darüber jedoch erst 1987 in der Fachzeitschrift *Indian Journal of Applied Linguistics* – „The Name and Nature of Translation Studies". In seinem konzeptionellen Schema zeigten sich dabei viele Aspekte, die innerhalb der „Translation Studies" untersucht, miteinander identifiziert und aufeinander bezogen werden können, indem eine Gesamtperspektive der Disziplin ins Auge gefasst und eine effektive, auf die Etablierung einer solchen Disziplin abzielende Arbeit angeregt wurde. Seine Kategorien wurden als einfach, wissenschaftlich exakt und hierarchisch gegliedert bezeichnet: Holmes' Diagramm des Konzeptes für die „Translation Studies"[17] ist vertikal[18] gegliedert. Die „Translation Studies" gliedern sich in einen zentralen Bereich der ‚reinen (pure)' Forschung und einen ‚angewandten (applied)' Bereich. Der reine Forschungsbereich wird in einen theoretischen und einen deskriptiven eingeteilt. Der deskriptive Bereich ist in einen produkt-, prozess- und funktionsorientierten Bereich unterteilt, hingegen der theoretische in einen allgemeinen und einen detaillierten Bereich. Dieser Bereich besteht aus sechs Teilen, die sich auf einen bestimmten Aspekt beschränken, nämlich auf das Medium, den Ort, den Rang, den Texttyp, die Zeit und das Übersetzungsproblem selbst (Baker 1998: 277ff.; Pym 1998: 1–4; vgl. Reiß 1995: 9f.).

Holmes sieht die Aufgabe der Wissenschaft darin, das Phänomen des Übersetzens als Prozess und Produkt zu beschreiben – d.i. deskriptive Übersetzungswissenschaft – und eine allgemeine Übersetzungstheorie als Grundlage zu entwickeln, mit der man dieses Phänomen erklären und deutlich machen kann. Die deskriptive Übersetzungswissenschaft habe drei Hauptuntersuchungsbereiche, wie eben beschrieben.

Im ersten Bereich, dem produktionsorientierten, sollen Übersetzungen und darauf bezogene Vergleiche aller Art, seien sie zeitlich, sprachlich oder texttypologisch, beschrieben werden können. Als nächstes Ziel könne auch eine allgemeine Geschichte des Übersetzens dargestellt werden. Im zweiten prozessorientierten Bereich, bei dem

---

    den Gliederungspunkt 1.2.2 Texttyp und Übersetzungstypologie der vorliegenden Arbeit.
16   Die weiteren Entwicklungen finden sich in Punkt 1.2.1 Der funktionale Ansatz der vorliegenden Arbeit.
17   Zum Diagramm, Pym 1998: 2.
18   Schon 1559 gab es von Lawrence Humphrey einen ersten Versuch, sich eine globale Translationswissenschaft vorzustellen, und zwar in Form des Diagrammes. Sein Diagramm, im Gegensatz zu Holmes' Diagramm, geht von links nach rechts, also horizontal, und gliedert sich hauptsächlich in Translation als Produkt eines Prozesses und Translator als Agenten dieses Prozesses. Bei Holmes' finden vertikal die allgemeinen theoretischen Kategorien einen herausgehobenen Platz, der weit entfernt von den empirischen Details ist, was ein hierarchisches Bild gibt, indem Translationen als Produkte verteilt sind, ohne dass im eigentlichsten Sinne die Translatoren oder Forscher in den Blick kommen, die so aus dem Zentralbereich der „reinen Forschung" seines Diagrammes ausgeschlossen zu sein scheinen. Vgl. Pym 1998: 2ff.

es darum geht, was sich im Denken des Übersetzers beim Übersetzen zeigt, sind die Forschungen noch nicht systematisch. Im dritten funktionsorientierten Bereich liegt das Interesse darin, welche Texte wann und wo übersetzt wurden, und welche Auswirkungen die Übersetzungen in der Zielsprache und -kultur hatten, was besonders die Literaturwissenschaftler interessierte und darum bei der anfangs stark linguistisch orientierten Übersetzungswissenschaft keine starke Beachtung fand.

Was die Übersetzungstheorie angehe, so sei die Bestrebung, die Ergebnisse, die sowohl aus der deskriptiven Untersuchung als auch aus anderen wissenschaftlichen Disziplinen zur Kenntnis genommen wurden, zu einer allgemeinen Übersetzungstheorie und daraus Teiltheorien aus Teilbereichen zu entwickeln, damit man die Grundlage des Übersetzens deutlich machen könne. Holmes schlug dabei sechs Teiltheorien für sechs Teilbereiche der Übersetzungswissenschaft vor:

1) die auf die Medien beim Übersetzen bezogenen Theorien, wie z. B. die zur maschinellen, maschinengestützten Übersetzung, der „Humanübersetzung", zum schriftlichen und mündlichen Übersetzen;

2) die auf Orte beschränkten, z. B. sprachenpaar-, sprachgruppen-, kulturbezogene Theorien;

3) die auf Sprachebenen bezogenen Theorien von der Wort- über die Satz- bis hin zur Textebene;

4) die auf Texttypen bezogenen Theorien, d.i. die für die Übersetzung der einzelnen Teilbereiche wie des literarischen, wissenschaftlichen, fachsprachlichen, gebrauchssprachlichen Textes;

5) die zeitbezogenen Theorien. Hier geht es um die Übersetzung z. B. zeitgenössischer, alter oder älterer Texte;

6) die problembezogenen Theorien. Damit sind spezifische Übersetzungsprobleme gemeint.

Diese sechs Bereiche könne man jedoch miteinander kombiniert untersuchen und sie zu einer allgemeinen Theorie weiterentwickeln, so Holmes. Dazu unterscheidet er drei der angewandten Übersetzungswissenschaft zugehörigen Bereiche: einen Bereich für die Übersetzer- sowie Dolmetscherausbildung, einen für das Erstellen der Hilfsmittel für die Übersetzer und einen für die Übersetzungskritik, wobei vor allem der erste Ausbildungs- und dritte Kritikbereich in der Folge als wichtige wissenschaftliche Forschungsthemen in den Blickpunkt getreten sind. Dies hängt auch damit zusammen, dass im Zuge der Globalisierung der Welt mit der Wichtigkeit des Übersetzens und des Dolmetschens angesichts des Austausches zwischen den Völkern verschiedener Sprache und Kultur auch notwendigerweise die Übersetzer-/Dolmetscherausbildung und die Übersetzungs-/Dolmetschensqualität zu einem wissenschaftlichen Untersuchungsgegenstand wird. Heute hat sich dazu noch die Notwendigkeit gezeigt, die Anforderungen an den Übersetzer und die Arbeitsbedingungen in seiner Praxis zu untersuchen. Als Hauptaufgabe der Übersetzungswissenschaft soll nach Holmes neben den beiden anderen Aufgaben, der Beschreibung des Übersetzens und der Theorieentwicklung, auch die geschichtliche Entwicklung der Teilbereiche, die sich gegenseitig im gesamten Gefüge beeinflussen, beschrieben werden (vgl. Pym 1998: 1–4; vgl. Reiß 1995: 13–18).

Allein die Übersetzungswissenschaft mit ihren „eigenen" Teildisziplinen deutet darauf hin, dass das Übersetzen als interdisziplinär bezeichnet werden kann, aber gleichzeitig doch keine eigene einheitlich entwickelte Disziplin sein kann. Darüber hinaus verbirgt es als etwas Komplexes vielfältige Perspektiven, wodurch sich dementsprechend ein breites Problemfeld eröffnet, das nicht immer einfach zu lösen ist. Zuerst, etwa ab 1950, entwickelte sich die Übersetzungswissenschaft im deutschsprachigen Raum noch langsam als Teildisziplin der Sprachwissenschaft, weil das Übersetzen zweifellos auf die Sprache als kulturgebundenes Ausdrucks- und Kommunikationsmittel bezogen ist. Insofern bleibt auch die Sprachwissenschaft immer eine der wesentlichen Grundlagenwissenschaften für die Übersetzungswissenschaft, trotz ihrer sich entwickelnden eigenständigen Bedeutung. Der linguistisch orientierte Übersetzungswissenschaftler Werner Koller definierte 1972 (69f.) in seinem Buch „Grundprobleme der Übersetzungstheorie" die Übersetzung als Umkodierung (der Elemente des Sprachzeicheninventars A mit denen des Sprachzeicheninventars B), dann 1979 in der „Einführung in die Übersetzungswissenschaft" alle wissenschaftlichen Forschungen des Phänomens ‚Übersetzen und Übersetzung' als Prozess und Produkt als die Übersetzungswissenschaft und gliederte diese dabei in sieben Aufgabenbereichen:

(1) Übersetzungstheorie, (2) linguistisch-sprachenpaarbezogene Übersetzungswissenschaft, (3) wissenschaftliche Übersetzungskritik, (4) angewandte Übersetzungswissenschaft, (5) theoriegeschichtliche Komponente der Übersetzungswissenschaft, (6) übersetzungs- und rezeptionsgeschichtliche Komponente, (7) Didaktik des Übersetzens.

Nach der „pragmatischen Wende" in der Sprachwissenschaft wurde die Übersetzungswissenschaft zu ihrem Vorteil von der Textlinguistik und -theorie sowie den Kommunikations- und Handlungstheorien, die sich in der Sprachwissenschaft weiter differenziert entwickelten, angeregt: Die Ausarbeitung der Beziehung zwischen textinternen und textexternen Elementen und damit auch die Ausarbeitung der Textfunktion, der Textsorten und der Texttypologie wurden von der Übersetzungswissenschaft übernommen. Von der Textlinguistik – vor allem der Texttheorie als einer Erweiterung der Textlinguistik mit einer pragmatischen Komponente – wurde auch die Berücksichtigung der Produktions- und Rezeptionssituationen eines Textes in der modernen Übersetzungswissenschaft stark beeinflusst (Reiß 1995: 10ff.; Nord 1999: 59ff.).

Den Aspekt, dass die Übersetzung über das Sprachliche hinaus den kulturellen Transfer miteinbezieht, unterstrich H. J. Vermeer (1978), nämlich als Angebot der in die Disziplin der Angewandten Sprachwissenschaft eingeordneten, allgemeinen Translationstheorie als einer Subdisziplin der „interkulturellen Kommunikation", in der das Übersetzen und Dolmetschen als Handeln gesehen werden, (Stolze 1997: 188f.). Von diesem Aspekt Vermeers ist seit den 80er Jahren als von einer neuen Auffassung der Übersetzungswissenschaft, nämlich als eigenständiger Disziplin, d.i. nicht mehr als eines Teilbereichs der Teildisziplin, der Angewandten Sprachwissenschaft, die Rede. M. Snell-Hornby (1986) sprach von einer „Neuorientierung": Indem nicht mehr von linguistischen Modellen, sondern von der Wirklichkeit des Übersetzens als Komplexität ausgegangen wird, soll die Übersetzungswissenschaft eine interdisziplinäre, multiperspektivische, dabei aber eigenständige Wissenschaft darstellen. Ihr Engagement liege so erstens in der Integration der Übersetzungsforschung der Literaturwissenschaft in das Fach Übersetzungswissenschaft, weil jene Übersetzungsforschung selbst zur Abgrenzung von der linguistischen Übersetzungsforschung die Übersetzungsforschung vorangetrieben und dabei zugleich den eigenen Bereich der Literaturwissenschaft weiterhin aufrechterhalten habe (vgl. Albrecht 1998: 13). So wurde sich hier auch für eine „integrierte Übersetzungswissenschaft" ausgesprochen. Damit entstand zweitens das wissenschaftliche Bedürfnis, die Theorie des Faches Übersetzungswissenschaft in noch stärkerem Maß mit der Praxis des Übersetzens zu verbinden (Snell-Hornby 1994: 11ff.). Die Entwicklung der Übersetzungswissenschaft geht entscheidend weiter in die Richtung der Interdisziplinarität, welche durch das als deskriptiv charakterisierte bekannteste Modell von M. Snell-Hornby (1988: 13–22), das Stratifikationsmodell, einsichtig gemacht wird: Es stellt ein Spektrum des Übersetzens dar, das sich von oben, der Makroebene, nach unten, der Mikroebene, von links des literarischen Übersetzens nach rechts des Fachübersetzens erstreckt. Weil das Übersetzen einen schillernden Wesenscharakter hat, sind in ihrem Modell die Trennungen bzw. Übergänge fließend, und es bietet sich von daher auch an, von den anderen Wissenschaften ergänzend untersucht zu werden (s. auch Kautz 2002: 39).

1.2 Die Methodik

1.2.1 Der funktionale Ansatz

Wie oben kurz angesprochen, wird in neueren übersetzungswissenschaftlichen Ansätzen das Übersetzen als ein Vorgang betrachtet, der im Allgemeinen aus zwei oder drei Phasen besteht,[19] und dies wird in Modellen dargestellt. Je nach Definition von Übersetzen, Übersetzung und dem Verhältnis zwischen dem Original und dem Übersetzungstext sind in Rücksicht auf verschiedene (textinterne und -externe) Faktoren und Bedingungen verschiedene Modelle entstanden. Hier ist als wichtiger, schon oben genannter, Autor Eugen A. Nida zu nennen. Anhand seiner Erfahrungen mit der Bibelübersetzung schrieb Nida 1964 im Auftrag der amerikanischen Bibelgesellschaft das Buch „Toward a science of translating", in dem das Übersetzen als analytisch gesehen wurde, und das als wissenschaftliche Grundlage für Bibelübersetzungen dienen sollte.

---

19 Hier ist auch der wichtige Beitrag von C. Nord, nämlich das Zirkelschema (1995: 36–44), ein Schema der übersetzungsrelevanten und funktionalen Textanalyse, zu nennen: Der Übersetzungsprozess läuft im Kreise sowohl rekursiv als auch vorlaufend ab. Er beginnt mit der Analyse der ZT-Vorgaben, also der Faktoren, die, vom Initiator aufgestellt, in der Zielsituation für den Skopos relevant sind, dann folgt die AT-Analyse, die sich zum einen hinsichtlich der Kommunikationssituation auf die textexternen Faktoren („W-Fragen": wer, wozu, wem, über welches Medium, wo, wann, warum und mit welcher Funktion) bezieht und zum anderen hinsichtlich des Textes auf die textinternen Faktoren (worüber, was, was nicht und die Fragen nach der Reihenfolge, den nonverbalen Elementen, den verwendeten Worten und Sätzen, nach dem Ton und der Wirkung). Dabei wird besondere Aufmerksamkeit den AT-Elementen gewidmet, die gemäß dem Skopos für den ZT wichtig sind, bevor der AT als Ganzes analysiert wird. Diese Elemente werden in der Transferphase gemäß der ZT-Funktion ausgewählt und skoposgerecht bearbeitet (z. B. in Bezug auf die Z-Empfänger, den Ort und die Zeit usw.). Mit der ZT-Synthese schließt sich der Kreis mit der Überprüfung des ZTs mit den ZT-Vorgaben (z. B. wird rückwärts mit Hilfe des Textanalyseschemas der ZT situationsgemäß mit dem AT verglichen und bewertet). A.a.O., 189–193.

1969 entwickelte er zusammen mit Charles R. Taber in dem Buch *The Theory and Practice of Translation* das Dreischritt-Modell, das von der generativen Transformationsgrammatik[20] ausgehend als Übersetzungsmethode dargestellt wurde. Diese besteht aus einer Analyse-, Übertragungs- und Synthesephase. In der ersten Analysephase soll der Übersetzer intuitiv die Sätze aus der Oberflächenstruktur in Elementarsätze der einfacheren Strukturen umschreiben, um den eigentlichen Sinngehalt in grammatischer Darstellung herauszufinden. Die Elementarsätze der einfacheren Strukturen werden in dem zweiten Schritt, also der Übertragungsphase, in einfache zielsprachliche Strukturen umgesetzt. In dem dritten Schritt wird dann daraus die Übersetzung aufgebaut. Hier werden die Sprachebenen und Stilelemente beachtet, um die Inhalts- und Wirkungsgleichheit von Texten, d.h., die „dynamische Äquivalenz" zu bewahren. Dieser funktionale Ansatz Nidas soll eine Grundlegung für die moderne Übersetzungswissenschaft sein, indem in seinen syntaktischen Analyseschritten[21] erstmals der Horizont des Übersetzens unter dem sprachwissenschaftlichen Aspekt, also von der Ebene der Wörter und syntaktischen Fügungen, auf die Textebene erweitert wird, also die Funktion der Botschaft des Ausgangstextes in der Zielsprache beim Übersetzen ins Zentrum des Interesses kommt. Der Übersetzer soll dabei mit seiner Intuition und Sachkenntnis die Verantwortung für die Entscheidung für inhaltsgleiche und stilistische Formulierungen tragen. Jedoch bleibt die Frage offen, ob das, was im Kopf des Übersetzers beim Übersetzen in Bezug auf die prozessual orientierte Übersetzungswissenschaft abläuft, in diesem Modell eingeschlossen ist (Koller 2004: 102f.). Andererseits wird das Konzept der „dynamischen Äquivalenz" kritisch gesehen. Es gehe zu weit von der Textvorlage ab und überschreite damit die Grenze zur „Bearbeitung" (Stolze 1997: 93–101).

Das Zweischritt-Modell stellte E. Koschmieder bereits 1965 ausgehend vom Instrumentalcharakter der Sprache in Anlehnung an G. Mounin[22] dar, und zwar mit seiner Definition, Übersetzen heiße, „zum ausgangssprachlichen Zeichen über das aus-

---

20 Sie ist eine von Noam Chomsky 1969 entwickelte Standardtheorie der Tiefenstruktur, die „die Form des Gedankens" widerspiegeln und darum allen Menschen gemein sein soll. Es handelt sich dabei um ein System, in dem eine rein gedankliche Struktur, also die Tiefenstruktur, die von Satzstruktur- und Lexikonregeln generiert ist, über die Transformationsregeln in eine Oberflächenstruktur verwandelt wird. Jede Sprache habe verschiedene Oberflächenstrukturen, in denen der Inhalt des Satzes, die Tiefenstruktur in Wortlauten ausgedrückt ist. Diese Tiefenstrukturen, die in verschiedenen Sprachen doch gleich sind, sollen dann durch das System der Transformationsregeln vermittelt werden. Stolze 1997: 47f.

21 Um z. B. ein Wort in seinem Kontext zu verstehen. A.a.O., 97.

22 Indem Mounin in Auseinandersetzung mit der Universalientheorie die Wichtigkeit der Bezeichnungsfunktion der Sprache betonte, bezeichnete er das Gebiet der Wissenschaft als Sphäre außersprachlicher Sachverhalte mit universellem Geltungsbereich. Die Universalientheorie sagt in unserem Kontext aus, die Vernunft aller Menschen lege das Existieren sprachlicher Universalien nahe, darauf bezogen könne man im Prinzip alle Texte übersetzen. Mit der Bezeichnungsfunktion der Sprache ist dann gemeint, ein sprachliches Zeichen bzw. ein sprachlicher Ausdruck beziehe sich nur indirekt über seine Bedeutung (Gedanken) auf einen Gegenstand der außersprachlichen Wirklichkeit. Z. B. sah Mounin die interlinguale Terminologiearbeit als „internationale Vereinheitlichung der Wörter" nach dem Prinzip „nur ein Wort für eine Sache und nur eine Sache für ein Wort", dies würde im Idealfall eine vollständige Automatisierung der wissenschaftlich-technischen Übersetzung erreichen. Stolze 1997: 41f., 48f., 51f.

gangssprachlich Bezeichnete das Gemeinte [zu] finden und zu demselben Gemeinten in der Zielsprache über das zielsprachlich Bezeichnete das zugeordnete zielsprachliche Zeichen [zu] finden", wie Stolze (1997: 52) schreibt. Gemeint ist die direkte Zuordnung desselben „Gemeinten" zur Ausgangs- und zur Zielsprache, und das Übersetzen bzw. der Übersetzungsvorgang soll sich auf linguistische Grundkomponenten und die Formulierung der Relationen dazwischen beschränken (Stolze 1997: 41–45, 51ff.). Schließlich war das Problem der Übersetzung für Koschmieder von Bedeutung für die Sprachwissenschaft im Rahmen einer kontrastiven Sprachwissenschaft (vgl. Albrecht 2005: 19).

Der linguistisch orientierte Wolfram Wilss (1977, *Übersetzungswissenschaft. Probleme und Methoden*) gliedert prinzipiell aufgrund seiner Definition des Übersetzens als eines Textverarbeitungs- und Textverbalisierungsprozesses den Übersetzungsvorgang auf ähnliche Weise in zwei Phasen: die Verstehensphase als Analysephase von Inhalt und Stil des ausgangssprachlichen Textes (AS-Textes) und die Rekonstruktionsphase, die unter dem zentralen Aspekt der Kommunikation den AS-Text in der Zielsprache reproduziert. Hier spielt auch der Übersetzer für die Kommunikation eine wichtige Rolle, indem er den Übersetzungsprozess von einem AS-Text zu einem möglichst äquivalenten zielsprachlichen Text hinüberführt und dafür das inhaltliche und stilistische Verständnis der Textvorlage benötigt (Koller 2004: 92f.).

1.2.2 Texttyp und Übersetzungstypologie

Wir sehen, dass der Begriff „Text" im Übersetzungsprozess – auch in Definitionen des Übersetzens – sich als eine Funktionseinheit zeigt, wie z. B. als Ausgangstext in der Analysephase zum Rezipieren und Verstehen oder als Zieltext in der Synthesephase zum Formulieren. Dabei geht dem Übersetzungsprozess die (Ausgangs-) Textanalyse voraus, bei der Übersetzer mit seinem Welt- und Textwissen den Texttyp erkennt[23], so dass er sich für einen bestimmten Textstatus entscheiden kann, der in der Zielkultur erhalten werden soll oder kann. Denn ein zumindest zweisprachiger Übersetzer muss sich immer auch über den Status eines jeweiligen Textes als des Übersetzungsmaterials bzw. -gegenstandes innerhalb der Ausgangskultur klar sein. Je nach der Funktion, die ein Autor intendiert, erhält ein Text innerhalb einer Kulturgemeinschaft dann seinen Textstatus – damit auch eine allgemeine kommunikative Funktion. Dies bedeutet, dass der jeweilige Textstatus von der Funktion des Textes in der Absicht des Autors, die der Rezipient erkennen soll[24], abhängt. Wenn der Autor z. B. den Inhalt seines Textes bewusst ästhetisch gestaltet hat, kann seine Intension der Ausdrucksfunktion der Sprachzeichen zugeordnet werden, und so spricht man dann vom expressiven Texttyp. Daher ist auch die Textfunktion neben der Funktion des Translates und der Translation, die bei der funktionalen Translationstheorie dem Übersetzungsprozess zugrunde liegen, wichtig. Für die Translationswissenschaft ist es ebenso von Interesse, in Bezug auf den

---

23 Mit Hilfe von Texterkennungssignalen wie dem Texttitel, den Textsorten- bzw. Textgattungsbezeichnungen – dies nannte Große (1976) „Präsignal" – kann der Übersetzer dann einen Text einordnen, z. B. ein Gesetz, einen Vertrag als informativen Texttyp, einen Roman, ein Gedicht als expressiven usw. Reiß 1995: 85.
24 Vgl. Brinker 2001: 95f.

zu übersetzenden Text eine Texttypologie zu erschließen, von der die Übersetzungsprinzipien bzw. -methoden abgeleitet werden können. Die früheren, für die Rechtfertigung ihrer eigenen Übersetzungen dargelegten (Übersetzungs-)Prinzipien (z. B. von Cicero, Hieronymus, Luther), die man heute als Übersetzungstheorie bezeichnen kann, konnten für die von bestimmten Text- oder Übersetzungstypen abhängigen Übersetzungen nicht immer auch allgemein geltend gemacht werden und sind deshalb mit dem Übersetzungszweck zusammen zu betrachten. Was durch diese Übersetzung erreicht werden soll, ist, z. B. bei den Theorien der philologischen und literarischen Übersetzungen, die Sprache oder die Kultur zu erweitern. Aus dieser Sicht heraus wurde von Katharina Reiß (1977) versucht, eine funktionale Übersetzungstypologie, die dem jeweiligen Zweck entsprechend die Übersetzungsmethoden differenzierte, zu erstellen. Hier können zuerst unterschiedliche Übersetzungstypen, die im Laufe der Zeit aufgetreten sind, denen auch unterschiedliche Textauffassungen unterliegen, genannt werden (Reiß 1995: 19–28)[25]:

Die Interlinearversion (Wort-für-Wort-Übersetzung) Im Zusammenhang mit der Auffassung, ein Text sei eine lineare Abfolge der einzelnen Wörter, ist dieser Typ meistens nur mit dem Ausgangstext zusammen verständlich, er berücksichtigt überhaupt nicht die Regeln der Zielsprache und wurde hauptsächlich dazu gebraucht, aufgrund der Zielsprache und im Vergleich zu ihr noch unbekannte Fremdsprachen zugänglich zu machen, weshalb er eine Forschungsmethode zur Sprachuntersuchung ist. Auch die frühen Bibelübersetzer benutzten diesen Typ und bewahrten als unantastbar sogar die Wortfolge und Strukturen der heiligen Texte.

Die wörtliche Übersetzung (grammar translation) Dieser Typ hängt eng mit der Auffassung zusammen, ein Text sei eine lineare Abfolge der einzelnen Sätze. Unter anderem wird dieser Typ im Fremdsprachenunterricht benutzt, um zu kontrollieren, ob der Lernende die Fremdsprache lexikalisch und syntaktisch richtig erfasst und in der Zielsprache angemessen wiedergegeben hat. Daher haben eher die syntaktischen Regeln der Zielsprache, aber nicht Texttyp und -sorte, eine Bedeutung. Somit können die Leser der Zielsprache die Übersetzung rein sprachlich verstehen, auch ohne Hintergrundwissen vom Ausgangstext.

Philologische dokumentarische Übersetzung Ein Text wird hier als ein Ganzes betrachtet, und dieser Übersetzungstyp soll nur den Zweck haben, den zielsprachlichen Lesern die Kommunikation des ausgangssprachlichen Autors mit seinen „Originallesern" mitzuteilen. Dies hat seinen Ursprung in der von Schleiermacher (1813/2002: 74ff.)[26] angesprochenen Übersetzungsmethode für literarische und philosophische Texte, bei der sich „der Leser zum Autor bewegen" soll (Reiß 1995: 21f.). Darum erkennt und bewahrt man bei diesem Übersetzungstypen die syntaktischen, semanti-

---

25 Bei ihren Versuchen, von einer allgemeinen zu einer differenzierten Definition von Übersetzung zu kommen, stellte K. Reiß einige gebräuchliche Typen dar, die sich von den Vorgehensweisen beim Übersetzen in Bezug auf die jeweiligen Auffassungen der Übersetzung herausarbeiten lassen und die ich für den Kontext auch hier angeführt habe.
26 Friedrich Schleiermacher (1768–1834) hatte am 24. Juni 1813 in der Königlichen Akademie der Wissenschaft in Berlin seine Abhandlung zum Übersetzen „Über die verschiedenen Methoden des Übersetzens" vorgetragen. In: *Friedrich D. E. Schleiermacher. Kritische Gesamtausgabe*, 1980ff., Abt. 1. *Schriften und Entwürfe*, Bd. 11, S. 67–93, Berlin: de Gruyter, 2002.

schen und pragmatischen Strukturen der Ausgangssprache als dominant auch in der verfremdeten Zielsprache. Auch bei dokumentarischen Texten findet er eine breite Anwendung, indem man das Fremde so übersetzt, dass es im Hintergrund präsent bleibt (vgl. auch Horn-Helf 1999: 22f.).

Kommunikative Übersetzung Im Gegensatz zur philologischen Übersetzung hat dieser Typ den Zweck, dass der zielsprachliche Leser die Übersetzung nicht bemerkt, d.h. nicht verfremdet angeboten bekommt, und so soll die Funktion des ATs im ZT gleich bleiben. Heute ist dieser Typ deshalb bevorzugt beim quantitativen Übersetzen der Gebrauchstexte für den internationalen Informationsaustausch, was vor allem auf der Erkenntnis der Textlinguistik und Kommunikationswissenschaft beruht. Dabei wird die Kommunikation auf der Textebene im zielkulturellen Kontext, aber nicht auf der Wort- und Satzebene, betrachtet.

Bearbeitende Übersetzung Hier wird der AT sprachlich, inhaltlich und in den Intentionen des Autors mit einem beabsichtigten, bestimmten Übersetzungszweck verändert bzw. „bearbeitet" und gilt nur als „Rohmaterial", wie z. B. Erwachsenenliteratur für Kinder, Fachliteratur für die Laien. Grundsätzlich aber werden Bearbeitungen nicht als Übersetzung betrachtet, sondern anders eingestuft. Immerhin wird dieser Typ doch hin und wieder angewendet. Denn jeder Übersetzungstyp hat seinen Zweck, aus dem die Übersetzung motiviert ist, aber nicht jede Übersetzung passt zu jedem Übersetzungstyp, und nicht alle Texte sind homogen. So soll der Übersetzer bei der Wahl des Übersetzungstyps immer daran denken, für wen und zu welchen Zwecken er übersetzt.

Auch können unter verschiedenen Textauffassungen sowie Definitionsversuchen sinnvollerweise Textbegriffe unter dem funktionalistischen Aspekt für unseren Kontext genannt werden, wobei Text von Siegfried J. Schmidt (1972: 17) als „soziokommunikative Funktionseinheit" oder „Text-in-Funktion" auch von Schmidt (1973: 150), bezeichnet wird oder als ein Text, der in einem kommunikativen Handlungsspiel eine für Kommunikationspartner erkennbare Funktion erfüllt (vgl. Vater 2001: 18). Nach Susanne Göpferich (1995: 56), die den Textbegriff von Schmidt verwendet und eine Textdefinition in Bezug auf das Übersetzen versucht, soll ein Text eine zusammenhängende Komplexität von sprachlichen und/oder nichtsprachlichen Zeichen mit Thema und/oder Funktion als eine inhaltlich und funktional abgeschlossene Einheit sein, indem sie, die Zeichen, den Adressaten erkennbar kommunikativ erreichen. So kann ein Piktogramm als nicht-sprachliches Element auch ein Text für den Übersetzer sein, und so können Listen, Kataloge oder Rechnungen usw., deren sprachliche Elemente nicht aufeinander bezogen sind, auch Texte sein. Die Einbeziehung auch nichtsprachlicher Elemente in die Textdefinition und die Anerkennung der Tatsache, dass nicht jeder Text durchgängig kohäsiv sein muss, dass also nicht jeder Text (an seiner Oberfläche) formal-grammatisch zusammengehalten wird, zeigen Unterschiede zu der Definition, die Beaugrande/Dressler[27] in ihrer bekannten einführenden Textlinguistik

---

27 Gemäß ihrer *Einführung in die Textlinguistik* (1981: 1–14) soll ein Text als „eine kommunikative Okkurrenz" gelten, die alle 7 Kriterien der Textualität, der Gesamtheit der Eigenschaften, die einen Text zum Text machen, erfüllt: Kohäsion, Kohärenz, Intentionalität, Akzeptabilität, Informativität, Situationalität, Intertextualität. So ist der Text dann nicht kommunikativ und gilt gleichzeitig als Nicht-Text, wenn eines der 7 Kriterien nicht erfüllt wird. Vgl. auch Vater 2001:

gegeben haben (Göpferich 1999: 61f.; vgl. Vater 2001: 18f.; Kautz 2002: 49). Allerdings trug die Textlinguistik, die an einer generell gültigen Texttypologisierung und damit an einer Charakterisierung der Textsorten[28] ein Interesse hat, zur Entwicklung der modernen Übersetzungswissenschaft wesentlich bei (Nord 1999: 59).

Übersetzungsrelevant versuchte K. Reiß, ausgehend von K. Bühlers Grundfunktionen der Sprachzeichen – Darstellungs-, Ausdrucks- und Appellfunktion[29] –, Texttypen zu unterscheiden, die durch eine dominante der drei Textfunktionen, die von der Autorintension zur Kommunikation bestimmt werden, charakterisiert sind[30]. Diese Funktionen sind darstellende oder informative, ausdrucksbetonte und appellbetonte oder operative Texttypen. Dies bedeutet, die Übersetzungsmethode hängt vom Texttyp und von der Übersetzungsfunktion bzw. dem Übersetzungszweck ab. Diesen Grundtexttypen ordnete Reiß je verschiedene Textsorten zu: dem informativen Typ die Textsorte Bericht, Urkunde, Sachbuch usw., dem expressiven Typ Roman, Lyrik, Gedicht usw., dem operativen Typ Predigt, Propaganda, Reklame usw. Sie setzte dabei die Textfunktion der Übersetzungsfunktion gleich, woraus sich drei Übersetzungsmethoden ergaben: für den informativen Typ eine „sachlich-prosaische" Methode, für den expressiven eine „identifizierende", für den operativen eine „adaptierende" Methode. Dabei gilt die jeweils texttypisch erworbene Übersetzungsmethode nur für die funktionskonstante Übersetzung (Stolze 1997: 121–135; Reiß 1995: 81–87).

1.2.3 Die Relevanz der Texttypen in der Translationswissenschaft

Jedoch können sich Textfunktionen und die übliche Vertextungsart und -weise ändern, und so kann die Textfunktion, die der Autor damals mit seiner Intension für seinen Text mitgedacht hat, für die heutigen Leser nicht erkennbar sein. Durch eine solche zeitliche Differenz müsste für die aktuellen Leser deshalb auch der Texttyp des ATs geändert und entsprechend[31] übersetzt werden. Denn für die Übersetzung aller Texte überhaupt muss ihre Zuordnung sowohl zu Textsorten als auch zu Texttypen notwendig ermittelt werden. Wenn die damalige Textfunktion heute klar ist, dann wird die Funktionsgleichheit in der Translation in Ausgangs- und Zielkultur angestrebt. Man

---

28f.

28   Als Textsorte bzw. -konvention wird eine Textklasse im Bereich der Texte verstanden, die sich an Textgestaltungsmustern in wiederholt vorkommenden Kommunikationssituationen zeigen. Dabei bilden sich als feste Kommunikationsform Regeln des Sprachgebrauchs. Zu stark konventionalisierten „Gebrauchstexten" gehören z. B. Todesanzeigen, Kochrezepte, Wetterberichte usw. Somit ist in der Translationstheorie die Begriffsunterscheidung zwischen dem Texttyp und der Textsorte nicht so wichtig wie in der Textlinguistik. Reiß 1995: 81, 92f.; vgl. Stolze 1997: 120f.

29   Reiß führte ebenso wie K. Bühlers Sprachzeichenfunktion die drei Textfunktionen an, die verschiedene Texttypen kennzeichnen sollen. Reiß unterstreicht, dass „Texte [...] mehr und anderes als eine Summe einzelner Sprachzeichen [seien] ". Reiß 1995: 82.

30   In der Praxis allerdings zeigt ein Text zweifellos nicht immer nur eine der Sprachzeichenfunktionen, denn es gibt zahlreiche Überschneidungen und Mischformen. Stolze 1997: 122.

31   Im Hinblick auf die einzelnen Elemente des ganzen Textes wird dann das Vorgehen des Übersetzens geändert. Hierfür werden die Kenntnisse der Funktion des ATs und dessen Stellung in der Ausgangskultur vorausgesetzt, um die einzelnen Textelemente richtig zu erfassen. Reiß 1995: 87ff.

spricht hierbei dann von der Äquivalenz, die sich auf den Text bezieht und eine Relation zwischen dem AT und ZT ausmacht. Allerdings können nicht alle Elemente auch in der Zielsprache äquivalent gebraucht werden, und sie werden dann nach den Kriterien „Selektion" und „Hierarchisierung" beibehalten, wobei die Funktionen der einzelnen Textelemente und die des gesamten Textes in der Kommunikationssituation entscheidend und deshalb zunächst zu recherchieren sind. Die Funktionen der einzelnen Textelemente können durch die objektiv vorhandenen Sprachzeichen als „Steuerungssignale", die Funktion des jeweiligen Textes dann durch die Textsorte und den Texttyp als „Erkennungssignale", erfasst werden (Reiß 1995: 106–112, 114f.).[32]

Unterschiedlich hierzu ist die Rede von der Adäquatheit von AT und ZT als dem Zweck einer Übersetzung. Wenn jede übersetzerische Entscheidung während des Übersetzungsprozesses von diesem Zweck bestimmt wird, dann ist sie ein angemessenes Tun. Es geht um die Relation zwischen den sprachlichen Mitteln und dem (Übersetzungs-)Zweck. D.h., die Adäquatheit beim Übersetzen erzielt schließlich die auf den Texttyp und die Funktion des ZTs bezogene Äquivalenz.

1.3 Die Theorien

Die Translationswissenschaft beschäftigt sich mit der Translation (dem Übersetzen und dem Dolmetschen), einer Form des sprachlichen Handelns, einmal als Prozess betrachtet und zum anderen als Produkt genommen. Man versucht, diesen Prozess in einem Modell abzubilden und dessen Abläufe in Teilprozesse gegliedert zu typologisieren und zu systematisieren. Bei den Teilprozessen geht es um das Verstehen des Ausgangstextes, den Transfer des Verstandenen und die Formulierung des Zieltextes. Ihre Aufgabe sieht die Wissenschaft nicht darin, Vorschriften für das „richtige" Übersetzen und Dolmetschen zu geben, sondern darin, dem Übersetzer verschiedene Möglichkeiten, die ihm in der konkreten Kommunikationssituation[33] offenstehen, bewusst zu machen. Damit bietet sie ihm eine Orientierung für situationsbezogene Angemessenheit des Vorgehens aufgrund der theoretischen Reflexion dieser Tätigkeit (Kautz 2002: 40ff.).

Als neuere Übersetzungstheorie bzw. als eigenes Modell sind die Skopostheorie von Vermeer, wie er sie zusammen mit K. Reiß 1984 dargestellt hat, und die Theorie des translatorischen Handelns von Holz-Mänttäri, ebenfalls 1984 veröffentlicht, zu nennen. Bei diesen beiden Theorien sind zwei Begriffe wichtig, nämlich Skopos (Ziel, Zweck) und Handeln. Im Folgenden wird ein kurzer Überblick über diese Theorien gegeben werden, nachdem auf die terminologische Betrachtung bei der Tanslationswissenschaft eingegangen worden ist.

---

32 Wenn idealerweise die funktionale Äquivalenz zwischen allen einzelnen Elementen in AT und ZT erreicht wird, dann wird zugleich die Textäquivalenz erzielt. Mit der Textäquivalenz ist gemeint, dass der ZT in der Zielkultur eine gleichwertige kommunikative Funktion erfüllt hat. A.a.O., 117.

33 Die Kommunikationssituation, die die Behandlung der Übersetzung durch den Übersetzer bestimmt, ist bestimmt durch Zeit, Ort, Kommunikationsgrund, den Autor des Ausgangstextes und den Initiator der Übersetzung mit seiner jeweiligen Absicht, den Empfänger des Zieltextes mit seiner Erwartung und den Übersetzer selbst. All diese Elemente spielen beim Übersetzen eine bestimmende Rolle. Kautz 2002: 49.

1.3.1 Definitionen und Begriffsbestimmungen

Was die translationswissenschaftliche Terminologie angeht, wurde der Begriff „Translation", den Otto Kade von der Leipziger Schule 1963 als Oberbegriff für Übersetzen und Dolmetschen prägte, 1984 von der funktionsorientierten Translationstheorie, der Skopostheorie von Reiß und Vermeer, übernommen, wenn von dem Übersetzen und dem Dolmetschen gesprochen wird, auch wurde die terminologische Unterscheidung bei der gemeinsamen Betrachtung für überflüssig erklärt, und „Translation" wurde seitdem ein Kernbegriff des funktionalen Übersetzens. Kade führte daneben „Translat" als das Produkt des Übersetzungs- und Dolmetschprozesses und „Translator" dann als dessen Ausführenden ein. Allerdings schlug er den Begriff „Translationswissenschaft" erst 1970 auf der 2. internationalen Konferenz zu Grundfragen der Übersetzungswissenschaft in Leipzig als Folge der Einführung der „Translation" vor (Salevsky 2002:1/57). Jedoch wurde von ihm (1973) der eingebürgerte Begriff „Übersetzungswissenschaft" weiterhin mit der Begründung der Ungewohnheit des Begriffs Translationswissenschaft als Oberbegriff für die Wissenschaft von Übersetzen und Dolmetschen benutzt. Eine andere Begründung war, dass die linguo-semiotische Richtung der Translationswissenschaft noch nicht die über die Sprache hinausgehenden Fragen in Bezug auf die Praxis, in der eine die Empfängererwartung berücksichtigende Bearbeitung immer mehr in den Vordergrund tritt, beschreiben könne.[34] So verwendeten die linguistisch orientierten Übersetzungswissenschaftler wie W. Wilss oder W. Koller noch länger den Begriff Übersetzungswissenschaft als Oberbegriff für die Wissenschaft vom Übersetzen und Dolmetschen (vgl. Snell-Hornby 1999: 37f.).

Den Begriff „Translatologie" verwendete Holz-Mänttäri auch 1984 in ihrer übersetzungswissenschaftlichen Arbeit für ihre Theorie vom translatorischen Handeln, indem sie wesentlich das Übersetzen als das professionelle translatorische Handeln, das auf die Zieltextproduktion für einen bestimmten Zweck orientiert ist[35], betont. Bei Reiß und Vermeer sind die beiden Termini „Translationswissenschaft" und „Translatologie" nicht unterschieden[36], und die Praxis wird als „Translatorik" bezeichnet (Stolze 1997: 190). Im englischen Sprachraum gibt es entsprechend die Termini „Translation Studies" und auch „Translatology", allerdings setzte sich der Holmessche Terminus durch. Im Frankreich führte R. Goffin (1971) die englische Bezeichnung „Translatology" und die französische „Traductologie" ein (vgl. Reiß 1995: 10f.; Salevsky 2002:1/64).

---

34 Allerdings bestimmt Kade (1980) die Übersetzungswissenschaft als eine Wissenschaft von „Sprachmittlung", die Translation als Teilklasse der Sprachmittlung, was die Folge der Abgrenzung der Translation von der adaptiven Übertragung war, wobei die Kommunikationssituation und der Originalbezug wichtig sind. Salevsky 2002: I/91f. D. h., die „Sprachmittlung" wurde als Oberbegriff für Translation und verschiedene Adaptionen theoretisch darzustellen versucht. A.a.O., 61.
35 Translation ist dort auch als die „Bearbeitung" sowohl innerhalb einer Sprache als auch bei der Funktionsvariante des Textes eingeschlossen. A.a.O., 64.
36 Wir sehen hier bei Reiß und Vermeer sowie bei Holz-Mänttäri, dass jedoch auch die Bearbeitung als Gegenstand in die eigentliche Translationswissenschaft mit aufgenommen worden ist. Salevsky 2002: I/64.

In der Phase vor der Translationswissenschaft ist generell der Terminus „Übersetzungswissenschaft" als Begriff für die Wissenschaft des mündlichen und schriftlichen Übersetzens benutzt worden, aber oft wird er auch im Gegensatz zum Dolmetschen auf die Erforschung des schriftlichen Übersetzens in einer Engführung verwendet, während man von „Dolmetschwissenschaft" spricht, wenn es speziell um die Forschung im Bereich des Dolmetschens als des bloß mündlichen Übersetzens geht (Reiß 1995: 11). Heute ist das Begriffspaar ähnlich definiert, wird jedoch als Translations*arten* differenzierter bezeichnet, wobei das Rezipieren des ATs unterschieden wird in fixierter und nichtfixierter Form durch den Ausführenden, wenn ihm die Wiederholbarkeit und Nicht-Wiederholbarkeit des Prozesses zur Verfügung steht, und in die zeitliche Gebundenheit und Nicht-Gebundenheit des Prozesses an die Situation der Produktion des ATs (vgl. Salevsky 2002: 1/100).

1.3.2 Die Skopostheorie

Als eine allgemeine Translationstheorie ist sie ein wesentlich von Hans J. Vermeer (1978) initiierter neuer Ansatz, der darauf zu antworten versucht, was eine Theorie der Translation sein soll. Im Anschluss an Holz-Mänttäri nennt Vermeer diesen Ansatz „komplexes transkulturelles Handeln", wonach die Translation über das „Sprachliche" hinaus vom Translator multikulturell gemacht werden soll, wobei das Translat sich auf ihre Funktion oder ihren Zweck (Skopos) richtet, und somit der Ausgangstext nicht im Zentrum steht. Wichtiger sind hier das Ziel des translatorischen Handelns und der Translator, der dieses Ziel erreichen soll, d.h. die Tätigkeit Translation wird als Handlung[37], der Translator als diese Handlung Ausführender und das Translat als das Handlungsprodukt gesehen und alle drei sind auf den Zweck hin orientiert. So definiert Vermeer (1994: 33f.) „die Translation als eine komplexe Handlung, in der man unter neuen, also auf den Zieltext gerichteten, funktionalen, kulturellen und sprachlichen Bedingungen in einer neuen Situation über einen Text, Ausgangssachverhalt, berichtet, indem man ihn auch möglichst formal nachahmt". So ist eine Translation abhängig vom Zweck des Translats, das jedoch als ein Teil der Zielkultur mit der Zielkultur sehr eng verknüpft ist, weswegen eine Translation auch ein transkultureller Transfer ist, bei dem die alten kulturellen in die neuen, also zielkulturellen Verknüpfungen eingebunden werden.[38]

---

37 Translationstheorie wird hier als besondere Art der Handlungstheorie verstanden, mit anderen Worten, von der Handlungstheorie ausgehend, wird die Translation als spezielle Handlung gesehen. Nach der Handlungstheorie geht man im Allgemeinen meistens von einer Absicht oder einer Intention aus, und die Handlungen sowie ihre Ziele werden durch gesellschaftliche Vorstellungen, also Normen eingeschränkt sowie durch die jeweilige Situation, in der wir uns befinden, bestimmt. Lenke/Lutz/Sprenger 1995: 120–124.
    Wird dies in der Translation angewendet, wird auch hier ein primär schon vorhandener Ausgangstext als eine Handlung bzw. „Primärhandlung" angesehen, und so gewinnen während der Translation die weiteren Handlungen mehr an Bedeutung, weshalb die Translationstheorie hier eine ‚komplexe' Handlungstheorie genannt werden kann. Reiß/Vermeer 1984: 95.
38 Dafür argumentiert Vermeer (1994: 34f.). Bei jeder Textproduktion und -rezeption und daher auch bei jeder „transkulturellen" Translation ist diese Art der Verknüpfungen immer in Anwendung. Hierbei solle sowohl in der ausgangs- als auch zielsprachlichen Kultur die Differenz zwischen dem Gemeinten des Autors und der späteren bzw. aktuellen Rezeption der Leser mitbe-

So wird z. B. der Begriff des „Skopos", bedeutungsgleich mit „Zweck", „Funktion" oder „Ziel", dem obersten Primat der Translation, entscheidend für die Gestaltung des Translationsvorgangs durch den Translator und die Form des Tranlats, d.h., der Skopos bezieht sich auf den Translationsprozess und das Translat. Deshalb ist Funktionskonstanz Skopos einer Translation, in dem Sinne, die Funktion des Translates aufrecht zu erhalten und eine bestimmte Translationsstrategie zu verfolgen. Dabei wird zwischen dem Translations- und dem Translatsskopos unterschieden. Der erste ist das Ziel, das der Translator (selber) intendiert, der zweite die Funktion des Translats, die in der Zielkultur erfüllt werden soll. Jedoch stimmt die Funktion des Translats nur im Idealfall mit der Funktion, die der Translator intendiert, überein. Aber diese Differenz ist möglichst klein zu halten, durch die professionelle Tätigkeit des Translators: So denkt er immer an die Zielkultur und den Skopos und legt für den Translationsskopos die Translationsstrategie fest und verfolgt diese, d.h., die Skopostheorie stellt keine Forderung mehr nach einer Funktionskonstanz zwischen dem AT und dem ZT. Hierzu machte H. Kirchhoff (Reiß/Vermeer 1984: 102f.) bei der handlungs- und praxisbezogenen funktionalen Entscheidung einer Translation folgende methodologische Unterschiede: Zuerst sollen bei der Skoposfestlegung die möglichen Adressaten[39] bekannt gegeben bzw. eingeschätzt werden. Sonst hat eine Funktion keinen Sinn. Zweitens könnte der AT vor der Translation teilweise geändert werden. Bei der Entscheidung, wann die Änderung vorgenommen werden soll, z. B. vor, während oder nach der Translation, spielen die praktischen Aspekte eine wichtige Rolle. Dann muss der AT gemäß der möglichen Erwartung der Zielempfänger funktional übersetzt werden.

Der Translator als Experte interkultureller Kommunikation und als Handelnder muss Kompetenz haben, wenn sich ein Auftraggeber mit einer bestimmten Vorstellung von der Funktion eines Translats an einen Translator wendet: Als Entscheidungsträger auf jeder Ebene des Translationsprozesses muss der Translator einen Konsens mit dem Auftraggeber über sein Vorhaben für ein optimales Translat finden, und so gibt es gleichzeitig eine translatorische Freiheit und eine Eigenverantwortung. Er kann *in diesem bewussten Handlungsrahmen* der translatorischen Freiheit einen anderen, sogar neuen Text *verfassen*[40] als den AT. Er soll spezifisch mit Kulturen, Adressaten und Situationen umgehen, was eine Voraussetzung für die translatorische Kompetenz ist.

---

dacht werden. In Bezug auf Translatoreigenschaften hinge die Handlung eines Menschen jedoch von seinem Gesamtverhalten, seiner aktuellen Disposition, seiner Vorstellung vom Gegenstand zu der Zeit und einem realen oder unrealen Gegenüber usw. ab. Demnach solle auch eine Translation immer eine persönliche Leistung sein, dies sei am deutlichsten bei belletristischen Übersetzungen oder beim Dolmetschen zu sehen und weiter gehe es dabei nicht um einen Wesensunterschied zwischen literarischem und nicht literarischem Übersetzen, sondern um Gradunterschiede.

39   Der Adressat bzw. der intendierte Rezipient ist sogar als besondere Art des Skopos zu sehen. Vermeer 1984: 101.
40   Koller (2004: 81) verlangt dabei den klaren Äquivalenzbegriff bzw. eine Übersetzungsbeziehung, wenn man Übersetzen und Übersetzungen überhaupt von anderen textverarbeitenden Formen und Resultaten unterscheiden soll. Dazu fügt er die von G. Wienold als textverarbeitende Aktivitäten genannten Beispiele hinzu, nämlich kommentieren, zusammenfassen, interpretieren, bearbeiten, transportieren usw.

Die Skopostheorie betont also die Begriffe „Kultur" und damit auch „Geschichte", worin der jeweilige Translator eingebunden ist, und worin ebenso seine (geschichtlichen) Voraussetzungen einbezogen sind, und damit sind er und sein Translat im Rahmen der Skopostheorie kultur-, situations- und zeitabhängig. Dabei spricht Vermeer von der Kreativität und Freiheit des Tranlators. So gewinnt der „kulturelle" Kontext an Bedeutung, wobei die Bewusstheit der Funktion des ZTs Vorrang hat vor der Autorität des ATs und die Vielfältigkeit einer andersartigen Gestaltung des ZTs den festgelegten translatorischen Strategien vorzuziehen ist (Dizdar 1999: 104–107).

1.3.3 Die Theorie vom translatorischen Handeln

Als einer der wichtigsten Beiträge zur Neu-Orientierung der Übersetzungs- und Dolmetschwissenschaft in den 80er Jahren, in denen der Begriff der Sprache in der Linguistik pragmatisch und der Begriff des Textes in der Textlinguistik kontextbetont neu gestaltet wurden, fasst Holz-Mänttäri die Translation nicht als rein sprachliche Tätigkeit, sondern als Expertenhandlung auf, als eine Teilhandlung in einem situativ eingebetteten und zweckmäßig strukturierten Handlungssystem[41], welches auf Zusammenhänge und Wechselwirkungen hinweist. Sie versucht in ihrer Theorie von Kooperations- und Handlungskonzepten, allen translatorischen Handlungen des Translators eine theoretische Grundlage zu schaffen, indem der Translator in der sog. „Handlungsgefüge-in-Situation" nicht bloß als Sprachmittler beim Kommunikationsprozess, sondern als eigenständig und eigenverantwortlich handelnder Experte angesehen wird. Er ist dies, indem er mit dem Bedarfsträger, also dem Auftraggeber über die Funktion des zu produzierenden Textes übereingekommen ist, dabei aber Entscheidungen für die Produktion des Zieltextes begründen kann, was ihn vom Laien unterscheidet.

Für die bessere Koordination mit den Auftraggebern und die Erfassung der möglichen Translatsvarianten – was berücksichtigt, dass in der Realität der Auftraggeber mit seinen Wünschen und der Translator mit seiner Fachkompetenz sich in der heutigen Gesellschaft schwer abstimmen können, so dass dies schließlich den Translationsprozess und das Translat beeinflusst – fundiert Justa Holz-Mänttäri als ein klar umrissenes Kompetenzprofil des Translators diese theoretische Expertenhandlung einerseits in einem allgemeinen Kooperationsmuster, andererseits in einem speziellen Handlungskonzept (Holz-Mänttäri 1994: 348–371; Risku 1999: 107–112).

1.3.4 Die *Descriptive Translation Studies*

Wie bei der Skopostheorie, bei der die Funktion und Komplexität der Translation und die Zielorientiertheit wichtig sind, lässt sich auch ein paralleler Ansatz der modernen Übersetzungswissenschaft nennen: Die *Descriptive Translation Studies*. In den 70er Jahren des 20. Jahrhunderts, als die präskriptive und praxisorientierte Übersetzungsforschung mit dem Schwerpunkt auf der Übersetzung und der Übersetzerausbildung vorherrschte, entwickelte sich in Opposition zu dieser Richtung eine weitere Schule.

---

41 Auf der Grundlage der Funktionsverschiedenheit von Handeln, Kommunizieren und Rezipieren fasst Holz-Mänttäri (1994: 353ff.) die Produktions- und Rezeptionssituationen von Texten als „kulturspezifische Ausschnitte aus der Welt" auf, die eben für die Handlungssituation des Translators Bedeutung haben.

Diese war deskriptiv, zieltext- und kontextorientiert, empirisch und historisch und gewann in den 80er Jahren an Bedeutung, als der Ertrag der gemeinsamen wissenschaftlichen Arbeit durch eine Reihe von Aufsätzen im Sammelband *The Manipulation of Literature* (1985 London, Sydney) veröffentlicht wurde. James Holmes, Itamar Even-Zohar, Gideon Toury, Jose Lambert, André Lefevere, Raymond van den Broeck und Susan Bassnett gehören dieser Richtung an, und ihr Hauptinteresse liegt darin, die Übersetzung, vor allem die literarische Übersetzung, in ihrer Erscheinungsform als ein historisches und kulturelles Phänomen zu betrachten, das sich in der Zielkultur in einer bestimmten „manipulierten" (Ausdrucks-)Form findet und diese Form zu erklären. Damit ist gemeint, dass die Übersetzung von der dominierenden Form der Textproduktion in einer bestimmten Gesellschaft und ihrer Geschichte beeinflusst und im Hinblick auf die bezweckte Funktion „manipuliert", also verändert, würde, und dass diese Form untersucht werden sollte. Darum wird diese Richtung auch *Manipulation School* genannt.

Sie untersucht also empirisch das Funktionieren der Übersetzung in Gesellschaft und Geschichte: welche Ausgangstexte zum Übersetzen ausgewählt werden, wie, von wem, für wen und zu welchem Zweck sie übersetzt werden. Sie bietet als Untersuchungsmethode die Polysystem-Theorie an, die von Even-Zohar entwickelt wurde und besagt, dass Literatur und Kultur ein Polysystem seien, in dem beide vielschichtig miteinander agieren und sich streiten, wobei bestimmte kulturelle Ausdrucksformen zur Vorherrschaft kommen oder zu kommen scheinen. Die Übersetzung müsse so untersucht werden, dass sie einen breiten soziokulturellen Kontext mit einbezieht, und sie sei die Summe der übersetzerischen Normen, die in einer bestimmten Zeit und Gesellschaft gültig sind und auch die übersetzerischen Entscheidungen[42] des Übersetzers steuern. Demnach relativiert auch der Übersetzungsbegriff geschichtlich Bestimmtes und Kulturgebundenes als verschiedene Phänomene (Hermans 1999: 96–100).

1.4 Der Aspekt der Translationsgeschichte

Nach dem Holmes-Diagramm, wie eingangs dieses Teils der Arbeit dargestellt, schließt so der theoretische Bereich die Geschichte als eine Möglichkeit für die auf die Zeit bezogene Theorie ein, obwohl das Gebiet ‚Geschichte' „fragmentarisch" (Pym 1998: 2) an dem deskriptiven und theoretischen Bereich teilhaben kann. Was alles bei Holmes ‚deskriptiv' genannt wird, kann als historisch aufgefasst werden. Holmes gab auch zu, dass die Translationen in der Vergangenheit unter seinem ‚produktorientierten deskriptiven Bereich' untersucht werden könnten. Hierauf fragte sich Anthony Pym (a.a.O., 1–4), wenn dies bei Holmes so sei, dann könne es auch keinen Grund geben, dass die historischen Funktionen der Translationen nicht auch unter dem ‚funktionsorientierten deskriptiven Bereich' erforscht werden könnten. Holmes nenne kein ausführliches einheitliches Feld für die historische Untersuchung der Translation und skizziere keine Basis für eine spezifische Theorie zur Translationsgeschichte, welche innerhalb der Translationswissenschaft eine bestimmte Grundlage hätte, so Pym. Dieser selbst versucht, die Translationsgeschichte als ein einheitliches Gebiet für geistes-

---

42 Der Ausgangspunkt war Levys Definition: Übersetzen sei Entscheidungsprozess. Hermans 1999: 98.

wissenschaftliche Forschung der Translatoren und ihre soziale Handlung zu untersuchen, und verweist zur Erforschung der Translationsgeschichte auf fünf Prinzipien, die sich daraus nacheinander ergeben können:

1) Die Translationsgeschichte soll die Frage der gesellschaftlichen Kausalität ansprechen, d. h., sie soll erklären, warum Translationen in einer bestimmten Zeit und einem bestimmten Ort hergestellt worden sind.

2) Der wichtigste Gegenstand der historischen Kenntnisse soll der Translator sein, aber nicht der Translationstext, dessen kontextuelles System oder gar dessen linguistische Eigenschaften. Denn man kann nur durch den Translator und seine gesellschaftliche Umgebung zu verstehen versuchen, warum Translationen in einer bestimmten Zeit und an einem bestimmten Ort hergestellt worden sind.

3) Wenn sich die Translationsgeschichte auf den Translator richtet, dann soll sie ihr Gebiet um die sozialen Kontexte organisieren, in denen Translatoren leben und arbeiten. Solche Kontexte werden heute generell als den Zielkulturen zugehörig angenommen, aber als allgemeine Arbeitshypothese bleibt auch immer gültig, dass Translatoren dazu tendieren, interkulturell zu sein.

4) Der Grund, überhaupt Translationsgeschichte zu betreiben, liegt in der Gegenwart: in dem Versuch, die unsere eigene Situation beeinflussenden Probleme auszudrücken, über sie zu reden und sie zu lösen. So ist der Ausgangspunkt die Gegenwart. Dabei ist auch die Vergangenheit ein unvermeidbar wichtiger Gegenstand, der dazu gebracht werden muss, auf unsere Fragen zu antworten, indem die Vergangenheit auf Kategorien und potentielle Lösungen hindeutet, an die man vorher nicht gedacht hat.

5) Die Translationsgeschichte wird schließlich eine Erweiterung erfahren, wenn sie nicht als ein Teil einer revitalisierten, vergleichenden Literatur betrachtet wird, sondern wenn sie sich auf die Translatoren konzentriert, die als Mitglieder interkultureller Gruppe gelten können. So könnte die Translationswissenschaft eine interkulturelle Wissenschaft und die Translationsgeschichte dann ein Kernbereich der interkulturellen Geschichte werden (vgl. a.a.O., ix–xi).[43]

1.4.1 Der Forschungsstand

Innerhalb der Translationswissenschaft gibt es eine noch kurze Translationsgeschichte im eigentlichen Sinne, weil bis jetzt meist das Augenmerk nur auf spezifische Texte und eine bestimmte Periode, aber nicht auf Translatoren der Vergangenheit gerichtet wurde, und so gab es auch keine umfassend erklärende Vision über eine gesellschaftliche Geschichte: Eine generalisierende Untersuchung der Translationsgeschichte könnte man etwa ab den 60er Jahren des 20. Jahrhunderts[44] datieren: Überblicke darüber

---

43 Dieser interkulturelle Bezug wird in der Schlussfolgerung der vorliegenden Arbeit näher ausgeführt.

44 Pym nimmt als Kriterium zur Zeiteinteilung das Hervortreten der systematischen Philologie an: Seit der Mitte des 19. Jahrhunderts hat es beständig historische Untersuchungen gegeben, die durch die Entwicklungen in den 60er Jahren des 20. Jahrhunderts als „vorwissenschaftliche Phase" bezeichnet wurden. Allerdings waren die damaligen Untersuchungen der besonders hervorzuhebenden wissenschaftlichen Translationen aus dem Arabischen im 12. Jahrhundert in Toledo („Schule von Toledo"), auch nach den heutigen Kriterien als wissenschaftlich zu bezeichnen. Pym 1998: 11ff.

stammen von Cary (1963), Mounin (1965) und Kloepfer (1967). Störig (1963) gab einige frühe wichtige theoretische Texte heraus, und danach folgten Diskussionen und Überblicke von G. Steiner (1975), Kelly (1979), Berman (1984), Norton (1984), Van Hoof (1986, 1991), Rener (1989), Ballard (1992) und Vermeer (1992, 1996). Historische Translationstheorien wurden von T. R. Steiner (1975), Lefevere (1977, 1992b), Horguelin (1981), Santoyo (1987), D'hulst (1990), Copeland (1991), Robinson (1997) u.a. herausgegeben.[45]

Die Systemtheorie verursachte eine fundamentale Änderung in der Translationsgeschichte als ein Hauptwandel des Untersuchungsinteresses. Dieser Wandel erfolgte nicht nur zugunsten der generalisierenden Untersuchungssichtweise, die die Studien aus den 60er Jahren des 20. Jahrhunderts recht befriedigend angewendet haben, sondern auch in den Methoden im grundlegendsten Sinne, dass die Translationsgeschichte tatsächlich eine Methode mit eigenen Konzepten, Verfahren und Resultaten haben müsste. Besonders von der Einsicht Itamar Even-Zohars der *Descriptive Translation Studies*, die auf dem russischen Formalismus basierten, datierte die Änderung in der Tat nicht des Systemmodells selbst, sondern die direkte Anwendung eines allgemeinen deskriptiven Modells auf die Translationen statt auf die Translationstheorien. Dies hatte drei Wirkungen hinterlassen: Das Einbeziehen der Erklärung in die Translationsgeschichte, die empirische Archäologie und die Geschichtlichmachung der Translationstheorien: Die Systemtheorie ermöglichte, dass fragmentarische philologische Untersu-

---

45 Cary, Edmond (1963) *Les grands traducteurs français*, Geneva: Georg; Mounin, George (1965) *Theotria e storia della traduzione*, Turin: Einaudi; Kloepfer, Rolf (1967) *Die Theorie der literarischen Übersetzung: Romanistisch-deutscher Sprachbereich*, München: W. Fink; Störig, H. Joachim (1963) *Das Problem des Übersetzens*, Darmstadt: WBG; Steiner, George (1975) *After Babel. Aspects of Language and Translation*, London u.a.: Oxford University Press; Kelly, Louis G. (1979) *The True Interpreter. A History of Translation Theory and Practice in the West*, Oxford: Basil Blackwell; Berman, Antoine (1984) *L'épreuve de l'étranger. Culture et traduction dans l'Allemagne romantique*, Paris: Gallimard; Norton, Glyn P. (1984) *The Ideology and Language of Translation in Renaissance France and their Humanist Antecedents*, Geneva: Droz; Van Hoof, Henri (1986) *Petite histoire de la traduction en Occident*, Louvain-La-Neuve: Cabay, ---- (1991) *Histoire de la traduction en Occident. France, Grande-Bretagne, Allemagne, Russie, Pays-Bas*, Louvain-La-Neuve: Duculot; Rener, Frederick M. (1989) *Interpretatio. Language and Translation from Cicero to Tytler*, Amsterdam & Atlanta GA: Rodopi; Ballard, Michel (1992) *De Cicéron à Benjamin. Traducteurs, traductions, réflexions*, Lille: Presses Universitaires de Lille; Vermeer, Hans J. (1992) *Skizzen zu einer Geschichte der Translation*, vols 1-2, Frankfurt a. M.: Verlag für Interkulturelle Kommunikation, ---- (1996) *Das Übersetzen im Mittelalter (13. und 14. Jahrhundert)*, 2 vols, Heidelberg: Text con Text; Steiner, T. R. (1975) *English Translation Theory, 1650-1800*, Assen: Van Gorcum; Lefevere, André (1977) *Translating Literature: The German Tradition from Luther to Rosenzweig*, Assen: Van Gorcum, --- (ed.) (1992b) *Translation History, Culture. A Sourcebook*, London and New York: Routledge; Horguelin, Paul (1981) *Anthologie de la maniére de traduire. Domaine français*, Montreal: Linguatech; Santoyo, Julio-César (1987) *Teoría y crítica de la traducción: Antología*, Bellaterra: Universitat Autònoma de Barcelona; D'hulst, Lieven (1990) *Cent ans de théori française de la traduction: de Batteux à Littré (1748-1847)*, Lille: Presses Universitaires de Lille; Copeland, Rita (1991) *Rhetoric, Hermeneutics and Translation in the Middle Ages. Academic Traditions and Vernacular Texts*, Cambridge, New York, Port Chester, Melbourne, Sydney: Cambridge University Press; Robinson, Douglas (1997) *Western Translation Theory from Herodotus to Nietzsche*, Manchester: St. Jerome.

chungen durch die Einbeziehung der Translationsgeschichte zu einer erweiterten Sichtweise gebracht wurden, ohne die eigene Geschichte der Translationswissenschaft zu vernachlässigen. Die meisten solchen Untersuchungen basierten auf den Corpora der Translationen und waren umfangreiche empirische Untersuchungen, die viel mehr zur Unterstützung als zur Isolation der Perspektive der Archäologie der Translation neigten. Die größere Aufmerksamkeit auf die Translatoren statt auf die Theorien mindert die normative Stellung der früheren Theorien, welche selbst ein legitimer Untersuchungsgegenstand wurden, auch wenn Translationstheorien selbst historisch sind.

Diese drei Faktoren machen (dann auch) eine fundamentale Änderung in der Geschichte der Translationswissenschaft aus, indem die Gruppenarbeit ein leitendes Moment wurde. Eine Zusammenarbeit zum Thema „Translationsgeschichte" wird sich in bestimmten Aspekten zeigen, z. B. Zusammenarbeit von Wissenschaftlern unterschiedlicher Qualifikationsstufen oder unterschiedlicher Fachgebiete usw. Dies führt im gemeinsamen Diskurs zu Änderungen und Erweiterungen von Konzeptionen und Methoden (Pym 1998: 9–15).

1.4.2 Bereiche der Translationsgeschichte

Nach Pym ist die Translationsgeschichte bzw. Historiographie ein fester Sachzusammenhang, der Veränderungen aussagt, die sich im Feld der Translation ereigneten, wobei auch die gegen die Veränderung gerichteten Momente aufgezeigt werden sollen. Dem Feld der Translation gehören die zu Translationen führenden (oder diese hemmenden) Handlungen und Handelnden, Translationstheorien, Wirkungen der Translationen und all die mit Translationen kausal verbundenen Phänomene an. So unterteilt Pym die Transaltionsgeschichte in die drei Bereiche ‚Archäologie', ‚Kritik' und ‚Erklärung' (1998: 4ff.):

Die Archäologie der Translation ist ein fester Sachkontext, der komplexe Fragen beantwortet wie: wer, was, wie, wo, wann, für wen und mit welcher Auswirkung übersetzt hat bzw. übersetzt wurde. Sie kann alles umfassen, vom Kompilieren der Kataloge bis zur biographischen Untersuchung der Translatoren. Mit dem Begriff ‚Archäologie' ist hier gemeint, dass sie ein Feld der zeitintensiven Arbeit bzw. einer komplexen Detektivarbeit darstellt, das sehr grundlegend den anderen Bereichen der Translationsgeschichte dient.

Historische Kritik sind Diskurse, die bewerten, ob Translationen dem Fortschritt (bzw. dem Geistesleben der Menschen) geholfen oder ihn verhindert haben, wobei man allerdings zuerst sagen müsste, wie „Fortschritt" zu definieren ist. Allerdings kann die Kritik, die aus zeitgenössischen Werten resultiert, nicht direkt auf die Translationen der Vergangenheit angewandt werden, sondern die historische Kritik muss den Wert der Translation der Vergangenheit in Bezug auf die damals erzielten Wirkungen ermitteln.

Erklärung (*Explanation*) ist ein (Teil-)Bereich der Translationsgeschichte, in dem man sich mit der Kausalität von Daten wie individuellen Fakten und Texten über eine Translaltion – dahingegen die oben genannten beiden Bereiche Archäologie und historische Kritik meist selbst solche Daten beinhalten – befasst, und zwar vor allem mit der Ursache dergleichen Daten, die in einem bestimmten Machtverhältnis begründet liegt. Man versucht etwa zu sagen, *warum* archäologisch ermittelte Ereignisse stattfinden, wann und wo auch immer, und wie sie mit einer Änderung zusammenhingen. Mit dieser Erklärung können sich Translatoren selbst in der gesellschaftlich wirksamen Rolle des Handelnden befinden. Auch kann dieser erläuternde Bereich technologische Änderungen oder die Machtverhältnisse zwischen den gesellschaftlichen Schichten behandeln und ebenfalls umfangreiche Hypothesen bevorzugen, die mit den gesamten Perioden oder sozialen Netzen zu tun haben. Pym hält die Erklärung für den wichtigsten Bereich der Translationsgeschichte, weil sie alle anderen Bereiche umfasst und der einzige Bereich ist, in dem der Prozess der Änderung angesprochen wird, und der in Holmes' Diagramm fehlt. Eine Geschichte ohne Beachtung der Ursache würde den Prozesscharakter um eine wesentliche Dimension verkürzen, indem sie Handlungen und Wirkungen beschreibt, dabei aber die menschliche Dimension als Ursache der Texte und der Handlungen im Änderungsprozess nicht kenntlich macht (Pym 1998: 4ff.).

Die Translationsgeschichte soll all die oben genannten Sachkontexte umfassen, somit kann der Sachkontext oder Diskurs in Wirklichkeit nicht nur ein separater Teil des Ganzen in einer gewissen Abgrenzung gegen andere Teile sein, sondern zugleich auch ein Glied, das nur besteht, in der Harmonie der Glieder, die in einem fortschreitenden Prozess so zusammenwirken. So kann kein Bereich dieser drei unabhängig von einander bestehen und gibt es auch keinen rein ‚informativen' oder ‚deskriptiven' Diskurs bzw. Sachzusammenhang ohne seinen archäologisch aufzuklärenden Hintergrund.

1.4.2.1 Exkurs zur Archäologie der Translation

Für den Untersuchungsgegenstand in der Translationsgeschichte stehen im Allgemeinen translatorische Dokumentationen zur Verfügung, und zwar sowohl Translationen selbst als Dokumentationen als auch Dokumentationen über Translationen, durch die man nun andere Aktivitäten und Persönlichkeitsmerkmale der Translatoren kennenlernen kann. Dabei soll die Frage nicht im Vordergrund stehen, wie man Translationen auswählt, die man in den Gegenstandsbereich einschließen will, sondern, was müsste oder auch könnte in den Dokumentationen aufgenommen werden, wie soll man in einem solchen Fall dann einordnen, wenn man mit den Listen der Translationen anfängt, die man in Bibliotheken und Büchern zur Hand nimmt? Es gibt für dieses Problem zwei Vorgehensweisen. Die eine ist, Listen zu den heranzuziehenden Corpora[46] zu benutzen, wobei man mit einer großen Liste anfangend versucht, diese auf ein kleineres Feld von bestimmter besonderer Bedeutung zu reduzieren. Deshalb kann dies auch Reduktion bzw. das reduktive Operationsverfahren genannt werden, auch Deduktion genannt. Dieses Verfahren neigt umfassend dazu, Arbeitsdefinitionen[47] anzuwenden,

---

46 Corpora sind grundlegende sprachliche Daten aus der Corpusanalyse, die zur Spracherschließung bzw. -ermittlung und -beschreibung oder zur Überprüfung von Hypothesen und Theorien verwendet wird. So ist das Corpus vor allem eine endliche Menge von konkreten und beobachtbaren sprachlichen Daten. Je nach dem Untersuchungszweck, wie den spezifischen Fragestellungen oder den bedingten Untersuchungsmethoden, ist die Corpusuntersuchung nur auf das analysierte Corpus beschränkt. Schöneck 2005: 357f.; vgl. auch Bußmann 1990: 155f.

47 Damit sind exakte Kriterien gemeint, die für die Entscheidung für den Inhalt eines Corpus benutzt werden. Das ist oft auch die Entscheidung dafür, was als eine Translation oder als ein spezifisches Genre gelten soll oder nicht, d.h., die den Untersuchungsgegenstand betreffenden

die Verteilung in Zeit und Raum einzuzeichnen[48] und resultierende Formen erläuternd zu analysieren. Die andere Vorgehensweise ist das operationale Verfahren der Induktion, das von einem kleinen Bereich angefangen, Stück für Stück zu einem größeren Gegenstand aufzubauen ist, also einen Katalog herzustellen. Diese Methode kommt für die Theorien bzw. in Theorien zunehmend außer Gebrauch. Denn Geschichte kann kaum aus den Analysen einzelner isolierter Translationen rekonstruiert und auch nicht aus Hypothesen, die auf Basis von nur ein oder zwei Beispielen erschlossen wurden. Also muss man mehr als einige Beispiele anschauen. Gerade deshalb, weil jeder Text von seiner Gattung und seinem Kontext die Bedeutung und die Funktion erfährt, sollen translatorische Dokumente im Idealfall innerhalb eines Kontextes platziert werden, der von anderen translatorischen Dokumenten geformt worden ist (Pym 1998: 38ff.).

Listen sollen für die Translationsgeschichte im Grunde aus bibliographischen Daten über Translationen bestehen, also was und wann übersetzt wurde[49], und können so mit ihrem knappen Inhalt den Kernpunkt veranschaulichen. Listen als ein arbeitssparendes Instrument umfassen auch Kataloge und im engeren Sinne Indices und Inhaltsverzeichnisse. D.h., sie sind in den Corpora und Statistiken enthalten. Also sind Listen brauchbar, um für die objektive Orientierung der Translationsgeschichte einen Rahmen zu geben, der schnell sowohl zeit- als auch kostensparend Informationen gibt, wenn auch mit Unvollständigkeit. So können die Listen uns auch helfen, die Erkenntnis des Kontextes zu verstärken, und auf diese Weise kann man dadurch Eindrücke korrigieren bzw. revidieren. Grundlegende Probleme mit Listen sind einerseits, relevante Dinge darin zu finden, und dies ist vor allem dort problematisch, wo Referenzen für die Translationsgeschichte aufgrund der schwachen bibliographischen Tradition kaum verfügbar sind. Auch sind Listen problematisch, die unvermeidlich auf die vorherigen Listen der einen oder anderen Art angewiesen sind, dies sind meistens von Verlegern oder Bibliotheken kompilierte Kataloge oder eine Art spezialisierter Bibliographie, auch wenn die Zahl der spezialisierten Bibliographien von Translationen ansteigt.

Grundbegriffe oder Konzepte zu entwickeln und anzuwenden, also eine Entscheidung für die Kriterien oder die Methode für die Definition der Translationen. Im weiteren Sinne schließt dieses Verfahren (die Arbeitsdefinition anzuwenden) auch technische Vorgehensweisen ein, wie z. B. die Bestimmung chronologischer, geographischer oder kultureller Grenzen einer Liste. Denn eine Liste ist generell ein bestimmtes Verzeichnis – oder eine Form mit Verzeichnisstruktur –, in dem thematisch bestimmte Begriffe gesammelt sind, derer Anordnung nach einem Prinzip, z. B. alphabetisch oder chronologisch, erfolgt. Allgemeine Meinung ist es, dass vor der aktuellen Kompilation der Listen die Definitionsfrage bereits gelöst sein sollte. Pym 1998: 55ff.

48 Die Distribution (Verteilung) der Translationen in der Zeit aus den Listen oder bibliographischen Daten kann durch das statistische Verfahren zur Häufigkeit in Kurven erfasst werden, welche ans Licht der Hypothesen, Zweifelsfälle usw. bestätigen oder ablehnen können. Aber auf den generellen Katalogen der übersetzten Bücher basierenden Distributionen sind zwar bei der Untersuchung mit quantitativen Methoden, z. B. graphischen Präsentationen der Häufigkeit, nicht immer vielversprechend für die Beschreibung einer „guten" Geschichte, gleichwohl kann man damit aber eine neue Hypothese formulieren und in die richtige Richtung weiterarbeiten. A.a.O., 79.

49 Dies könnte im Grunde weiter in Listen zu Translatoren, Erscheinungsorten, Translationstheorien und Ausbildungsinstitutionen für Translatoren angewendet werden. A.a.O., 38.

Allerdings erweisen sich spezialisierte Bibliographien in quantitativer Hinsicht bezüglich der Translationsgeschichte als mangelhaft, was im Folgenden an Beispielen gezeigt wird. Bibliographien bestehen aus Hinweisen auf die geschriebenen oder gedruckten Dokumente, also auf die Translationen, und werden zum Teil auch genauer Katalog einerseits und Corpora andererseits genannt. Sind Translationskataloge Translationslisten innerhalb eines spezifischen Feldes, sollen jene hauptsächlich dazu dienen, die maximale, objektiv gegebene Vollständigkeit unter Vermeidung subjektiver Bewertung bei der empirischen Untersuchung zu erreichen, damit alle besonderen Informationen gefunden werden können. Hingegen werden Corpora als Translationslisten betrachtet, die zwar nach streng kontrollierten Kriterien entworfen sind, die aber nicht notwendig vollständig sein müssen, um eine bestimmte Hypothese zu testen oder wissenschaftliche Untersuchungszwecke zu erfüllen. Die Tendenz, vom Katalog zu den Corpora überzugehen, impliziert in der Tat die Bildung eines neuen Untersuchungsgegenstandes (Pym 1998: 38–42).

Was überhaupt eine Liste in der Translationsgeschichte sein soll, versucht Pym dadurch zu erklären, dass er die Kriterien am Beispiel von vier Bibliographien aufzeigt:

1) Anselm Schlösser, *Die englische Literatur in Deutschland von 1895 bis 1934*. Jena: Verlag der Frommannschen Buchhandlung Walter Biedermann, 1937. 6,493 Einträge. 535 pp.

2) Liselotte Bihl and Karl Epting, *Bibliographie französischer Übersetzungen aus dem Deutschen 1487–1944. Bibliographie de traductions françaises d'auteurs de langue allemande*. 2 vols. Tübingen: Max Niemeyer, 1987. xviii + 1311 pp. 12,289 Einträge.

3) Hans Fromm, *Bibliographie deutscher Übersetzungen aus dem Französischen 1700–1948*. 6 vols. Baden-Baden: Verlag für Kunst und Wissenschaft, 1950–1953. 27,790 Einträge.

4) Joseph Jurt, Matin Ebel, Ursula Erzgräber, *Französischsprachige Gegenwartsliteratur 1918–1986/87. Eine bibliographische Bestandsaufnahme der Originaltexte und der deutschen Übersetzungen*. Tübingen: Max Niemeyer Verlag, 1989. 908 pp.

Zu 1) Schlösser erstellte die Studie zur Rezeption der ‚englischen' Literatur (nicht der amerikanischen) in Deutschland, deren Daten von Zeitschriften und Rezensionen stammen und daher auf der Rezeption der literarischen Kritik beruhen, wofür er Verlagskataloge heranzog, weil er annahm, dass diese vom Publikum am meisten gelesen wurden. So verfasste er eine Liste, die aus allen katalogisierten Translationen bestand, zusammen mit einer separaten Liste mit allen nicht übersetzten englischsprachigen Werken, die in Deutschland publiziert worden waren. Die Listen wurden angesichts der Kataloge definiert mit dem Ziel der Behandlung aller Translationen innerhalb eines Feldes, wodurch die Aufnahme des katalogisierten Stoffes beschränkt wurde. Sie sind in Bezug auf die Zeit z. B. der modernen oder alten Ausgaben des Originaltextes, die Gattung, die am meisten gelesenen Autoren, den Verlag und die wichtigen Translatoren analysiert worden, und zwar in Form von Tabellen, Diagrammen und einem erläuternden Text. In der Studie, die nach dem Genre aufgestellt wurde, ist es Schlössers operative Hypothese, dass die Verlagskataloge aufgrund der Widerspiegelung des Allgemeininteresses des Publikums ihre Bedeutung hatten, dies wurde aber nicht überprüft. Denn die englischsprachige Publikation um das Jahr 1933 strömte auf Grund der Konkurrenz von zwei Verlagen auf den deutschen Büchermarkt. D.h., die Verkaufsstrategie der Verleger als eine wichtige Kategorie der Vermittlung wurde nicht in Betracht gezogen. Als ein Corpus fehlen hier die wichtigsten Informationen darüber, welche Translationen ausgelassen wurden und welche Unterschiede zwischen der kanonisierten und der neuesten Literatur bestanden. Sein Katalog erscheint daher als ein Corpus mit eingeschränktem Nutzen.

Zu 2) Indem nach Perioden und Genres klassifiziert wurde, war es schwierig, die Translationsgeschichte individueller Werke zu verfolgen. Zwar ist der Vorteil dieser Bibliographie ihre relative Vollständigkeit als ein Katalog, der aus Katalogen herausgezogen worden ist, aber sie kann doch auch nicht die absolute Vollständigkeit garantieren.

Zu 3) Die zwischen 1946 und 1949 kompilierte Bibliographie Fromms basierte hauptsächlich auf den Katalogen der Verleger, nicht auf denen von Bibliotheken, und befasste sich mit Hinweisen auf die französische Literatur und ihrem wachsenden Einfluss innerhalb der deutschen Literatur. Fromm schloss Artikel aus, deren französische Originaltitel nicht zu ermitteln waren, so dass nicht nur die in französischen Katalogen ungenannten Pseudonymtranslationen, sondern auch kurzlebige Publikationen ausgeschlossen wurden. Jedoch wurden die aus dem Französischen übersetzten Titel als Translationen betrachtet und ohne Rücksicht auf die Nationalität der Autoren aufgenommen.

Zu 4) Der bibliographischen Studie als einem Teil eines großen Untersuchungsprojektes der deutschen Rezeption der französischen Literatur wurde der Untersuchungszeitraum vorgegeben, wobei die zeitliche Differenz zwischen den Kompilatoren und dem Untersuchungsgegenstand nicht beachtet wurde. Es wurden nur quantitativ die besten zeitgenössischen französischen Werke ausgewählt und aufgelistet, dann diese Kanonisierung als frankozentrisch kritisiert und schließlich durch die eigenen favorisierten Autoren bzw. Werke der Kompilatoren ergänzt, weil die meisten kanonisierten Autoren doch nicht als zeitgenössisch betrachtet wurden. Dieses Ergebnis wäre nach Pym ein methodologisches Gemisch von der Idealisierung durch den Versuch der quantitativen Vollständigkeit und eigener Kritik der Kompilatoren (a.a.O., 47).

In den oben angesprochenen Beispielen der Bibliographien konnte wenig Anspruch darauf erhoben werden, die *eine* gesicherte und umfassende Datenbasis für die erklärende oder kritische Translationsgeschichte zu liefern. Die Kriterien der Auswahl blieben unscharf, wobei es aber notwendig war, eine Auswahl zu treffen, um eine brauchbare Liste zu bilden, in der alle in dieser Hinsicht relevanten Translationen in einer gegebenen Sprache, in einem gegebenen Genre und in einer gegebenen Periode erscheinen. Hingegen werden die relevanten Kriterien aus einer umfangreichen, archäologischen Liste erst gewonnen, indem die Strukturierung der Liste Voraussetzung für die nachfolgende Untersuchung und daraus resultierenden Ergebnisse ist. Das erste Verfahren findet Anwendung in der begrenzten Feldforschung und das zweite in der umfangreicheren Translationsarchäologie. Die Kombination beider Verfahren ermöglicht die Erstellung einer Liste, die über den beschränkten Bereich der Kataloge hinausgeht und als ein Kriterium für die erklärende Translationsgeschichte dienen kann (Pym 1998: 38–54).

1.4.2.2 Die Ursachen

Die Erklärung behandelt Zentralfragen der Translationsgeschichte, Hypothesen, warum gewisse Translationen in gewisser Art und Weise erstellt wurden. Dies wurde bis heute, wo die Zielseite als Hauptursache der Translationen dominiert, in der Translationstheorie nicht genug behandelt. In dieser Sicht ist die Norm der Zielseite als formaler Faktor ausschlaggebend, also weder die nicht-linguistischen materiellen Elemente noch die effizienten. Es gibt aber viele Faktoren, mit denen die Translation verbunden ist, und so kann die Ursache der Translation dann eher als unklar und unbestimmt erscheinen denn als deutlich und genau bestimmt. Pym schlägt in Anlehnung an Aristoteles vier Kategorien[50] bzw. Ursachen vor, von denen die Änderung ausgeht, und versucht jene auf die Translation anzuwenden und die Geschichte der Translationstheorie der letzten Zeit kritisch zu beurteilen. Er unterscheidet dabei materielle bzw. initiierende, finale, formale und effiziente Ursache (Pym 1998: 143–159):

Für jede Translation sind die Textproduktions- oder Kommunikationstechnologie, der Ausgangstext und die Sprache materiell nötig. Finale Ursache ist die Funktion bzw. der Zweck der Translation innerhalb der Zielkultur, um zu einer idealerweise den Translationszweck erfüllenden, geglückten translatorischen Handlung zu kommen. Konventionelle Normen, die eine Translation als eine solche gelten lassen, sind die formale Ursache, wenn auch die Auftraggeber, die Empfänger, der Translator selbst sowie andere Translatoren eine Translation rezipieren können. Translatoren, seien sie individuell oder kollektiv, zusammen mit allen Besonderheiten ihrer Position, sind die effiziente Ursache.

Pym trug folgende Punkte, zum Teil als kritikwürdig, zum Teil als der Aufmerksamkeit würdig, vor: In der Geschichte ist die materielle Ursache einer Translation als der grundlegendste Faktor die notwendige, aber nicht hinreichende Bedingung. Bei der linguistischen Behandlung der Translation kommt der Ausgangstext hinzu, bzw. die Ausgangssprache und die Zielsprache, was uns zwar nur eine komparative Textanalyse erbringt, jedoch ist zum Verständnis der Geschichte eine breitere Sicht auf die „Initialzündung" nötig.[51] Die Translation setzt auf der Ebene des Transfers die Bewegung[52]

---

50 Substanz (Entstehung und Vernichtung), Quantität (Zunahme und Verminderung), Qualität (Änderung) und Ort (Bewegung) sind vier der zehn Kategorien von Aristoteles, die Veränderungen ansprechen sollen, und Translation reagiert bzw. spricht in erster Linie auf Änderungen im Ort (am Platz) an, was die sich auf das Objekt und gleichzeitig das Subjekt „Transfer" beziehende Kategorie sein soll. Denn ein Text bewegt sich durch Raum und Zeit und ändert sich somit in seiner Qualität, und Translation kann dann als eine weitere, qualitative Änderung einführende, Methode betrachtet werden, um der Änderung im Ort entgegenzuwirken oder davor zu kapitulieren. Als ein Beispiel will man dann mit der und bei der Translation versuchen, die aus dem Ortswechsel resultierende Unverständlichkeit zu reduzieren, wenn ein arabischer Text in einem Milieu der lateinischen Leser transferiert wird und dort unverständlich oder fremd geworden ist. Zitiert nach Pym 1998: 150. Zu Aristoteles vgl. *Topik*, 1. Buch, 9. Kapitel, S. 11f. (103b–104a). In: *Aristoteles*. Philosophische Schriften in sechs Bänden, Bd 2. *Topik. Sophistische Widerlegungen*, Hamburg: Meiner, 1995.
51 Die materielle Ursache kann zwar nicht viel dazu sagen, welche Funktion die Translation in der Tat hat, aber bei einigen wichtigen Änderungen in der Translationsgeschichte Hilfe leisten, wie z. B. die Papierherstellungstechnik. Pym 1998: 151.
52 S. Fußnote 50 der vorliegenden Arbeit.

voraus: Die Ortsveränderung, materieller Transfer genannt, verursacht dann die Translation, wenn ein Text übersetzt wird, weil er in die zielsprachliche Kultur verlegt wurde. Somit ist diese Ortsveränderung materielle oder initiale Ursache für den Transfer. Wenn jedoch Texte vor ihrer Translation bereits in der zielsprachlichen Kultur vorhanden sind, dann war die Translation die finale Ursache der Bewegung und die Bewegung materielle Ursache der Translation. Die Identifikation der materiellen Ursache kann jedenfalls zeigen, dass die Bewegung möglich war, und für die Erklärung dieser Bewegung in einem passenden historischen Zusammenhang sind noch die finale und effiziente Ursache zu finden.

Die Kategorie der Ursache wird sowohl in den handlungsbasierten translatorischen Theorien als auch in der Systemtheorie behandelt: Bei der translatorischen Handlungstheorie ist die Translation eine die interkulturelle Kommunikation umfassend herstellende, teleologische Handlung, und bei der Skopostheorie ist der dominierende Faktor einer Translation die Funktion, die diese Translation erfüllen soll. Während die Systemtheorie an den Translationen als Texten interessiert ist, die bestimmte Positionen im (Ziel-)System innehaben und aufgrund dieser Positionen ihre Funktionen erfüllen, beobachtet die Handlungstheorie die Handelnden, die in der Produktion der Translationen involviert sind. Wichtig ist beiden die Ausrichtung auf die Zielseite: Vorrangig für die erste (die Systemtheorie) sind Textpositionen im Zielsystem und für die zweite (die Skopostheorie) angezielte Funktionen bzw. Zwecke des Zieltextes, d.h., sie sind Theorien der finalen Ursache. Problematisch hierbei ist dies insofern, wenn die Zielkultur die Ursache der Translation sein soll und damit die Veränderungen in sich veranlasst, obwohl eine Kultur doch meistens als das Resultat der entsprechenden Außenursache entsteht, lebt, verschwindet oder eine andere Kultur wird. Und auch wenn (Ziel-)Kulturen zum Übersetzen oder zur Translation als einer Hauptmethode, ihre eigenen Lücken zu schließen, greifen, bemerken sie diese Lücken gerade erst in der Auseinandersetzung mit der anderen Kultur, die dann diese Lücken zu schließen helfen soll. So sind doch einige Faktoren der Ausgangskultur auch für die Translation bestimmend. Hier zeigt sich, dass der Gemeinschaftsgeist von Sprache und Kommunikation sich nicht auf eine einfache Ursache zurückführen lässt, sondern immer schon auf die Gemeinschaft der Kommunizierenden verweist (a.a.O., 151ff.).

Was die translatorische Handlungstheorie anbetrifft, so hat die Translation eine finale Ursache, weil die Funktion bzw. der Zweck der Translation mit Rücksicht auf eine bestimmte Zielgruppe in einer bestimmten Zeit und an einem bestimmten Ort der Zielseite erfüllt werden muss. Sie sagt jedoch nur, die finale Ursache sei immer dominant, aber nicht, wie übersetzt werden sollte. Dies bedeutet, sie beachtet nicht so sehr die Translatoren als gesellschaftlich bestimmte Individuen, die tatsächlich übersetzen, sondern die Funktion, die durch die Vorlagen der Auftraggeber, die Bildung möglicher Leserschaft oder von „hervorragenden" Translatoren selbst determiniert werden. Als Wichtigstes haben aber immer die Translatoren das Recht auf die Entscheidung für oder gegen die Translation und alle Bedingungen, unter denen sie erfolgen soll (a.a.O., 154f.).

Der Begriff der formalen Ursache bezieht sich darauf, wie eine Translation sein sollte oder was erwartet werden kann als eine Translation in einer bestimmten Zeit und an einem bestimmten Ort. Immer wenn hierüber diskutiert wird, war und ist generell von „Äquivalenz", „Norm", „Konvention" usw. die Rede mit dem praktischen Hinweis auf das Definieren der Merkmale, die bei jeder Translation als einer besonderen Handlung eine Rolle gespielt haben können. Äquivalenz ist darunter der allgemeinste Begriff der translatorischen Form, und die Translation wird dabei als dem Ausgangstext gleich aufgefasst. Dies deutet auf einen fiktionalen Status, also einen Glauben auf der rezipierenden Seite an die Identität mit dem Originaltext. Diese Fiktion hervorzurufen oder beizubehalten, soll nach Pyms Definition eines der Ziele jeder Translation sein. Darum kann eine Translation bei einer entsprechenden Gelegenheit diese Rolle spielen, und das, was erhalten geblieben ist, ist eine Form. [53] Auch wenn die Formen der Translation in der Geschichte der Kulturen unterschiedlich waren und sich stets durch ihre unterschiedlichen Normen bzw. Konventionen hindurch etabliert haben, kann man deshalb nichts als translatorische Kommunikation erkennen, ohne den Glauben, dass die Translation so rezipiert werden kann, als ob sie mit dem Ausgangstext identisch wäre.

Ein weiterer zu berücksichtigender Grund für die formale Ursache ist, dass sich weitreichende indirekte Informationen über die variablen Eigenschaften der Translation durch die Untersuchungen über „Pseudotranslationen"[54] finden lassen. Indem Pseudotranslationen als reiner Prozess des Übersetzens ohne die Verbindung mit einer entsprechenden Initialursache, hier ist ein zugrunde liegender Originaltext gemeint, angesehen werden, tritt hier die formale Ursache, die Prozessualität, mit besonderer Klarheit hervor, dann kann über die spezifische Funktion (oder Rolle) der formalen Ursache deutlicher reflektiert werden. Mit anderen Worten: es tritt die formale Ursache „rein" hervor, wenn sie als aktive, von der sie begleitende Initialursache getrennt betrachtet wird.

Wird ein Translator für eine Translation gebraucht, sei er individuell oder kollektiv, ist er die effiziente Ursache einer Translation, wobei man von einer untergeordneten Rolle des Translators sprechen kann. Dies ist dann der Fall, wenn eine der anderen Kausalitäten allein als Hauptfunktion gewählt wird: z. B. wenn alles von dem Zielsystem bestimmt wird, dann spielt der Translator nur die Rolle eines Funktionsträgers innerhalb dieses Zielsystems; wenn die Funktion die höchste Priorität einer Translation

---

53 Pym zitiert die Aussage von W. Benjamin (1923: 50), „Übersetzung ist eine Form" und gesteht zu, dass dies nicht die einzige Definition der Translation ist und es eine formale Diskontinuität zwischen Translation und Nicht-Translation gibt. Einige Translationen bestehen auf der Fiktion der Äquivalenz, die aber kein Merkmal der besten Translationen ist. Pym stimmt Benjamins Einsicht darüber zu, dass Translation als eine Form aufgefasst werden kann, die gewisse Folgen, Neulesen des Originals und dessen Kontinuität bzw. Fortsetzung, verursachen kann. A.a.O., 157.
54 Es sind simulierte Übersetzungen, die so unter dem Einfluss einer Bearbeitungs- und Kurzfassungskultur (re-) produziert wurden, die mit der Massenliteratur in einem grundlegenden Zusammenhang stehen. Die Massenliteratur als eine phänomenale Erscheinungsform des 20. Jahrhunderts resultiert aus der Massenkommunikation und wird meistens durch eine quantitative Differenzierung zwischen einer breiten und einer engen Leserschaft der Literatur auf einer entweder gewöhnlichen oder höheren Ebene deutlich gekennzeichnet. Hier geht es um die „marktorientierte" Massenproduktion, für die die schnelle Übersetzung Vorrang hat, – auch als Massenphänomen bezeichnet. Daher kann die simulierte Übersetzung, also die Pseudoübersetzung, leicht auch neue Genres und Muster einführen. Lambert 1999: 249f.

ist, dann wird der Translator ein Experte, der nur auf diese Funktion festgelegt ist (a.a.O., 155ff.).

Trotzdem muss jede einzelne Kategorie die anderen mit einschließen, weil eine einzige Kausalität für sich nicht alle Fakten erklären kann,[55] hier spricht Pym von der naturgemäßen „mehrfachen Kausalität", auch ergibt sich eine gewisse Art aktiver Kausalität durch den Translator, weil die Menschen in der Tat die Dinge ändern können. Daher sind besonders die Natur und die Möglichkeit des Translators als Ursachen deutlich zu machen und sollen bevorzugt behandelt werden.

Im Zusammenhang mit dem Teil „Bibelübersetzungsgeschichte" der vorliegenden Arbeit wird im Folgenden eine kurze theoretische Erklärung über die Relevanz der Religion im Zusammenhang mit der Translation gegeben, die Bibel wird als ein besonderer Text vorgestellt und dann wird die Bedeutung der Bibelübersetzung dargestellt.

2. Translation und Religion

2.1 Ihre Relevanz

In Bezug auf die Translation können die Religionen unter zwei Gesichtspunkten betrachtet werden, nämlich unter dem Gesichtspunkt, dass nur eine einzige heilige Sprache existiert, und dem, dass die Botschaft der Heiligen Schriften mit gleicher Gültigkeit in allen Sprachen ausgedrückt werden kann. Im ersten Fall, worunter das Judentum und der Islam die hauptsächlichen Beispiele sind, werden die Translationen immer für einen nicht zulässigen Zusatz zum Original gehalten. Hingegen sind sie im zweiten Fall, welcher das Christentum und den Buddhismus einschließt, eine gültige Übertragung des Originals.

Heilige Schriften stehen im Zentrum aller Religionen, die auf ihrer jeweiligen Offenbarung Gottes basieren. Sie nehmen im Verständnis der Mitglieder einer Gesellschaft eine mythische Position ein, indem das Alter und die sprachlichen Eigenschaften dieser Schriften differenziert von all den anderen Arten des Diskurses dieser Gesellschaft aufgefasst werden. Ihnen wird durch Jahrhunderte hindurch die Bedeutung der Ehrwürdigkeit zugesprochen. Der liturgische Gebrauch der heiligen Schriften, dessen Änderungen abgelehnt worden sind, fördert Ehrfurcht. Neben den Heiligen Texten haben die Weltreligionen Hilfstexte wie Kirchenlieder, Hagiographien und Kommentare usw. entwickelt, die auch zum Gegenstand der Übersetzung wurden.

Auch wenn die theologische Stellung der übersetzten Texte in jeder Religion anders und sogar innerhalb einer bestimmten Religion unterschiedlich sein kann, sind die wichtigsten religiösen Texte der Welt doch in allen Fällen umfassend übersetzt worden. Und solche Translationen waren auch oft dafür entscheidend, dass wichtige Änderun-

---

55 Dies geht auf die Theorien von vielfachen, historisch entscheidenden Faktoren zurück, die alle zusammen kommen, um mit dem idealen Moment die Wirklichkeit bzw. die Situation herzustellen, wo alles für den optimalen Erfolg einer Handlung zusammenwirkt. Für den Fall der „mehrfachen Kausalitäten" bedeutet die wirklich dominante Ursache dann nichts anderes als das Moment, unter dem alle anderen Ursachen zusammenkommen und wirken. Unvollendete Handlungen könnten dann das Ergebnis des nicht Zusammenfindens unter einem Haupt-Moment sein. Dabei geht es aber nicht um die Idee der Vollständigkeit oder die Notwendigkeit der Behandlung aller Bereiche möglicher Kausalitäten. Pym 1998: 158f.

gen in religiösen Gedanken und religiöser Praxis erfolgten, oder zumindest dafür, die Reaktion auf laufende Veränderungen zu verstärken. Die großen kulturellen Veränderungen, die die Geschichte der westlichen wie östlichen Tradition begleiteten, sind durch die Übersetzungen ermöglicht worden (Simon u.a. 1995: 159). So waren die wichtigsten Translationen der Bibel entscheidend für die Entwicklung der Kultur, und zwar zuerst ausgehend vom Semitischen Sprachenraum (arabischen, hebräischen und aramäischen) nach Äthiopien sowie in den Alten Orient und in die Hellenistische Welt und später in den Lateinischen Westen. Auf ähnliche Weise trugen die Translationen der buddhistischen Haupttexte[56] ins Chinesische und Tibetische zu der Verbreitung des Buddhismus in den großen asiatischen Raum bei. Es gibt in Religionen umfangreiche und gut bekannte Dokumentationen über die Translationsgeschichte, vor allem die Übersetzungen der christlichen Bibel, jedoch wurden in einem verschiedene Religionen miteinander vergleichenden Kontext die Übersetzungen Heiliger Texte wenig untersucht. Als Beispiel könnte die *Enzyklopädie der Religionen*, angeführt werden (vgl. a.a.O., 159f., 185).

Es soll darauf aufmerksam gemacht werden, dass es innerhalb der meisten religiösen Traditionen strittiges Verhalten gegenüber der Translation gab, Momente der Geschichte, in denen die Übersetzung mal gefördert wurde, mal in ihrer interpretativen Beweglichkeit verboten war. Paradoxerweise bekamen die im Zeitalter kultureller Veränderung unternommenen Übersetzungen manchmal den Status des Originals, indem der Zugang zu den Quelltexten unzugänglich war. Dies war der Fall für die ins Griechische übersetzte *Septuaginta* (ca. 250–130 v. Chr.)[57], die die hebräische Bibel ersetzte und später dann das Alte Testament der christlichen Bibel wurde, bis die *Vulgata* erschien. Ebenfalls wurde die *King James Bible* oder *Authorized Version* (1611) der Quelltext für die nachfolgenden protestantischen Übersetzungen in viele außereuropäische Sprachen.

Translationen religiöser Texte spiegeln die veränderten Zustände in Politik, Philosophie und Weltanschauung oder auch Ideologie wider. Sie förderten Dialoge mit fundamentalen Texten und boten für verschiedene Leser etwas Neues zu lesen an. Das

---

56 Die älteste geschriebene Form des Buddhismus soll in der Sprache Pali verfasst sein und war nicht die Sprache der kanonischen Originaltexte, die bei den buddhistischen Predigten benutzt wurde. Im Laufe der Zeit führte jedoch die Verbreitung des Buddhismus zur Entwicklung sowie zur Kanonisierung der „geistlichen Literatursprache" – des klassischen Chinesischen in Korea und Japan, des Pali im südostasiatischen Subkontinent und des literarischen Tibetischen in Tibet – und verursachte geographisch von Indien über Ostasien eine erhebliche Translationsaktivität: zuerst in Richtung China und den Norden Vietnams während des ersten Jahrhunderts n. Chr., dann ca. 400 bis 500 Jahre später nach Korea und Japan und im 13. Jahrhundert nach Tibet und in die Mongolei. Vor allem in China übersetzte ein Translationsteam die buddhistischen Texte vorbildlich ins Chinesische, und zwar indem ein ausländischer Mönch des Teams den Text detailliert aufzeichnete und mit Hilfe eines Dolmetschdienstes direkt eine Rohübersetzung machte. Diese wurde niedergeschrieben, dann revidiert und von den chinesischen Assistenten in eine geschliffene Form gebracht. Denn die zu dieser Zeit nach China gekommenen Missionare beherrschten selten Chinesisch, und nur wenige Chinesen kannten sich in Sanskrit aus. Jedenfalls erklärte ein solcher Prozess die rasante Sinisierung des Buddhismus und dessen drastische Assimilation an die chinesische Kultur. Simon u.a. 1995: 182f.
57 Hierüber wird im Kap. II. 3. Die Bibelübersetzung gesprochen.

heißt, die Translatoren halfen beim Ausbau religiöser Einflüsse und auch oft dabei, der militärischen Eroberung oder der kolonialen Herrschaft ein ideologisches Fundament hinzuzufügen. Übersetzung war und ist ein Kernelement der meisten evangelisierenden Projekte, wie an der Geschichte des Christentums und des Buddhismus deutlich zu sehen ist. Aufzeichnungen über die Rolle der Translatoren innerhalb der verschiedenen religiösen Traditionen zeigen dabei gelegentlich widersprüchliche Verhältnisse, die zwischen geistlichen und profanen Sprachen herrschten.

Translatoren religiöser Texte nahmen von der theologischen oder philosophischen Perspektive aus ihre Aufgabe wahr und gaben mehr auf den Wortlaut des Textes Acht als auf die Anpassung der religiösen Botschaft an eine gegebene Zielkultur. Sie waren in Kontroversen der Vergangenheit gefangen, d.i. in Rivalitäten und Konflikten, die eine Tradition von einer anderen Tradition abgrenzten, und betonten mehr die Unterschiede der Kulturen. Dies hat für die heutigen Übersetzer den Vorteil, dass sie die Schwierigkeiten der doktrinären und geschichtlichen Probleme, z. B. beim Übersetzen der jüdischen Heiligen Schriften und des heiligen Buches des Islam, des Koran, oder beim Übersetzen christlicher heiliger Texte und der Bhagavad Gita[58], der heiligen Texte des Hinduismus, besser betrachten und behandeln können (Simon u.a. 1995: 160f., 180f.).

2. 2 Bibeltext und Bibelübersetzung

Die Bibelübersetzung war ein wichtiger Impuls, um eine neue Sicht auf die Geschichte und Theorie der literarischen Übersetzung zu gewinnen. Der Bibeltext gilt nicht als weltliche Literatur, an der der Übersetzungsforscher nur sein Interesse haben kann, sondern soll zugleich auch seine außergewöhnliche Stellung als unmittelbare Offenbarung Gottes behalten können.

Die Bibel ist eigentlich eher eine Textsammlung als „ein" Text. Unklar bleiben immer noch der Umfang dieses Textes, seine Zugehörigkeit und seine Originalsprache, in der er verfasst wurde. Auch strukturell hat er keine Einheitlichkeit, z. B. in der Reihenfolge seiner Teile. Im Zusammenhang seiner komplexen Überlieferungsgeschichte haben die drei „Originalsprachen" Hebräisch, Aramäisch und Griechisch bei der wissenschaftlichen Exegese als ursprünglich und zuverlässig zu gelten. Bei der Bibelexegese bekommt man gleichzeitig tief greifende Erkenntnisse über die verschiedenen Sprachen und Kulturen, die die heutigen Sprachen hervorgebracht haben. So konnte die Bibelübersetzung im Bereich der vergleichenden Sprachwissenschaft eine Pionierleistung hervorbringen (Albrecht 1998: 110–113).

Die Bibel als „ein Text" für die Übersetzung ist mit verschiedenen Textsorten und -typen wie z. B. Lyrik, Briefen, Gesetzestexten etc. verbunden, und so lassen sich die einzelnen biblischen Schriften manchmal nur ungenau einer Textsorte zuordnen. Die meisten sind mit anderen Gattungen gemischt, haben möglicherweise auch viele unter-

---

58 Gemäß der 4000 Jahre währenden hinduistischen Tradition, die als ein heiliges Ausdruckmittel Sanskrit benutzt hatte, ist der Umfang der heiligen Schriften auch so breit, dass man deren Translationsgeschichte mit dem Auswählen eines bestimmten Textes am besten veranschaulichen kann. Bhagavad Gita ist ein sehr bekannter hinduistischer Text mit einer langen Translationsgeschichte und ist in zahlreiche indische Sprachen übersetzt worden. Simon u.a. 1995: 180ff.

schiedliche Adressaten und sind dem jeweiligen Adressaten entsprechend unterschiedlich übertragen. 1964 behauptete Nida in seinem Werk *Towards a Science of Translating*, dass eine gute Übersetzung die gleiche Wirkung auf ihre Empfänger wie auf die ursprünglichen Empfänger des Originals ermögliche.

Der älteste vollständig erhaltene hebräisch-aramäische Text, der in einer Handschrift aus dem Jahre 1008 n. Chr. (Biblica Hebraica Stuttgartensia) noch erhalten ist, wurde von den jüdischen Überlieferern zwischen 750 und 1000 n. Chr. aufgezeichnet und festgelegt. Die zeitliche Differenz zwischen dieser Festlegung und Abfassung der Schriften beträgt mehrere Jahrhunderte. So kann man auch eine falsche Übermittlung nicht ausschließen (Salevsky 1999: 275f.).

II. Der historische Teil: Die Translationsgeschichte in Korea

Indem das Phänomen „Übersetzen und Übersetzungen"[59] mit der Beschränkung auf die koreanische Halbinsel zum Untersuchungsgegenstand der Übersetzungswissenschaft, welche zur Zeit in Korea noch am Anfang ist, gemacht wird, steht das Thema der vorliegenden Arbeit „Translationsgeschichte in Korea" in einem engen Zusammenhang mit dem Wissenschaftsbereich der Koreanistik bzw. der koreanischen Sprache und Literatur, in der es so eher selten behandelt wurde. Denn die Erforschung der Übersetzungsgeschichte ist zum einen eine der Hauptaufgaben der Übersetzungstheorien, die Einsichten in potenzielle Übersetzungsmöglichkeiten liefern sollen, und das Fach Koreanische Sprache und Literatur hatte zum anderen bereits reichlich die z. B. für das Thema der vorliegenden Arbeit wertvolle Entwicklungsgeschichte des Koreanischen erforscht – hierauf komme ich gleich zu sprechen. Ohne Zweifel hat es auch in Korea das Phänomen des Übersetzens und der Übersetzungen gegeben und damit auch seine Geschichte auf ihre spezifische Art und Weise. Im Folgenden werden die Anfänge und die Tradition dieses Phänomens dargestellt.

Geographisch befindet sich Korea im chinesischen Kulturraum und zugleich im Kontakt und Austausch mit seinen übrigen Nachbarländern, und seine Übersetzungsgeschichte kann vor allem auf der Grundlage der Sprachentwicklung des Koreanischen rekonstruiert werden. Denn die Erfindung der eigenen koreanischen Schrift (1444) steht als das historisch wichtigste Geschehnis in der Übersetzungsgeschichte Koreas da, und die erste Aufgabe der Darstellung dieser Übersetzungsgeschichte liegt daher darin, transparent zu machen, welche Bedeutung diese Erfindung und die dadurch geleisteten Übersetzungsarbeiten in der koreanischen Übersetzungsgeschichte hatten. Somit steht die Erfindung der koreanischen Schrift wie eine Achse auch im engen Zusammenhang damit, welchen Austausch die koreanische Sprache in ihrer Geschichte mit den Sprachen ihrer Nachbarländer hatte und welchen Einfluss ein solcher Austausch auf die koreanische Kultur und Gesellschaft ausübte: also z. B. der Einfluss des Chinesischen für die antike und mittelalterliche Periode in Korea, des Mongolischen und des Mandschurischen für das Mittelalter und die „Vor-Neuzeit", des Japanischen für die Neuzeit usw. Dabei stellt sich sogleich die Frage nach der Definition von Übersetzen und Übersetzung unter verschiedenen Aspekten als einem wichtigen Faktor dieser Aufgabe.[60] D.h., man stößt bei der Beschreibung der Übersetzungsgeschichte unvermeidlich auf die Frage, was das Übersetzen und die Übersetzungswissenschaft eigentlich zu einer eigenständigen wissenschaftlichen Disziplin macht.

---

59 Die Bezeichnung im Titel dieser Arbeit „Translationsgeschichte" wurde hier als Ausgangspunkt angenommen, allerdings bleibe ich im historischen Teil – wie Kade im Jahre 1973, s. hierzu 1.3.1 in I. Der theoretische Ausgangspunkt der vorliegenden Arbeit – bei den traditionellen, der früheren Zeit angepassten Begriffen wie Übersetzung, Übersetzen, Übersetzungswissenschaft, Übersetzungsgeschichte usw.
60 Dies wird am Schluss des Kapitels näher erläutert.

Nachdem die chinesischen Schriftzeichen als die erste Schrift überhaupt auf der koreanischen Halbinsel eingeführt wurden, wurde diese als offizielle Hauptschriftsprache bis zur Erfindung der koreanischen Schrift verwendet[61]. Dabei handelte es sich um das klassische Chinesisch, aber zugleich entwickelte man auch eigentümliche Schreibmethoden bei der Verwendung dieser Zeichen (Hanja ch'ajabŏp 한자차자법, 漢字借字法), um das gesprochene Koreanische zum Ausdruck bringen zu können, wie etwa Idu 이두 (吏讀), Hyangch'al 향찰 (鄕札) und Kugyŏl 구결 (口訣). Diese Methoden, vor allem die der Idu, wurden weiter entwickelt, so dass die damals in der Umgangssprache gesungenen Lieder dadurch beschrieben werden konnten, was wohl auch als eine Art Übersetzung in der frühen Phase betrachtet werden kann. Die Erforschung dieser Schreibmethode aus der altkoreanischen und mittelalterlichen Zeit durch das Fach der koreanischen Sprache und Literatur kann so zur Grundlagen- bzw. Hintergrunduntersuchung für koreanische Übersetzungswissenschaft dienen, nämlich als Erforschung eines Vorganges in der koreanischen Sprachgeschichte, in der die chinesische Schrift stark in das gesprochene Koreanisch sowie den Prozess koreanischer Übersetzungsarbeiten eingedrungen war. Sie beschäftigte sich damit, altkoreanische Inschriften auf Stelen oder auf den Gedenksteinen, die mit dieser Schreibweise beschrieben wurden, zu finden, deren Sinn zu erfassen und das System derartiger Schreibweisen zu erhellen. Das Ziel solcher Arbeiten galt vorrangig zwar dem Verständnis des Veränderungsprozesses des Koreanischen, kann uns aber auch Aufklärung über den damaligen Stand der Übersetzungsart in Korea vor der Erfindung seiner eigenen Schrift geben, weil sie vom Aspekt der Übersetzungswissenschaft betrachtet zweifellos ein wichtiger Teil der koreanischen Übersetzungsgeschichte darstellt. Im Folgenden werden dann die Übersetzungsarten mit Hilfe der oben genannten Schreibweisen dargestellt, die die altkoreanische und mittelalterliche Periode der koreanischen Geschichte kennzeichneten (vgl. Ryu 2002: 3 (Nr.1)/19f.).

1. Die frühe Geschichte (ca. 700–1391 n. Chr.)

1.1 Die Relevanz chinesischer Schriftzeichen in der koreanischen Übersetzungsgeschichte

Im Mittelpunkt der koreanischen Übersetzungsgeschichte steht die Erforschung der historischen Sprachsituation auf der Halbinsel, wo von früh an eine nahezu homogene Einheit von Ethnie und Sprache existierte und so die Tradition eines Volkes und einer Sprache bewahrt werden konnte. Aber dieses Volk besaß noch keine eigene Schrift für das gesprochene Koreanische und musste die chinesische Schrift entleihen. In diesem Punkt war die Situation in Nachbarländern wie Japan oder Vietnam nicht anders. Als

---

61 Zur Zeit der Erfindung der eigenen koreanischen Schriftzeichen war Chinesisch als offizielle Schriftsprache so einflussreich, dass das Chinesischlernen sowohl am Hof als auch für das Volk in ganz Korea empfohlen worden war, und dies führte dazu, dass die nun erfundene eigenständige Schrift auf eine harte Probe gestellt wurde. So wurde versucht zu prüfen, ob die Schrift durch die Übersetzungen ins Koreanische praktisch brauchbar war oder nicht. Erst im Jahr der Nationalreform 1894, der Kabogyŏngjang, konnte Koreanisch, Han'gŭl, den Platz des Chinesischen einnehmen. Ryu 2002: 3 (Nr.1)/32f.

Gegenmaßnahme für die Schwierigkeit, die im sprachlichen Alltag aus der Diskrepanz zwischen der gesprochenen koreanischen Sprache und den geschriebenen chinesischen Zeichen[62] kam, versuchten die Koreaner, die oben erwähnten Schreibmethoden zu entwickeln (vgl. Ryu 2002: 3 (Nr.1)/23).

Diese Methoden sollen nach schriftlichen Quellen bereits seit der Zeit der Drei Reiche (18 v. Chr. – 935 n. Chr.)[63], des Vereinten Silla- Reiches (668–935), der Späten Drei Reiche (936–992)[64] und des Koryŏ-Reiches (918–1392) verwendet worden sein, und seit der Schaffung der koreanischen Schrift Han'gŭl (1444) in der Chosŏn-Zeit (1392–1910) soll der schon zur Gewohnheit gewordene Gebrauch der Texte mit Hilfe der Idu 이두 (吏讀), der Imun 이문 (吏文)[65], nur allmählich verschwunden sein. Aus dieser Tatsache wird ersichtlich, dass die Untersuchung von Stellung und Funktion der chinesischen Schrift in der koreanischen Sprach- und Literaturgeschichte auch in einem sehr engen Zusammenhang mit der Übersetzungsgeschichte in Korea steht.

Die mit der chinesischen Schrift geschriebenen, bis auf den heutigen Tag in Korea erhalten gebliebenen Bücher und Aufzeichnungen weisen auf, dass die chinesischen Zeichen in Korea in drei Richtungen ihre funktionelle Anwendung gefunden hatten, nämlich i) zum Erlernen der chinesischen Sprache, ii) zum Übersetzen vom gesprochenen Koreanischen ins geschriebene Chinesische, iii) in der Entwicklung einer eigenen Schreibmethode durch das Entleihen der chinesischen Schriftzeichen.

Was das erste angeht, so wollte man Chinesisch lernen nach dem Vorbild der chinesischen Gelehrten, wie sie lesen und schreiben und entsprechende Prüfungen ablegen. Das war der Anfang für die Lehre chinesischer Literatur in Korea, Han'guk hanmunhak 한국 한문학 (韓國漢文學), die für die Kinder der Oberschicht in Schulen ebenso wie in Akademien durchgeführt wurde. Deren Lehrbücher waren meistens die Klassiker des Konfuzianismus, angefangen von *Tausend chinesischen Zeichen für Anfänger* (千字文) bis zu den *Vier Büchern* und *Drei Klassikern* wie *Xiaoxue* 小學 (*Die Lehre für Kinder*), *Daxue* 大學 (*Die Große Lehre*) usw., was zugleich dazu führte, dass der Konfuzianismus in der koreanischen Kultur tiefe Wurzeln fassen konnte. Dies galt jedoch nicht ebenso für das Sprechen des Chinesischen, sondern nur für das Leseverständnis und die Schreibübung. Man machte einen Unterschied: Die Lehre für das Sprechen des Chinesischen bzw. das Studium der chinesischen Sprache nannte man in Korea Hanhak 한학 (漢學) und die Lehre für die Exegese und die Schreibübung der chinesischen Texte, also das Studium der chinesischen Literatur, nannte man Hanmunhak 한문학 (漢文學). So konnte man z. B. nicht unbedingt Chinesisch gut sprechen,

---

62 Anfang des 20. Jahrhunderts nannten die koreanischen Sprachwissenschaftler den anomalen Zustand, der bis zum Ende des 19. Jahrhunderts mit dem Gebrauch der chinesischen Schriftsprache anhielt, „Zweiheit von Sprache und Schrift". Yi 1998: 57. Dies wird später von mir näher erläutert.
63 Die Drei Reiche auf der koreanischen Halbinsel sind Koguryŏ (高句麗, 37 v. Chr. – 668 n. Chr.), Paekche (百濟, 18 v. Chr. – 660 n. Chr.) und Shilla (新羅, 57 v. Chr. – 935 n. Chr.).
64 Dazu gehörten Shilla, T'aebong und Spätpaekche.
65 Es stellt sich die Frage, ob sie mit der Kanzleischrift in China (Lishu 吏書) zu tun hatte, die nach der Verbreitung des Pinsels und dem Gebrauch der einfacheren Kleinen Siegelschrift, Xiaozhuan, in der chinesischen Verwaltung als schnellere Schrift mit geraden oder leicht abgerundeten Strichen geschaffen wurde. Vgl. Alleton 2003: 653.

obwohl man in Chinesisch auf der Ebene der geschriebenen Sprache kommunikationsfähig war. Darum begleiteten vor allem in der Chosŏn-Zeit Beamte für den Koreanisch-Chinesischen Dolmeschdienst, Hanhak kangi-gwan 한학강이관 (漢學講肄官) genannt, die Gesandten nach China. Hierauf komme ich nochmals bei der Thematisierung der Vor-Neuzeit zu sprechen. So ist uns bereits bekannt, dass schriftliche Kommunikation bzw. der Briefwechsel in Chinesisch zwischen den damaligen koreanischen Gelehrten sehr verbreitet war. Gleichzeitig war das Ziel für eine solche Ausbildung das Bestehen der staatlichen Beamtenprüfung, des Staatsexamens für Beamte, das nach dem chinesischen Muster auch in Korea durchgeführt wurde, wobei die vollkommene Beherrschung der klassischen konfuzianischen Texte und der wichtigsten Kommentare erwartet wurde. So war es für den Nachwuchs der koreanischen Oberschicht in der Koryŏ- und Chosŏn-Zeit das erste Ziel, Erziehung bzw. Bildung anhand der chinesischen (vor allem klassischen) Texte oder Literatur zu erhalten und damit das Examen für staatliche Dienste zu bestehen, aber es gab auch das Bestreben auf möglichst gleichem Niveau mit der chinesischen Oberschicht die Fertigkeit auszubilden, chinesische Texte schreiben und konfuzianische Kanones lesen zu können. Auf diese Art und Weise brachte die koreanische Lehre chinesischer Literatur im Genre des Gedichtes (詩歌), des Hof- sowie Zeremonialmusiktextes (樂府), der Erzählung (小說) oder des Prosagedichtes (辭賦)[66] viele Literaten (文人) und Werke hervor. Jedoch war die Entwicklung der koreanischen Lehre für chinesische Literatur nicht identisch mit der Lehre für die ‚nationale' Literatur in China, worauf Lee (1997) hinwies: z. B. die durch die Entleihung der chinesischen Zeichen entwickelten Schreibweisen in der Shilla-Zeit, Idu und Hyangch'al, basierten nicht auf der Struktur der chinesischen Sechs-Schriftart, also sechs Zeichenbildungsarten, Liushu 六書. Prüfungstexte für Beamte in der Koryŏ- und Chosŏn-Zeit (科試文), Lieder aus der Koryŏ-Zeit (歌) und amtliche Papiere aus der Chosŏn-Zeit (公用書式) hatten eine in China nicht gebräuchliche Form des Chinesischen mit einem eigentümlichen System. Dies bedeutet, dass die aus China eingeführte chinesische Literatur sich in Korea anders entwickelte. Das Dichten und Schreiben auf Chinesisch in dieser Lehre hatte jedoch keinen direkten Zusammenhang mit dem Übersetzen, weil es aufgrund der noch fehlenden koreanischen Schrift nicht vom Koreanischen ins Chinesische übersetzt, sondern direkt auf Chinesisch gedichtet und geschrieben wurde (a.a.O., 20f.).

Mit dem Zweiten ist gemeint, dass chinesische Zeichen zur schriftlichen Niederlegung der mündlich überlieferten koreanischen Gedichte, Legenden bzw. (Volks-)Sagen und inoffiziellen Geschichtenerzählungen verwendet wurden. Derartige auf Chinesisch festgehaltene koreanische Überlieferungen finden sich in zwei wichtigen koreanischen Geschichtsbüchern, *Samguk sagi* (三國史記, *Die Aufzeichnung der Geschichte der Drei Reiche*) und *Samguk yusa* (三國遺事, *Die Überlieferung der Drei Reiche*). Allein

---

66 Die „längere poetische Darstellung bzw. Darlegung", Kern 2004: 63. Das in der chinesischen Han-Zeit (202 vor der westlichen Zeitrechnung – 220, s. hierzu auch S. 21, Zeittafel im *Lexikon der chinesischen Literatur*, herausgegeben von V. Klöpsch und E. Müller, C.H.Beck: München, 2004) dominierende Genre der Dichtung, das fu 賦 (als „Rhapsodie", „Reimprosa" oder „poetische Darlegung" übersetzt), umfasst als solches auch noch andere Formate und Bezeichnungen, darunter beispielsweise ci 辭 („Worte", auch *cifu* 辭賦), und war eher als Rezitation gedacht, denn als Gesang. A.a.O., 62f., 65.

dank dieser beiden wurden uns die Geschichte Altkoreas sowie die Geschichte, die Persönlichkeiten, Kultur und Gegenstände, Legende, mündliche Überlieferungen, Gedichte und Lieder der Drei Reiche bekannt. Im ersten (*Aufzeichnung der Geschichte der Drei Reiche*), das der konfuzianische Geschichtsschreiber Kim Pusik (1075–1151) 1145 verfasste, sind chinesische Übersetzungen der auf Koreanisch mündlich tradierten Erzählungen oder Biographien unter der Überschrift ‚Reihe der verschiedensten Biographien (열전잡지, 列傳雜志)' festgehalten, und so wurde das überlieferte Alltagsleben des Volkes, das keine Bildung in der chinesischen Literatur besaß, beschrieben. Das zweite (*Die Überlieferung der Drei Reiche*) war eine Sammlung der Überlieferungen des buddhistischen Mönches Iryŏn (1206–1289) aus dem 13. Jahrhundert (um 1285). Darin enthalten sind aufgezeichnete Liedertexte wie *Ch'ŏyongga* (處容歌, *Das Lied vom Ritter Ch'ŏyong*) und *Tosolga* (兜率歌, der Sinn des Titels dieses Liedtextes lässt sich nicht genau erschließen, vgl. Kim/Yun 1991: 6/860) aus der Shilla-Zeit – es handelt sich dabei um Hyangga-Gedichte, 鄉歌, Heimische Lieder, eine die Shilla-Zeit repräsentierende Kurzgedichtform in der Idu-Schreibweise, bei der es 4-Zeiler, 8-Zeiler und 10-Zeiler gab, wobei eine Zeile wiederum aus meist 6 chinesischen Zeichen bestand –, des weiteren verschiedene Legenden sowie „inoffizielle" Geschichten; sie weisen keine genaue Information darüber auf, ob sie vom Anfang an direkt auf Chinesisch gesungen, geschrieben und überliefert sind oder vom mündlich Überlieferten ins Chinesische übersetzt wurden. Auf Grund der Tatsache, dass deren Inhalt sowie Ausdrucksweise den Alltag des einfachen Volkes und das Volkstümliche allgemein zum Thema hat, vermutet man jedoch, dass sie anfangs mündlich überliefert und später dann ins Chinesische übersetzt wurden. In dieser Hinsicht könnte man die beiden Geschichtsbücher als solche bezeichnen, die erstmals, wenn auch wahrscheinlich nur zum Teil, koreanisch-chinesische Übersetzungen enthalten.

Zum dritten Anwendungsbereich der chinesischen Zeichen in Korea wurde im Fach koreanischer Sprache und Literatur relativ viel geforscht: Die Forschungsergebnisse basierten auf archäologischen Materialien wie Stelen und Grabsteine und ergaben, dass eine spezifisch entwickelte Schreibmethode die Lösung für das Problem der unterschiedlichen Phonemsysteme zwischen Koreanisch und Chinesisch war. So wurde vom gesprochenen Koreanisch ins geschriebene Chinesisch übersetzt, mit den von mir schon vorher im ersten Anwendungsbereich erwähnten Konsequenzen. Denn die Unterschiede zwischen ‚chinesischen Schriftzeichen' und den ‚koreanischen chinesischen Schriftzeichen' in Korea waren erheblich. Außerdem scheint die Debatte über die Effizienz dieser Methode, ob die Idu für einen solchen Zweck das richtige Mittel war oder nicht, für lange Zeit beherrschend gewesen zu sein.

Jedenfalls sollte die Verschriftung des gesprochenen Koreanischen durchaus auf diese Methode, die sich vermutlich schrittweise entwickelt hat, bis zur Schaffung des koreanischen Alphabetes angewiesen bleiben. Die oben bereits erwähnten Idu 이두 (吏讀), Hyangch'al 향찰 (鄉札) und Kugyŏl 구결 (口訣) dieser Methoden sind weiter nach ihrem Verwendungszweck aufgeschlüsselt worden. Z. B. wurde Idu für die Anfertigung der Grundstücks- oder „Sklavenurkunden", sozusagen für die Alltagsgeschäfte, bis ins 19. Jahrhundert hinein weiter benutzt (a.a.O., 22). Vor der Beschreibung der koreanischen Übersetzungsgeschichte muss notwendigerweise geklärt sein, ob eine solche Methode überhaupt zur Übersetzung gehöre oder nicht, und welche Stelle sie in der Übersetzungsgeschichte einnimmt. Bevor ich auf ihre Entwicklungsphasen eingehe, werden im Folgenden für das bessere Verständnis das Koreanische und Chinesische in ihren Eigentümlichkeiten dargestellt.

1.2 Die Differenz von Koreanisch und Chinesisch

Chinesisch gehört zur sinotibetischen Sprachfamilie, die wegen der Übereinstimmungen im Bereich der Morphologie und Syntax oft als Dialektgruppe bezeichnet wird. Die Übereinstimmungen sind weitgehend auf die Verwendung eines gemeinsamen morphemisch basierten Schriftsystems zurückzuführen.[67] Sprachtypisch ist Chinesisch eine isolierende Sprache. Das heißt, dass die Wörter in ihrer lexikalischen Form im Satzbau verwendet werden, und grammatische Bezüge und Kategorien wie Kasus, Tempus, Genus, Numerus usw. nicht durch morphologische Änderungen, sondern durch ihre syntaktische Position und bestimmte Funktionswörter oder auch durch den sprachlichen sowie situativen Kontext ausgedrückt werden. Unter den nach der Reihenfolge von Subjekt, Objekt und Verb aufgegliederten Sprachtypen SVO, SOV und VOS ist es eine SVO-Sprache. Hier wird das Bestimmende vor das Bestimmte vorangestellt: das Attribut steht immer vor dem Bezugsnomen, sei es ein Adjektiv, eine adverbiale Bestimmung oder ein ganzer Satz, das Adverb steht immer vor dem Bezugsverb. Diese einen Austausch oder Wechsel ermöglichende Beschaffenheit zwischen den Wortarten Nomen, Verb und Adjektiv im Chinesischen ist in der fehlenden Flexion begründet. Insofern ist seine grammatikalische Grundstruktur einfach und mit dem ebenso weitgehend flexionslosen Englischen zu vergleichen.

Also lassen sich die chinesischen Schriftzeichen allgemein charakterisieren als „piktographisch-ideographisch-rebusartige Logogramme", Biaoyu wenzi 表語文字, in einer untrennbaren Einheit aus „Graphem", „Semante[m]", „Phonem" und „Tonem" (Fu 1997: 21).

Das Logogramm bzw. das Wortzeichen bezieht sich auf ein Lexem, die im Wortschatz begriffliche Bedeutung tragende Einheit, also ein Schrift- bzw. Wortzeichen repräsentiert ein Wort, referiert nicht auf eine Lautform des Wortes, sondern auf die lexikalische Bedeutung und kann ikonisch – d.i. ein Piktogramm – oder abstrakt nichtikonisch sein.

Chinesisch ist keine Buchstabenschrift, sondern war ursprünglich eine Bilderschrift wie viele andere, ja zunächst waren die Schriftzeichen nur einfache Bilder. Piktographisch, also eigentlichen Bildern entsprechend, gebildet worden sind so z. B. shan 山 für „Berg" oder ri 日 für „Sonne". Dazu kamen dann symbolische Zeichen, die sich indirekt von konventionellen Darstellungen ableiten ließen. So sind die ideo-

---

[67] Der sinotibetischen Sprachfamilie gehören Chinesisch, Tibetisch, Birmanisch, die Sprachen Süd- und Südwestchinas sowie Südostasiens an. So besteht das Chinesische aus Mandarin (ca. 740 Millionen Sprecher), Gan (über 20 Millionen Sprecher), Nord- und Südmin (insgesamt ca. 60 Millionen Sprecher), Hakka (ca. 30 Millionen Sprecher), Xiang (ca. 36 Millionen Sprecher) und Yue (ca. 55 Millionen Sprecher). Als Nationalsprache ist Mandarin in der Volksrepublik China offiziell unter dem Namen Putonghua, in Taiwan unter Guoyu bekannt, und der Aussprachestandard ist in Putonghua geregelt. Dürr 2005: 115f.

graphischen Zeichen durch Ideenkombination gebildet, verweisen so auf die abstrakten Sachverhalte (z. B. ming 明 für „hell" aus der Kombination von ri 日 für „Sonne" und yue 月 für „Mond" oder shang 上 für „oben"). Bei manchen Zeichen entlehnte man häufig das Zeichen eines anderen, gleichlautenden Wortes. Die Entlehnung war also phonetisch bedingt. Rebus bzw. das Rebusverfahren heißt eine derartige Verwendung eines Schriftzeichens für einen homophonen Ausdruck anderer Bedeutung und soll, so vermutet man, den Übergang von sog. Wort-Bildschriften zu sog. Wort-Lautschriften, also eine Phonetisierung, gebildet haben. Z. B. ist lai 來 »kommen« abgeleitet von der Verwendung dieses Zeichens für lai »Weizen«. Es erleichtert die schriftliche Darstellung abstrakter Begriffe in Verbindung mit „Determinativen", den Zeichen ohne phonetischen Wert, die neben andere Symbole gestellt werden, um deren Bedeutung einzugrenzen, wenn sie möglicherweise mehrdeutig sind. So sind für den größten Teil der chinesischen Zeichen die Zeichen, die aus „Lauter" und „Deuter" gebildet sind, einschlägig, wobei ein Teil des Zeichens Bedeutungsträger oder Radikal ist und ein anderer die ungefähre Aussprache des Zeichens angibt. Z. B. in gong 貢 („Tribut") findet der Lautgeber ‚gong 工' („Arbeit") mit Radikal bei 貝 („Muschelgeld") Verwendung.

Mit dem Graphem ist die äußere Form der Zeichen, also der Schriftstil, gemeint. Sie wurde mit der Zeit geändert, um den praktischen Bedürfnissen angepasst zu werden, und so kann man bei vielen Zeichen nicht mehr deutlich den Bildcharakter erkennen. Dies führte vor allem zur Einführung der Kanzleischrift in der Han-Zeit in China (206 v. Chr. – 220 n. Chr.). Dabei sind viele Zeichen, die mit dem „Lauter", dem phonetischen Teil eines Zeichens, und „Deuter", dem Bedeutungsteil, zu bilden sind, auch abstrahiert worden.

Chinesisch ist außerdem durch sein Tonsystem gekennzeichnet, und zwar von vier in der Hochsprache bis acht Tönen in „Südchina (Fu 1997: 19ff.; Crystal 1995: 199ff.; Forke 1927:10ff.).

Nun zum Koreanischen. Es wird vermutet, dass Koreanisch zur altaischen Sprachfamilie – d.i. den Turksprachen, den mongolischen und den tungusischen Sprachen – gehört,[68] und dabei in engsten Beziehungen zu den tungusischen steht. Die gemeinsamen Merkmale des Koreanischen mit diesen Sprachen sind, dass Koreanisch eine agglutinierende Sprache ist, d.h., an den Wortstämmen werden die Flexionssuffixe regelmäßig angehängt. Vokalharmonie und sogenannte Anlautgesetze haben eine Geltung: Bei dem ersten werden innerhalb eines Wortes die Yang-Vokale mit Yang-Vokalen und Yin-Vokale mit Yin-Vokalen verbunden.[69] Bei dem zweiten darf der Anlaut ei-

---

68 Bis heute ist die Herkunft des Koreanischen noch nicht vollständig geklärt, aber die meisten koreanischen und westlichen Wissenschaftler wie etwa G. J. Ramstedt oder N. Poppe vertreten die Meinung der Zugehörigkeit des Koreanischen zur altaischen Sprachfamilie. Lee/Lee/Chae 2006: 16f.

69 Die 11 Buchstaben für die Vokale im Koreanischen wurden zuerst aus drei Grundbuchstaben entwickelt, die den Formen der (chinesischen) kosmologischen drei Einheiten Himmel, Erde und Mensch nachempfunden waren, nämlich · (Himmel), ㅡ (Erde) und ㅣ (Mensch). Die restlichen Vokalbuchstaben wurden dann durch die Kombination dieser drei Grundbuchstaben gebildet. Die Vokale, in denen das · oberhalb des ㅡ oder rechts des ㅣ angeordnet wurde, gehören dem Yang-Vokal (z. B. ㅗ ← · + ㅡ, 아 ← ㅣ + ·) an, während in den Yin-Vokalen (어 ← · + ㅣ, ㅜ ← ㅡ + ·) das · unter dem ㅡ oder links des ㅣ gesetzt worden ist.

nes Wortes nicht mit einem ㄹ [l]-Konsonant beginnen und auch nicht mit zwei oder mehrere Konsonanten hintereinander. Es gibt kein Relativpronomen. Es werden z. B. Konverben, die als Verbalkomposita mit Vollverben oder Hilfsverben in Anschluss mit dem Suffix 어 [ə] nach Konsonant oder 아 [a] nach Vokal oder auch mit Konjunktionalformen verbunden sind, gebildet. Diese Komposita nehmen teilweise eine neue Bedeutung an.

Koreanisch ist eine typische SOV-Sprache, so steht das Verb in der Regel immer am Ende des Satzes, das Attribut vor dem Nomen sowie das Adverb vor dem Verb. So steht dann auch ein Relativsatz eingeschachtelt mit attributiven bzw. nominalisierenden Partikeln vor den Nomen, worauf er sich bezieht. Partikel bzw. Postpositionen im Koreanischen übernehmen die grammatischen Funktionen wie z. B. die des Tempus, der Genusbezeichnung oder der Höflichkeitsformen usw., was die Zugehörigkeit zur agglutinierenden Sprache ausmacht. Vor allem ist die Höflichkeitsform im Koreanischen sehr stark entwickelt. So gibt es sprecher- und hörerbezogene Höflichkeitsausdrücke und -wörter (vgl. Yi 1998: 20–33).

1.3 Die Entwicklung der Schreibmethoden

1.3.1 Zur Schreibung der Eigennamen

Vor allem Eigennamen wie Personen-, Orts- und Amtsnamen sowie Amtstitel wollte man in der eigenen Sprache mit Hilfe von chinesischen Schriftzeichen z. B. in Geschichtsbüchern nieder schreiben.[70] Es geht dabei um den guten Gebrauch des eigenen phonetischen Charakters des gesprochenen Koreanischen. In Anwendung der Lesung entweder des Lautwertes oder der Bedeutung eines chinesischen Zeichens wollte bzw. musste man dabei phonetische Merkmale der koreanischen Eigennamen bewahren. Angefangen mit der Schreibung der Eigennamen durch das Entleihen des Laut- oder Bedeutungsteils der chinesischen Zeichen wurde der Anwendungsbereich dieser Art der Niederschrift so allmählich erweitert. Es war eine chinesische Transkription der koreanischen Eigennamen, und zwar eine einfache, aber auch auf regionale Charakteristika bedachte Namensgebung, weshalb eine solche für die sprachwissenschaftliche Forschung des ortsbezogenen Sprachwandels ein wichtiges Indiz darstellt. Bei der Transkription der Eigennamen wurde, wie oben gesagt, der Laut oder die Bedeutung der chinesischen Zeichen entliehen, der oder die dann gelesen und verschriftet wurde. Bei der Lesung des Lautwertes wurde dann die Bedeutung des geliehenen chinesischen Zeichens außer Acht gelassen, und umgekehrt bei der Lesung der Bedeutung des benutzten Zeichens dessen Lautwert. Dazu kam eine aus beiden gemischte Form. So weisen 82 Ortsnamen, die unter der Überschrift ‚Geographie' in der *Aufzeichnung der Geschichte der Drei Reiche* zu finden sind, hauptsächlich die Transkription in der Lesung entweder der Bedeutung oder des Lautes der geliehenen chinesischen Zeichen auf (vgl. Ryu 2002: 3 (Nr.1)/24).

Lee/Lee/Chae 2006: 59–62.
70 Die Bemühung, die eigene Sprache mit Hilfe der chinesischen Schriftzeichen niederzuschreiben, an die man sich seit ihrer Einführung gewöhnt hatte, trug Früchte, als die Entwicklung der Schreibmethoden zu der Zeit der Drei Reiche stattfand. Yi 1998: 58f.

1.3.2 Die der koreanischen Wortstellung folgende Schreibung[71]

Dies war eine der gesprochenen koreanischen Wortstellung angepasste, die chinesische Bedeutung des Zeichens benutzende Methode. Das bedeutet, man hat die chinesische Wortfolge ignoriert, nur die Schriftzeichen geliehen, und das gesprochene Koreanisch in koreanischer Wortfolge in chinesischen Zeichen niedergeschrieben. Darauf weist die Inschrift der Stele im buddhistischen Tempel Sŏkchangsa in Kyŏngju, der ehemaligen Hauptstadt des Shilla-Königreiches hin: Der von den Shilla-Gelehrten auf Chinesisch geschriebene Text ist ein typisches Beispiel für eine der koreanischen Wortstellung folgende Art Übersetzung. Der Grund, warum ein solcher als eine „Vorform" der Übersetzung angesehen werden kann, liegt darin, dass er vom Koreanischen ins Chinesische übertragen wurde, wenn auch vom gesprochenen Koreanischen ins nicht der chinesischen Grammatik entsprechende Chinesische. Mit dieser Methode konnte man darum nicht die koreanischen Eigennamen, Gedichte oder Lieder niederschreiben, und so kam es zur Entwicklung einer dafür angemesseneren neuen Methode (a.a.O., 24f.).

1.3.3 Hyangch'al

Die im Koreanischen Hyangch'al 향찰 (鄕札) benannte Methode bezeichnet zugleich die mit der Shilla-Sprache geschriebenen Texte und wurde für die Verschriftlichung des koreanischen Gesprochenen durch die vom Chinesischen entliehenen Bedeutungen und Lautungen geschaffen. Die hiermit geschriebenen Shilla-Lieder hießen *Hyangga* 향가 (鄕歌), 14 davon finden sich in der *Überlieferung der Drei Reiche* und 11 in der *Geschichte von Kyunyŏ*. In der Hyangch'al wurden, für die Bedeutung innehabenden Einheiten wie Nomina und Verbstämme innerhalb eines Satzes, die chinesischen Zeichen als Logogramme hinsichtlich ihrer entsprechenden Bedeutung geschrieben. Weiter wurden sie für die grammatikalischen Funktionen des Koreanischen, wie z. B. der Genuspartikel oder der Endungen, unter Berücksichtigung nur ihrer Lautungen[72] ohne den Bedeutungsbezug, verwendet, d.i. sozusagen ein kreativer Versuch einer rebusartigen ‚Übertragung'. Für die grammatische Funktion in Bezug auf die koreanischen Lautwerte wurden die geliehenen chinesischen Zeichen nur eingeschränkt verwendet. D.h., für die Subjektpartikel des Koreanischen wurde z. B. ein bestimmtes chinesisches Zeichen festgelegt und benutzt, das die gleiche oder ähnliche Lautung wie das Koreanische hat. Einige koreanische Wissenschaftler bevorzugen insofern *Hyangga*, weil man, nach ihrer Ansicht, chinesische Zeichen kreativ und eigenständig benutzen könnte, was von anderen bestritten wird. Heute wird gar behauptet, dass diese Methode der Anfang der koreanischen Übersetzungslehre und -wissenschaft, aber auch der Erforschung der koreanischen Grammatik überhaupt, darstelle (a.a.O., 25f.).

---

71 Diese Methode nennt sich deshalb Sŏgich'e p'yogibŏp 서기체 표기법 (誓記體表記法, Die nach der koreanischen Reihenfolge bzw. Wortstellung geschriebene Schreibung).
72 Damit wollte man so gut wie möglich den koreanischen Lautwert beibehalten. Vgl. Ryu 2002: 3 (Nr.1)/25.

1.3.4 Idu

Die Idu 이두 (吏讀), wörtlich „Beamtenlesung oder Lesung für die Verwaltung" als Sonderform der geschriebenen Sprache, wurde als eines der Transkriptionssysteme auf dem klassischen Chinesisch aufgebaut und funktionierte so, dass der Bedeutungsteil eines Satzgliedes wie Subjekt oder Verbstamm von den chinesischen Lehnwörtern übernommen wurde und der Formteil wie Subjektpartikel oder flektierender Teil des Verbes nicht nur dem Wert der Lautung, sondern auch dem der Bedeutung eines chinesischen Zeichens geliehen und zugeschrieben wurde. Das war schon eine andere Schreibmethode als Hyangch'al und wurde doch als „Vulgär-klassisches Chinesisch" (俗漢文) bezeichnet, weil es durch die streckenweise erfolgte Übernahme der chinesischen Wörter in koreanischen Sätzen weder richtige chinesische noch koreanische Sätze bildete, wie „Konglisch" (*Korean English*) in heutiger Zeit. Trotzdem wurde es bis zum Ende des 19. Jahrhunderts benutzt, was daran lag, dass das klassische Chinesisch eine Vormachtstellung einnahm.

Die Verwendung dieser Methode findet sich in Inschriften auf Stein aus der Shilla- und Koryŏ-Zeit und in Büchern, Literatursammlungen und verschiedenen Aufzeichnungen aus der Chosŏn-Zeit und wurde etwa im 7. Jahrhundert in ein System gebracht, so vermutet man allgemein (Yun 1980: 53).

Die Namensvarianten, die ihre verschiedenen Zwecke und damit Definitionen erkennen ließen, sind Ido (吏道), It'o (吏吐), Idu (吏頭) oder Ido (吏刀), und die mit Idu geschriebenen Texte nannten sich Ich'al (吏札), Isŏ (吏書) oder Imun (吏文). Z. B. kam die Bezeichnung Ido (吏道) in der Chosŏn-Zeit in der *Erläuterung des Großen Kodex der Ming-Dynastie* (大明律 直解) aus dem Jahr von 1395 erstmals zur Anwendung. Die *Erläuterung des Großen Kodex der Ming-Dynastie* war im damaligen Sinne das chinesische Gesetzbuch der Ming-Dynastie (1368–1644) in Form eines ins Koreanische übersetzten Idu-Textes (vgl. Ryu 2002: 3 (Nr.1)/26f.).

1.3.5 Kugyŏl

Bei Kugyŏl 구결 (口訣) fügte man dem Satz des vollkommenen klassischen Chinesisch die rein koreanischen Sprachelemente wie Partikel, Flexionselemente, als ein Merkzeichen, hinzu. Da die Strukturen von Koreanisch als agglutinierende und Chinesisch als isolierende Sprache anders waren, wollten die Koreaner durch die chinesische Einfügung der im Koreanischen grammatikalischen Funktionen dienenden Elemente chinesische Texte leichter lesen und besser verstehen können, sodass diese Texte in ihrer Struktur korrekt verstanden und dann auch richtig übersetzt werden konnten. Das heißt, je mehr Texte produziert wurden, die die Kugyŏl-Methode der Verschriftung verwendeten, desto weiter entwickelte sich die Kugyŏl, und damit näherten sich diese Texte immer mehr der koreanischen gesprochenen Sprache an, und so konnte zugleich durch diese Methode immer besser die Analyse der Ausgangstexte vorangetrieben werden. Damit zeigt sich die Kugyŏl-Methode als eine gute Vorarbeit für die Analysephase des Ausgangstextes (vgl. Ryu 2002: 3 (Nr.1)/27f.; vgl. auch Fu 1997: 19f.).

Die oben erwähnten Schreibmethoden durch die Entlehnung chinesischer Schriftzeichen waren keine Übersetzungen im eigentlichen Sinn, sondern eher eine Art der eigenständig entwickelten Transliteration oder Transkription, ähnlich wie die heutige

Latinisierung des Koreanischen, welche mehr die Aufbewahrung des Lautwertes und der Form im Originaltext bezweckte als deren Bedeutung bzw. Sinn deutlich zu machen. Es handelt sich folglich um eine „Übertragung" von einer gesprochenen Sprache in eine andere (unvollkommene) geschriebene, also um eine Sonderform, indem das wirkliche Verstehen in der Zielsprache bei der Übertragung nicht der Zweck ist, sondern der Zweck dieser „Mischform" war eine rein formale Übertragung in die Schriftform. Dazu jetzt die folgenden chronologisch dargestellten Definitionen der Übersetzungen (Ryu a.a.O., 28f.).

1.4 Exkurs zum Begriff der Übersetzung

Betrachtet man unter dem Aspekt der Übersetzungswissenschaft die Veränderung der Definition der Übersetzung, kann ihre Begrifflichkeit hier mit den verschiedenartigen Entwicklungsphasen der Übersetzung in Korea deutlicher werden. Im Folgenden wird dann betrachtet, wie sie sich in der Geschichte verändert hat.

Nach dem *Großen Brockhaus* (1957) ist „Übersetzen" als „die Übertragung von Gesprochenem oder Geschriebenem aus einer Sprache in eine andere" definiert. In der *Encyclopaedia Britannica* heißt es: „translation, the act or process of rendering what is expressed in one language or set of symbols by means of another language or set of symbols". In der *Enzyklopädie Brockhaus* (1974): „Übersetzung, die Übertragung von Gesprochenem oder Geschriebenem aus einer Sprache (Ausgangssprache) in eine andere (durch einen Übersetzer oder Dolmetscher)". In *Meyers Enzyklopädischem Lexikon* (1979): „die Übersetzung ist die Wiedergabe eines Textes in einer anderen Sprache. Sie ist Form der schriftlichen Kommunikation über Sprachgrenzen hinweg im Gegensatz zur aktuellen, mündlichen Vermittlung des Dolmetschers." In der *Brockhaus Enzyklopädie* (1994) wird sie bestimmt als (im Fach Philologie) „schriftliche Form der Vermittlung eines Textes durch Wiedergabe in einer anderen Sprache unter Berücksichtigung bestimmter Äquivalenzforderungen. Zu differenzieren sind einerseits die interlinguale Übersetzung (von einer Sprache in eine andere), die intersemiotische Übersetzung (von einem Zeichensystem in ein anderes, z. B. vom Text ins Bild) und die intralinguale Übersetzung (von einer Sprachstufe in eine andere, z. B. vom Althochdeutschen ins Neuhochdeutsche, vom Dialekt in die Standard- oder Hochsprache), andererseits umfasst der Oberbegriff die unterschiedlichsten Typen von Übersetzung, z. B. Glossen, Interlinearversion, Übertragung (Bearbeitung), Nachdichtung (Adaption) oder auch Neuvertextung (z. B. Filmsynchronisation)" (vgl. Stolze 1997: 13ff.).

2. Die Vor-Neuzeit (1392–1894)

Für die reibungslose Kommunikation in den diplomatischen Beziehungen zu den Nachbarländern wurden in Korea zu allen Zeiten Fremdsprachen mit Sorgfalt und kontinuierlich gelehrt und wissenschaftlich erforscht. In der Zeit des Chosŏn-Reiches (朝鮮, 1392–1910) förderten die Könige vor allem die Fremdsprachenlehre mit politischen Maßnahmen. Die Fremdsprachenlehre, Yŏkhak 역학 (譯學), wörtlich übersetzt, die Lehre bzw. Wissenschaft des Übersetzens, konnte sich zu dieser Zeit als eigenständiges Fach etablieren, und die damit beschäftigten Gelehrten erzielten darin große Erfolge: Sie erforschten die Fremdsprachen, kompilierten und gaben Fremdsprachenlehr- und -wörterbücher heraus.

Der Begriff Yŏkhak stellte bis zur Reform- bzw. Öffnungszeit gegenüber dem Westen, dem Jahr 1894, neben der koreanischen Lehre der Phonologie des Chinesischen eine Hauptströmung der sprachwissenschaftlichen Forschung in Korea dar und wurde mehrdeutig verwendet: nämlich als eine Bezeichnung für (i) Fremdsprachenlehre und -forschung, (ii) für Übersetzer oder Dolmetscher, (iii) für Fremdspracheninstitute, (iv) für die Fremdsprache selbst (Kang 2000: iii, 1f.).

Zu Beginn der Chosŏn-Zeit (1393) wurde das Amt für Übersetzung, Sayŏgwŏn 사역원 (司譯院), eingerichtet, in dem die Ausbildung und Erforschung der Fremdsprachen – zuerst Chinesisch, Mongolisch, Japanisch (1415) und Dschurdschisch (1426)[73] – gefördert wurde. Eine solche staatliche Fremdspracheninstitution gab es auch schon in der vorhergehenden Zeit des Koryŏ-Reiches (高麗, 918–1392), und sie wurde verschiedentlich mit T'ongmun'gwan 통문관 (通文館), Sayŏgwŏn 사역원 (司譯院)[74], Hanmun togam 한문도감 (漢文都監), Sŏlwŏn 설원 (舌院) und Sangwŏn 상원 (象院) bezeichnet. Auch von der koreanischen Wissenschaft wird angenommen, dass es bereits seit der Zeit der Drei Reiche (Koguryŏ, 高句麗, 37 v. Chr. – 668 n. Chr., Paekche, 百濟, 18 v. Chr. – 60 n. Chr. und Shilla, 新羅, 57 v. Chr. – 935 n. Chr.) eine vergleichbare Institution gegeben hätte (vgl. a.a.O., 2, 15). Im Folgenden werden die Verhältnisse vor der Chosŏn-Zeit dargestellt.

2.1 Die Institution für die Fremdsprachenausbildung und Dolmetschtätigkeit

2.1.1 Vor der Chosŏn-Zeit

Dass es in der Tat zu der Shilla- (57 v. Chr. – 935 n. Chr.) und Koryŏ-Zeit (918–1392) staatliche Institutionen für die Fremdsprachenausbildung und das Dolmetschen gab, belegen die beiden Geschichtsbücher die *Aufzeichnung der Geschichte der Drei Reiche* und die *Geschichte des Koryŏ-Reiches, Koryŏsa* (高麗史).

In der Shilla-Zeit ließ man eine Sangmunsa (祥文師) genannte Amtsstelle einrichten, die speziell nur chinesische Texte für die Diplomatie erforschen sollte, im Jahr 714 wurde sie in T'ongmun paksa (通文博士) umbenannt und später nacheinander in Hal-

---

73 Zur Jahresangabe der Einrichtung der japanischen und dschurdschischen Sprache, s. Kang 2000: 22, 38.
74 Es war der spätere Name von T'ongmun'gwan.

lim (翰林) und Haksa (學士). Schon vorher, im Jahr 621, gab es je ein besonderes Amtsgebäude für den Empfang der ausländischen Gesandtschaften, Yŏnggaekchŏn (領客典), und eines für Japaner, Waejŏn (倭典).[75] Auch in der *Aufzeichnung der Geschichte der Drei Reiche* wurde die Fremdsprachenausbildungsinstitution erwähnt: In der Zeit der Späten Drei Reiche (後三國 時代), und zwar im T'aebong-Reich (泰封國, 901–918)[76], soll Sadae 사대 (史臺) für die Fremdsprachenausbildung zuständig gewesen sein.

In der Koryŏ-Zeit, die der des T'aebongs folgte, gab es bei politischen Kontakten mit den Nachbarländern Sprachvermittler, T'ongsa (通事) genannt, die in Chinesisch, Mongolisch und Dschurdschisch Dolmetschdienste leisteten. Zur Ausbildung solcher Experten wurde im 2. Herrschaftsjahr unter König Ch'ungnyŏl (1276) die staatliche Institution T'ongmun'gwan (通文館) eingerichtet und darüber hinaus auch Ihakdogam (吏學都監, 1331)[77] als Institution für die Ausbildung für das Verwaltungswesen. Die Verwaltungssprache bzw. die Amtsschrift und die darin verfassten Verwaltungstexte, Imun (吏文), bezogen sich dabei nur auf Chinesisch, wurden vor allem für die Verwaltungsdokumentation gebraucht und doch zur Koryŏ-Zeit in Korea anders geschrieben als die, die die mongolische Dynastie verwendete, die zur selben Zeit in China herrschte, und die sowohl den klassischen chinesischen Stil (古文) als auch Elemente der Volks- bzw. Umgangssprache (白話文) benutzte. Daneben soll auch zum Studium des Chinesischen eine besondere staatliche Sprachschule für chinesische Sprache und Literatur, Hanŏdogam (漢語都監, 1391), errichtet worden sein, die von Hanmun dogam (漢文都監) ausging, aber auch eine weitere für Fremdsprachen, Yŏgŏdogam (譯語都監). Yŏgŏ bedeutete hier sowohl die Fremdsprache als auch Dolmetscher. D.h., es gab bereits vor der Einrichtung des T'ongmun'gwan der Koryŏ-Zeit Dolmetschbedienstete. T'ongmun'gwan wurde dann später in Sayŏgwŏn (司譯院) umbenannt, welches in der Chosŏn-Zeit (1392–1910) weiter entwickelt wurde. Der Unterschied bestand darin, dass Koryŏs Sayŏgwŏn auch für die Ausbildung für das Verwaltungswesen, Ihak (吏學), zuständig war, während es in der Chosŏn-Zeit dafür eine separate Einrichtung Sŭngmunwŏn (承文院) gab.

Die in der Koryŏ-Zeit (918–1392) für Diplomatie eingesetzten Sprachvermittler T'ongsa (通事) – in Chinesisch, Mongolisch und Dschurdschisch –, deren Namen und Leistungen in den Geschichtsannalen der Koryŏ-Zeit, *Koryŏsa* (高麗史), aufgezeichnet sind, waren meist von sozial niedriger Abstammung. Doch sie wurden dank ihrer fremdsprachlichen Fähigkeit vom Hof gefördert (Kang 2000: 3–14; vgl. Chŏng 2002: 321–333).

---

75 Korrespondierend dazu gab es auch in Japan, und zwar auf der Insel Tsushima 對馬島, ein für die Shilla-Sprache zuständiges Ausbildungsinstitut Shinra yakugo 新羅譯語, und derjenige, der für das Dolmetschen der Shilla-Sprache zuständig war, nannte sich auch Shinra yakugo 新羅譯語. Chŏng 2002: 324.

76 Die Übergangsdynastie des Spätkoguryŏs (901–918) begründete Kungye (弓裔, ?–918). Vgl. Song 2001: 3.

77 Hier wurden das Chinesisch für den schriftlichen Amtsgebrauch gelehrt, während in einer staatlichen Sprachschule für chinesische Sprache und Literatur, Hanŏdogam (漢語都監), nur das gesprochene Chinesisch unterrichtet wurde. Chŏng 2003: 29ff.

2.1.2 Die Chosŏn-Zeit

Seit Beginn des Chosŏn-Reiches (1392–1910) wurde die Fremdsprachenlehre weiterhin gefördert: Der erste König T'aejo [reg. 1392–1398] ließ 1392 anordnen, bei der staatlichen Beamtenprüfung, Kwagŏ (科擧)[78], das Fach Übersetzung (譯科) mit aufzunehmen. 1393 wurde das Amt für Übersetzung Sayŏgwŏn[79] gegründet. Der vierte König Sejong [reg. 1418–1450] zeigte dafür ein so starkes Interesse, dass die vier Fremdsprachen (Chinesisch, Mongolisch, Japanisch und Dschurdschisch) zu den Vier Fremdsprachenschulen bzw. Vier Fremdsprachenstudiengängen, Sahak (四學), institutionalisiert werden konnten. Er ließ vor allem begabte Fremdsprachenstudenten in diesen Schulen bzw. Lehrgängen auswählen und förderte sie: Zur Förderung des Studiums des Chinesischen als wichtigste der vier Fremdsprachen führte er z. B. ein Beamtensystem ein, in dem die Söhne des Hofadels oder der Zivilbeamten ausgewählt wurden, um sich im Amt für Übersetzung der Ausbildung im Chinesischen zu unterziehen und als Begleiter der Gesandtschaften nach China geschickt zu werden. Sie wurden Hanhak kangi-gwan 한학강이관 (漢學講肄官) genannt, wenn sie bereits eine Amtsstelle innehatten, ohne Stelle galten sie als einfache Chinesisch-Studenten (Hanhaksaeng, 漢學生) (Kang 2000: 15f., 32f.).

Es gab noch ein anderes Beamtensystem, das System für Chilchŏng-kwan (質正官, Beamte für korrektes Chinesisch bzw. Korrektur) genannt, bei dem es um einen Beamten auf einer Zeitstelle ging, dessen Aufgabe es war, als Begleiter einer Gesandtschaft nach China, die chinesische Aussprache sicherer zu beherrschen und Erkundigungen über chinesische (Amts-, Verwaltungs-, gesellschaftliche) Systeme einzuziehen und eventuell auftretende Fehler zu korrigieren. Dieser Posten war dem Amt für diplomatische Korrespondenz, Sŭngmunwŏn (承文院), zugeordnet, in dem diplomatische Papiere für China als hoheitliches Verfahren im Amtsschriftstil (Imun, 吏文) erstellt wurden und wo auch die Chinesischausbildung stattfand. Die Initiative für dieses System kam von König Sejong, als er 1434 zum Zwecke einer richtigen Ausbildung im Chinesischen zwei Fremdsprachenwissenschaftler Yi Pyŏn und Kim Ha nach Liaodong (in China) schickte, um die dortigen chinesischen Gelehrten nach der Korrektheit des Buches *Chikhae sohak* (直解小學, *Erläuterung des Lehrbuches für Kinder*)[80] zu befragen (a.a.O., 16, 33, 39).

---

78 Das Prüfungssystem für die Rekrutierung der Beamten wurde in Korea in der Koryŏ-Zeit, im Jahr 958, aus China eingeführt, um die militärischen Amtsfamilien jener Zeit zu entmachten. Es war nach dem Vorbild des chinesischen Tang-Systems zunächst für den Zivilbereich eingerichtet, und der konfuzianische Kanon, der die konfuzianische Staatsideologie und die herrschende Ethik darstellte, war Prüfungsfach (Es hieß Mun'gwa, 文科). In der Chosŏn-Zeit wurden in das System mit Änderungen nach dem Muster der chinesischen Ming 明-Dynastie (1368–1644) zusätzlich das Fach für den Militärbereich, Mugwa (武科), sowie die Fächer für Übersetzen (Yŏkkwa, 譯科) und für Verwaltung (Igwa, 吏科) unter dem Fach für den technischen Bereich (Chapkwa, 雜科, wörtlich übersetzt „das Vermischte Fach") aufgenommen. Cho 1991: 2/901f.
79 Damit ist auch das Dolmetschen gemeint.
80 Das war ein Lehrmaterial für Chinesisch in Korea, das eine zu Anfang der Chosŏn-Zeit von dem eingebürgerten Chinesen Sŏl Changsu verfasste chinesischsprachige Erläuterung des chinesischen Lehrbuches für Kinder, *Xiaoxue* 小學, war. Kang 2000: 16, 94.

2.1.3 Das Amt für Übersetzung

Unmittelbar nach seiner Gründung (1393) soll das Amt für Übersetzung Sayŏgwŏn schon seine Aufgaben wahrgenommen haben. Die Zahl der Lehrkräfte, Mitarbeiter und Studenten, die Lehrinhalte und die Förderungsmethoden wurden festgelegt[81]: Drei Lehrer, Kyosu (敎授) genannt, darunter zwei für Chinesisch und einer für Mongolisch, sollten mit attraktiven Bezügen fest eingestellt werden, worauf Chŏng Kwang (1987) hinwies, der auch schrieb, dass zuerst Chinesisch- und Mongolischfachrichtungen eingerichtet wurden.[82] Die Zahl der Studenten war insgesamt auf fünfzehn, zwölf für Chinesisch und drei für Mongolisch, begrenzt. Alle drei Jahre bot das Amt eine Aufnahmeprüfung an, wofür sich, neben den Studierenden im Amt, jeder, der in den angebotenen Fächern kundig war, anmelden konnte. Zu den Prüfungsfächern gehörten die *Vier Bücher* (*Sishu* 四書), das *Lehrbuch für Kinder* (*Xiaoxue* 小學), die Amtsschriftsprache (Imun, 吏文) sowie Chinesisch und Mongolisch. Nach ihrem Rang sowie ihren Leistungen in diesen Fächern wurden die Studenten in drei Klassen für die jeweiligen Sprachen eingeteilt und ausgebildet. Entsprechend dem Prüfungsergebnis sollten sie in drei Jahren sowohl mit der Klasse als auch dem Rang nach befördert, aber auch zum Militär versetzt werden (Kang 2000: 20f.).

Auch im *Großkodex der Staatsverwaltung, Kyŏngguk taejŏn*, sind das Organisatorische und die Funktion des Sayŏgwŏn, das zu den Ämtern im Rang 3a gehörte[83], zu sehen: Das Amt war für Übersetzen (wie Dolmetschen) der verschiedenen Sprachen zuständig. Zuerst wurden die Fächer für Chinesisch und Mongolisch, dann Japanisch (1415) und Dschurdschisch (1426), das mit dem Wechsel von der Ming-Dynastie zur Qing 淸-Dynastie (1644–1911) in China im 17. Jahrhundert (1667) durch das Fach für Mandschurisch ersetzt wurde, eingerichtet.

Zu Aufsicht führenden Personen wurden ein Oberaufseher (Tojejo, 都提調) und zwei Aufseher (Chejo, 提調) ernannt, worunter der Oberaufseher aus der Gruppe amtierender oder ehemaliger Premierminister im Rang 1a und die Aufseher aus den leitenden Zivilbeamten mit einem höheren Rang als 2b rekrutiert wurden (a.a.O., 22f.; Yi 1997: 265, 942).

Die Anzahl der Hanhak sŭptok-kwan 한학습독관 (漢學習讀官) betrug dreißig. Diese Bezeichnung war unter König Sŏngjong eine Umbenennung des bereits erwähn-

---

81 Dies findet sich im Tätigkeitsbericht des Aufsehers des Amtes an den König T'aejo im Jahr 1394. Die Zahl ändert sich nach den historischen Umständen, z. B. im Regelwerk des *Großkodex der Staatsverwaltung, Kyŏngguk taejŏn* (經國大典), der seit dem 2. Regierungsjahr des Sŏngjong, dem Jahr 1471, verwendet wurde, war die Zahl der Lehrer bereits auf vier angewachsen. Kang 2000: 20, 32.

82 1393, im 2. Regierungsjahr des König T'aejo, sollte zunächst nur das Fach für Chinesisch im Sayŏgwŏn eingerichtet werden, einen Monat später wurde in den Annalen die Fremdsprachenlehre aus sechs Lehrgängen – neben dem Militär, Recht, Schriftzeichen, Medizin und Mathematik – für den adlige Nachwuchs erwähnt. Erst ein Jahr später, also 1394, wurden Vorschläge zur Verwaltung des Amtes vom Aufseher Sŏl Changsu u.a. dem König T'aejo vorgelegt, die er dann nach Konsultieren des Obersten Rates umsetzen ließ. Kang 2000: 20, 22f., 28f.

83 Die Behörden der Chosŏn-Zeit erhielten den Rang ihres Direktors, und die gesamte Beamtenhierarchie war nach dem chinesischen Muster in neun Rangklassen (九品制) gegliedert, und jede der neun Rangklassen war nochmals unterteilt in eine obere (正, a) und eine untere (從, b). Kim 1991: 3/126.

ten Hanhak kangi-gwans 한학강이관 (漢學講肄官), was Anwärter auf den Begleiter der Gesandtschaft nach China bedeutete (s. das vorige Kapitel 2.1.2 Die Chosŏn-Zeit). Die Aufgabenbereiche des Amtes waren in zwei Sektionen, die für Verwaltung und die für Ausbildung, eingeteilt. Die Verwaltung war hierarchisch geordnet. Es gab einen Leiter (Chŏng, 正, Rang 3a), einen stellvertretenden Leiter (Pujŏng, 副正, Rang 3b), einen Sekretär bzw. Hauptverwaltungsbeamten (Ch'ŏmjŏng, 僉正, Rang 4b), einen Assistenzverwaltungsbeamten (P'an'gwan, 判官, Rang 5b), einen Buchhalter (Chubu, 主簿, Rang 6b), zwei Hauptbedienstete (Chikchang, 直長, Rang 7b), drei Prüfungsvorbereiter (Pongsa, 奉事, Rang 8b), zwei stellvertretende Prüfungsvorbereiter (Pubongsa, 副奉事, Rang 9a) und zwei Hilfsprüfungsvorbereiter (Ch'ambong, 參奉, Rang 9b) auf hauptamtlichen Planstellen[84] eingesetzt, für die Ausbildung gab es vier (Fremdsprachen-)Lehrer (Kyosu, 敎授, Rang 6b) und 10 (Fremdsprachen-) Ausbilder (Hundo, 訓導, Rang 9a). Die Lehrstühle wurden gut bezahlt, waren unbefristet, wobei nur die Dienstorte nach einer Dienstzeit von 30 bis 90 Monaten wechselten (Kang 2000: 22f., 27).

In der späten Chosŏn-Zeit, unter König Sukchong (1682), wurde zunächst eine Dolmetschausbildungsstätte für Chinesisch (Hanŏ uŏch'ŏng, 漢語偶語廳) eingerichtet: dort wurden Chinesen zu Lehrern ernannt (a.a.O., 34).

Im Jahre 1720, dem 46. Regierungsjahr von König Sukchong, wurde *die Chronik bzw. das Handbuch des Amtes für Übersetzung, T'ongmun'gwanji* (通文館志),[85] herausgegeben, in dessen Band 1 ‚Geschichte' im Artikel über das Organ der Sayŏgwŏn eine Verstärkung in der Ausbildung durch 12 Rektoren belegt war. Diese waren höhere Beamte mit höherem Rang als 3a. Zum Beispiel wurden im Jahre 1602 für das Fach Chinesisch drei davon auf eine Dauerstelle berufen und trugen die Verantwortung für die vier Fremdsprachenfächer. Sie hatten bereits sieben Positionen des Amtes durchlaufen, nämlich ‚Lehrer für Dolmetscherausbildung' (Kyohoe, 敎誨), ‚Leiter' (Chŏng, 正), ‚Lehrer' (Kyosu, 敎授), ‚Audienzdolmetscher' (Ŏjŏn t'ongsa, 御前通事), ‚Ausbilder' (Hundo, 訓導), ‚Spitzendolmetscher' (Sangt'ongsa, 上通事) und ‚junge begabte Beamte' (Yŏnso ch'ongmin, 年少聰敏) (a.a.O., 24).

---

84   Sie hatten zwar nur nominell die Posten (Ch'eajik 체아직, 遞兒職) inne, wurden aber trotzdem je nach Funktion besoldet nach dem damaligen Besoldungssystem, das für die Anwärter auf eine Amtsstelle, die also noch keine Ämter innehatten, vorsah, Gehälter zu zahlen, und zwar wurden zweimal im Jahr Beamte oder Angestellte bezahlt und je nach ihren Leistungen befördert, versetzt oder entlassen (Yangdomok 양도목, 兩都目). Hingegen waren die Stellen für Lehrtätigkeit (Lehrer und Ausbilder) ein Realposten. Kang 2000: 23, 27.

85   1708 unter König Sukchong wurde im Auftrag des Amtsaufsehers Ch'oe Ch'angmin des Sayŏgwŏn die erste Fassung von den Fremdsprachenbeamten Kim Chinam und Kim Kyŏngmun fertig gestellt, 1720 nach mehrmaligen Korrekturarbeiten in drei Bänden zusammengefasst und herausgegeben. Darin beschrieben wurden die Geschichte und das Amtssystem des Sayŏgwŏn, die Einteilung des Amtsgebäudes, die darin integrierten vier Fremdsprachenfächer sowie 36 Abteilungen bzw. Referate. Außerdem waren die Aufgaben der ca. 600 Fremdsprachenbeamten festgelegt. So stellt dieses Handbuch für das Verständnis der für die späte Chosŏn-Zeit vorherrschenden Außenpolitik ein durchaus wichtiges Geschichtsdokument dar. Chŏng 2002: 63–67.

2.1.4 Die drei Typen der Translatoren

Im Hinblick auf ihre soziale Stellung oder Leistungen gab es zur Chosŏn-Zeit drei Typen von Personen, die sich mit der Fremdsprachenlehre Yŏkhak (譯學) beschäftigten. Der erste Typ, der aufgrund seiner Gewandtheit in einer Fremdsprache entweder als Dolmetscher oder auch in einer höheren Position als Dolmetscher lange im Ausland unterwegs war, wurde mit Fremdsprachenbeamter, Yŏkkwan (譯官), bezeichnet. Diese Personen gelangten meistens über die Fachprüfung in Übersetzen (Yŏkkwa, 譯科) vom Staatsexamen für Beamten (Kwagŏ, 科擧) oder auch über das staatliche Sonderexamen für technische Spezialisten bzw. fähige Leute, Ch'wijae (取才), in die Beamtenlaufbahn.

Das Staatsexamen für die Auswahl der Beamten bestand aus drei Bereichen, dem Zivil- (Mun'gwa, 文科), Militär- (Mugwa, 武科) und technischen Bereich (Chapkwa, 雜科). Chapkwa (雜科) war für die Auswahl der technischen Beamten in verschiedenen Spezialbereichen gedacht, z. B. in der Chosŏn-Zeit gab es vier Fächer, nämlich Dolmetschen, Medizin, Kosmologie und Recht, und die Fachprüfung in Dolmetschen bestand für die Auswahl der Dolmetscher aus den vier (Wahl-)Fremdsprachen Chinesisch, Mongolisch, Japanisch und Mandschurisch. Der Prüfungskanon und die Prüfungstexte für die jeweiligen Sprachen waren gleich den Lehrstoffen der Vier-Fremdsprachenlehre im Sayŏgwŏn. Das Examen wurde eingeteilt in ein erstes und ein darauf bauendes zweites und enthielt Textexegese (Kangsŏ, 講書), Kalligraphie (Saja, 寫字) und Übersetzung (Yŏgŏ, 譯語). Bei der Übersetzung wurde verlangt, den *Großkodex der Staatsverwaltung, Kyŏngguk taejŏn*, der im 2. Regierungsjahr des Königs Sŏngjong (1471) als Gesetzessammlung der Chosŏn-Zeit fertiggestellt wurde, in die jeweilige Sprache zu übersetzen und zu interpretieren. Das Sonderexamen für technische Spezialisten, Ch'wijae (取才), gestaltete sich auch ähnlich wie die Beamtenprüfung. Die durch die Staatsprüfungen so rekrutierten Fremdsprachenbeamten, Yŏkkwan (譯官), erhielten als Beste nur die Beamtenstufe des Ranges 7b, als Zweitbeste 8b und als Drittbeste 9b; sie wurden entweder zu Beamten im Sayŏgwŏn oder zum Fremdsprachenausbilder an den Regionalschulen ernannt und waren vor allem hauptsächlich zuständig für das Dolmetschen[86]: Sie taten in Gesandtschaften nach China oder beim König Dienst. Auch wenn sie aufgrund der Wichtigkeit in der und für die Diplomatie ins Amt gelangten und so gewisse Vorteile in der Gesellschaft hatten, wurden sie doch nicht sehr hoch geachtet und im Vergleich zu Zivilbeamten benachteiligt, weil sie meistens aus der Mittelschicht der Gesellschaft kamen bzw. von niedriger Abstammung waren und in einer stark konfuzianisch geprägten Gesellschaft überhaupt technische Berufe zu dieser Zeit gering geachtet wurden (Kang 2000: 39–47).

Der zweite Typ nannte sich Fremdsprachenwissenschaftler, Yŏkhakcha (譯學者), der aus dem das Chinesischstudium fördernden Beamtensystem[87], also meistens aus

---

86 Beim Dolmetschdienst gab es entsprechend dem Prüfungsergebnis oder der Leistung eine dreistufige Hierarchie, und zwar die oberste Stufe war für die Aufgabe des Dolmetschers zuständig, die mittlere für Tribut- sowie Austauschgegenstände und Pferde der Gesandten und die untere für die sonstigen Sachgegenstände der Delegation. Kang 2000: 43.

87 Dies wurde schon erwähnt, und die betreffenden Personen waren Hanhak sŭptok-kwan (漢學習讀官) bzw. Hanhak kangi-gwan (漢學講肄官), die entweder als Hofadelssöhne oder Zivilbeamte für zukünftige Begleiter der Gesandtschaft nach China im Amt für Übersetzung die

der Zivilbeamtenschaft, oder wenn nicht, von den Fremdsprachenbeamten, Yŏkkwan (譯官), herkam und (wissenschaftliche) Leistungen im eher schriftlichen Tätigkeitsbereich als im mündlichen erbrachte. Die Zivilbeamten, die die Beamtenprüfung Mun'gwa (文科) abgelegt hatten, welche die schwierigste und wichtigste Prüfung des Staatsexamens war, und in welcher man einen hohen Leistungsstand im literarischen Bereich wie den konfuzianischen Klassikern, den Gedichten, der Geschichte oder der Verwaltungsschriftsprache nachweisen musste und vor allem ein hohes Bildungsniveau in Chinesisch hatte, genossen nach dem erfolgreichen Ablegen des Examens sowohl in der Staatsbürokratie wie in der Gesellschaft Wohlstand, Prestige und Macht. So standen die Fremdsprachenwissenschaftler, Yŏkhakcha (譯學者), eher für wissenschaftlich fundierte oder schriftliche Leistung als für die mündliche Leistung wie einer Dolmetschdienstreise ins Ausland. Vor allem Fremdsprachenwissenschaftler wie Sŏng Sammun und Sin Sukchu beherrschten nicht nur die klassischen (chinesischen) Schriften, sondern auch die Lehre der chinesischen Lautung und untersuchten das damalige aktuelle Hochchinesisch (a.a.O., 48, 51). Daraus resultierte ihre größte Leistung, nämlich im Jahr 1455 *die koreanische Lautschrift der Rechtschreibung der chinesischen Phonetik, Hongmu chŏngun yŏkhun* (洪武正韻譯訓) im Auftrag des Königs Sejong herauszugeben, wo das damalige phonetische System des Chinesischen genau begriffen und dargestellt wurde und nach zehnjähriger Arbeit zustande kam. Das Werk umfasst zehn Bände und stellt nach der Erfindung des koreanischen Alphabets die erste „Übersetzungsarbeit" dar als Arbeitsmethode, die Aussprache der chinesischen Schriftzeichen im *Rechtschreibbuch für die Lautung des Chinesischen, Hongwu zhengyun* 洪武正韻 im Koreanischen anzugeben. Dabei wurden unter dem betreffenden chinesischen Schriftzeichen links die chinesische Standardaussprache in Koreanisch (Chŏngŭm, 正音, die Standardaussprache) und rechts die aktuell realisierte Aussprache in der chinesischen Hauptstadt in Koreanisch (Sogŭm, 俗音, die Umgangsaussprache) angegeben.[88] Um diese Aussprache möglichst konkret zu erfassen, besuchten die Fremdsprachenwissenschaftler häufig die Hauptstadt Peking und sammelten Ausdrücke der aktuellen Aussprache. Schließlich wurden die meisten Lehrwerke für die Fremdsprachenausbildung im Amt für Übersetzung von den Fremdsprachenwissenschaftlern konzipiert und nach der Entwicklung der koreanischen Schrift viele Bücher ins Koreanische übersetzt (a.a.O., 51, 91–94). Der dritte Typ war ein Mischtyp der oben genannten beiden Typen.

---

chinesische Sprache studierten, oder Chilchŏng-kwan (質正官, Beamte für korrekte chinesische Aussprache bzw. Korrektur). Kang 2000: 32f., 39f.

88 Bei der Standardaussprache geht es um die normierte wörtliche Aussprache, die sich z. B. im Wörterbuch findet. Die Umgangsaussprache in der chinesischen Hauptstadt wurde mit Sogŭm bezeichnet. Vgl. Glück 2005: 643.

2.2 Die Schaffung des koreanischen Alphabetes

Das Chosŏn-Reich erlebte in der ersten Hälfte seines Bestehens seine kulturelle Blüte unter König Sejong. Das koreanische Alphabet wurde von ihm persönlich zusammen mit den sprachwissenschaftlichen Zivilbeamten, die er dafür bestellt hatte, hervorgebracht. Das koreanische Alphabet, das 1446 veröffentlicht wurde, nannte sich zuerst *Hunmin chŏngŭm* (訓民正音, *Die richtigen Laute zur Unterweisung des Volkes*[89]), was seinen Erfindungsgrund erkennen ließ, nämlich dem koreanischen Volk die „richtigen", also standardisierten oder vereinheitlichten Laute zu lehren bzw. auch die Schreibmöglichkeit zu bieten – hier bedeuten die Laute dann zugleich auch die Schrift. Dies weist darauf hin, dass die für die koreanische gesprochene Sprache speziell entwickelte Idu-Schreibmethode durch die Übernahme der chinesischen Schriftzeichen zwar in Behörden und vom Volk weiterhin verwendet wurde,[90] aber in der Praxis gab es Fälle, in denen man nicht reibungslos alles aufzeichnen bzw. sich überhaupt ausdrücken konnte. Dieser kritischen Ansicht in Bezug auf die unvollkommene Idu im sprachlichen Alltag konnten die Befürworter der neu erfundenen koreanischen Schrift einen rechten Ausdruck verleihen. Um die höhere Effektivität oder Überlegenheit der neuen Schrift gegenüber der Idu für das Schriftleben nachzuweisen, wurde die Publikations- und Übersetzungsarbeit ins Koreanische energisch vorangetrieben, indem z. B. der König Sejong selber mit neuer Schrift literarische Werke verfasste, wie *Yongbi ŏch'ŏn'ga* 용비어천가 (龍飛御天歌, *Lied der zum Himmel fliegenden Drachen*) und *Wŏrin ch'ŏn'gang chigok* 월인천강지곡 (月印千江之曲, *Gesänge vom Mond gespiegelt in tausend Flüssen*).[91]

Der historische Erfolg der so ins Leben gerufenen koreanischen Übersetzungen sollte von der späteren Verkündung der Han'gŭl[92] als offizielle Nationalsprache (1894) gekrönt sein. Der koreanische Wissenschaftler Pae Taeon (2003: 25) schreibt dazu, dass die Schaffung der neuen Schrift das Ergebnis des Bedürfnisses nach einer vollkommenen Schriftsprache gewesen sei. Damit konnte man das vorher unvollkommene Leben der eigenen Sprache überwinden und ohne die durch die chinesischen Zeichen geliehene Schreibmethode auskommen, die seit langem die konkrete Gestalt der Erkenntnis in koreanischer Sprache dargestellt hatte (vgl. Ryu 2004: 5 (Nr.2)/74ff.).

Aber das koreanische Alphabet sollte auch noch drei weitere Bedürfnisse erfüllen: die Verschriftung des rein Koreanischen selbst, die vollständige Rechtschreibung bzw.

---

89   Dies die Übersetzung von A. Huwe (Leiter für koreanische Abteilung des Instituts für Orientalische und Asiatische Sprachen, Universität Bonn).
90   Die Idu-Texte, also Texte, die mit Idu geschrieben waren, waren über tausende Jahre hindurch gebraucht worden. So war zu erwarten, dass es Gegner der Han'gŭl – vor allem Gelehrte – gab, und Idu weiterhin verwendet wurde, obwohl die neue Schrift vom König selbst initiiert wurde. Vgl. Yi 1998: 67–71.
91   *Yongbi ŏch'ŏn'ga* als das erste Koreanisch geschriebene literarische Werk wurde 1445, vor der Proklamation der *Hunmin chŏngŭm*, fertiggestellt. Es handelt sich um das Heldenepos über den Begründer des Chosŏn-Reiches Yi Sŏnggye in 125 Liedern. *Wŏrin ch'ŏn'gang chigok* als den Buddha verehrendes Epos in 500 Psalmen wurde 1447 auch von Sejong auf Koreanisch geschrieben und herausgegeben. Hwang 1991: 24/144f.
92   Diese Bezeichnung wurde erst 1913 durch den sog. Begründer der koreanischen Sprachwissenschaft Chu Sigyŏng (1876–1914) eingeführt. Kang 1991: 24/140.

vereinheitlichte Transkription des Sinokoreanischen und die richtige Verschriftlichung, also Transkription der fremdsprachlichen Phonetik bzw. Aussprache. Dies war auch auf die konfuzianisch orientierte Spracheinstellung zurückzuführen: Konfuzianer hielten es für unabdingbar, um das Volk regieren zu können (治國安民), Riten (禮) zu kennen und zu diesem Zwecke zu benutzen, und sahen die Musik (樂) als Hauptschlüssel für das Regieren an. Denn Riten bedeuteten bei ihnen die Gesamtheit des Regierungssystems und der Zeremonie, und in der Musik sollte sich der Ausdruck des Gefühlslebens des Volkes mit seinem Kummer und seinen Freuden zeigen können. So wurde sorgsam darauf geachtet, dass mit der „harmonischen" Lautung der Sprache analog zur Musik ein mildes Temperament des Volkes angeregt wurde. So sei auch die Musik in guten Zeiten wohltuend und erfreulich und die Politik dementsprechend friedlich (Leimbigler 1976: 200, 204, 206; Wang 1997: Kap. 19, 1–4, 7, 13–15, Kap. 20; Köster 1967: 241–244, 246f., 251–254, 261–269).

Um die Zeit, als die koreanische Schrift *Hunmin chŏngŭm* (訓民正音) geschaffen wurde, zeigte sich großes Interesse für das *Rechtschreibbuch für die Lautung des Chinesischen, Hongwu zhengyun* 洪武正韻, das 1375 unter dem chinesischen Ming-Kaiser Taizu herausgegeben worden war. Die Herausgabe dieses Buches hatte die wichtige politische Aufgabe, die Standardlaute zu erfassen, was von dem Gedanken der Sprachpolitik getragen wurde, die Ausprägung der Dialekte sowie die Veränderung der Sprache als unerwünschte Gewohnheit zu betrachten und zurückzudrängen. Dieser Gedanke des chinesischen Ming-Kaisers wurde von den Korea Regierenden zur Zeit der Schaffung der *Hunmin chŏngŭm* aufgenommen. Deren Engagement in der Lehre der Phonetik führte zur Erfindung der phonetischen Schrift und ihrer phonetischen Erklärung. Außerdem haftete der seit dem Beginn des Chosŏn-Reichs betriebenen Förderungspolitik der Fremdsprachenlehre die Notwendigkeit einer auch phonetischen Schrift an (Kang 2005: 13–30).

Die Entwicklung eines eigenen Schriftsystems ist in der Übersetzungsgeschichte von sehr großer Bedeutung: Im Amt für Übersetzung, in dem die Fremdsprachenausbildung stattfand, deren Hauptzweck die Heranbildung der amtlichen Dolmetscher für die Diplomatie war, wurden verschiedene Lehrbücher und Glossare für die jeweilige Sprache erstellt, später revidiert und die früheren, nun zum Teil für unzulänglich befundenen Bücher, wurden wieder vernichtet. Nur noch die Titel der vernichteten Bücher, die anfangs im Sayŏgwŏn verwendet wurden, sind heute bekannt, wohingegen die meisten erhalten gebliebenen Bücher erst im 18. Jahrhundert erschienen waren. Betrachtet man jedoch die Titel der nicht erhalten gebliebenen, früheren Bücher, so findet man heraus, dass Sayŏgwŏn Lehrbücher nicht nur konzipiert, sondern sie auch importiert hatte. Für die erste Hälfte der Chosŏn-Zeit waren die von den betreffenden Ländern importierten Lehrbücher zahlenmäßig sogar überwiegend, während in der zweiten Hälfte fast alle im Sayŏgwŏn verwendeten Lehrbücher von koreanischen Fremdsprachenbeamten verfasst worden waren. Die in Korea verfassten Bücher hatten nicht – wie die importierten Bücher – die Geschichte oder Geschichtsauffassung zum Thema, sondern praktische sprachliche Ausdrücke und ein Allgemeinwissen in Bezug auf die ausländischen Gesellschaften. Wenn sich ein, z. B. chinesisches Lehrbuch für den (Fremdsprachen-) Unterricht als effektiv und gut erwies, dann wurde es weiter in eine andere Sprache für das betreffende Fremdsprachenfach übersetzt. Darum findet man gleiche Titel bei Lehrbüchern für unterschiedliche Fremdsprachen (Song 2001: 51f.).

Genauer betrachtet, nannten sich die im Sayŏgwŏn verwendeten Fremdsprachenlehrbücher Yŏkhaksŏ (譯學書) bzw. abgekürzt Yŏksŏ (譯書), wobei der erste Name Yŏkhaksŏ (譯學書) unter den heutigen koreanischen Wissenschaftlern allgemeine Verbreitung findet. Diese Bücher kann man bis zur Öffnung des Landes (1894) als in drei Perioden eingeteilt betrachten (Chŏng/Yun 1998: 29–155): die Bücher der Anfangsphase (für die Periode von der Gründung des Chosŏns bis zum Fertigstellen des Staatskodex *Kyŏngguk taejŏn*, 經國大典), deren Titel in den Annalen des Chosŏn-Königshauses oder in Gesetzesbüchern – vor allem in den *Annalen des Königs Sejong* (*Sejong sillok*, 世宗實錄) und im *Großkodex der Staatsverwaltung* aus dem Jahr 1469 (*Kyŏngguk taejŏn*, 經國大典) – aufgezeichnet wurden. Darin sind die Prüfungstexte des Staatsexamens für Beamte festgelegt und sie wurden von den entsprechenden Ländern importiert zum Zweck des Erlernens von Fremdsprachen für Anfänger (a.a.O., 257).

Die Bücher der Etablierungsphase als der zweiten Periode (für die Periode von *Kyŏngguk taejŏn*, 經國大典 bis zur Fertigstellung von dessen Fortsetzungsband, *Soktaejŏn*, 續大典, also die mittlere Zeit des Chosŏns) sind enthalten in der *Fortsetzung des Großkodex* (*Soktaejŏn*, 續大典, 1744). Aus praktischen Erwägungen zur Effizienzsteigerung der Fremdsprachenbeamten wurden sie von Sayŏgwŏn selbst neu herausgegeben oder produziert. Es handelte sich dabei überwiegend um praktische Konversationslehrbücher, mit denen dann die der vorhergehenden Zeit ersetzt wurden. Infolge der japanischen und mandschurischen Invasionen, in deren Gefolge der Austausch mit China und Japan im Bereich der Diplomatie, der militärischen Angelegenheiten und des Handels usw. ausgeweitet wurde, wuchsen die Aufgaben der Fremdsprachenbeamten, und die beschleunigte Veränderung zeigte sich an den Büchern. Dieser Änderungsprozess fand mit der Fertigstellung von *Soktaejŏn* seinen Höhepunkt und beendete diese Periode.

Nun zur dritten Periode: Die Bücher nach der Fertigstellung von *Soktaejŏn* (續大典) bis zur Reform des Landes (für die späte Zeit des Chosŏns) sind korrigiert, verbessert, erweitert, ergänzt und neu aufgelegt worden und werden deshalb auch als die Bücher in einer Aufbereitungs- bzw. Entwicklungsphase betrachtet. Die Fremdsprachenlehrbücher des Sayŏgwŏns wurden nach der Schaffung der koreanischen Schrift in die phonetische Schrift „übersetzt", wobei mit Übersetzung gemeint ist, dass mit dem neuen Alphabet sowohl Fremdsprachentexte zu interpretieren oder zu erläutern als auch deren Aussprache zu transkribieren ist (Chŏng 2002: 8f., 11ff., 48ff.). Im Folgenden werden die wichtigen Fremdsprachenlehrbücher vor und nach der Schaffung der koreanischen Schrift (1444) vorgestellt.

2.3 Die Fremdsprachenlehrbücher und die Übersetzungsarbeit

Chikhae sohak 직해소학 (直解小學) war die in Korea auf Chinesisch verfasste „Erläuterung" des chinesischen *Lehrbuches für Kinder*, *Xiaoxue* 小學. Erster Aufseher des Amtes für Übersetzung war Sŏl Changsu, er war ein chinesischer Emigrant aus dem uighurischen Gebiet. Er war zugleich der Verfasser dieses Buches, das in der Chinesischausbildung und als Prüfungskanon Verwendung fand (Kang 2000: 48, 91). Heute ist nur noch dessen Titel aus den *Sejong-Annalen* aus dem Jahr 1430 u.a.[93] bekannt. *Nogŏltae* 노걸대 (老乞大)[94], ein auf Chinesisch verfasstes Konversationslehrbuch für Chinesisch, beinhaltete nützliche chinesische Redewendungen für Reisende und bot allgemeine Informationen über Handel, Arzneimittel, Unterkunft und Speise usw. in Form von Gesprächen zwischen einem koreanischen und einem chinesischen Kaufmann, die in zwei Bänden ungefähr 40 Situationen umfassen (Kang 2000: 95f.). Nach Ogura Shinpei wurde es 1423 (dem 5. Regierungsjahr von Sejong) zuerst erwähnt, aber die erste Publikation könnte auch auf das letzte Jahr der Koryŏ-Zeit, 1392, zurückgehen. Min Yŏnggyu hingegen vermutet, dass es aufgrund seines Inhaltes etwa im Jahr 1382, also schon im 15. Regierungsjahr des ersten chinesischen Kaisers der Ming-Dynastie Taizu [reg. 1368–1398], geschrieben wurde und dass dieses auf Chinesisch verfasste *Nogŏltae* das älteste war, das als Grundvorlage für die Übersetzung in die anderen Sprachen diente. Während der Chosŏn-Zeit wurde es mehrmals revidiert und neu aufgelegt. Es ist zwar bis heute noch unbekannt, wie viele verschiedene Ausgaben genau davon erschienen sind, aber die bekannten können in zwei Kategorien klassifiziert werden: eine Ausgabe, die rein in Chinesisch geschrieben ist, und eine andere in Chinesisch geschrieben, gefolgt von zwei Aussprachen unter je einem Schriftzeichen – links die der umgangssprachlichen und rechts die der klassischen chinesischen Aussprache – und dem folgt die koreanische Übersetzung je nach einem Satz oder einer Phrase. Einige Kopien des nur in Chinesisch geschriebenen *Nogŏltae*s, bei denen man spätere Revisionen oder Neuausdrücke vermutet, sind heutzutage bekannt, darunter ist das älteste, welches in Korea allerdings nicht weit verbreitet ist, auf 1549 datiert worden. Eine Information hierüber findet sich in der *Gesamten Bibliographie koreanischer Gesetzesbücher (Han'guk chŏnjŏk chonghap mongnok,* 韓國典籍綜合目錄, vol. 1, 1973: 165a) (Song 2001: 60ff.). Im Vergleich hierzu nannte Chŏng Kwang (2006: 50f.) *Das Original-Nogŏltae (Wŏnbon Nogŏltae* 원본노걸대, 原本老乞大) die erste alte Ausgabe, die um 1346 in einem nordchinesischen Dialekt zur Zeit der Mongolenherrschaft (1279–1368) verfasst worden sein soll und dann 1483 unter König Sŏngjong von dem Chinesen Ge Gui 葛貴 in der „Amtssprache" oder der „Sprache der Mandarine" zur Zeit der Ming-Dynastie (1368–1644) geändert erschien. Das Buch heißt *San'gae Nogŏltae* 산개노걸대 (刪改老乞大, *Nogŏltae: geänderte Ausgabe*). Dies war die Übersetzungsvorlage für die erste koreanische Aus-

---

93 Hauptquellen, in denen sich alle offiziellen Publikationen der Chosŏn-Zeit, darin die für die Fremdsprachenlehre verwendeten Buchtitel, befinden, sind das Gedenkschreiben aus dem Jahr 1430 in den *Annalen des Königs Sejong* (*Sejong sillok,* 世宗實錄), das Gesetz bzw. der Abschnitt der Ritenangelegenheiten im *Großkodex der Staatsverwaltung* aus dem Jahr 1469 (*Kyŏngguk taejŏn,* 經國大典, 禮典) und der Abschnitt der Ritenangelegenheiten in der *historischen Untersuchung zu juristischen Aufzeichnungen* aus dem Jahr 1706 (*Chŏllok t'onggo,* 典錄通考). Song 2001: 52f.

94 Als das bekannteste unter den Lehrbüchern für die koreanische Fremdsprachenlehre bleibt jedoch sein Titel rätselhaft, dessen Bedeutung mit Hilfe der Kenntnis von dem geschriebenen Chinesischen nicht entziffert werden konnte. Der gleiche Titel wurde außerdem weiter für die mongolische, japanische und mandschurische Version desgleichen Werkes verwendet. Song 2001: 60.

gabe *[Pŏnyŏk] Nogŏltae* ([飜譯] 老乞大, *Die Übersetzung des Nogŏltae*s), die von dem bedeutenden Fremdsprachenbeamten Ch'oe Sejin (崔世珍, ?–1542) unter König Chungjong [reg. 1506–1544] verfasst worden war. So stellt sich in dieser Übersetzung die Charakteristik der koreanischen Orthographie zu Anfang des 16. Jahrhunderts besonders deutlich dar, wie es die allgemeine Ansicht der koreanischen Wissenschaftler ist. Das erste sino-koreanische Wort des Titels für „Übersetzung" wurde von einem Wissenschaftler namens Nam Kwangu hinzugefügt, um es von den anderen Ausgaben zu differenzieren. Pang Chonghyŏn verwies in seiner Studie darauf, dass sich mehr als 30 Kopien der umgangssprachlichen koreanischen Übersetzung *Nogŏltae ŏnhae* (老乞大諺解)[95], die nach japanischen und mandschurischen Invasionen neu übersetzt wurden und erschienen, in der Hofbibliothek der Chosŏn-Zeit, Kyujanggak, befinden (vgl. Song 2001: 63). Hierin ist der chinesische Text der gleiche wie im nur in Chinesisch geschriebenen aus dem Jahr 1423, aber deutlich abweichend von dem in der *Neuen Interpretation des Nogŏltaes, Nogŏltae sinsŏk* 노걸대 신석 (老乞大新釋) aus dem Jahr 1761, das im Anschluss dargestellt werden soll und in dem die orthographischen Merkmale das Koreanische des 17. und 18. Jahrhunderts zeigen. Nach dem Vorwort in der *Neuen Interpretation des Nogŏltaes, Nogŏltae sinsŏk* (老乞大新釋) aus dem Jahr 1761 begleitete der Autor Pyŏn Hŏn (邊憲) im Jahr 1760 die koreanische Gesandtschaft nach Peking, wo er mit den Chinesen über das Buch diskutierte und danach den chinesischen Text in der Sprache der Mandarine zur Zeit der Qing-Dynastie (1644–1911) neu verfasste. Auch soll er dieses Buch 1763 dann ins Koreanische übersetzt haben: Diese Übersetzung ist leider heute nicht mehr erhalten, sondern nur der Titel wird im *Handbuch des Amtes für Übersetzung* genannt. Er lautete *Sinsŏk nogŏltae ŏnhae* (新釋 老乞大諺解). Da dieser neu verfasste chinesische Text als zu vulgär betrachtet wurde, wurde er 1795 unter dem König Chŏngjo von Yi Su (李洙) u.a. in einer gehobenen Sprache revidiert, dies war der Neudruck des *Nogŏltae*s, *Chunggan nogŏltae* 중간 노걸대 (重刊老乞大). Die koreanische Übersetzung hiervon hieß dann *Chunggan nogŏltae ŏnhae* (重刊 老乞大諺解), der zwar das Vor- und Nachwort fehlte, doch das Datum des Erscheinungsjahres, 1795, festhielt. Aufgrund der chinesischen Ausgabe wurde es dann in der Folge ins Mongolische, Japanische, Mandschurische und schließlich ins Koreanische übersetzt.

Die mongolische Version, also das mongolische Konversationslehrbuch des Amtes für Übersetzung, *Mongŏ nogŏltae* 몽어 노걸대 (蒙語老乞大), war die koreanische Umwegübersetzung aus dem Mongolischen, die, wie erwähnt, von der chinesischen

---

95 Wörtlich übersetzt heißt ‚Ŏnhae 언해 (諺解)' ‚in die niedrige Sprache [in die koreanische Schrift, 諺文] zu interpretieren bzw. zu erläutern', weil Chinesisch vor allem für das konfuzianische Chosŏn-Reich zu der Zeit traditionell die Sprache „der großen Macht" darstellte. Bei ‚Ŏnhae' nach der Schaffung der koreanischen Schrift wurden der im alten chinesischen Stil und der in der chinesischen Umgangssprache geschriebene Text als Ausgangstext benutzt. Charakteristisch war bei der Ŏnhae-Übersetzung, dass die koreanische Übersetzung phrasenweise direkt hinter dem chinesischen (Original) Text steht. Diesem wurden die koreanischen Merkzeichen Kugyŏl als für das Koreanische typische agglutinierende, grammatische wie flexivische Formen in einer Funktion der Satzanalyse eingefügt. Weiter wurde die phonologische Transkription in Koreanisch unter den jeweiligen chinesischen Zeichen in den beiden Texten angegeben. Praktisch kann die Ŏnhae-Übersetzung für das Fremdsprachenlernen zweisprachiger Texte geeignet sein. An 1991: 15/73f.

Vorlage übersetzt wurde. Sie, die in der ersten Hälfte der Chosŏn-Zeit benutzt wurde, ging jedoch nach der Angabe des *Handbuches des Amtes für Übersetzung* während der japanischen Invasionen verloren und wurde in der neuen Ausgabe, *Sinbŏn nogŏltae* (新飜老乞大, *Die neue Übersetzung des [mongolischen] Nogŏltaes*), seit 1684 für das Fach Übersetzen der staatlichen Beamtenprüfung verwendet. 1741 wurde eine Ausgabe im Holzdruck von Yi Ch'oedae (李最大) publiziert, 1766 von dem berühmten Sprachbeamten bzw. Dolmetscher für Mongolisch Yi Ŏksŏng (李億成) und 1790 nochmals von Pang Hyoŏn (方孝彦) u.a. revidiert. Die letzte Ausgabe aus dem Jahr 1790 ist die am meisten verbreitete und erhalten gebliebene. Heute existieren drei Kopien vom mongolischen *Nogŏltae*. Das Buch gestaltet sich so, dass je ein Vers senkrecht in sieben Spalten gereiht wurde, und in jeder Spalte wiederum zwei Schriftlinien neben einander stehen, und zwar links die mongolische Linie in uighurischer Schrift und rechts die koreanische Transkription, wobei darauf die koreanische Übersetzung mit gelegentlich chinesischen Schriftzeichen einem mongolischen Satz oder einer Phrase folgt.[96]

Die japanische Version des *Nogŏltaes* ist heute nicht mehr vorhanden, aber die Titel sind in den drei oben genannten Hauptquellen, den *Sejong-Annalen* aus dem Jahr 1430, dem *Kyŏngguk taejŏn* aus dem Jahr 1469 und der *historischen Untersuchung zu juristischen Aufzeichnungen* von 1706, erhalten. Es wird vermutet, dass das *Nogŏltae* für Japanisch auch von Koreanern verfasst worden ist. Allerdings wurde im 17. Jahrhundert von einem japanischen Wissenschaftler namens Matsushita Kenrin darauf hingewiesen, dass von der japanischen Version *Nogŏltaes* aufgrund der unübersehbaren fremden Elemente, vor allem der irrtümlichen Vermischung mit den mongolischen Wörtern, zu vermuten sei, entweder von Chinesen oder von Mongolen ins Japanische übertragen worden zu sein (Song 2001: 60, 135f.; Chŏng 2003: 98).

Ein genauso bekanntes Konversationslehrbuch wie *Nogŏltae* für Chinesisch stellte *Der Herr Dolmetscher Pak* (*Pakt'ongsa* 박통사, 朴通事) dar, denn es ist in fast allen historischen Quellen, in denen es genannt wird, mit *Nogŏltae* zusammen zu finden. Auch *Pakt'ongsa* wurde mehrmals überarbeitet und gedruckt und erschien in zwei Fassungen wie *Nogŏltae*: eine, die rein auf Chinesisch geschrieben wurde (1423)[97] und eine andere mit der Angabe der Aussprache für jedes chinesische Schriftzeichen und der koreanischen Übersetzung nach je einem Abschnitt. Wie der Titel andeutet, besteht *Pakt'ongsa* aus eher gehobenen und kultivierten Ausdrücken, die nicht häufig im Alltagsgespräch zwischen den gewöhnlichen Bürgern gebraucht wurden, sondern für die Gruppe der gebildeten Sprecher formvollendetes Chinesisch einüben sollte, was auch der Grund dafür war, dass es nicht in die anderen Sprachen übersetzt wurde, anders als *Nogŏltae* mit seiner mongolischen, japanischen und mandschurischen Version. Die koreanischen Beziehungen zu China waren meistens auf der Regierungsebene angesiedelt, während die zu Japanern oder Dschurdschen auf die Ebene niedriger Regio-

---

96 Es wurde von oben nach unten und von rechts nach links geschrieben. Jede Seite im heutigen vergleichbaren Sinne bestand aus sechs bis sieben Spalten. In jeder Spalte wurde in zwei Reihe von oben nach unten geschrieben. Song 2001: 93.

97 Dies ist der in den Aufzeichnungen des Anfangs der Chosŏn-Zeit erstmals zu findende Titel, wo es mit dem des *Nogŏltaes* zusammen genannt wird. Song 2001: 68.

nalbehörden beschränkt waren. Die koreanische Übersetzung, *[Pŏnyŏk]⁹⁸ Pakt'ongsa* ([飜譯]朴通事), wurde zum ersten Mal von dem (Fremd-) Sprachenbeamten und Gelehrten Ch'oe Sejin erstellt, aber ging leider während der Kriegsperiode von 1590 bis 1630 verloren, allerdings wurde eine Kopie 1950 gefunden und 1959 neu gedruckt.

1677 erschien die koreanische Übersetzung *Pakt'ongsa ŏnhae* (朴通事諺解), von Pyŏn Sŏm (邊暹) und Pak Sehwa (朴世華) u. a. unter Verwendung des *Nobak chimnam*. *Nobak chimnam* 노박집람 (老朴集覽) war ein Glossar der wichtigen und seltenen Ausdrücke bzw. Bezeichnungen in den beiden *Nogŏltae* (老乞大) und *Pakt'ongsa* (朴通事), weshalb sich der Titel aus der Abkürzung der beiden erklärt. Kompiliert wurde dieses Glossar von Ch'oe Sejin, der bereits *Nogŏltae* und *Pakt'ongsa* ins Koreanische übersetzt hatte, wobei das genaue Datum der Publikation des *Nobak chimnam* unbekannt ist. Es wird jedoch vermutet, dass es irgendwann während des ersten Viertels des 16. Jahrhunderts publiziert wurde. Es bestand aus allgemeinen Notizen zu Erläuterungen (Pŏmnye 범례, 凡例), Erläuterungen zu einfachen Zeichen (Tanjahae 단자해, 單字解) sowie komplizierten Zeichen (Nujahae 누자해, 累字解), den Glossaren des *Nogŏltae*s (Nogŏltae chimnam 노걸대 집람, 老乞大 集覽) sowie des *Pakt'ongsa*s (Pakt'ongsa chimnam 박통사 집람, 朴通事 集覽) zusammen mit der Lautung und der Bedeutung (Ŭmŭi 음의, 音義). Jeder Eintrag des Glossars umfasst die koreanische Transkription des jeweiligen chinesischen Zeichens, seine Bedeutungen, relevante Wörter und deren Bedeutungen und die aus verschiedenen chinesischen Quellen zitierten anderen Bedeutungen.

1765 wurde die *Neue Interpretation des Pakt'ongsas, Pakt'ongsa sinsŏk* (朴通事新釋), von Pyŏn Hŏn (邊憲) u.a. publiziert und von Kim Ch'angjo danach auch ins Koreanische übersetzt (*Die koreanische Übersetzung der Neuen Interpretation des Pakt'ongsas*, 朴通事新釋 諺解⁹⁹). Pyŏn Hŏn war es, der 1761 auch *Nogŏltae* überarbeitete und als *Nogŏltae sinsŏk* (老乞大新釋) herausbrachte (Song 2001: 64).

Unter den Lehrbüchern für die Fremdsprachenlehre in Korea waren, wie schon angesprochen, die beiden Konversationsbücher die bekanntesten und einflussreichsten der Chosŏn-Zeit und sind auch noch im 20. Jahrhundert bei historischen Studien bzw. wissenschaftlichen Untersuchungen des Chinesischen und Koreanischen am häufigsten behandelt worden. Dabei interessierten sich die koreanischen Wissenschaftler besonders für die Entwicklung der phonologischen Merkmale des Koreanischen, die durch die Vergleiche der koreanischen Übersetzungen der alten Ausgaben mit denen der neuen ermittelt werden konnten, während sich chinesische sowie japanische Wissenschaftler hauptsächlich mit den chinesischen chronologischen sowie umgangssprachlichen Formen der Ausgaben beschäftigten, welche für die historische Untersuchung des Chinesischen als wertvolles Material betrachtet wurden.

Es gab für die Fremdsprachenlehre für jede Sprache ein Glossar, *Yuhae* 유해 (類解, *Die kategorisierte Erläuterung*) genannt: *Yŏgŏ yuhae* für Chinesisch (譯語類解, *Die kategorisierte Erläuterung des Chinesischen*), *Mongŏ yuhae* für Mongolisch

---

98 Auch hier wurde das sinokoreanische Wort für „Übersetzung", Pŏnyŏk in eckigen Klammern, zur Unterscheidung von den anderen Ausgaben von koreanischen Wissenschaftlern hinzugefügt.

99 In dieser Ausgabe folgt die koreanische Übersetzung dem chinesischen Text des *Pakt'ongsa sinsŏk*s (朴通事新釋), wie es zwingend für die Ŏnhae-Übersetzung vorgeschrieben ist.

(蒙語類解, *Die kategorisierte Erläuterung des Mongolischen*), *Waeŏ yuhae* für Japanisch (倭語類解, *Die kategorisierte Erläuterung des Japanischen*)[100] und *Tongmun yuhae* für Mandschurisch (同文類解, *Die kategorisierte Erläuterung des Mandschurischen*). Das erste *Yŏgŏ yuhae* war ein mandarin[101]-koreanisches Glossar mit etwa 7.000 Einträgen, die nach Themen wie Klima, Geographie, Botanik usw. – insgesamt waren es 62 – kategorisiert wurden. Jeder Eintrag bestand aus einem chinesischen Wort, wobei jedes Zeichen mit koreanischer Transkription zweier verschiedener chinesischer Aussprachen bzw. Lautungen, und den koreanischen Äquivalenten versehen war. In einer Spalte, von denen insgesamt 10 eine Seite im heutigen Sinne bilden, befinden sich zwei Einträge. Zusammen mit den chinesischen Muttersprachlern gaben es die koreanischen Fremdsprachenbeamten für Chinesisch im Jahr 1682 in zwei Bänden heraus, und 1775 erschien dazu noch eine Ergänzung (a.a.O., 69–73).

Nach der Schaffung der koreanischen Schrift hatte die Übersetzungsarbeit zunächst fast nur eine Form: die koreanische Transkription unter dem betreffenden (meistens chinesischen) Zeichen und die Übersetzung bzw. Interpretation je nach einem Abschnitt oder einer Phrase. Im Vergleich dazu fand sich in der Ŏnhae-Übersetzung, wie erwähnt, dann die koreanische Übersetzung jeweils hinter einem Abschnitt oder einer Phrase des chinesischen Originaltextes noch mit koreanischen Merkzeichen Kugyŏl. Ebenso wurde die koreanische Transkription unter jeweils einem chinesischen Zeichen in den beiden Original- und Übersetzungstexten angegeben. Diese Art Übersetzung wurde bis zur Landesreform von 1894, bei der die koreanische Schrift Han'gŭl zur offiziellen Nationalsprache (國文) erklärt wurde, beibehalten. Nach den Themen der Ausgangstexte gegliedert wollen wir im Folgenden die Übersetzungsarbeit betrachten:

1) Die Übersetzungsarbeit im (Themen-) Bereich des Ausgangstextes der Phonetik bzw. Lautung

Folgende drei Bücher waren wichtig: Zunächst *Hunmin chŏngŭm ŏnhae* 훈민정음언해 (訓民正音諺解, *Die Erläuterung der richtigen Laute zur Unterweisung des Volkes ins Koreanische*, um 1494) und *Tongguk chŏngun* 동국정운 (東國正韻, *Das Rechtschreibbuch der Lautung des Sinokoreanischen*, 1447), das ist ein chinesisch-sinokoreanisches Wörterbuch. Unter jeweils einem chinesischen Zeichen wurden die koreanische Transkription der sinokoreanischen Aussprache und die Bedeutung des Zeichens auf Koreanisch angegeben, was von koreanischen Wissenschaftlern auch als eine Art Übersetzung betrachtet wurde. Das dritte war *Hongmu chŏngun yŏkhun* 홍무정운역훈 (洪武正韻譯訓, *Die koreanische Lautschrift der Rechtschreibung der chinesischen Phonetik*, 1455). Diese drei Bücher waren während der Zeit des Königs Sejong [reg. 1419–1450] von Fremdsprachenwissenschaftlern als phonologische Transkription der neu erfundenen koreanischen Schrift erstellt worden.

---

100 Anders als das Vokabelheft anderer Fremdsprachen war es für die während der japanischen Invasion nach Japan verschleppten Koreaner sowie für die Ausländer zum Erlernen des Koreanischen oder auch für Ausländer wie auch Chinesen zum Erlernen des Japanischen verwendet worden. Chŏng 2002: 495ff.
101 Hochchinesisch in der Qing-Periode.

Sasŏng t'onghae 사성통해 (四聲通解, *Umfassende Erklärung über vier Töne der chinesischen und koreanischen Aussprache des Chinesischen*, 1517) war die Erweiterung der *Koreanischen Lautschrift der Rechtschreibung der chinesischen Phonetik* durch den Fremdsprachenbeamten Ch'oe Sejin, der darin zum Teil noch die zu seiner Zeit des 16. Jahrhunderts übliche Aussprache der (chinesischen) Zeichen in China, Kŭmsogŭm (今俗音), angab und auf Koreanisch die Zeichen ausführlich erklärte. *Hunmong chahoe* 훈몽자회 (訓蒙字會, *Lehrbuch zum effektiven Lernen der chinesischen Schriftzeichen*, 1527) war ein Lehrbuch für chinesische Zeichen wie *Tausend chinesischen Zeichen für Anfänger* (千字文) und auch von Ch'oe Sejin verfasst worden. Beide Bücher sind während der Zeit des Königs Chungjong [reg. 1506–1544] herausgegeben worden. *Pakt'ongsa ŏnhae* 박통사 언해 (朴通事諺解, 3 Bände, 1677) wurde von 12 Fremdsprachenbeamten, darunter Pyŏn Sŏm 변섬 (邊暹) und Pak Sehwa 박세화 (朴世華) u. a., nach der gescheiterten Übersetzungsarbeit *Pŏnyŏk pakt'ongsa* 번역 박통사 (飜譯 朴通事) neu bearbeitet und übersetzt. *Mongŏ nogŏltae* 몽어 노걸대 (蒙語老乞大, 1790) war die zweite, von Pang Hyŏn weiter verbesserte Version der ersten verbesserten aus dem Jahr 1766, die von Yi Ŏksŏng auf der Basis der 1684 von Fremdsprachenbeamten für Mongolisch neu bearbeiteten *Sinbŏn nogŏltae* (新飜老乞大, *Die neue Übersetzung des Nogŏltaes [ins Mongolische]*) herausgegeben wurde. Die koreanische Transkription des mongolischen Textes wurde rechts und die (koreanische) Übersetzung wurde darunter angegeben. *Yŏgŏ yuhae* 역어유해 (譯語類解, 1682) war das von den drei Fremdsprachenbeamten Sin Ihaeng 신이행 (愼以行), Kim Kyŏngjun 김경준 (金敬俊) und Kim Chinam 김지남 (金指南) kompilierte, chinesisch-koreanische Wörterbuch aus dem 17. Jahrhundert. Unter je einem chinesischen Zeichen wurden links die koreanische Transkription der Aussprache aus dem *Hongmu chŏngun yŏkhun* und rechts der damals übliche Gebrauch der nordchinesischen Aussprache in Koreanisch angegeben. *Ch'ŏphae sinŏ* 첩해신어 (捷解新語, *Die schnelle Beherrschung des modernen Japanisch*, 1676) war das eigentlich Lehrbuch für Japanisch, wird insofern auch zu Recht der Übersetzungsarbeit zugeordnet, indem die koreanische Transkription der japanischen Zeichen und deren koreanischen Erklärungen angegeben wurden. Die bis hier genannten Bücher sind während der Zeit des Königs Sukchong [reg. 1675–1720] publiziert worden (Kang 2000: 91–120).

    2)   Die Übersetzungsarbeit an den buddhistischen Texten

Sŏkpo sangjŏl 석보상절 (釋譜詳節, *Episoden aus dem Leben Buddhas*) wurde 1447 im Auftrag von König Sejong von dem Prinzen Suyang (dem späteren König Sejo) mit Hilfe des Gelehrten Kim Suon 김수온 (金守溫) aus dem *Sŏkkabo* (釋迦譜, die *Genealogie des Buddhas*) ins Koreanische übertragen. Diesen chinesischen Text hatte Prinz Suyang unter Verwendung des *Sŏkkabo* von den buddhistischen Mönchen U 우 (祐) und Tosŏn 도선 (道宣) als Grundlage zuerst in Chinesisch verfasst, was aus dem Vorwort ersichtlich ist. Anders als die sonst übliche Textgestaltung der Ŏnhae-Übersetzung, findet sich darin nur die koreanische Übersetzung in einem relativ freien Prosastil (Yi 1991: 12/123). *Nŭngŏmgyŏng ŏnhae* 능엄경 언해 (楞嚴經諺解, *Die koreanische Übersetzung des Sutras des Samadhi des Buddha*, 1462) war eigentlich die erste Ŏnhae-Übertragung der buddhistischen Schrift, deren Vorlage eine – von Jiehuan 戒環 aus der chinesischen Song-Dynastie (960–1279) erläuterte bzw. interpretierte – Übersetzung der wichtigen Stellen von *Dafoding rulaimi yinxiuzhengliaoyi zhupusawanxing shoulengyanjing* 大佛頂 如來密 因修證了義 諸菩薩萬行 首楞嚴經 (대불정 여래밀 인수증요의 제보살만행 수능엄경, abgekürzt *Shoulengyanjing* 首楞嚴經 oder *Lengyanjing* 楞嚴經), *Lengyanjing Yaojie* 楞嚴經 要解, war. Dieser Übersetzung fügte König Sejo [reg. 1450–1468] zuerst die koreanischen Merkzeichen Kugyŏl 구결 (口訣) ein, und dann übersetzten Han Kyehŭi 한계희 (韓啓禧) und Kim Suon u.a. in Zusammenarbeit mit dem buddhistischen Mönch Sinmi 신미 (信眉) ins Koreanische. Letzterer überprüfte dann die Kugyŏl und die sinngemäße Übertragung. Dies wird in der Einleitung ausgedrückt (An 1991: 5/944f.). *Wŏn'gakkyŏng ŏnhae* 원각경 언해 (圓覺經諺解, 1465) war die koreanische Übersetzung *des Sutras der vollkommenen Weisheit*, die von Han Kyehŭi und Sinmi u. a. ins Koreanische übertragen und durch König Sejo um die koreanischen Merkzeichen ergänzt wurde. Vorlage dieser Übersetzung war das *Yuanjuejing dashuchao* 圓覺經大疏秒 (원각경 대소초), abgekürzt von *Dafangguang yuanjue xiuduoluo liaoyijing* 大方廣圓覺修多羅了義經 (대방광 원각 수다라 요의경) von Zongmi 宗密 (종밀, 780–841) aus der chinesischen Tang-Dynastie (An 1991: 16/664). *Ŭnjunggyŏng ŏnhae* 은중경 언해 (恩重經諺解, *Die koreanische Übersetzung des buddhistischen Sutras über die endlose elterliche Liebe zu ihren Kindern und deren Wiedervergeltung an den Eltern*, des *Enzhongjing* 恩重經, 1553)[102] wurde von Kim An'guk 김안국 (金安國, 1478–1543) übertragen. *Amit'agyŏng ŏnhae* 아미타경 언해 (阿彌陀經諺解, *Die koreanische Übersetzung des Sutras des unendlichen Lichtes oder des Amitha-Buddhas*, 1464) war auch von König Sejo selber aus der chinesischen Übersetzung *Amituojing* 阿彌陀經, abgekürzt von *Foshuo amituojing* 佛說阿彌陀經, ins Koreanische übertragen worden, nachdem er zuerst koreanische Kugyŏl eingeschoben hatte. Als chinesische Vorlage diente eine von drei chinesischen Ausgaben[103], die der buddhistische Mönch Kumarajiva (鳩摩羅什, 344–413), der aus dem indischen Kutscha stammte, ins Chinesische übersetzte. Diese Übersetzung wurde in Korea das meist verbreitete Sutra (Matsuda 1983: 10f., 239f.; Pak 1991: 14/325; An 1991: 14/326).

3) Die Übersetzungsarbeit der konfuzianischen Bücher

Samgang haengsilto 삼강 행실도 (三綱行實圖) war das Bilderbuch der Taten, die für die konfuzianisch grundlegende Rangstellungstrias vorbildlich waren. Es wurde 1434 im Auftrag von König Sejong auf Chinesisch herausgegeben und 1481 unter König Sŏngjong [reg. 1470–1494] ins Koreanische vollständig übertragen. Hierauf komme ich später zurück. *Oryun haengsilto* 오륜 행실도 (五倫行實圖, 1797) war das Bilderbuch von den fünf Beziehungen[104] am Beispiel von vorbildlichen Taten. Es war

---

102 Der Originaltitel des Ausgangstextes hieß *Foshuo dabao fumu enzhongjing* 佛說大報父母恩重經, aber auch abgekürzt 父母恩重經 oder 恩重經, was in der chinesischen Fassung als 僞經 (das „gefälschte' Sutra) bekannt war. Durch diese koreanische Übersetzung, die eine der konfuzianischen Tugenden, Ehrfurcht des Kindes, beinhaltete, wollte König Chŏngjo sein Volk belehren bzw. aufklären. Yi 2000: 151f.

103 Zwei andere chinesische Übersetzungen sind eine von Xuanzang aus der Tang-Dynastie (618–907) und eine von Gunabhadra aus der Liu Sung-Dynastie im Jahre 650. Matsuda 1983: 10f.

104 Wulun, auch Wuchang 五常 oder Wudian 五典 genannt, waren fünf ethische Pflichten, die von den fünf Beziehungen des chinesischen traditionellen Konfuzianismus abgeleitet waren, welche sich auch im Buch Mengzi finden, nämlich die Liebe zwischen Vater und Sohn

der im Auftrag des Königs Chŏngjo [reg. 1777–1800] herausgegebene Band, in dem das eben erwähnte Bilderbuch (*Samgang haengsilto*) mit dem Bilderbuch des Cho Sin 조신 (曺伸), *Iryun haengsilto* 이륜행실도 (二倫行實圖, *Das Bilderbuch von den zwei von fünf Beziehungen in Bezug auf vorbildliche Taten*), aus der Zeit des Königs Chungjong [reg. 1506–1544][105] zusammengefasst wurde. Dabei wurde es von dem Zivilbeamten Yi Pyŏngmo 이병모 (李秉模) mit redaktionellen Änderungen versehen. *Pŏnyŏk sohak* 번역 소학 (飜譯小學, 10 Bücher in 10 Kapiteln[106], 1518) wurde im Auftrag von König Chungjong von Kim Chŏn (金詮) und Ch'oe Suksaeng (崔淑生) übersetzt. Die erste Ausgabe ist nicht mehr vorhanden, und von einer kopierten Ausgabe wird vermutet, dass sie spät im 16. Jahrhundert erschienen war, wobei einige Kapitel fehlten. Hier wurde hingewiesen auf wichtiges Material für eine Sicht auf das Koreanische des 16. Jahrhunderts. Es wurde jedoch kritisiert, dass diese Ausgabe zu sehr sinngemäß interpretierend übersetzt wurde und so auch nicht mit dem chinesischen Text vergleichbar ist. So erschien auch gleich danach eine im Grundsatz wörtliche Übersetzung, Ŏnhae-Ausgabe. Das war *Sohak ŏnhae* 소학 언해 (小學諺解, 4 Bücher in 6 Kapiteln, 1586) (Yi 1991: 12/801; 1998: 127f.). Sie wurde im Auftrag von König des Sŏnjo [reg. 1568–1608] von der Verlagsbehörde, die besonders für chinesische klassische Werke zuständig war, Kyojŏngch'ŏng 교정청 (校正廳), übersetzt. Darin zeigte sich, dass die Ŏnhae-Übersetzung auf den Ausgangstext, also den chinesischen Originaltext, ausgerichtet war (Kim 2006: 12f.). Dies zeigte sich besonders an der Gestaltung: In der Reihenfolge standen phrasen- oder satzweise zuerst der chinesische Originaltext, in den die koreanischen Merkzeichen Kugyŏl eingefügt wurden. Dies galt auch gegebenenfalls für die Fußnoten-Texte. Es folgte dann die koreanische (Ŏnhae-) Übersetzung des Haupttextes und letztlich die koreanische Übersetzung der Fußnoten-Texte. Auch tendiert die Ŏnhae-Übersetzung mit vielen direkt übernommenen und verwendeten chinesischen Wörtern aufgrund der Begriffsschrift des Chinesischen zum einen und des Bildungsniveaus der sie übersetzenden Gelehrten zum anderen zur wörtlichen Übersetzung und wird durch die satz- oder phrasenweise möglichen Vergleiche des Originals und seiner Übersetzung als geeignet für das Erlernen von Fremdsprachen betrachtet (Yi 1991: 12/800f.). *Naehun* 내훈 (內訓, *Die Schule für Frauen und Kinder*, 1475) war für die Frauen- sowie Kindererziehung von der Königinmutter Sohye-Wanghu 소혜왕후 (昭惠王后) herausgegeben worden, wofür geeignete Stellen aus vier chinesischen konfuzianischen Lehrbüchern *Lienüchuan* 烈女傳, *Xiaoxue* 小學, *Nüjiao* 女敎 und *Mingjian* 明鑑 ausgewählt und zusammengestellt wurden. Das Buch erschien 1475 gleichzeitig mit der koreanischen Über-

---

(父子有親), die Pflicht zwischen Fürst und Diener (君臣有義), der Unterschied der Tätigkeitsbereiche zwischen Mann und Frau (夫婦有別), der Abstand zwischen Alt und Jung (長幼有序) und die Treue zwischen Freunden (朋友有信). Malek 1996: 60, 67f.

105 Dies wurde nach der Anordnung des Königs Chungjong für die Empfehlung der zwei ethischen Verpflichtungen aus den fünf Beziehungen von Cho Sin verfasst und 1518 gedruckt. Die Geschichten von vorbildlichen Taten zwischen Alt und Jung (長幼) und zwischen Freunden (朋友) von insgesamt 48 chinesischen Persönlichkeiten in der Geschichte wurden ausgewählt und in die Bilder auf der ersten Samtseite übertragen. Die koreanische Übersetzung findet sich am oberen Rand des Bildes und auf der Rückseite dann die chinesische Aufzeichnung der Taten und das chinesische Gedicht, das die Person und ihre Taten würdigt. Yu 1991: 15/858f.

106 Das frühere Zähleinheitswort „Kwŏn" 권 (卷)" wurde hier mit „Kapitel" übersetzt.

setzung (An 1991: 5/598f.). *Sasŏ ŏnhae* 사서 언해 (四書諺解, *Die koreanische Übersetzung der Sishu, der Vier Bücher*) wurde im Rahmen des ‚Übersetzungsprogrammes der *Vier Bücher* und *Drei Klassiker*' im Auftrag des Königs Sŏnjo [reg. 1568–1608] von der Verlagsbehörde für besondere chinesische Klassikerwerke, Kyojŏngch'ŏng 교정청 (校正廳), herausgebracht. Dieses Übersetzungsprogramm war wiederum Teil des umfassenden Übersetzungsprogrammes des Königshauses nach der Schaffung der neuen koreanischen Schrift[107]. Die *Vier Bücher* waren während der konfuzianischen Chosŏn-Zeit die wichtigsten Lehrbücher für allgemeine Erziehung und bereits von Anfang an als Prüfungstexte des Amts für Übersetzung in Chinesisch festgelegt worden (Kang 2000: 20ff.; vgl. auch Song 2001: 57): Es bestand aus der koreanischen Übersetzung der *Gespräche des Konfuzius* (*Lunyu*), *Nonŏ ŏnhae* 논어 언해 (論語諺解, vier Bücher in vier Kapiteln), der Übersetzung des *Menzius* (*Mengzi*), *Maengja ŏnhae* 맹자 언해 (孟子諺解, sieben Bücher in vierzehn Kapiteln), der Übersetzung der *Großen Lehre* (*Daxue*), *Taehak ŏnhae* 대학 언해 (大學諺解, in einem Band) und der Übersetzung der *Lehre der Mitte* (*Zhongyong*), *Chungyong ŏnhae* 중용 언해 (中庸諺解, in einem Band).

Mit *Sohak ŏnhae* (小學諺解) und *Hyokyŏng ŏnhae* (孝經諺解), zusammen von der Verlagsbehörde für chinesische Klassikerwerke gedruckt, erschienen die koreanischen Übersetzungen der *Vier Bücher*, deren Vorlage *Sishu Zhangju Jizhu* 四書章句集注 (*Gesammelte Kommentare zu den Sätzen von Vier Klassikern*) bereits im Umlauf war. Die erste Gesamtausgabe der Übersetzungen sowie auch spätere unterschiedliche Ausgaben blieben erhalten, aber es gab keinen Hinweis auf Übersetzer und Erscheinungsjahr, so dass man in Bezug auf das Nachwort des *Sohak ŏnhae* nur vermutet, dass 31 der damaligen führenden konfuzianischen Gelehrten an den Übersetzungen, welche 1590 erschienen, teilgenommen hatten. Die Übersetzungen zeigen die gleiche Übersetzungsmethode wie in *Sohak ŏnhae*.[108]

Ch'ilsŏ ŏnhae 칠서 언해 (七書諺解, die koreanische Übersetzung der sieben Klassikerwerke) werden die koreanische Übersetzung der *Vier Bücher* und *Drei Klassiker* genannt, diese, also *Das Buch der Wandlungen aus der Zhou-Dynastie* (*Zhouyi* 周易, auch *Yijing* 易經 genannt), *Das Buch der Dokumente* (*Shujing* 書經) und *Das Buch der Lieder* (*Shijing* 詩經), wurden mit jenen zusammen ebenfalls unter dem König Sŏnjo vollständig übersetzt, blieben jedoch nicht erhalten. Erhalten sind neben den späteren unterschiedlichen Ausgaben die Ausgaben aus der Herrschaftszeit des Kwanghaegun [1609–1622], von denen vermutet wird, dass sie ein erneuter Druck der ersten Ausgabe aus der Zeit seines Vorgängers Sŏnjo sind. Diese Vermutung stützt sich auf die unterschiedlichen Orthographien: *Chuyŏk ŏnhae* 주역 언해 (周易諺解, *Die koreanische Übersetzung des Yijing,* fünf Bücher aus neun Kapiteln, 1606 für die Aus-

---

107 Es wurde unter König Sejong durch die (neo-) konfuzianischen Gelehrten-Gruppe damit angefangen, bei den chinesischen Klassikerwerken die phonologische Lautschrift in Koreanisch anzugeben, während der Herrschaft der Könige Sejo und Sŏngjong dann koreanische Merkzeichen Kugyŏl einzufügen, und erst 1590 unter König Sŏnjo wurde die Übersetzungsarbeit der *Vier Bücher* abgeschlossen. Ch'oe 1991: 3/767f.
108 Zur koreanischen Übersetzung der *Gespräche des Konfuzius*, s. Hong 1991: 3/770; zur Übersetzung der *Großen Lehre*, 6/522; zur Übersetzung des *Menzius*, 7/769; zur Übersetzung der *Lehre der Mitte*, 21/127f.

gabe der Sŏnjo-Zeit), *Sigyŏng ŏnhae* 시경 언해 (詩經諺解, *Die koreanische Übersetzung des Shijing*, zehn Bücher aus zwanzig Kapiteln, 1613 für die Ausgabe der Kwanghaegun-Zeit) und *Sŏgyŏng ŏnhae* 서경 언해 (書經諺解, *Die koreanische Übersetzung des Shujing*, fünf Bücher aus fünf Kapiteln, die 1695 als die früheste der vorhandenen Ausgaben der Sukchong-Zeit[109] erschien).

Vor allem verdienen die in jedem Kapitel der *Übersetzung des Shijing* vorkommenden koreanischen Beschreibungen bzw. Erklärungen von Fauna und Flora Beachtung – insgesamt 351 –, die in Gedichtform verfasst sind, unter der Überschrift ‚Materienname (物名)' hinter den Titeln der Gedichte, dann gefolgt von je einem chinesischen Gedichttext mit koreanischen Merkzeichen Kugyŏl und der koreanischen Übersetzung bzw. Erläuterung.[110]

Hyokyŏng ŏnhae 효경 언해 (孝經諺解, *Die koreanische Übersetzung des Klassikers der kindlichen Pietät*) ist im Auftrag des Königs Sŏnjo von Hongmun'gwan 홍문관 (弘文館, Amt für konfuzianische und Geschichtsbücher und königliche Texte) aus dem Buch *Xiaojingdayi* 孝經大義 (효경대의) ins Koreanische übersetzt worden. Es wurde vermutet, dass es 1590 erschienen ist, wie aus dem Nachwort des *Xiaojingdayi* des konfuzianischen Gelehrten Yu Sŏngnyong 유성룡 (柳成龍) ersichtlich. *Xiaojingdayi* war die zu dieser Zeit in Chosŏn am meisten verbreitete Ausgabe von *Xiaojing*, die Dongding 董鼎 (동정) der Yuan-Dynastie auf der Grundlage von Zhu Xis (1130–1200) textkritisch korrigiertem *Xiaojing in Neuer Schrift* (今文孝經) erneut überarbeitete und mit Anmerkungen die große Bedeutung des *Xiaojing* erläuterte. Es findet sich darin eine Gliederung von 15 Kapiteln der von Zhu Xi korrigierten Haupttexte – einem ersten Kapitel der Klassikerwerke (경문, 經文) und vierzehn weiteren von Überlieferungen (전문, 傳文) und Dongdings Kommentaren. Es wurde bei der koreanischen Übersetzung dann mit koreanischer Transkription an den chinesischen Zeichen und koreanischen Kugyŏl als grammatischen Elementen an den chinesischen Haupttexten und anschließend mit einer koreanischen Erläuterung versehen (An 1991: 25/642).

4) Die Übersetzungsarbeit im Bereich der Technik, der Agrarwissenschaft und anderer praktischer Bereiche

Ŏnhae t'aesanjibyo 언해 태산집요 (諺解胎産集要, *Die koreanische Übersetzung des Buches zu den gesammelten wichtigen Informationen[111] über Geburt und Schwangerschaft*, 1608) wurde im Auftrag von König Sŏnjo [reg. 1568–1608] aus dem *T'aesan yorok* 태산요록 (胎産要錄), einem der in Chinesisch geschriebenen gynäkologischen Bücher, das zur Zeit des Königs Sejong der Mediziner No Chungnye 노중례 (盧重禮) zu Geburt, Schwangerschaft und Kinderkrankheiten und deren Heilkunde kompilierte, von Hŏ Chun 허준 (許浚) bearbeitet und ins Koreanische übertragen. *Muyedobot'ongji ŏnhae* 무예도보통지언해 (武藝圖譜通志諺解, 1790) war

---

109 Die erste Ausgabe aus der Zeit des Sŏnjo und deren Kopie aus der Zeit des Kwanghaegun sind nicht vorhanden. Hong 1991: 11/665.
110 Zur *koreanischen Übersetzung des Shijing*, s. Hong 1991: 13/491; zur *koreanischen Übersetzung des Yijing*, 20/845f.; zur „koreanischen Übersetzung der sieben Klassikerwerke", s. Chŏn 1991: 22/785.
111 Die Sammlung wurde zusammengestellt aus chinesischen medizinischen Büchern aus der Zeit der Tang- und Song-Dynastie. Kim 1991: 23/47.

die koreanische Übersetzung des *Muyedobot'ongji* (武藝圖譜通志)[112], das zur Zeit des Königs Chŏngjo von Yi Tŏkmu 이덕무 (李德懋) u.a. eine Sammlung von Kriegswaffen, Anleitungen zu deren Gebrauch sowie sonstiger Techniken bzw. Künste zu einem großen Ganzen in Buchform zusammentrug. Als ein informatives praktisches Buch wurden koreanische und chinesische militärische Waffen und Techniken verglichen und mit Bildern chronologisch dargestellt. Es war eine Sammlung aus insgesamt 145 chinesischen und in Korea kompilierten Fachbüchern (Kang 1991: 8/260). *Nongsŏ ŏnhae* 농서언해 (農書諺解, *Die koreanische Übersetzung der Abhandlung über die Landwirtschaft*) war eine Ausführung, die 1518 unter König Chungjong von Kim An'guk aus einem unbekannten über chinesische Landwirtschaft und Seidenraupenzucht geschriebenen Buch ins Koreanische erläuternd übertragen wurde. Über dieses chinesische Buch gibt es keine nähere Angabe in der Enzyklopädie, nämlich ob es sich um die chinesische *Abhandlung über die Landwirtschaft*, *Nongshu*, von Wang Zhen aus dem Jahr 1313 oder um das chinesische *Nongshu* von Ma Yilong (1490–1571) handelt.

5) Die Literaturübersetzung

Ch'ogan tusi ŏnhae 초간두시언해 (初刊杜詩諺解, *Die koreanische Übersetzung der Gedichte Du Fus*, 1. Auflage, 1481) ist die Abkürzung des eigentlichen Titels *Pullyu tugongbusi ŏnhae* 분류두공부시언해 (分類 杜工部詩諺解, 17 Bücher in 25 Kapiteln, 1481) und der erste koreanische Übersetzungsband von chinesischen Gedichten, die in 52 Themen gegliedert waren, und von denen insgesamt 1.647 von Du Fu (712–770) und 16 von anderen Dichtern stammten und von Yu Yun'gŭm, Cho Wi und Ǔi Ch'im u. a. übersetzt worden waren. Unter Sejong, der in der Verfolgung seines großen Übersetzungsprogramms ins Koreanische für diese Übersetzung jeden, ungeachtet seiner Abstammung, bei Eignung einsetzen ließ, und der sich in Du Fus Gedichten auskannte, wurde diese Sammlung angefangen und 1481 unter Sŏngjong zu Ende gebracht. Sie hat versucht möglichst auf die dichterische Sprache zu achten und dabei eine Vielzahl von rein koreanischen Eigenwörtern verwendet. Sie weist damit auf das Koreanische zur Zeit des 15. Jahrhunderts hin. Jedoch gingen während der japanischen Invasion im Jahr 1592 Buch 1, 2, 4, 5 und 12 verloren (vgl. Yi 1998: 25). *Chunggan tusi ŏnhae* 중간두시언해 (重刊杜詩諺解) war ein verbesserter zweiter Druck der ersten Ausgabe und zeigte das Koreanische zur Zeit des 17. Jahrhunderts.

Es gab themenspezifische besondere Gründe für die oben genannten koreanischen Übersetzungsarbeiten. Erstens hatte sich aufgrund des regen kulturellen Austausches nach innen wie außen zu Anfang des Chosŏn-Reichs das Interesse an der Lehre von Sprache und Literatur erhöht. Für eine vereinheitlichte Grundlage des den Konfuzianismus fördernden Staates war es von großem Interesse, eine einheitliche Sprache und Schrift zu benutzen. Zweitens konnte der Buddhismus, der bereits im Volk tief verwurzelt war, nicht beseitigt werden, obwohl von Anfang des Chosŏn-Reichs an eine gezielte Verdrängungspolitik gegenüber dem Buddhismus und gleichzeitig eine Förderungspolitik gegenüber dem Konfuzianismus betrieben wurde. Um doch die Unterstützung des Volkes zu gewinnen, musste das Königshaus auch die Übersetzungsarbeit der

---

112 Es war ein umfassendes Buch über die kriegerischen Künste, das aus Bildern und chinesischen Erklärungen bestand, und in dessen koreanischen Übersetzung wurden dann die chinesischen Erläuterungen ins Koreanische übertragen. Yi 2000: 205–220.

buddhistischen Sutren gestatten. Drittens war es im Lauf der Zeit für die Erziehung und Beeinflussung des Volkes nötig, konfuzianische Schriften zu übersetzen, wodurch der Konfuzianismus zu einer „offiziellen Staatsideologie" wurde. Viertens war es nötig, technische und praktische Bücher sowie Texte über die industriellen Techniken ins Koreanische zu übersetzen und zu verbreiten, vor allem nach den japanischen Invasionen in der zweiten Hälfte der Chosŏn-Zeit, in der sich die Bürgergesellschaft entwickelte und das technische Wissen eine weitere Verbreitung fand. Fünftens nun waren die Literaturübersetzungen zwar zahlenmäßig am geringsten unter den fünf erwähnten Arbeitsbereichen vertreten, aber das war doch nicht so ungewöhnlich, weil man jetzt schon direkt auf Koreanisch schreiben konnte.

Außerdem lässt sich an diesen thematisch aufgeteilten Übersetzungsarbeiten erkennen, dass sie ohne die konstante Unterstützung des Königshauses der Chosŏn-Zeit gar nicht hätten realisiert werden können. Auch kann die Tatsache, dass unter den Königen Yŏngjo [reg. 1725–1776] und Chŏngjo [reg. 1777–1800], wo Chosŏns Kultur ihre höchste Blüte erreichte und entsprechend noch mehr und vielfältige Übersetzungen vom Chinesischen ins Koreanischen – also Ŏnhae-Übersetzung – gemacht wurden, nicht von der Kulturpolitik des Königshauses getrennt werden. Das heißt aber auch, dass es zur Zeit des Chosŏns „zwei Kulturen" gab, also eine Kultur der chinesischen Literatur für die prochinesischen Gelehrten bzw. die Oberschicht, in deren Mittelpunkt der metaphysische Konfuzianismus stand, und die andere Kultur, aus der sich die von China unabhängige eigenständige koreanische Sprache und Literatur entwickelt hat. Das Königshaus, dessen Interesse vor allem darin lag, durch die Unterstützung des Volkes seine politische Stabilität zu festigen, hielt es für eine effektive Maßnahme, von den chinesischen Originaltexten die für das Volk nötigen Informationen und Wissensquellen ins Koreanische zu übersetzen und zu verbreiten. Weil das einfache Volk und die Frauen von der bereits die damalige Gesellschaft beherrschenden chinesischen Kultur durch die Oberschicht ausgeschlossen blieben, so war mit der Ŏnhae-Übersetzung eine geschickte Aufklärungspolitik des Volkes für die Regierenden verbunden. Diese betraf die für den Alltag wichtigsten Fragen wie Vorbeugung gegen Krankheiten, die die Gesundheit des Volkes gefährden konnten, die Beratung rund um die Geburt für Frauen oder auch landwirtschaftliche Techniken usw. Ein Beispiel dafür, aus der Zeit bereits vor der Schaffung der koreanischen Schrift, ist, dass König Sejong 1428 im Interesse für ethische Erziehung des Volkes dem Zivilbeamten Sŏl Sun ausdrücklich befahl, Bücher solchen Inhaltes zu verfassen und sie unter dem Volk zu verbreiten. So wählte Sŏl Sun aus den in ganz Chosŏn und China aufgezeichneten vorbildlichen Taten[113] je 35 aus. Dies waren Geschichten oder Biographien ehrfürchtiger Kinder, vertrauensvoller Beamten (bzw. Staatsdiener) und tugendhafter Frauen. Dieses Chinesisch geschriebene, ethische Lehrbuch konnte aber das „Volk" nicht lesen. So befahl der König dem Beamten Ankyŏn, der gleichzeitig Maler war, den Inhalt in Bilder zu übertragen mit zusätzlicher chinesischer Erklärung, damit es für das Volk leichter verständlich sein sollte – das Buch hieß Samgang haengsilto 삼강행실도 (三綱行實圖,

---

113 Es handelt sich um drei grundlegende konfuzianische Benimmregeln zwischen König und seinen (Staats-) Dienern, Eltern und Kindern und Mann und Frau, nämlich Loyalität (忠), kindliche Pietät (孝) und Keuschheit (貞). Diese Tugenden waren im konfuzianischen Chosŏn von großer Bedeutung für die gesellschaftliche Ethik. Son 1991: 11/276f.; Yi 1991: 11/277.

Das Bilderbuch der Taten in der Praxis, die für die konfuzianisch grundlegende Rangstellungstrias vorbildlich waren)[114]. Aber auch diese Darstellung war für einfache Menschen nicht leicht zu lesen und zu verstehen. Und so entschloss sich der König zur Schaffung einer eigenen Schrift für sein Volk, und sein Wunsch ging nach der Schaffung der Schrift unter König Sŏngjong (1481) in Erfüllung, als die koreanische Ausgabe dieses Buches, *Die Ŏnhaebon Samgang haengsilto* 언해본 삼강행실도 (諺解本 三綱行實圖), erschien.

Was hier seinen historischen Ausdruck fand, wird in der Übersetzungswissenschaft als Theorie von der prinzipiellen Übersetzbarkeit aufgenommen. Dies ist auch in der modernen Linguistik verbreitet, nämlich dass alles in jeder Sprache ausgedrückt werden könne. Danach können wohl auch alle Texte in jeder Form übersetzt werden. Roman Jakobsons Übersetzungsbegriffe können auf den oben genannten Fall angewendet werden, indem er in drei Arten differenzierte, der intralingualen, der interlingualen und der intersemiotischen Übersetzung. Die intralinguale Übersetzung oder *Umbenennung* sei eine Interpretation sprachlicher Zeichen mit Hilfe anderer Zeichen derselben Sprache. Die interlinguale Übersetzung oder *eigentliche Übersetzung* sei eine Interpretation sprachlicher Zeichen mit Hilfe einer anderen Sprache. Die intersemiotische Übersetzung oder *Transmutation* sei eine Interpretation sprachlicher Zeichen mit Hilfe von Zeichen nichtsprachlicher Zeichensysteme (Stolze 1997: 51). Hier beim *Samgang haengsilto* (三綱行實圖) handelt es sich so zuerst um die intersemiotische Übersetzung von chinesischer Sprache des ersten chinesischen Textbuches in Bilder und bei dessen koreanischer Ausgabe vom Jahr 1481, *Ŏnhaebon Samgang haengsilto* 언해본 삼강행실도 (諺解本 三綱行實圖), dann um die interlinguale Übersetzung.

Was hier die funktionale Translationstheorie oder Skopostheorie angeht, bei denen das funktionale oder zweckgebundene Übersetzen Anwendung findet, so war der oben genannte Übersetzungsfall auch eine Bearbeitung in Form von Transmutation, die sich nach dem Zieltextempfänger in einer neuen Situation richten soll, also im Rahmen des Übersetzungsauftrages der Funktionskonstanz hergestellt wurde (Stolze 1997: 205–217). Zur effektiven Erfüllung ihres Zwecks ‚Belehrung des Volkes' folgten übersetzungsstrategisch die Erklärungen den Bilder, die das Interesse der Leser zuerst wecken sollen.

Angesichts der koreanischen Übersetzungsarbeit für diese Zeit, die parallel mit der Schaffung der koreanischen Schrift durch König Sejong begann, kommt man heute zu dem Urteil, dass dieser eine ‚geniale Sprach- und Kulturpolitik' betrieb, und so wird er als „Vater für die Grundlegung der koreanischen Übersetzung" angesehen (Ryu 2004: 5 (Nr.2)/88).

---

114   Im Jahr 1434, also dem 16. Herrschaftsjahr des Königs Sejong, wurde es gedruckt und veröffentlicht.

2.4 Das Zeitbild des Spät-Chosŏn-Reichs

Nach den japanischen Invasionen im 16. Jahrhundert, denen dann mandschurische im 17. Jahrhundert[115] folgten, war das Königshaus mit gesellschaftlich umfassenden Veränderungen konfrontiert, weil in allen Bereichen der Gesellschaft sich Auflösungserscheinungen und eine „Nichtrationalität" in einem vormodernen oder vorindustriellen Zeitalter mit allen ihren negativen materiellen Folgen zeigte. Im Laufe des Wiederaufbaus nach den Kriegen veränderte sich die Wirtschaft schnell und entwickelte neue Ideologien oder Ideen, wie die Praktische Lehre[116]. Ein Grund hierfür kann in äußeren Einflüssen gesucht werden: die westliche Lehre, Sŏhak 서학 (西學) sowie die wissenschaftliche Leistung aus der chinesischen Qing-Zeit. Die verschiedenen seit dem 17. Jahrhundert in China gedruckten ‚westlichen Bücher' – natürlich auf Chinesisch herausgebracht – wurden in Chosŏn eingeführt und von den Gelehrten *gelesen*, darunter z. B. Bücher über Mathematik, Astronomie, Landwirtschaft, aber auch katholische Lehrbücher. Diese wissenschaftliche Tendenz regte auch einen Aufschwung des „normalen Volkes" in seiner gesellschaftlichen Stellung an und damit verbunden eine Erhöhung des Niveaus der Volkskultur (Kang 1990: 150–155).

Zu dieser Zeit wurden Vertreter aus „dem Volk" nun selber Autoren und Leser der Literatur, d.h., die Literatur wurde mehr auf Koreanisch geschrieben, ihre Themen betonten dann auch nicht mehr nur ‚die Gelehrsamkeit der konfuzianischen' Ethik, sondern ihr Inhalt war volkstümlich oder auch der Gesellschaft gegenüber revolutionärkritisch mit der Warnung vor Unrecht. Eine solche Stimmung hat die Begegnung mit der neuen Literatur in der nachfolgenden Zeit eingeleitet bzw. vorbereitet (a.a.O., 164f.).

1886 nach der Öffnung der Häfen gegenüber dem Westen – amerikanischen, britischen, französischen, deutschen, russischen Mächten und Japan[117] – wurde eine staatliche Akademie für begabte Schüler, Yugyŏng kongwŏn (育英公院), errichtet, in der neues westliches Wissen bzw. westliche Wissenschaften unterrichtet werden sollten. Da jedoch eine staatliche Schule tendenziell nur für die Kinder der Oberschicht gedacht war, konnte sie so nicht die Bedürfnisse der Zeit befriedigen. Deshalb wurden viele Privatschulen von politisch engagierten Intellektuellen errichtet: 1883 wurde in Wŏnsan eine Privatschule (元山學校) im modernen Sinne zum ersten Mal unter Lei-

---

115 1592–1593 wurde die erste japanische Invasion durchgeführt und 1597–1598 erfolgte der zweite Angriff und zwischen den 1627 und 1638 folgten zwei Manschu-Invasionen. Keilhauer 1986: 35.

116 In der Zeit, in der die Vor-Neuzeit-Gesellschaft der Chosŏn-Zeit sich aufzulösen anfing, bildete sich dieses zeitgeistige Gedankensystem heraus, das zwar auf dem Konfuzianismus basierte, sich aber aus dessen idealen neokonfuzianischen Elementen gelöst hatte und eine revolutionäre Idee enthielt, nämlich eine neue, bewusst auf dem ‚Volk' basierte Kultur zu verwirklichen und dem Leben des Volkes eine stabile Grundlage geben zu wollen. Das war eine Geistesströmung, die die gesellschaftlichen Zustände reformieren wollte, indem man sich nicht nur einer absoluten neokonfuzianischen, also spekulativen und institutionalisierten Wissenschaft, die man als einseitig ansah, widmete, sondern „enzyklopädisch" auch andere Wissenschaften in das Denken aufnahm. Kang 1990: 155ff.

117 Von Japan erzwungen wurden 1876 durch den ‚Freundschaftsvertrag' von Kanghwa einige koreanische Häfen geöffnet. Keilhauer 1986: 35; s. auch Song 2001: 50.

tung der Industrie- und Handelskammer von Wŏnsan mit Privatkapital auf Wunsch der dortigen Bewohner gegründet. Diese sahen sich in der dem Westen geöffneten Hafenstadt mit der Herausforderung der westlichen Mächte konfrontiert. 1883 wurde eine Dolmetscherausbildungsstätte im Sinne der neueren Zeit „Tongmunhak 동문학 (同文學)" errichtet, und dort wurde Englisch gelehrt. 1884 wurde in Seoul eine Akademie für Koreanisch und Chinesisch, Hanhan hagwŏn 한한 학원 (韓漢學院), von der katholischen Kirche, 1885 von einem Methodistenmissionar, H. G. Appenzeller (1858–1902), eine Bildungsstätte für Nachwuchs, Paejae haktang (培材學堂), gegründet. 1886 wurden einige amerikanische missionarische Privatschulen, darunter auch eine erste Frauenschule Ihwa (梨花女學校) und eine dem staatlichen Krankenhaus zugehörige Medizinschule, die von dem evangelischen Missionar H. N. Allen (1858–1932) geleitet wurde, eröffnet (Kang 1990: 281ff.; Yi 1991: 422–425).

3. Die Bibelübersetzung

3.1 Allgemeine Einführung

Bevor ich auf die Geschichte der koreanischen Bibelübersetzung eingehe, werden zunächst in einem allgemeinen Überblick die Bibel und die Bibelübersetzung[118] in der Geschichte überhaupt kurz dargestellt.

Als Bibel bezeichnet man die Heilige Schrift des Alten und Neuen Testamentes, das Gesamt der „Bücher", die von der Kirche als inspiriert und kanonisch betrachtet werden (Bohlen 1994: Sp. 362). Die allgemeine Einteilung der Bibel in die Bücher des Alten und Neuen Testamentes ist datiert aus den ersten christlichen Jahrhunderten, und zwar beziehen sich die Bücher des Alten Testamentes (ATm) auf den Alten Bund Gottes mit Israel und die des Neuen Testamentes (NTm) auf den von Christus gestifteten Neuen Bund mit allen Menschen.

Das ATm beschreibt dabei auch die fast 1000 Jahre dauernde jüdische Geschichte, vom Beginn der Ansiedlung im „gelobten Land" nach dem Auszug aus Ägypten bis ins hellenistische Zeitalter (9.–2. Jahrhundert v. Chr.). In diesem Zeitraum bildete sich eine weit über die 24 Bücher der Bibel hinausgehende Literatur heraus, von der jene 24 Bücher des ATms nur eine Auswahl der gesamten historischen mündlichen und schriftlichen Überlieferungen sind. Ende des 7. Jahrhunderts v. Chr. soll der Übergang von ‚biblischer *Literatur*' zu ‚biblischen *Schriften*' begonnen haben, als das Buch Deuteronomium[119] (d.i. der Name für das 5. Buch Mose) entstand (Cornfeld/Botterweck (Hg.) 1969: Sp. 288, 291). Dies war der Versuch, nach Maßstäben für eine neue Bestimmung der Identität zu suchen, als die alte Identität Israels mit der Eroberung Jerusalems durch das Heer Nebukadnezars 587 v. Chr. gefährdet wurde. So griff man in Israel während der babylonischen Gefangenschaft immer stärker bewusst auf die normativen, geschichtlichen und prophetischen Überlieferungen der vorexilischen Zeit zurück. Das Buch Deuteronomium kann darum als eine geschichtstheologische Interpretation der damaligen Krise verstanden werden, welche dann die Aufarbeitung der geschichtlichen Überlieferungen anregte – vor allem von der „deuteronomistischen Schule". Die identitätsbewahrende Erfahrung mit der Überlieferung initiierte eine Kanonisierung der Tradition, bei der ihre Sicherung unabdingbar war und ihre endgültige Verschriftung weiterführte. Damit fand ein Kanonisierungsprozess statt, der über die darauffolgenden Jahrhunderte der persischen und hellenistischen Herrschaft in Palästina (6.–2. Jahrhundert v. Chr.) währte und sich unterteilt in die Sammlung, Verschriftung und die eigentliche Kanonisierung der Tradition (Wanke 1980: 2f.).

Von Kanonisierung wird dann gesprochen, wenn eine Schrift zu den ‚Heiligen Büchern' gehört und als von Gott inspiriert gelten soll. Der Begriff Kanon kommt von dem hebräischen Wort für „Rohr" und dem griechischen κανών, was ‚gerader Stab', ‚Richtschnur', ‚Regel' und ‚Norm' bedeutet. Seit dem 4. Jahrhundert wurde der Kanonbegriff vor allem auch auf die Bibel bezogen und gab ihr den autoritativen Charak-

---

[118] Bei der vorliegenden Arbeit wird dies nur auf das Christentum beschränkt.
[119] Wörtlich „Zweites Gesetz", weil Moses noch einmal das Gesetz Gottes verkündete. Nach der *Septuaginta* ist dies der Name für das 5. Buch Mosis. Vgl. H. Junker, „Deuteronomium". In: *LThK* 1931: III/Sp. 230f.

ter als Sammlung der Schriften, die auf Grund der Offenbarung Gottes für Leben und Glauben der Christen normativ sind.[120]

Die hebräische Bibel enthält drei Gruppen der alttestamentlichen Bücher, nämlich die der Gesetzesbücher, die die fünf Bücher Moses (den Pentateuch) enthalten, die der acht geschichtlichen Bücher (Propheten) und die der elf übrigen heiligen Schriften (Hagiographa).[121] D.h., insgesamt gehören 24 Bücher zu den jüdischen Heiligen Schriften. Die Dreiteilung war bereits im 2. Jahrhundert v. Chr. allgemein anerkannt, zufolge des Prologs der griechischen Übersetzung des Buches *Jesus Sirach* von J. B. E. Ben Sira[122] durch dessen Enkel (um 130 v. Chr.). Während dessen hat der alexandrinische Kanon, der Kanon der hellenistischen Juden, eine andere Einteilung und Reihenfolge und eine größere Anzahl von Büchern, darunter die nicht in der hebräischen Bibel, sondern nur in der *Septuaginta* enthaltenen deuterokanonischen Schriften des ATms. Der endgültige jüdische Kanon wurde zur Zeit der Synode in Jabne (das heutige Jebne) festgelegt,[123] die sich zwischen dem Jahr 90 und 100 n. Chr. mit der Heiligkeit der biblischen und nichtbiblischen Schriften beschäftigte: Weil seit dem 5. Jahrhundert v. Chr. in der nachexilischen Zeit eine Fülle verschiedener Überlieferungen umlief, war es notwendig, einen verbindlichen hebräischen Text zusammenzustellen. Dabei wurden die deuterokanonischen Schriften ausgeschlossen, und es entstand der sog. engere (jüdische) Kanon und dieser wurde von Luther und den protestantischen Kirchen anerkannt. Dagegen wurden die deuterokanonischen Schriften in den griechisch-alexandrinischen Kanon aufgenommen, wie oben dargestellt, und gingen in die christlichen ATm-Ausgaben über. Dieser weitere (alexandrinische) Kanon wurde später von der römisch-katholischen Kirche im Westen (1546) und nochmals (1870) bestätigt, aber auch von der griechischen Kirche des Ostens (1672) angenommen (Cornfeld/Botterweck (Hg.) 1969: Sp. 289–293; vgl. auch Bohlen 1994: Sp. 364f.).

Das NTm als die „Festlegung der echten wahren Tradition" (Schneemelcher 1980: 46)[124], war entstanden im 1. Jahrhundert und hatte Ende des 2. Jahrhunderts seinen

---

120 Es sei in diesem Zusammenhang auch angesprochen, dass der Begriff Kanon auch eine erweiterte Bedeutung angenommen hat, die über das bis jetzt Beschriebene bezüglich der Sammlung heiliger Schriften noch hinausgeht. Er bedeutet „auch die kirchlichen Normen im ganzen" und „Synodalbestimmungen im Gegensatz zu den kaiserlichen Gesetzen (leges)." A. M. Koeniger, „Kanon: I. Im kirchl. Recht". In: *LThK* 1933: V/Sp. 774f.

121 Bibelwissenschaftler neuerer Zeit stellen fest, dass diese Reihenfolge dem historischen Verlauf ihrer Entstehung entsprach – „Gesetz", „Propheten", „Hagiographa oder übrige heilige Schriften". Danach sind die alttestamentlichen Bücher anzusehen als eine unvollständige Auswahl aus der Gesamtheit der historischen Überlieferung und als eine Sammlung von alten Schriften, die in ihrer gegenwärtigen Form zu verschiedenen Zeitpunkten zwischen dem 9. Jahrhundert v. Chr. und dem 2. Jahrhundert n. Chr. zusammengestellt worden sind. Cornfeld/Botterweck (Hg.) 1969: Sp. 288ff., 292.

122 Das Buch *Jesus Sirach* von Jeschua Ben Eleazar Ben Sira (um 190 v. Chr.) war eine Sammlung von religiös angeregten Weisungen zur sittlichen Haltung – der göttlichen Weisheit, dem Lobpreis der Väter und einem Gebet –, welche zu den deuterokanonischen Schriften des ATms gehörte. S. „Sirach". In: *Brockhaus Enzyklopädie* 1973: 17/463.

123 Kritisch dazu, Wanke 1980: 2f.

124 So hat das NTm in allen christlichen Kirchen – grob unterschieden als katholische und evangelische Kirche und als Ostkirche – den gleichen Schriften- und Textbestand, anders als das ATm, das einen unterschiedlichen Bestand hat. Vgl. „Bibel". In: *Brockhaus Enzyklopädie* 1968: 2/675.

wesentlichen Bestand, es umfasst 27 Bücher, die man auch so unterscheidet wie im ATm: geschichtliche (die vier Evangelien nach Matthäus, Markus, Lukas, Johannes und die Apostelgeschichte), didaktische Bücher (21 Briefe oder Episteln: 14 paulinische und 7 katholische Briefe – auch Kirchenbriefe genannt[125] und ein prophetisches Buch (die Offenbarung des Johannes, auch die Apokalypse genannt) (Bohlen 1994: Sp. 363ff.).

Das Bedürfnis der Übersetzung der damals umlaufenden Texte, die später unter dem Begriff Bibel, wie wir ihn heute verstehen, zusammengefasst wurden, entstand erst im 3. Jahrhundert v. Chr., als die Mehrheit der Juden in der griechischen Diaspora nicht mehr hebräisch, sondern vorwiegend griechisch oder aramäisch[126] sprach und so die Vorschriften in ihrem hebräischen Urtext nicht zu lesen und zu befolgen vermochte. Der Ursprung der Übersetzungsarbeit lag in den lokalen Synagogen, und diese war im heutigen Sinne auch Auslegungsarbeit. Ergebnis waren die aramäischen Targume der Propheten und der Schriften (Hagiographen), die Targume zum Pentateuch (Palästinensischer Targum und Targum Jonathan) (Cornfeld/Botterweck (Hg.) 1969: Sp. 348f.). Im Aramäischen heißt das Substantiv *Targum* ‚Auslegung' und die Pluralform davon „Targumim", das Verb *tirgem* „übersetzen" oder „auslegen". Das aramäische Targum war als eine literarische Gattung interpretierende und teilweise paraphrasierende Übersetzung des hebräischen Textes und diente dem Studium und auch dem Kult in der Synagoge. Im Laufe der Zeit wurden die Übersetzungen enger an den Text gehalten, traditionell festgelegt und ebenso sorgfältig wie der Bibeltext bewahrt. Auf diese Weise entstanden die griechische *Septuaginta*, die syrische Peschitta („einfache Übersetzung") und das aramäische „Targum Onkelos" zum Pentateuch, der sog. „babylonische" und offizielle Text des Pentateuchs seit talmudischer Zeit[127] (a.a.O., Sp. 348).

Der Anfang der „Bibel"-Übersetzungen geht also in die Zeit des dritten Jahrhunderts v. Chr. zurück: Das ATm wurde in Ägypten vom Hebräischen ins Griechische übersetzt und heißt *Septuaginta*, die erste schriftlich einheitliche Übersetzung des gesamten ATms (Fischer 1931: Sp. 296–303). Es handelte sich bei der *Septuaginta* jedoch ursprünglich um die Übersetzung des jüdischen „Gesetzes" (des Pentateuchs) zum gottesdienstlichen wie auch wohl pädagogischen Gebrauch in der Synagoge: Zufolge der im Aristeasbrief als der frühesten literarischen Quelle überlieferten Legende haben 70 (bzw. 72) Jerusalemer Gelehrte auf Initiative des ägyptischen Königs Ptolemaios II. (285–247 v. Chr.) den Pentateuch des ATms ins Griechische übersetzt, und zwar nur für den (alexandrinischen) jüdischen Gebrauch. Obwohl sie unabhängig voneinander arbeiteten, sollen ihre Versionen vollständig übereingestimmt haben, was als

---

125 Für die Unterscheidung vgl. *Die Bibel: Einheitsübersetzung*. Altes und Neues Testament (Freiburg im Breisgau: Herder 2006). Hier sind 21 Briefe in 9 paulinische, 5 Pastoralbriefe und 7 katholische eingeteilt.
126 Seit der persischen Zeit war das Aramäische *lingua franca* des Vorderen Orients und verdrängte so das Hebräische. Schäfer 1980: 216.
127 Um 500 n. Chr. war das nachbiblische Hauptwerk des Judentums, der Talmud, aus der mehrhundertjährigen mündlichen und schriftlichen Überlieferung entstanden. Vgl. „Talmud". In: *Brockhaus Enzyklopädie* 1973: 18/444f.

ein Zeichen der göttlichen Inspiration galt. In den folgenden ca. 200 Jahren wurde der Rest des ATms dann wohl von verschiedenen Übersetzern an verschiedenen Orten übersetzt. Dabei wurde die Bezeichnung Septuaginta auf die Übersetzung des ganzen ATms in griechischer Sprache, eine Sammlung verschiedener Übersetzungen von Schriften des ATms, ausgedehnt, welche auch von der christlichen Kirche übernommen wurde (Knoch/Scholtissek 1994: Sp. 382f.).[128]

Da der Pentateuch gesetzgebende wie erzählende Texte enthielt, entstand um die Zeitenwende entsprechend der *Septuaginta* ein ‚biblischer' Stil einerseits, in dem die späteren Schriftsteller und Übersetzer ihre Werke meistens in Griechisch schrieben, was schließlich die literarische Gattung der sog. ‚Testamente' aufnahm. Für die griechisch orthodoxe Kirche ist die *Septuaginta* heute noch der Standardtext des ATms. Andererseits ist nicht eindeutig, welche Übersetzungsmethode (im heutigen Verständnis) auf den Text angewendet wurde. Angesichts dieses Hintergrundes wird die *Septuaginta* als eine Übertragung des ursprünglichen Pentateuchtextes so interpretiert, dass man zu der damaligen Zeit versuchte, diese auf der Basis des hebräischen Textes zu revidieren: Im 2. und 1. Jahrhundert v. Chr. standen zwei unterschiedliche Meinungen in Bezug auf die *Septuaginta*, die wörtliche oder freie Methode, einander gegenüber. Die eine Meinung besagte, sie hätte das Hebräische nicht genau wiedergegeben und so wäre eine Korrektur angebracht. Die andere Meinung war, dass die Übersetzer selbst inspiriert gewesen wären und so keine Revision nötig sei (Brock 1980: 163). Seit der Herausbildung des Christentums aus dem palästinischen Judentum entwickelte sich die „Bibel"-Übersetzung zum Zwecke einer effektiven missionarischen Tätigkeit weiter, entweder auf dem Weg der Schaffung verbesserter Fassungen oder der Erstellung von Übersetzungen in andere, auch immer neue Sprachen. Für die ersten Übertragungen der Bibel, also für die altlateinische, koptische, äthiopische, armenische, georgische, gotische und slawische Übersetzung, diente die *Septuaginta* als Vorlage (Cornfeld/Botterweck (Hg.) 1969: Sp. 348f.).

Die Übersetzungen des NTms gehen in die Zeit um 180 n. Chr. zurück, als die christliche Mission in den lateinischen, syrischen und koptischen Sprachraum vorgedrungen war, deren Gemeinden der griechischen Schriftauslegung nicht folgen konnten.[129] Unklar bleibt bei solchen früheren aber auch bei den späteren Bibelübersetzungen, ob es überhaupt eine Urübersetzung gegeben hat, wenn wir von der gotischen und altkirchenslawischen absehen[130]. Um 200 n. Chr. wurden die frühen Übersetzungen des Alten und des Neuen Testament (aus dem Griechischen) ins Lateinische, *Vetus Latina* oder *Itala*[131] verfasst. Ende des vierten und Anfang des fünften Jahrhunderts

---

128 Seit dem 2. Jahrhundert n. Chr. verdrängten neue griechischen Übersetzungen bei den hellenistischen Juden die *Septuaginta*, in welcher der Text daher nur in christlicher Überlieferung erhalten ist. Vgl. „Septuaginta". In: *Brockhaus Enzyklopädie* 1973: 17/318.
129 Hierauf wird im folgenden Kapitel ‚Christentum' nochmals näher eingegangen.
130 Bei der gotischen und altkirchenslawischen steht eine Urübersetzung fest. Aland 1980: 162.
131 *Vetus Latina* ist eine Sammelbezeichnung für die heute noch erhalten gebliebenen, meist aus dem 2. Jahrhundert stammenden, altlateinischen christlichen Übersetzungsversionen des Alten und Neuen Testaments, die es schon vor der dann authentischen lateinischen Bibelübersetzung, der *Vulgata* gab. Und *Itala* war darunter eine der bekanntesten lateinischen Bibelübersetzungsversionen, stellte also die letzte Stufe der überarbeiteten lateinische Bibelübersetzung vor der *Vulgata* dar. Vermeer 1992: I/76f.; vgl. Knoch/Scholtissek 1994: Sp. 383.

übertrug Hieronymus das ATm auch aus dem Hebräischen und Aramäischen ins Lateinische und revidierte den altlateinischen Text des NTms, die als authentisch anerkannte lateinische Bibel, *Vulgata*[132] genannt.

Die *Septuaginta* in verschiedentlich überarbeiteten Ausgaben und Sekundärfassungen, die Targume, die Peschitta und die *Vulgata* sind die antiken Übersetzungen, die am meisten zur Fixierung des hebräischen Textes beitrugen, der in verschiedenen Fassungen vorlag.

Zwischen dem 11. und 15. Jahrhundert wurden biblische Schriften in zahlreiche Sprachen übersetzt: Während es keine neue Übertragungen in die andere europäischen Sprachen seit der Zeit der Spätantike gegeben hatte, begannen sich erst nach 1200 n. Chr. die verschiedenen europäischen Sprachen sowohl in der gelehrten Literatur, die zunächst nur auf Lateinisch erschien und dies auch bis weit in die Neuzeit hinein weitgehend beibehielt, und auch über die bis dahin dominierenden engen Grenzen des theologisch-klösterlichen Gebrauchs hinaus zu erweitern. (Cornfeld/Botterweck (Hg.) 1969: Sp. 350). 1516 erschien in Basel durch Erasmus von Rotterdam[133] (1466–1536) das erste gedruckte griechische NTm, das „was accompanied by an elegant new Latin translation" (Simon u.a. 1995: 172). Aus diesem griechischen Text von Erasmus übersetzte Martin Luther (1483–1546), im September 1522 in Wittenberg erschienen, das NTm ins Deutsche, das „Septembertestament", und 1534 folgte die vollständige Ausgabe des Alten und Neuen Testamentes. Danach folgten 1892, 1912, 1921 und 1984 die Revisionen der Luther-Übersetzung.

Von ähnlicher Bedeutung wie die Luther-Übersetzung im deutschen war die 1611 im englischen Sprachraum veröffentlichte *King James Version*, die sog. *Authorized Version*. Die *English Revised Version* (1881–1885) war auch für *die New English Bible*

---

132 Diese ist für die katholische Kirche die Standardversion auf Latein, und zwar im umgangssprachlichen („vulgären") Lateinischen. Genauer genommen, wurde die Übersetzung 1546 auf dem Trientiner Konzil zur offiziellen Version der Katholischen Kirche erklärt. Sie war nicht eine (wirklich neue) Übersetzung, eher eine Revision vorhandener Übersetzungen, die revidiert neu aufgelegt wurden. Vermeer 1992: I/292f.

133 Als einflussreichster Humanist in Europa zu seiner Zeit versuchte er, durch den Einklang zwischen der Vernunft und dem Glauben weltliche und heilige Schriften zu vereinigen. Er betonte die Wichtigkeit der Rückbesinnung auf die hebräischen und griechischen Quellentexte und wollte für eine korrekte Übersetzung eines Originaltextes lieber ein Grammatiker sein, der sich in der Originalsprache, -literatur und -rhetorik auskennt, als ein Theologe. Damit gab er den Ton an für die Bibelübersetzung der Renaissance, wo Heilige Schriften in die Umgangssprache übersetzt zu werden begannen. Simon u.a. 1995: 171f. Der Text des Erasmus soll große Mängel aufgewiesen haben und wurde doch zum Textus Receptus. Knoch/Scholtissek 1994: Sp. 372. Textus Receptus bezeichnet die in den weit verbreiteten Druckausgaben des 16. und 17. Jahrhunderts zu findende Textform des griechischen NTms. Dies wurde ursprünglich auf die Ausgabe (des griechischen NTms) der Leidener Druckerei Elzevier im Jahr 1633 bezogen. Aber auch einige andere Ausgaben dieses Druckhauses sowie Erasmus von Rotterdam u.a. wurden Textus Receptus genannt. Textkritisch wurde diese Form, die sich lange hielt, jedoch ab dem 18. Jahrhundert in Frage gestellt, als andere, vermutlich ältere Ausgaben und Übersetzungen entdeckt wurden und den Textus Receptus als mit Abweichungen durchsetzt aufwiesen. Die ursprüngliche Lutherbibel oder die englische *King-James-Bibel* aus der Reformationszeit legen aber den Textus Receptus zu Grunde. Vgl. J. Freundorfer, „Elzevier". In: *LThk* 1931: III/Sp. 649.

vom 1970 weiter gültig; In den Vereinten Staaten erschien die *American Standard Version* (1900–1901) als eine geringfügige Revision der *King James Version, die Revised Standard Version* in einer Neuübersetzung des NTms (1946) und des ATms (1952).

1966 erschien eine gemeinsame Ausgabe des griechischen Neuen Testaments durch den Weltbund der Bibelgesellschaften, The Greek New Testament. Nach dem Stand des Jahres 1976 sind nach Rudolf Kassühlke alleine über 50 verschiedene deutsche Übersetzungen im 20. Jahrhundert herausgekommen (Salevsky 1999: 274f.).

3.2 Das Christentum: Religiöse Texte in der Vielfalt der Sprachen der Welt

Als die christliche Kirche entstand, war die hebräisch geschriebene Bibel jedoch in der griechischen Übersetzung der *Septuaginta* im Umlauf. So war einer der beiden grundlegenden Texte der sich entwickelnden Kirche, das ATm, eine (griechische) Übersetzung, während der andere, das NTm, ursprünglich auf Griechisch geschrieben wurde. Die zentrale Botschaft der Kirche war, dass Jesus nicht nur für die Juden, sondern auch für alle Menschen der Messias war, und so war es dann unvermeidlich, dass damit begonnen wurde, sich um die Übersetzungen christlicher heiliger Texte, also des NTms, in andere Sprachen zu kümmern, als der christliche Glaube sich entwickelte und über die Welt verbreitete. Schon vor der endgültigen schriftlichen Festlegung des Kanons des NTms gegen Ende des 4. Jahrhunderts wurde angefangen, die Evangelien und die paulinischen Briefe vom Griechischen in weitere Sprachen zu übersetzen. Die Übersetzung als ein Instrument für das Verbreiten christlicher Heiliger Schriften war vom Christentum mehr als von allen anderen Religionen zielstrebig eingesetzt worden, gemäß der Aufforderung: „Darum gehet hin und lehret alle Völker und taufet sie im Namen des Vaters und des Sohnes und des heiligen Geistes (Matthäus 28, 19)," „und lehret sie halten alles, was ich euch befohlen habe (20)". Es gab jedoch Zeiten, vor allem während der Zeit, in der die Reformation im Aufschwung war, in denen die Übersetzung von der katholischen Kirche gering geschätzt wurde und gar offiziell verboten war (Simon u.a. 1995: 166f.).

Die kulturelle Wichtigkeit der Bibelübersetzung in der westlichen Geschichte kann gar nicht überbetont werden, weil kein anderer Text einen solchen Einfluss auf Sprache, Literatur und Glauben hatte wie die Bibel. In mehr als 2000 Sprachen übersetzt – sei es zur Gänze oder zum Teil – ist die Bibel das am meisten in Umlauf gesetzte Buch der Welt. Die verschiedenen Versionen der Bibelübersetzungen in der Entfaltung ihrer Bedeutung und Interpretation waren und sind entscheidende Momente westlicher Geschichte. Die intensive Übersetzungstätigkeit trug dadurch zur Festigung und Legitimation neuer Mundarten (vgl. a.a.O., 167) bei – dem Aufstieg europäischer Nationalsprachen während der Renaissancezeit und der vielen Sprachen in den neu gewonnenen Kolonien. Schon im 2. Jahrhundert wurden Teile des NTms ins Syrische und Lateinische übersetzt: Etwa 170 n. Chr. bereitete Tatian, ein christlicher Syrer und Schüler des Märtyrers Justin, die Übersetzung der gängigen Version der vier Evangelien ins Syrische vor und setzte sie in der als Diatessaron (Vier Klang, Evangelienharmonie) bekannten monologischen Erzählform fest. Die älteste lateinische Übersetzung, im klassischen Latein verfasst, war in Nordafrika verfertigt worden. Im 3. Jahrhundert erschienen die Übersetzungen in verschiedenen Dialekten des Koptischen. Die gotische Version ist die älteste germanische Bibelübersetzung, deren Übersetzer als Wulfila (ca. 311–382) bekannt war.[134] Er war es, der ein gotisches Alphabet aus Runen, griechischen und lateinischen Buchstaben erfand, um die Heilige Schrift zu übersetzen und damit seine Aufgabe der Christianisierung für die Goten zu erfüllen. Die Bruchstücke seiner Übersetzung machen die heute noch erhaltene älteste Literatur in teutonischer Sprache aus (a.a.O., 166f.).

Fast alle anderen Bibelübersetzungen in germanischer Sprache gründen sich auf die lateinische *Vulgata* des Hieronymus. Im Auftrag des Papstes Damasus' I überarbeitete Hieronymus, sog. „Schutzheilige der Übersetzer", (ca. 331–420) die altlateinische Übersetzung des ATms (*Vetus Latina*) nach dem Urtext (ab 382) und übersetzte große Teile des ATms direkt aus dem Hebräischen neu, und diese Übersetzung wurde später, seit dem Ausgang des Mittelalters, ebenfalls *Vulgata* genannt. In den darauffolgenden Jahrhunderten ging die Arbeit an griechischen und lateinischen Bibelübersetzungen weiter: Es wurde versucht, Teile der Bibel im eleganteren Stil ins Griechische oder Lateinische zu übersetzen. Dies hatte seinen Grund einerseits darin, dass Hieronymus sich auf Ciceros Ansichten[135] zum Übersetzen gestützt hatte, der das nicht wörtliche, sondern sinngemäße Übersetzen empfahl. D.h., man interpretierte in eigener Freiheit der Übersetzung das Verstandene nicht gemäß der strengen Wortform der Ausgangssprache, wobei z. B. Numerus und Genus gewahrt blieben[136], sondern eher auf der Ebene des Wortes als des kleinsten Sinngehaltes, aus dem Kontext, der den Sinn eines Textes enthielt[137] (Vermeer 1992: I/292–308). Hieronymus war eine zentrale Figur, aber zugleich ein Polemiker wie auch andere, die intellektuell und geistig revolutionär waren, beim Verschmelzen der antiken Kultur und des Christentums. Einer seiner bedeutendsten Verehrer war der schon erwähnte Humanist Erasmus, der ihn „christlichen Cicero" nannte (vgl. Simon u.a. 1995: 169).

Das Individuum gewann mit dem Humanismus, der geistigen Bewegung des 14. bis 16. Jahrhunderts, immer mehr an Bedeutung. Die Würde des einzelnen Menschen und seiner Entfaltung wurde als ethisch bewertet, die Bibel blieb dabei zunächst die einzige, in sich selbst verständliche Quelle christlichen und menschlichen Lebens. So beschäftigte sich der Humanismus neu mit den Schriften des Altertums – auch die griechische Literatur wurde mit einbezogen – und entwickelte sich gleichzeitig mit der italienischen Renaissance (a.a.O., 169–172).

---

134 Er übersetzte den in Konstantinopel gebräuchlichen griechischen Text. Vgl. Bigelmair 1938: Sp. 363.

135 Das Ziel der Übersetzung bei Cicero wurde in die Wirkungsgleichheit des ausgangssprachlichen Textes mit dem zielsprachlichen gesetzt, die vom Kriterium der Textart abhängig sein sollte, was die pragmatische Dimension der heutigen Textlinguistik ausmacht. Vgl. auch Černý 2002: 5ff.

136 Heute nennt man dies das „morphematische Übersetzen", die jüdisch-deutsche Bibelübersetzungstradition der Buchstabentreue, die im Judentum bereits seit dem 5. Jahrhundert v. Chr. datiert und noch bis ins 15. und 16. Jahrhundert verbreitet war. Vermeer 1992: I/298–301.

137 Hieronymus versuchte, über eine solche traditionelle Übersetzungstechnik, „die Wörtlichkeit", hinaus, die Wörter etymologisch wiederzugeben und die Silben sowie Buchstaben der Ausgangssprache zu erläutern. Vermeer 1992: I/299ff.

Das Ende der Renaissance trifft sich mit dem Beginn der Reformation, die sich im 16. Jahrhundert, zwischen 1517 und 1555 in Deutschland, ausbreitete. Mit der Reformation gab es im entstehenden Protestantismus eine Wende der Übersetzungstradition.[138] Diese neue Bewegung, die zunächst nur die eine katholische Kirche reformieren wollte, zeigte sich deutlich im Streit über die Freiheit, die Bibel in die Volkssprache zu übersetzen: Mit dem Humanismus verbundenes Gedankengut wie intellektuelle Wissbegierde und Freiheit einerseits und die Entwicklung der Drucktechnik andererseits ermöglichten den Reformern, ihre Ideen und insbesondere die Veröffentlichung neuer Übersetzungen der Heiligen Schrift zu verbreiten. So setzte sich eine deutlich eigentümliche Entwicklung im christlichen Abendland durch: „Man wird wieder kühlsachlich. Auch hier zieht sich ein Faden aus Platonismus und rigorosem Judentum zusammengesponnen über Aristoteles und Paulus zu Luther und dann in das Wissenschaftsverständnis des 19. Jahrhunderts" (Vermeer 1992: I/294).

Wie erwähnt (s. Seite 140f.), waren Beispiele für die Bibelübersetzungen die deutsche von Martin Luther und in England die erste vollständige englische von Wycliff. Luthers Bibelübersetzung war die erste komplette Bibel in der zeitgenössischen Sprache des Deutschen, welche dann rasch in allen Kreisen der Bevölkerung Verbreitung fand und so zur späteren Entwicklung einer einheitlichen deutschen Hochsprache beitrug. John Wycliffe (ca. 1320–1384) als „erster Protestant"[139] übersetzte etwa 1382 gemeinsam mit einer Mitarbeitergruppe die erste englische Bibel. Als Anführer der antiklerikalen und antipäpstlichen Bewegung leitete er Reformen in der Religion ein und forderte die Trennung von Kirche und Staat. Seine Übersetzung basierte auf der *Vulgata* und er versuchte, die Bibel in das damals gebräuchliche Englische zu übersetzen. Er wurde wegen der Wiederholungen, der Unvollkommenheit und des unbeholfenen wörtlichen Stils kritisiert, jedoch legte er mit der ersten vollständigen Bibelübersetzung ein Fundament für die „englische Bibelsprache" und trug zur Entwicklung der englischen Prosasprache bei (Simon u.a. 1995: 173).

Der erste Engländer, der direkt von der griechischen (Orginal-) Sprache die Bibel übersetzte, hieß William Tyndale (1494–1536). Inspiriert durch das Beispiel von M. Luther und beeinflusst durch die populären Ideen von Erasmus und Luther begann er das NTm ins Englische zu übersetzen, damit es für alle Menschen zugänglich und verständlich sein sollte. Die Veröffentlichung wurde aber von den staatlichen Behörden und der Kirche verboten. 1535, als Tyndale auf seine Hinrichtung wartete, publizierte Miles Coverdale die erste vollständige englische Bibel, die sich größtenteils auf die Übersetzung von Tyndale stützte, und gab 1539 in Zusammenarbeit mit Richard Grafton die „Great Bible" heraus. Der Einfluss der Tyndale-Übersetzung übertrug sich auf die Produktion der *Authorized Version* aus dem Jahr 1611: Die *Authorized* oder *King James Version* wurde von König Jakob I. von England (1566–1625) in Auftrag gege-

---

138 Durch das ganze Mittelalter hindurch wurden zwei Übersetzungsverfahren angewendet: erstens das möglichst wörtliche Übersetzen, das möglichst keine Änderung am Text vornahm, und zweitens die Textinterpretation, die in fünf Richtungen auslief als wörtlich, historisierend, belehrend-ethisch, symbolische Beziehungen suchend (das wird als „anagogisch" bezeichnet) und allegorisch. Vermeer 1992: I/294.

139 Bihlmeyer (1938: Sp. 861) schreibt im Artikel „Wiclif" „der bedeutendste, der sog. Vorläufer der Reformation".

ben und von einer Gelehrtengruppe mit 54 Mitgliedern produziert, indem diese dafür sorgfältige Arbeitsregeln abfasste und, in 6 Gruppen geteilt, die Arbeit je einer Gruppe von den anderen nachprüfen ließ. Jedoch war auch diese Übersetzung nicht völlig neu, sondern bewahrte eher die besten Teile der Übersetzung von Tyndale auf. Die *King James Bibel* wurde dank des eleganten Stils fast 400 Jahre lang im englischsprachigen Raum als Standardbibel angesehen (a.a.O., 175).

Danach folgten nach derselben Methode noch zahlreiche Revisionen – vor allem die des NTms 1881 und des ATms 1885, *English Revised Version* – mit dem Ziel, eine leicht zu folgende Übersetzung anzubieten (a.a.O., 176). Somit übersetzten die Revisoren aus dem 19. Jahrhundert den originalgriechischen Text gewissenhaft Wort für Wort, indem sie die Wiederholungen der heiligen Worte und Phrasen zu erfassen, die Feinheit der Ausdrücken zu markieren und ungewöhnliche Redewendungen zu vermitteln bzw. auszudrücken versuchten. Dieser Versuch, eine Übersetzung anzufertigen, die zugleich volkstümlich sein und den Originaltext besser verständlich machen sollte, fand aber in der Öffentlichkeit keine gute Resonanz (Simon u.a. 1995: 167–176). 1901 revidierten amerikanische Protestanten die *King James Version* in die *American Standard Version* (Cornfeld/Botterweck (Hg.) 1969: Sp. 350).

Das 19. Jahrhundert zeigte eine dramatische Zunahme der Bibelübersetzung in einer Vielzahl von Sprachen: insgesamt in über 86 neue Sprachen, darunter 66 nichteuropäische Sprachen, und zwar 43 asiatische, 10 amerikanische, 7 afrikanische und 6 ozeanische. Zu den bedeutenden englischen Bibelübersetzern gehörten Robert Morrison in China (Bibel, 1823), Adoniram Judson in Burma (das NTm, 1832; Bibel, 1835), Samuel Brown in Japan (das NTm, 1879), John Ross in *Korea* (das NTm, 1887), Henry Martyn, der das NTm ins Urdu, Persische und Arabische (1806–1812) übersetzte, und William Carey (1761–1834), der das NTm (1801) und das ATm (1809) ins Bengalische übersetzte. Bis zum Ende des Jahrhunderts wurde die Heilige Schrift insgesamt in 571 Sprachen und Dialekte zum ersten Mal aufgenommen (Simon u.a. 1995: 176f.; vgl. auch Müller 1994: Sp. 399f.).

Die Missionstätigkeit, aus der sich so viele Bibelübersetzungen ergaben, ging weiter im 20. Jahrhundert: Unterschiedliche Bibelgesellschaften sandten ihre Mitglieder bis in die abgeschiedensten Orte der Welt, um dafür zu sorgen, dass möglichst alle Sprachgruppen, auch kleine, in ihrer Sprache den Zugang zu den Christlichen Schriften hätten. Derartige Missionsübersetzer übten eine besondere Macht aus: Als Vertreter einer „überlegenen" fremden Kultur wurde ihnen Autorität zuerkannt, wobei der Einfluss ihrer Übersetzungswerke durch das Prestige der Ausgangssprache und -kultur – meistens amerikanisch-englisch – gesteigert wurde. Die Übersetzungen leiteten oft eine Dynamik kultureller Spannungen ein, die zu einem beschleunigten Anpassungsprozess an die dominierende Kultur führten (Simon u.a. 1995: 176f.).

3.3 Die koreanische Bibelübersetzungsgeschichte (1790–1971)

Kim Pyŏngch'ŏl (1975: 17–151) bezeichnete die Zeit vor der „Neuzeit der koreanischen Geschichte der Übersetzungsliteratur" (한국 근대 번역문학사, 韓國 近代 飜譯文學史) als die Zeit „vor der Geschichte" und wies darauf hin, dass es eine in diesem Sinne „vorgeschichtliche" Übersetzungsliteratur in Korea gab, in Form der koreanischen Bibel- und Kirchenliederübersetzung. Diese sei zwar keine Übersetzungsliteratur im üblichen Sinne, aber man könne sie eine solche doch im weiteren Sinne nennen, weil sie nicht wenig Einfluss auf die Form und den Inhalt der nachfolgenden Neuen Literatur in Korea ausgeübt habe, so Kim. Des Weiteren teilt er seine „vorgeschichtliche" Betrachtung so ein, dass er die Textsorte der Bibel und der Kirchenlieder als nicht-weltliche Literatur von weltlicher Literatur unterscheidet. Bei seiner Studie über die Geschichte der Übersetzungsliteratur für die Neuzeit in Korea beschränkt er sich auf die Übersetzungen weltlicher Literatur. Von dieser Betrachtung ausgehend fängt er mit seiner Studie an.

Wird die Bibel bei Kim der nicht-weltlichen Literatur zugeordnet, wird im Westen dieser Unterschied so nicht gemacht. Dort wird die Tätigkeit des Übersetzens allgemein eingeteilt in das „literarische" Übersetzen für den gesamten Bereich der Kunst, der Poesie und der Religion und in das „weltliche", das sich heute „Fachübersetzen" nennt. „Literatur" ist dabei auf schöngeistige Produkte unter Ausschluss der Facharbeiten eingeschränkt. So ist die „Übersetzungsfachliteratur" nicht zur Literatur gehörig, auch wenn sich die Fachliteratur im Laufe der Geschichte sowie hinsichtlich der wissenschaftstheoretischen Methode in den Vordergrund drängt und zahlenmäßig sogar weit vorne liegt (Vermeer 1992: II/149f.). Gemeinsam ist jedoch, dass das „weltliche" Übersetzen sowohl im Westen als auch in Korea stets als minderwertig betrachtet wurde, und damit auch dessen Übersetzer (vgl. Snell-Hornby 1994: 11).

Die Wichtigkeit der von den Protestanten geleisteten koreanischen Bibel- und Kirchenliederbuchübersetzungen soll nach Kim vor allem darin liegen, dass dadurch die neuere koreanische Erzählkunst nach der Reformzeit auch auf der Basis des Koreanischen, der Han'gŭl, d.h. auf der Einheit von Schrift und Sprache, große Verbreitung finden konnte. Denn die koreanische Schrift Han'gŭl war auch ca. vier Jahrhunderte nach ihrer Erfindung immer noch nicht fest verankert und wurde sogar als Vulgärsprache oder Sprache für Frauen abwertend bezeichnet (Ŏnmun, 諺文). Neben dem Beitrag zur Etablierung der koreanische Schrift Han'gŭl beeinflusste die koreanische Bibel- und Kirchenliederbuchübersetzung zu Beginn der Erneuerung der koreanischen Gesellschaft ebenso die Neue Literatur, auch wenn nur vorübergehend und oberflächlich. Die Bibelübersetzung wirkte auf die Prosaliteratur und die Übersetzung der Lobgesangsbücher auf die Neue Dichtkunst.

1882 ca. drei Jahrhunderte nach der Einführung der Bibel in Korea[140] wurde das Lukas-Evangelium von den protestantischen Missionaren John Ross (1841–1915),

---

140 Die erste Begegnung mit dem Christentum soll sich bereits im 16. Jahrhundert ereignet haben, als ein portugiesischer Jesuitenpriester namens Gregorio de Cespedes (1551–1611) ein Jahr nach der japanischen Invasion (1592) durch Toyotomi Hideyoshi nach Korea kam: Unter dem japanischen Militär in diesem sieben Jahre während Krieg soll es bereits Christen gegeben haben. Für sie kam als Militärseelsorger Pater Gregorio, er besuchte Korea zweimal, blieb insgesamt 18 Monate (hierzu s. Kim 1974: 48–52), war aber ohne Wirkung. So konnten auch die Europäer die koreanische Situation für die Mission nicht wirklich nutzen.
Eine zweite Begegnung war die Einführung der katholischen Lehrschriften aus Peking durch die koreanischen Gesandtschaften: 1631 wurden einige Bücher über westliche Wissenschaften und das Buch *Tianzhu shiyi* 天主實意 (*Wahre Lehre vom Himmelsherrn*) des Jesuitenmissionars Matteo Ricci (1552–1610) eingeführt. Seitdem wurde Gott von den Katholiken in Korea wie in China Ch'ŏnju (chi. Tienzhu, Himmelsherr) genannt. S. Lee 1991: 127f.

John McIntyre und ihren koreanischen Assistenten Yi Ŭngch'an, Kim Chin'gi und Paek Hongjun in einer gemeinsamen Arbeit übersetzt, wobei die ausländischen Missionare eine große Anstrengung in der Aneignung der koreanischen Sprache auf sich nahmen und federführend blieben. Bis dahin waren die auf Chinesisch geschriebenen biblischen Schriften im Umlauf.[141] Von dieser auf rein Koreanisch geschriebenen Bibelübersetzung angeregt, wurde Koreanisch in einigen der danach gegründeten Tages- und Wochenzeitungen als Schriftsprache gebraucht, wie z. B. in *Hansŏng chubo* (漢城週報, gegründet 1886), die als Schriftsprache drei Schriftstile bzw. Schreibweisen – rein Chinesisch (純漢文體), Koreanisch-Chinesisch gemischt (國漢文體)[142], rein Koreanisch (國文體) – gleichzeitig benutzte.[143] Dies zeigt den direkten Einfluss der koreanischen Bibelübersetzung in der Geschichte der Übersetzungsliteratur, was im Vergleich zu Japan eine Besonderheit darstellte.

Vor der koreanischen Bibelübersetzung gab es zwar bereits einige Beispiele für eine reine Verwendung des Koreanischen, etwa die Reihe der Übersetzungsarbeiten nach der Erfindung der koreanischen Schrift oder die koreanische Übersetzung katholischer Lehrbücher aus dem Chinesischen ins Koreanische.[144] Aber die Urmutter des Schreibstils der Einheit von Sprache und Schrift in der Erzählkunst der Neuzeit war doch die koreanische Bibelübersetzung, welche zur Verbreitung von Han'gŭl in der Bevölkerung einen wesentlichen Beitrag geleistet hat[145].

---

141 1610 brachte Hŏ Kyun durch den Kontakt mit chinesischen Gesandten ein katholisches Heft von 12 Gottesglaubenssätzen Kye 게 (偈) mit, und 1614 stellte Yi Sugwang (李睟光) in seinem enzyklopädischen Buch *Chibong yusŏl* 지봉유설 (芝峰類說) die christliche Weltansicht und Schöpfungsgeschichte aus dem chinesisch geschriebenen Buch *Wahre Lehre vom Himmelsherrn* von Matteo Ricci vor. Kim 2004: 24.

142 Dieser Schriftstil als ein Übergangsschriftstil von dem chinesischen zu dem koreanischen kann noch in zwei Schreibweisen differenziert werden, in eine koreanisch-chinesische Mischschriftart (國漢文 混用) und in eine koreanisch-chinesische, nebeneinander geschriebene Art (國漢文 竝用). Bei jener war es, dass direkt übernommene chinesische Hauptwörter – überwiegend Nomen oder Verbstämmen – auf Chinesisch, mit koreanischen, vorwiegend grammatischen oder funktionalen Elementen auf Koreanisch gemischt geschrieben wurden. Sie entwickelte sich mit dem wachsenden Bewusstsein der Einheit von Sprache und Schrift des Volkes weiter, indem der koreanischen Transkription der übernommenen chinesischen Wörter in Klammern zusätzliche chinesische Zeichen hinzugefügt wurden (國漢文竝用). Kang 1990: 292f.

143 Dazu gehörten noch weitere Zeitungen wie die *Unabhängigkeitszeitung* (獨立新聞, geg. 1896), die 1898 gegründete Wochenzeitung *Hyŏpsŏng hoebo*, die 1898 gegründete erste Tageszeitung Koreas *Maeil sinmun*, die 1898 von *Kyŏngsŏng sinmun* umbenannte *Taehan hwangsŏng sinmun*. Die 1898 erschienene *Imperiumszeitung*, die gleichzeitig in rein Koreanisch und in einer Mischung des Koreanischen und Chinesischen geschrieben wurde. Die *Zeitung für koreanische Christen* (1897), die *Zeitung für Christen* (1897) und die *Taehan sinbo* (1898) gebrauchten als Schriftsprache rein Koreanisch.

144 Stellvertretend für katholische Übersetzungen der katholischen Lehre sind zu nennen *Chugyo yoji* 주교요지 (主教要旨, *Wichtige Lehre des Katholizismus*) von Chŏng Yakchong 정약종 (丁若鍾), *Shipkyemyŏng-ga* 십계명가 (十誡命歌, *Die Zehn Gebote Gottes*) von Chŏng Yakchŏn 정약전 (丁若銓) und *Ch'ŏnju konggyŏngga* 천주 공경가 (天主 公卿歌, *Das Gotteslob*) von Yi Pyŏk 이벽 (李蘗). Pak 1997: 46.

145 Der in Korea bekannte Professor und Wissenschaftler für Koreanisch Ch'oe Hyŏnbae hob in seiner Abhandlung „Han'gŭl und Kultur" den Beitrag der Bibelübersetzung für die Bewahrung des Koreanischen hervor. Auch auf die Entwicklung des Koreanischen habe die Bibelüberset-

Im Folgenden soll in Anlehnung an Kim (1975: 23–26) das chronologische Verzeichnis der koreanischen Bibelübersetzungen mit Jahres- und Übersetzer- sowie Druckortsangaben betrachtet werden[146]:

1. Um 1790 (im 14. Regierungsjahr des Königs Chŏngjo), das Vaterunser, Übersetzer unbekannt.[147]
2. 1788–1791 (?), eine unbekannte katholische Schrift, Übersetzer unbekannt.
3. 1832, das Vaterunser, Karl Gützlaff[148].
4. 1882, das Lukas-Evangelium (56 Seiten[149]); das Johannes-Evangelium (54 Seiten), gemeinsame Übersetzung von John Ross, John McIntyre, Yi Ŭngch'an, Kim Chin'gi und Paek Hongjun u.a., in Fengtian 奉天 in der Mandschurei gedruckt.
5. 1883, die Apostelgeschichte (46 Seiten); das Markus-Evangelium (39 Seiten); das Matthäus-Evangelium; das Lukas-Evangelium (verbesserte Version); das Johannes-Evangelium (verbesserte Version), gemeinsame Übersetzung von John Ross, John McIntyre, Yi Ŭngch'an, Kim Chin'gi und Paek Hongjun u.a., in Fengtian gedruckt. Dies kam so zustande, dass sich 1883 die britische Bibelgesellschaft (영국성서공회, 英國聖書公會) vor allem durch die Bemühung des ansonsten im Nordchina tätigen Pfarrers Bryant für die Ausweitung ihrer Bibelarbeit nach Korea entschloss. Um diese Übersetzungen des Matthäus- und Markus-Evangeliums sowie des verbesserten Lukas- und Johannes-Evangeliums zu verbreiten, wurden diese drei jungen Koreaner u. a. erstmals von der Gesellschaft nach Korea geschickt (a.a.O., 32–36, 39).
6. 1885, der Brief des Paulus an die Römer, der erste und zweite Brief an die Korinther, der Brief an die Galater sowie Epheser wurden nacheinander von den oben genannten John Ross u.a. übersetzt und in Fengtian gedruckt (a.a.O., 38); auch in Japan wurde das Markus-Evangelium, *Sinyak magajŏn bogŭmsŏ ŏnhae* 신약 마가젼 복음셔 언해, übersetzt von Yi Sujŏng, unterstützt von der amerikanischen Bibelgesellschaft auf Vorschlag von Loomis', in Yokohama gedruckt (87 Seiten) (a.a.O., 40f.).
7. 1887, das Markus-Evangelium, *Magaŭi chŏnhan pogŭmsŏ ŏnhae* 마가의 젼한 복음셔 언해, gemeinsam übersetzt von Underwood, Appenzeller, Sŏ

---

zung einen großen Einfluss gehabt, wie der Koreanischwissenschaftler Paek Ch'ŏl meinte. Kim 1975: 21f.
146 Dies stammt aus den Aufsätzen „Zu anfänglichen Publikationen des koreanischen Christentums" von Kim Yangsŏn (1968), „Han'gŭl und Kultur" und „Han'gŭl-Kultivierung" von Ch'oe Hyŏnbae und „Die wahre Aufzeichnung des englischen Missionars Hugh Miller" von Chŏng Chint'ae und Sim Chusam (1938). Kim 1975: 23; zum chinesischen Namen von Hugh Miller, s. Paek 1973: 457.
147 Die Übersetzung des Hauptgebetstextes, des Vaterunsers, soll gegen 1790 ins Mandschurische, Chinesische und Koreanische erfolgt sein. Die koreanische Übersetzung soll über diese Vermittlung nach Korea eingeführt worden sein. S. „Sŏngsŏ pŏnyŏk" [Bibelübersetzung]. In: *Kugŏ kungmunhak sajŏn [Lexikon für koreanische Sprache und Literatur]*, 1974: 348f.
148 1803–1851.
149 Hierzu wurde bei Kim (1975) das Zähleinheitswort „mae" (枚) angegeben. Das Format wurde bei Wŏn (2000: 92f.) mit 23. 5cm × 14. 5cm angegeben. Die Anzahl der „Seiten" bei Wŏn zeigt jedoch eine Abweichung (51 Seiten) gegenüber Kim.

Sangyun und Paek Hongjun, in Yokohama in Japan auf 40 Seiten von schottischen und britischen Bibelgesellschaften gedruckt. Dieses Evangelium war die erste innerhalb von Korea initiierte Übersetzung[150]. Die erste koreanische Übersetzung des gesamten[151] NTms, *Yesu sŏnggyo chŏnsŏ* 예수셩교젼셔 (*Die gesamten Heiligen Schriften über Jesus*), gemeinsam übersetzt von John Ross, John McIntyre, Yi Ŭngch'an, Kim Chin'gi und Paek Hongjun u.a., wurde in Fengtian gedruckt.

    8.   1895, das NTm (kor. *Sinyak chŏnsŏ* 신약젼셔), in Seoul erschienen. Es war ein für den Missionsbedarf zusammengebundenes Buch der bis dahin übersetzten vier Evangelien und der Apostelgeschichte, das von dem Verbund der drei Bibelgesellschaften[152] publiziert wurde.

    a. 1897, der Brief des Paulus an die Kolosser, der erste und zweite Brief des Petrus;

    b. 1898–1899, der Brief des Paulus an die Römer, der erste und zweite Brief an die Korinther, der Brief an die Philipper, der erste und zweite Brief an die Thessalonicher, der Brief an Titus, der Brief an die Hebräer, der Brief des Jakobus, der erste, zweite und dritte Brief des Johannes und der Brief des Judas;

    c. 1900, der Brief des Paulus an die Epheser, der Brief an die Galater, der Brief an Philemon und die Offenbarung des Johannes übersetzt und einzeln gedruckt (a.a.O., 60f.).

    9.   1900, die erste aber unvollständig revidierte Übersetzung des gesamten Textes des NTms, der 신약젼셔, das Komitee der Bibeltranslatoren, in Japan erschienen: Wegen der rapiden Verbreitung der christlichen Kirchen wurde der Bedarf an Bibeln so groß, dass nur die Übersetzung der Texte bis einschließlich des „Briefes an die Römer" vom Komitee der Bibeltranslatoren gemeinschaftlich, aber die der übrigen Texte, also ab dem „Brief an die Korinther", als Übersetzungen in Einzelverantwortung der Mitglieder des Komitees erfolgte. Die Texte wurden zu einem Buch zusammengefasst und auch in Seoul gedruckt.

    10.   1902, das NTm in vereinfachter Rechtschreibung (Übersetzungstitel: 簡易綴字 신약젼셔), Seoul, eine Publikation mit der Vereinheitlichung in der einfachen Rechtschreibung, wobei das Zeichen ›·‹ vollständig abgeschafft wurde, und die nicht ganz auszusprechenden Zeichen wie ›ㅏ‹, ›ㅕ‹, ›ㅗ‹, ›ㅠ‹ nicht gebraucht wurden[153]. Dies jedoch stieß auf Grund der Differenz des Dialekts bei den Bewohnern der P'yŏngan-Provinz auf so starken Widerspruch, dass die Änderung aufgehoben werden musste.

    11.   1904, die erste vollständig revidierte Einheitsübersetzung des gesamten

---

150 Nachdem die amerikanischen protestantischen Missionare Underwood und Appenzeller offiziell 1885 in Korea ankamen, wurde mit der Gründung des Komitees für die Bibelübersetzung die Bibelübersetzung in Korea aktiv. Kim 1975: 39.

151 Das war nicht der vollständige Text des Neuen Testamentes, sondern ein Teil, der bis dahin übersetzt worden war, also von den Evangelien bis zum Brief an die Epheser, in der Form eines Buches.

152 1887 wurde in Korea das Komitee für die Bibelübersetzung gegründet, was 1893 Organisation, Namen und Satzung änderte, als sich britische, amerikanische und schottische Vertreter für Bibelübersetzung vereinigten, um in Korea gemeinsam ihr Geschäft der Bibelübersetzung durchzuführen, darunter die britische Bibelgesellschaft, die in Seoul eine missionarische Station als ihre Vertretung einrichtete. Kim 1975: 59. S. auch Kapitel II. 3.3.4. der vorliegenden Arbeit.

153 Zum Beispiel wurde 신약젼셔 geschrieben statt 신약젼셔.

NTms, der 신약젼셔, das Komitee der Bibeltranslatoren[154].

12. 1906, die zweite revidierte Übersetzung der gesamten Texte des NTms, der 신약젼셔, eine Revision der vorhandenen Übersetzung aus dem Jahr 1904, also eine „revidierte Neuauflage", das Komitee der Bibeltranslatoren, in Japan erschienen: dies war die bis zur dritten Revision vom 1938 von der koreanischen Kirche offiziell anerkannte Übersetzung (Kim 1975: 64).

13. 1909, die Übertragung der zweiten revidierten Übersetzung der gesamten Texte des NTms, der 신약젼셔, aus dem Jahr 1906 in die koreanisch-chinesische Mischschreibweise (d.i. 鮮漢文新約全書),[155] in Yokohama in Japan, Yu Sŏngjun (俞星濬); 1931 und 1940, die Ausgabe dieses NTms in der Gemischtschrift in vereinfachter Rechtschreibung (d.i. 簡易 鮮漢文約全書).

14. 1911, das Alte Testament, das Komitee der Bibeltranslatoren: Reynolds, Yi Sŭngdu und Kim Chŏngsam; die zweite revidierte Übersetzung erfolgte im Jahre 1936.

15. 1926, die Übertragung des Alten Testamentes in Koreanisch und Chinesisch gemischter Schreibweise (d.i. 鮮漢文舊約全書), Chŏng T'aeyong (鄭泰容); 1937, die zweite verbesserte Übersetzung, Ch'oe Kyŏngsik (崔京植); 1939, die dritte verbesserte Übersetzung in vereinfachter Rechtschreibung, (簡易 鮮漢文舊約全書).

16. 1938, die dritte revidierte Übersetzung der gesamten Texte des NTms, der 신약젼셔, eine Revision der letzten vorhandenen Übersetzung aus dem Jahr 1906, das Komitee der Bibeltranslatoren.

17. 1952, die revidierte koreanische Ausgabe der Bibel (개역 한글판 성경젼셔) gemäß dem ‚Entwurf der vereinheitlichten Rechtschreibung in Koreanisch'.

18. 1967, die Neuübersetzung des Neuen Testaments (새 번역 신약젼셔), die fünfte verbesserte Übersetzung, die Übersetzungskommission zur Verbesserung der koreanischen Bibelgesellschaft.

19. 1971, die Einheitsübersetzung des Neuen Testamentes (공동번역 신약성서), die sechste verbesserte Übersetzung, die koreanische Bibelgesellschaft.

Wie oben erwähnt, war es der Protestant John Ross, dem erstmals die Übersetzung des „gesamten" NTms ins Koreanische gelungen war. 1882 in Fengtian in der Mandschurei wurde zuerst das Lukas-Evangelium vollständig übersetzt[156] und publiziert, dann ging jedes Jahr die Übersetzung der Teile der Bibel weiter und letztendlich 1887 wurde das Ganze der Übersetzungen des NTms fertiggestellt, mit dem Titel *Yesu sŏnggyo chŏnsŏ* 예수셩교젼셔 (*Die gesamten Heiligen Schriften über Jesus*), im selben

---

154 Die abendländischen Missionare, die an der Ausgabe beteiligt waren, waren Underwood, Appenzeller, Reynolds, Trollope, Gale, Scranton und die koreanischen Mitarbeiter Ch'oe Pyŏnghŏn (崔炳憲), Cho Han'gyu (趙閒奎), Chŏng Tongmyŏng (鄭東鳴), Yi Ch'angjik (李昌稙) u.a. Kim 1975: 62.

155 Die abendländischen Missionare ließen das NTm aus dem Jahr 1906 in die sog. koreanisch-chinesische Mischschreibweise durch Yu übersetzen, um sich der koreanischen Oberschicht zu nähern, die stolz darauf war, an der traditionellen Kultur und ihrem Erbe festzuhalten, in deren Mittelpunkt die chinesische Sprache und Kultur standen. Pak 1997: 51f.

156 1875 hatte die Übersetzung des Lukas-Evangeliums angefangen, wurde 1882 von der in China stationierten englischen Bibelgesellschaft fertiggestellt und je 3000 Exemplare in der Mandschurei und Korea verteilt. Kim 1975: 32f.

Erscheinungsort gedruckt. Dies nannte sich die sog. Rosssche Version. Sie war eigentlich nicht nur von ihm allein, sondern mit John McIntyre, jungen Koreanern aus Ŭiju im nordwestlichen Gebiet Koreas, nämlich Yi Ŭngch'an, Kim Chin'gi, Yi Sŏngha, Paek Hongjun und Sŏ Sangyun zusammen übersetzt worden. Zuerst aus dem Chinesischen von den oben genannten Koreanern ins Koreanische übersetzt, übernahmen Ross und McIntyre die Korrektur und entschieden über die letzte korrigierte Version der Übersetzung. Daher rührt die Bezeichnung die Rosssche Version, vermutet Kim (1975: 26f.).

Die Übersetzungsprinzipien, die Ross wählte, waren die der koreanischen Grammatik entsprechende wörtliche Übersetzung und die Bevorzugung der revidierten griechischen Bibel als Vorlage statt der englischen *Authorised Version*. Der Übersetzungsprozess bei der Revision der ersten beiden Evangelien-Übersetzungen lief jedoch so ab, dass ein Gelehrter, der zugleich Beamter war, aus dem Chinesischen die erste Übersetzung vornahm, wonach Ross und Yi Ŭngch'an dann mit Hilfe der griechischen Bibel eine zweite Übersetzung vornahmen. An dieser zweiten machte wieder der Übersetzer der ersten Version seine Korrekturen entsprechend der koreanischen Rechtschreibung. Diese Version korrigierten Ross und Yi nochmals in einer dritten Runde, und als letzter Schritt vereinheitlichte Ross die Terminologie der dritten mit Hilfe der revidierten griechischen Bibel, dem Lexikon für die griechische Bibel und Meyers Kommentar (a.a.O., 33f.). Heute sieht man diesen Übersetzungsprozess mit seinen Übersetzungsschritten bzw. -phasen als ganzheitliche Methode an, während man in Korea zu jener Zeit jeden Schritt als einzelne und eigenständige Übersetzung ansah.

3.3.1 Die Vorgeschichte der ersten koreanischen Bibelübersetzung

Im Folgenden wird die Vorgeschichte der Bibelübersetzung, die von Protestanten beherrscht wurde, als Hintergrundinformation, vor allem unter gesellschaftlichen und politischen Aspekten, dargestellt.

Der Prozess der Aufnahme des Protestantismus in Korea fällt zeitlich zusammen mit der Expansion der westlichen Länder in Asien. Jene zwangen für ihre Handelsbeziehungen zuerst China und Japan, sich nach außen zu öffnen, und verschafften ihren Diplomaten bzw. Vertretern und Kaufleuten dorthin Zugang. Um diese Zeit begann auch die protestantische Missionierung in Korea, die im 19. Jahrhundert bereits in China meistens von europäischen Missionaren durchgeführt worden war. Unter diesen war es Pastor Robert Jermain Thomas (1839–1866), der sich stark in der Missionierung Koreas engagierte. Anfang 1880 machten die für die Mandschurei zuständigen Missionare John Ross und John McIntyre den ersten Schritt, indem sie die (chinesische) Bibel ins Koreanische übersetzten; sie entsandten die eben erwähnten (koreanischen) Missionsgehilfen nach Korea[157], um die Verteilung voranzutreiben. So wurde die Christianisierung in Korea in Gang gesetzt. Während der Kontakt mit dem Chris-

---

157 Die beiden Evangelien wurden 1882 in dem koreanischen Dorf in Xijiandao 西間島 in der Mandschurei verteilt, und 1883 versuchten Ross selber zusammen mit Yi Sŏngha auf geheime Art und Weise – aufgrund des Verbots anderer (fremder) Religionen –, in die koreanischen nordwestlichen Städte wie Ŭiju 의주 und Kanggye 강계 mit (Bibel-) Übersetzungen vorzudringen und dort zu missionieren. Kim 1974: 266f.

tentum in der Mandschurei für Korea durch den Pioniergeist der koreanischen jungen Kaufmänner aus dem nord-westlichen Gebiet Koreas hergestellt worden war, war die Begegnung mit dem Christentum in Japan von den reformorientierten koreanischen Intellektuellen, darunter Yi Sujŏng 이수정 (李樹廷), begleitet. Yi war zum Studium der Agrarwissenschaft in Japan, wo er durch die Begegnung mit dem Evangelium zum ersten christlich bekehrten Koreaner wurde. Er leistete zur Bibelübersetzung und Gründung der koreanischen christlichen Kirche in Tokyo einen großen Beitrag; und er war es auch, der bei der amerikanischen Kirchengesellschaft in Japan darum ersuchte, Missionare nach Korea zu schicken. Zu dieser Zeit wurde der Handels- und Freundschaftsvertrag zwischen Korea und den USA abgeschlossen, und die amerikanische Methodistische und Nordpresbyterianische Gesellschaft, die bereits darüber informiert waren, dass es in Korea Vorbehalte gegenüber den diplomatischen Beziehungen zu den westlichen Ländern und auch Diskriminierung bzw. Unterdrückung gegen andere Religionen[158] gab, zogen zum Zwecke der Verkündigung der christlichen Lehren medizinische und erzieherische Aktivitäten als erste missionarische Tätigkeit in Betracht. Diese beiden Tätigkeitsfelder führten dazu, Vorurteile der Koreaner gegenüber den westlichen Ländern und der christlichen Religion zu beseitigen und die Grundlage für die Verbreitung des Evangeliums zu festigen (a.a.O., 27ff., 40–57).

Ich werde jetzt auf Versuche der protestantischen Missionierung in Korea auf dem Umweg über China eingehen.

Der erste protestantische Missionar, der Korea betrat, war der Deutsche Karl Friedlich August Gützlaff (1803–1851). Er kam 1832 als Dolmetscher und Arzt für die Expedition des Schiffes ‚Road Amherst', das im Auftrag der britischen Ostindischen Kompanie von Macao aus entlang der chinesischen Ostküste bis zur Spitze der Shandong-Halbinsel über das Gelbe Meer nach Korea fuhr, an der koreanischen westlichen Küste an. Beim Kontakt der Gruppe um Gützlaff mit den Regionalbeamten auf der Insel Kodae – bei Hongju in der Provinz Ch'ungch'ŏng – übergab sie ihnen in Chinesisch geschriebene Bibeln und Missionshefte als Geschenke für den König, bei dem sie zugleich um eine schriftliche Vereinbarung über Handelsbeziehungen ersuchte. Während er auf die königliche Erlaubnis wartete, verteilte Gützlaff auch an die dortigen Bewohner Medikamente, Bibeln und Missionshefte, worauf die Gruppe zwar eine positive Reaktion von der Bevölkerung bekam, jedoch erhielt sie von offizieller Seite eine Ablehnung mit der Begründung, dass das Land dafür die Erlaubnis des chinesischen Kaisers brauche, gleichzeitig wurden die Geschenke zurückgegeben. Ohne Ergebnis verließ die Gruppe so nach nur einmonatigem Aufenthalt[159] aufgrund der Abschottungspolitik der koreanischen Regierung gegen ausländische Einflüsse die koreanische Küste (Kim 1974: 233–240).

---

158 100 Jahre lang nach der Gründung der katholischen Kirche in Korea musste sie während des gesellschaftlichen Umbruches des späten Chosŏn-Reichs unter Bedrückungen und Verfolgungen leiden, weil sie von den konfuzianischen Konservativen als Gegner angesehen wurde. 1785 war die erste Verfolgung, der weitere in den Jahren von 1791, 1801, 1815, 1846, 1866 und 1871 folgten. Kim 2004: 24ff.

159 Dabei soll Gützlaff das „Vaterunser" ins Koreanische übersetzt haben. Kim 1974: 236f. Jedoch wies Lee (1999: 38) darauf hin, dass dies nur eine Hypothese bleibe.

33 Jahre nach Gützlaffs Versuch wurde eine weitere protestantische Korea-Mission in das ‚verschlossene Land' über China versucht. Der walisische Pfarrer Thomas wagte sich ins Land mit zwei koreanischen, katholischen Flüchtlingen, die er durch den Vertreter der schottischen staatlichen Bibelgesellschaft (National Bible Society of Scotland), die seit 1863 in Zhifu in der chinesischen Provinz Shandong 山東 tätig war, Alexander Williamson, kennengelernt hatte. Zweieinhalb Monate lang verteilte Pfarrer Thomas an der koreanischen Westküste die vom Williamson für die Korea-Mission bereitgestellten (in Chinesisch geschriebenen) Bibeln und Missionsblättern an die Bewohner und konnte dabei auch etwas Koreanisch lernen. Pfarrer Williamson, zuvor von 1855 bis 1857 Missionar der Londoner Missionsgesellschaft (London Missionary Society) in Shanghai, hatte sich um die Missionierung in China, vor allem aber auch um die in der Mandschurei und Korea verdient gemacht. Durch zwei koreanische Flüchtlinge wurde sein Interesse für Korea geweckt, und so unterstützte er z. B. auch den Pfarrer Thomas, er sammelte auch von den chinesischen Kaufleuten im mandschurisch-koreanischen Grenzgebiet Informationen über Korea, wobei er große Möglichkeiten für eine Missionierung sah.

Mit großen Hoffnungen für die Korea-Mission bestieg Pfarrer Thomas im Juli 1866 für einen zweiten Besuch das amerikanische Handelsschiff „General Sherman" als Dolmetscher, wurde jedoch Opfer der Verfolgungen während der Taewŏn'gun-Regentschaft (1863–1873) und erster Märtyrer für die koreanische protestantische Kirche: Er kam im September in der Mündung des koreanischen Taedong-Flusses an. Bei Verhandlungen zum Zweck der Förderung des Handels mit Korea, die zugleich auch der koreanischen Missionierung dienten, kam es zwischen den dortigen Bewohnern und der Schiffsbesatzung zu einer militärischen Konfrontation, wobei das Schiff versenkt wurde. Dies wurde später als direkte Ursache des amerikanischen Angriffs (Sinmiyangyo 신미양요, 1871)[160] angesehen. Diesem Angriff folgte der „Freundschaftsvertrag" für Handel mit Amerika aus dem Jahr 1882, wodurch dann missionarische Sendungen verschiedener amerikanischer Kirchengesellschaften möglich wurden[161] (a.a.O., 240–257).

3.3.2 Die Publikation der Bibelübersetzung und die Missionsarbeit in der Mandschurei

Erste Kontakte des Pfarrers Ross mit den Koreanern Die protestantische, indirekte Missionstätigkeit der Pfarrer der schottischen staatlichen Bibelgesellschaft Thomas und Williamson für Korea im nordchinesischen Shandong-Gebiet hatte nur für eine kurze Zeitdauer Bestand. Ihre Tätigkeit begann die Gesellschaft in der Mandschurei 1872 mit der Entsendung der Pfarrer John McIntyre und John Ross. Diese gehörten der schottischen vereinten Freikirche (United Free Church of Scotland) an, arbeiteten aber im Auftrage der irischen presbyterianischen Kirche: Diese hatte bereits 1869 in

---

160 Die Amerikaner forderten die Erklärung über das versenkte Handelsschiff ‚General Sherman' und wollten zugleich daran die Verhandlung bzw. Handelsbeziehung knüpfen. Kim 1974: 247f.
161 Ab 1882 nahm Korea durch weitere Verträge mit den westlichen Mächten diplomatische Beziehungen auf, in denen auch die christliche Mission im Lande erlaubt und damit die Verfolgung der Christen beendet wurde. Evers 2003: 58.

Niuzhuang 牛裝 begonnen, einen Brückenkopf für die Engländer in der Mandschurei zu errichten. Dazu führten der Pfarrer H. Wadel und der Arzt J. M. Hunter auf der Grundlage der Missionsarbeit des Pfarrers der schottischen presbyterianischen Kirche William Burns die Missionierung fort durch Sozialarbeit wie z. B. den Wiederaufbau einer Kirche (der Niuzhuang-Kirche) und die Einrichtung einer Schule und eines Krankenhauses (Kim 1974: 254–258). Nach der Rückkehr des dortigen Missionars aufgrund des Mordes an einem Franzosen in Tianjin schickte die schottische presbyterianische Kirche jetzt zuerst John McIntyre und dann John Ross als zweiten Missionar in die Mandschurei, und dieser war es, der dann Pionier für die mandschurische Mission und zugleich der erste Bibel-Übersetzer ins Koreanische und deren Verbreiter werden sollte: 1841 in Schottland geboren, wurde Ross in der presbyterianischen Vereinigungskirche Pfarrer und kam gemäß seinem Wunsch nach einer Auslandsmission 1872 in die chinesische Provinz Shandong, und zwar zuerst nach Zhifu, wo die amerikanischen Missionare bereits etabliert waren. Dem Rat vom Pfarrer Williamson folgend, der bereits Missionserfahrungen in der Mandschurei und im mandschurisch-koreanischen Grenzgebiet hatte, begann nun, wie gesagt, die Missionsarbeit von Ross für die schottische presbyterianische Kirche.

Auf der Suche nach einem geeigneten zentralen Standort stieß er 1873 auf ein Gaolimen 高麗門 („Das Tor nach Korea") genanntes Tal, wo derzeit der Jahrmarkt stattfand und viele koreanische Händler ein- und ausgingen. Er hatte sich schon einmal für die koreanische Mission interessiert, als er vom Tod des Pfarrers Thomas am Fluss Taedong gehört hatte, und nun konnte er bei dem ersten Treffen mit Koreanern hier nur ein paar auf Chinesisch geschriebene Bibeln überreichen, statt mit ihnen nähere Kontakte knüpfen zu können, weil nach der beschriebenen kriegerischen Auseinandersetzung im Jahr 1871 im ganzen Land ein noch strengeres Verbot von Kontakten mit Ausländern herrschte. Wie Ross in seinen Memoiren über den ersten Kontakt mit Koreanern geschrieben hat, suchte er mit einem chinesischen Assistenten zusammen 1874 erneut das Tal auf, um für sich selbst einen Koreanischlehrer zu finden. Damit wollte er nicht eine nur vorübergehende, sondern dauerhafte Missionsarbeit bei den Koreanern initiieren und dem diente die Bibelübersetzung ins Koreanische.

Yi Ŭngch'an 이응찬 (李應贊) hieß dieser Koreanischlehrer aus der Stadt Ŭiju, wo die Kaufleute durch den regen Handel mit der chinesischen Qing-Dynastie Reichtum erwarben und nicht nur in geschriebenem Chinesisch und dem Mandschurischen bewandert waren, sondern auch ein großes Bedürfnis nach einer neuen Kultur und Gesellschaftsordnung hatten. Gerade auf dieses Milieu im nord-westlichen Gebiet Koreas, wo China nicht fern ist, trafen Ross und McIntyre. Die beiden Pfarrer studierten vor allem koreanische Romane, Geschichte und Kultur und publizierten vor der Bibelübersetzung eine darauf bezogene Reihe der Bücher, was erkennen lässt, dass für die Übersetzung ein fundiertes Kulturwissen über Geschichte, Sitte, Sprache als Voraussetzung erarbeitet wurde: ein Koreanisch-Englisch-Konversationsbuch für Anfänger, *A Korean Primer* (1874)[162] von John Ross und ein 404 Seiten umfassendes landeskundliches Werk, *Corea, It's History, Manners and Customs* (1879) von John McIntyre, das in

---

162 Eine abweichende Datierung, nämlich 1877 findet sich bei Kim 1975: 31f.

London im Druck erschien[163]. Darüber hinaus waren 1875 noch Missionshefte auf Koreanisch verfasst worden, nämlich „Fragen und Antworten zur christlichen Lehre" (*Yesusŏnggyo mundap* 예수셩교문답) und „Wichtigste Prinzipien zur christlichen Lehre" (*Yesusŏnggyo yoryŏng* 예수셩교요령) (Kim 1974: 261).

3.3.3 Die Bibelpublikation und die Missionierung in Japan

Während in der Mandschurei unter der Leitung der Europäer die Publikation der Bibelübersetzung und die Bekehrung der Koreaner zu Christen erfolgte, wurde in Japan ein Koreaner namens Yi Sujŏng mit dieser Aufgabe betraut. Als inoffizieller Begleiter des koreanischen Botschafters Pak Yŏnghyo (朴泳孝), der 1882 die Gesandtschaft nach Japan leitete, traf Yi einen führenden japanischen Agrarwissenschaftler, der zugleich Christ war, namens Tsuda Sen 津田仙, in Tokyo und führte mit ihm Gespräche über das Christentum. Dadurch kam Yi dazu, die auf Chinesisch geschriebene Bibel zu lesen, und wurde bereits im nächsten Jahr (1883) vom amerikanischen presbyterianischen Missionar in Japan, Georg W. Knox, als erster koreanischer Protestant in Japan getauft und begann, gebeten von Pfarrer Henry Loomis, der für die amerikanische Bibelgesellschaft (American Bible Society) in Japan tätig war, an der koreanischen Bibelübersetzung zu arbeiten.

Als eine Vorarbeit, die er mit dem Zweck der Missionierung der koreanischen Studenten in Japan verband, begann er damit, zu den (Haupt-) Wörtern oder den Wortstämmen des auf Chinesisch geschriebenen NTms[164] entsprechend der koreanischen Grammatik die sprachlichen Elemente wie etwa Postpositionen bzw. Partikel in Koreanisch hinzuzufügen – die Kugyŏl-Methode. Das Buch hieß *Hyŏnt'o hanhan sinyak sŏngsŏ* 현토 한한 신약셩셔 (懸吐 漢韓 新約聖書). Dabei war die Textvorlage *Xinyue quanshu wenli* 新約全書 文理 (das NTm in Klassisch-Chinesisch), die 1859 von Elijah Coleman Bridgman (1801–1861, American Board of Commissioners for Foreign Mission) und Michael S. Culbertson (1819–1862, Amerikanische presbyterianische Missionsgesellschaft) gemeinsam ins Chinesische übersetzt und 1874 in Shanghai gedruckt wurde (Zetzsche 1999: 104–110).

Die Übertragungsart in einer Chinesisch-Koreanisch-Mischschreibweise war zu jener Zeit immer noch unter koreanischen Intellektuellen sehr beliebt und gebräuchlich. Nach der Fertigstellung der Vorarbeit für eine chinesisch-koreanische Bibelübersetzung mit Hilfe der Kugyŏl-Schreibmethode übersetzte Yi Sujŏng darauf aufbauend dann das Markus-Evangelium ins Koreanische, *Sinyak magajŏn bogŭmsŏ ŏnhae* 신약마가젼 복음셔언해, dessen Publikation 1885 in Yokohama mit 6000 Kopien erfolgte. Die Textvorlagen dieser Übersetzung waren nicht nur auf Chinesisch, sondern auch auf Japanisch und Englisch geschriebene Bibeln, und sogar der griechische Urtext wurde zum Vergleich hinzugezogen.

Von Pfarrer Loomis – sozusagen als dem Übersetzungsauftraggeber – wurde Yi ein strenges Schema als Übersetzungsverfahren vorgegeben: Zuerst sollte das chinesische Markus-Evangelium gründlich durchgelesen werden. Bei der Übersetzung wur-

---

163 Kim 1975: 31f., auch hier eine abweichende Datierung, 1880.
164 Es war die chinesische Übersetzung der vier Evangelien und der Apostelgeschichte. Kim 1975: 49.

den die oben genannten Texte parallel herangezogen. Über den Übersetzungstitel, bis hin zu einzelnen bestimmten, religiös besonders bedeutsamen Wörtern hin wurde sorgfältig diskutiert[165] (Kim 1975: 49). Mit der Veröffentlichung dieser Übersetzung war der Anlass gegeben, dass am 5. 4. 1885 – da war bereits die ärztliche Mission erfolgreich – die bedeutendsten amerikanischen „Pioniermissionare" Horace Grant Underwood auf Seiten der Presbyterianer und Henry Gerhart Appenzeller auf Seiten der Methodisten über Japan nach Korea kommen konnten, um dort offiziell die christliche Botschaft zu verbreiten, und es war in der Missionsweltgeschichte noch nie dagewesen, dass vor der Missionierung auf einem nicht-christlichen Boden bereits eine übersetzte Bibel in der Sprache der zu Missionierenden zur Hand war. Vor allem konnten Appenzeller und andere Yis vom Japanischen ins Koreanische übersetztes kleines Buch über Frage und Antwort zur methodistischen Doktrin[166] in Manuskriptform nutzen (a.a.O., 50ff.).

3.3.4 Die Verbesserungsarbeit an der Bibelübersetzung

Die Übersetzung des Neuen Testamentes durch das Komitee für Bibelübersetzung (1900)[167] Zwei Jahre nach der Ankunft dieser Pioniermissionare in Korea (1887), trafen sich alle protestantischen Missionare und entschlossen sich, aufgrund der Ross-Version *Yesu sŏnggyo chŏnsŏ* 예수셩교젼셔 (*Die gesamten Heiligen Schriften über Jesus*) und von Yi Sujŏngs koreanischer Übersetzung des Markus-Evangeliums, *Sinyak magajŏn pogŭmsŏ ŏnhae* 신약마가젼 복음셔언해, die Bibel neu zu übersetzen und dafür ein Bibelkomitee, ein Komitee für die koreanische Bibelübersetzung (Committee for Translating the Bibel into the Korean Language) zu gründen. Denn die Missionare, auch wenn eine Missionierung in Korea mit der bereits vorhandenen koreanischen Bibelübersetzung erfolgreich war, sahen darin doch gravierende Mängel wie etwa Fehlübersetzungen, zu viele Dialekte, einen „schäbigen" Stil, zu viele direkte Übernahmen von schwer zu verstehenden chinesischen Ausdrücken oder auch ungenaue Ausdrücke usw., so das Komitee.

Durch die vorläufigen Satzungen des Komitees wurden 2 Monate später (1887. 4.17) ein Ständiges Bibelkomitee, ein Übersetzungs- sowie ein Revisionskomitee[168] geschaffen, wobei die Ernennung der Mitglieder der beiden letzteren dem ersteren oblag. Das Komitee legte folgende bestimmte Übersetzungsschritte fest:

(1) Jedes Mitglied des Komitees fertigt in Zusammenarbeit mit koreanischen Muttersprachlern eine erste Fassung an, wobei die Textvorlagen für die Mitglieder die griechische Bibel, die *King James Version* und die *English Revised Version* (das NTm, 1881), und für die Koreaner dann die chinesische Bibel waren.

(2) Den anderen Mitgliedern war dann diese erste Übersetzung vorzulegen und ihre Meinungen oder Vorschläge zu sammeln, womit die zweite überarbeitete Überset-

---

165 Dieser Punkt wird unter Kap. 3.3.6 in einem Exkurs weiter vertieft.
166 Der Titel ist *Chilli mundap* 진리문답 (眞理問答, *Fragen und Antworten zu wahren Doktrinen [der methodistischen Kirch]*).
167 Vgl. oben S. 99f.
168 Aufgrund der fehlenden anderen Kräfte für diese Aufgabe mussten Underwood, Appenzeller, Scranton und Heron gemeinsam für die vier Komitees die Verantwortung übernehmen. Kim 1975: 58.

zung gefertigt wurde.

(3) Jedem Mitglied wurde diese zweite zur Überprüfung übergeben, und dann bei der Vollversammlung wurde Zeile für Zeile diskutiert und durch Abstimmen die dritte endgültige Übersetzung festgelegt. D.i., es wurde die Methode einer Einheitsübersetzung in dreifacher Überarbeitung gewählt. Die Übersetzung war erkennbar nicht Sache eines Einzelnen, sondern eines Komitees.

Bis die Einheitsübersetzung des gesamten NTms durch das Komitee im Jahr 1904, und ihre revidierte Neuauflage vom Jahr 1906[169], veröffentlicht wurde, trafen sich die Komiteemitglieder zur Diskussion im Zeitraum vom Oktober 1902 bis März 1906 555-mal. Wenn sich das Komitee nicht einigen konnte, bewies dies die „Unrichtigkeit" der Übersetzung. Mit der Hilfe der koreanischen Ko-Übersetzer wurden die problematischen Teile dann diskutiert, und zwar beginnend mit dem sorgfältigen Durchlesen des Originaltextes[170], es folgte die exegetische Recherche mit Hilfe des griechischen Wörterbuches und anderer Hilfsmittel und der Vergleich mit den in verschiedene Sprachen übersetzten Bibeln – chinesischen, japanischen, lateinischen, deutschen, französischen und englischen.

Das ATm wurde später als das NTm übersetzt. Es wurde 1900 angefangen von dem Übersetzungskomitee – W. D. Reynolds, Yi Sŭngdu (李承斗) und Kim Chŏngsam (金鼎三) –, 1910 fertiggestellt und erschien 1911. Eine zweite Revision kam 1937 und eine dritte 1939 heraus. Damit sind das ATm und das NTm komplett übersetzt worden. 1971 wurde „die Einheitsübersetzung" (*Common Translation*), eine gemeinsame Übersetzung der evangelischen und katholischen Kirche, die seit 1968 ausgearbeitet wurde, veröffentlicht (Lee 1991: 131).

3.3.5 Zusammenfassung

Ende des 19. Jahrhunderts übte zu Beginn der neuzeitlichen Phase Koreas die von westlichen protestantischen Missionaren unternommene koreanische Bibelübersetzung nach innen wie nach außen zwei große Einflüsse aus. Innerlich war westliches Gedankengut wie Freiheit, Gleichberechtigung, Humanität und Demokratie von großem geistigem Einfluss auf die koreanische Bevölkerung. Äußerlich hinterließ die Bibelübersetzung ins Koreanische eine revolutionäre Aus- und Nachwirkung, sowohl auf die schnelle Verbreitung des Christentums als auch auf das koreanische Hauptschriftsystem als Vorläufer für die Bewegung der Einheit von Sprache und Schrift, die trotz der Erfindung der koreanischen Schrift immer noch keine öffentliche Wirksamkeit hatte. So wirft die Bibelübersetzung in Bereichen des Denkens und der Sprache nach der Öffnung Koreas interessante Fragen auf, die besonders für den Wissenschaftsbereich der koreanischen Literatur und Sprache und die Literaturgeschichte der Übersetzung zu untersuchen sind. Diese Fragen betreffen z. B. das Schriftsystem, das nur in der Bibel ausgeprägt zu sehen ist, die Struktur des Wortes und des Satzes, den Schreibstil,

---

169 Diese Fassung war bis zur nächsten Revision im Jahr 1938 von der koreanischen Kirche zur „offiziellen Übersetzung" erklärt worden. Kim 1975: 67.
170 Dabei wurde als maßgebender Text immer auf den griechischen Bibeltext zurückgegriffen. A.a.O., 64f.

die Bildung neuer Wörter und insgesamt deren Einflüsse auf die Entwicklung der koreanischen Sprache und Literatur. Hier stellt sich eine große Aufgabe für die koreanischen Wissenschaftler in koreanischer sowie ausländischer Sprache und Literatur und für vergleichende Literaturwissenschaftler.

3.3.6 Exkurs zur Übersetzungsproblematik

Bei der koreanischen Bibelübersetzung spielen Elemente einheimischer sowie fremder Religionen in Korea eine nicht unwichtige Rolle: aus schamanistischen, konfuzianischen, buddhistischen und taoistischen Vorstellungen heraus wurden vor allem verschiedene Gottesbegriffe gebraucht (Lee 1991: 95–126).

Der Schamanismus bzw. Animismus als die Urreligion Koreas stellt in seiner Kultur[171] einen Synkretismus mit allen anderen vorchristlichen Religionen – Konfuzianismus bzw. Neokonfuzianismus, Buddhismus und Taoismus – dar. Diese waren über bzw. von China auf den schamanistisch geprägten koreanischen Boden eingeführt[172] und entsprechend der jeweiligen politischen Situation zur Staatsreligion erhoben worden[173]. Die bildende Kraft war der Spiritismus, der auch die anderen vorchristlichen Religionen durchdrang und sie deshalb gemeinsam verband. Hier ist z. B. die Ausübung des Ahnenkultes zu nennen, die eine Konstante des Schamanismus darstellt. 1911 wurde in dem *Evangelischen Missionsmagazin* von F. Ammann in seinem Artikel „Die religiöse Bewegung in Korea" berichtet, in der vorchristlichen Zeit wäre Korea von einer Mischung von Ahnendienst mit Buddhismus, Taoismus, Geisterdienst, Wahrsagerei, Geomantik und Astrologie geprägt gewesen, das Volk glaubte an die Gegenwart der Raum-, Natur- und Totengeister und suchte um Hilfe bei einer Gottheit, an derer Belohnung oder Bestrafung es von alters her glaubte, also an einen Vätergott, einen Himmelsgott der als der höchste der Götter angesprochen und angerufen wurde.[174]

Der koreanische Schamanismus als ein polytheistischer Glaube[175] verehrt viele Götter und Geister, die eine Hierarchie bilden und so auch als Himmelsgottheiten angesehen wurden, und diese Götter und Geister bezeichnete man als das vom chinesischen Shen 神 übernommene sinokoreanische Wort Sin 신, die transzendente Macht überhaupt: sowohl als ‚Obergott' (Sangje 상제, vom chinesischen Shangdi 上帝

---

171 Schamanen hatten in Korea zur Zeit der Drei Reiche eine beratende Stellung inne und waren als Wahrsager von Königen tätig, und sie hatten sogar eine herrschende Stelle in der Zeit des Shilla-Reiches (58 v. Chr. – 935 n. Chr.), dessen zweiter König vermutlich selbst ein Schamane war. Ch'oe 1980: 9.

172 Trotz der unterschiedlichen Meinungen der verschiedenen Studien über den Zusammenhang des koreanischen Schamanismus mit dem sibirisch-nordasiatischen Schamanismus ist der koreanische Schamanismus als ein Verwandter des sibirischen zu betrachten und hat sich seit dem Altertum mit anderen Religionen verschmolzen und weiter entwickelt. Han 1988: 25.

173 Damit begann eine Entwicklung, die Erlösungsbestrebungen mit den zu verehrenden Göttern und Kräften zu vermischen. Lee 1991: 95f.

174 Ebenso glaubte auch Konfuzius an den Himmel als eine übermenschliche Macht, der die Guten belohnt und die Bösen bestraft. Forke 1927: 123.

175 Der Schamanismus hatte keine eigene Dogmatik oder Glaubenslehre, während andere Religionen eine monotheistische Anschauung hatten, in dem der Mensch mit dem jeweiligen Absoluten gleich sei. Der Mensch komme schließlich dazu, Gott in sich zu erkennen und sich in der Selbstverwirklichung zu erlösen. Ryu 1973: 95–126.

übernommen) oder ‚Himmel' (das sinokoreanisches Ch'ŏn 천 aus dem chinesischen Tian 天) als auch als Natur- und Ahnengeister. Das Wort ‚Sin' wurde auch unterschiedslos für die Bezeichnung von Geistern, Gespenstern oder auch Dämonen, Kwisin 귀신 (vom chinesischen Guishen 鬼神[176] übernommen), verwendet. Kwisin bzw. Geistermächte wurden von den Schamanen mit ihren Zeremonien für „Segen" und Schutz vor Unheil gerufen, wobei die Schamanen und die Geister *spirituell* vereinigt werden sollten. Vor allem der schamanistische Ahnenkult hatte vom Konfuzianismus Förderung als eine gute sittliche Übung erfahren, denn dieser wollte als eine moralische bzw. ethische Lehre eine friedliche Welt schaffen und hatte das Ziel der vollkommenen Sittlichkeit: Die Vorfahren und der Himmel sind Objekte der konfuzianischen Verehrung aus seiner Vorstellung, dass der Mensch aus den Eltern und Urel‐tern hervorgegangen sei, die sich schließlich aus dem „Himmel" abgeleitet hatten. Himmel (天 Tian) und Kaiser (帝 Di), sei es ein lebender oder verstorbener Kaiser, waren in der frühen Shang-Zeit Chinas (ca. 1600–1045 v. Chr.) Gottesbezeichnungen, wovon auch ein Gottesbegriff „Shangdi 上帝" (kor. Sangje) als „Oberster Kaiser" bzw. „Oberster Gott" entstand. Und dieser Begriff bzw. diese Bedeutung soll nach Korea gekommen und aufgenommen worden sein, so der koreanischer Philosoph Ryu Sŏngguk (1976: 68). Mit diesem Begriff „Oberster Gott" sei das koreanische Wort „Hananim 하나님 (ein einziger Herr)" gleichzusetzen, so behauptete und übersetzte 1913 W. Haegeholz (1913: 187). Auf jeden Fall sei das konfuzianische eigentümliche religiöse Charakteristikum die hiervon abgeleitete Vorstellung, Gott bzw. Himmel indirekt über die Ahnen zu verherrlichen.

Aus der schamanistischen Gottesvorstellung hervorgehend wird die höchste Gottheit in Korea „Hananim 하나님", „Hanŭnim 하느님", „Hanŭlim 하늘님", „Hwanin 환인" genannt. „Hwanin" ist eine Gottheit, die im ersten koreanischen Staatsgründungsmythos, dem Tan'gun-Mythos, erscheint, in dem sich das koreanische Gottes- und Menschenverständnis, also eine göttliche Herkunft des Staatsgründers, zeigt, weshalb die Verehrung des Staatsgründers bzw. des Königs gefördert werden konnte. Dies geht auf die chinesische „Kaiser"-Verehrung, die Erhebung eines verstorbenen Kaisers bzw. Königs zur unsterblichen Gottheit, zurück.[177] Sie wurde vom Verfasser des Geschichtsbuches *Samguk yusa* (三國遺事, *Die Überlieferung der Drei Reiche*) mit dem schamanistischen Kultobjekt Chesŏk oder Sejon[178] gleichgestellt, der ein Gegenstand göttlicher Verehrung war. Chesŏk sowie Sŏkche ist eine sinokoreanische Wiedergabe von Sakra, Indra Deva und als eine Gottheit des höchsten Lebensglücks auch „die drei Götter" genannt – Sakyamuni (kor. Sŏkkamoni, Buddha, verwaltet den Himmel), Avalokitesvara (kor. Kwanseŭm, verwaltet das jetzige Leben) und Ksitigarbha (kor.

---

176 Mit Bezug auf die einzelnen Zeichen des Wortes interpretierte Viktor v. Strauss in seiner Übersetzung (1870) *Laotse's Tao te king* [Laozi, 道德經 *Daodejing*] ‚Shen' als Naturgeister, die auf irdische Dinge Macht auszuüben, ‚Gui' als Totengeister. Und auch im chinesischen *Buch der Wandlungen, Yijing*, befinden sich ‚Gui' und ‚Shen' als Geistermächte überhaupt.
177 In einer koreanischen Dissertation wird festgestellt, dass der schamanistische Fruchtbarkeitskult, die Kaiserverehrung des chinesischen Schamanismus sowie die Königsverehrung des koreanischen Schamanismus einander entsprechen. Lee 1991: 115–118.
178 Sejon ist ein Epitheton Buddhas, kommt vom sanskriten Bhagavat und bedeutet „von der Welt geehrt". Vos 1977: 84.

Chijang, verwaltet das künftige Leben oder die Unterwelt bzw. Hölle).[179]
„Hanŭlim" ist eine personifizierte (rein) koreanische Bezeichnung des Naturwesens Himmel, „Hanŭl 하늘", die mit dem Verehrungs- bzw. Höflichkeitssuffix „-nim 님" zusammengesetzt worden ist, ein Kompositum. Bei diesem Kompositum tritt im Koreanischen ein grammatisches Phänomen auf – jedoch nicht immer –, bei dem das konsonantisch auslautende ㄹ / l / vor dem Anlaut ㄴ /n/ ausfällt.[180] D. h., die lexikalischen Morphe ‚Hanŭl 하늘' und ‚Hanŭ- 하느-' sind kombinatorische Morphemvarianten[181], also lexikalische Allomorphe, die ihrerseits verschiedene Lautketten, aber gleichen Inhalt haben. So erklärt sich die Verschiedenheit ihrer Schreibung von „Hanŭlim" und „Hanŭnim".

Beim Vokalpaar **ŭ** ㅡ und **a** ㅏ, wie dies in den beiden „Hanŭnim" und „Hananim" vorkommt – letzteres war das oben erwähnte, von W. Haegeholz verwendete Wort –, geht es um die verschiedene Graphemnotierung für ein gleiches Phonem, das im Altkoreanischen ununterschieden sowohl als /**ŭ**/ wie auch als /**a**/ ohne Bedeutungsänderung ausgesprochen werden konnte (vgl. Pelz 1999: 110–113). „Hanŭnim" war jedoch die gebräuchliche Bezeichnung des koreanischen Volkes für die Gottheit (Lee 1991: 97–101).

Außerdem soll „Hwanin" aus dem Mythos eine chinesische Schriftzeichen phonetisch verwendende Wiedergabe des Namens „Hananim" für ‚Herr des Himmels' sein, welches oft auch mit dem Jadekaiser Okhwang sangje 옥황상제 (chi. Yŭhuang shangdi 玉皇上帝) identifiziert wird[182], wobei das Wort „Jadekaiser" im Taoismus den höchsten Herrscher über die menschliche Welt und den Erlöser der Menschheit darstellt (Vos 1977: 24f, 55f.).

Für Yi Sujŏng war auch die Übersetzung des koreanischen Wortes für Gott ein großes Problem: Unter seinen Vorlagetexten wurde es in der japanischen Heiligen Schrift mit K'ami (in Chinesisch Shen 神, Gott bzw. Gottheit im überirdischen Sinne) und in der chinesischen mit dem Wort Shangdi 上帝 (Kaiser im Himmel) übersetzt. Das japanische K'ami (für Gott) hat polytheistische Bedeutung. Nach Diskussionen mit Loomis nahm er in der koreanischen Übersetzung für das chinesische Tianzhu 天主 (Herr des Himmels) das sinokoreanische Wort Ch'ŏnju 천주, weil es bereits seit Langem in Korea unter Katholiken gebraucht worden war.[183] Außerdem wurden besondere Worte bzw. Begriffe wie etwa „Taufe" oder „Christus" nach Loomis' Meinung

---

179 Die koreanische schamanistische Vorstellungen über den Himmel und die Hölle sollen stark vom Volksbuddhismus beeinflusst sein; Chesŏk ist mehrdeutig in verschiedenen Aspekten: Er wird als eine Reinkarnation des Kwanseŭm betrachtet. Als Schutzgeist des Hauses sorgt er für das Leben und den Tod aller Familienmitglieder und auch für Getreide und Kleidung. Vos 1977: 79, 84.
180 Vgl. auch Lee/Lee/Chae 2006: 104f.
181 S. Pelz 1999: 118–121.
182 Dies findet sich in den „Gereimten Aufzeichnungen über Kaiser und Könige" (*Chewang un'gi* 帝王韻紀), die 1287 von dem buddhistischen Mönch Yi Sŭnghyu (1224–1301) kompiliert wurden. Vos 1977: 24.
183 Seit der Einführung des *Tianzhu shiyi* (*Wahre Lehre vom Himmelsherrn*), des Buches des Jesuitenmissionars Matteo Ricci (1552–1610), das im Jahr 1631 Chŏng Tuwŏn im Rahmen einer Gesandtschaft nach China von dort mitbrachte, nannten die Katholiken in Korea Gott Ch'ŏnju (Himmelsherrn), was in China seit dem Jahre 1583 schon gebräuchlich war.

so wie im griechischen Urtext ins Koreanische transkribiert: Papt'eshuma 밥테슈마, K'ŭrishudos 크리슈도스. Auch wurde auf die koreanische Oberschicht, die nur an Chinesisch gewöhnt war, Rücksicht genommen und die wichtigen Vokabeln auch Chinesisch geschrieben, wobei darüber dann die koreanische Transkription stand[184] (Kim 1974: 49, 53f.).

In einem anderen Zusammenhang, mit Bezug auf das Wachstum vor allem der katholischen und evangelischen Kirche, wies der koreanische Theologieprofessor Ryu Tongsik in einer Diskussion (Ryu u.a. 1997: 239) auch darauf hin, dass die beiden Bezeichnungen für Gott, Ch'ŏnju 천주 (天主, Herr des Himmels) oder Sangje 상제 (上帝, Kaiser im Himmel), keine rein koreanischen, sondern sinokoreanische Wörter seien, mit denen das gewöhnliche koreanische Volk traditionell ein Bild der „Eliten"-Sprache konnotierte, weshalb die katholische Kirche im gewöhnlichen koreanischen Volk nur schwer Verbreitung finden konnte. Im Gegensatz dazu aber konnte die evangelische Kirche, so diese Ansicht, in Korea schnell wachsen, weil sie Gott nicht mit dem sinokoreanischen „Ch'ŏnju", sondern mit dem gebräuchlichen koreanischen „Hanŭnim 하느님" oder „Hananim 하나님" übersetzte. Hier ist besonders darauf aufmerksam zu machen, dass John Ross schon bei der koreanischen Bibelübersetzung das ‚Shangdi 上帝' (Kaiser im Himmel) in der chinesischen Bibel mit dem koreanischen ‚Hananim' (einen einzigen Herrn) übersetzte, weil er diesen Ausdruck der monotheistischen Gottheit für angemessen hielt. In der 1977 erschienenen allgemeinen Einheitsübersetzung der „Heiligen Bibel" ersetzte der Bund der evangelischen und katholischen Kirche nun „Hananim" (einen einzigen Herrn) durch „Hanŭnim" (den Herrn im Himmel) (Lee 1991: 99).

---

184 Also im Chinesisch-Koreanisch gemischten Stil. D.i. 밥테슈마 젼
　　　　　　... 굿치는洗　　禮를傳하여 ...

4. Die Neuzeit (1894–1950)

4.1 Das Zeitbild

Um die Mitte des 19. Jahrhunderts wurden China und Japan nacheinander vom Westen gezwungen, ihre Häfen zu öffnen, später wurde Korea dann von Japan und dem Westen – amerikanischen, britischen, französischen, deutschen und russischen Mächten – dazu veranlasst. Da bis dahin diese asiatischen Länder eine strikte Politik der Abschließung nach außen verfolgt hatten, war die Folge der Öffnung des jeweiligen Landes eine tiefgreifende Veränderung in seiner Kultur und Zivilisation: Mit dem Sturz der feudal organisierten Gesellschaft, mit ihrem statisch-hierarchischen Charakter und dem gleichzeitigen Eindringen der westlichen kapitalistischen Kolonialmächte setzte die bürgerliche Neuzeit als Übergang zur modernen Zeit ein. Auch die Literatur wurde als Träger bzw. Vermittler dieses neuen bürgerlichen Gedankenguts sehr stark von den aus Europa und Amerika einströmenden Vorstellungen beeinflusst (vgl. Yu 1991: 20/418ff.).

Was die Periodisierung der Geschichte sowie der Literaturgeschichte in dieser Region angeht, so wird diese üblicherweise in den Werken der offiziellen Geschichtsschreibung nach dem Wechsel der Dynastien entsprechend dem Vorbild Chinas dargestellt. Bestanden in China oft mehrere Dynastien nebeneinander, was in Korea nur bedingt zutraf[185], gab es in Japan seit historischer Zeit gar keinen Wechsel kaiserlicher Dynastien (Zöllner 2007: 18–22). Die Literaturgeschichte wird unterschieden teils nach dieser Geschichtsschreibung, teils nach gesellschaftlichen, politischen und literaturgeschichtlichen Faktoren.

Wir müssen zunächst einmal die Abgrenzung der Neuzeit betrachten[186], bevor dann dieser Zeitraum in Bezug auf die Übersetzungsgeschichte in Korea bis Mitte des 20. Jahrhunderts untersucht werden soll. Dass überhaupt die (west-) europäische Zeiteneinteilung – z. B. Altertum, Mittelalter und Neuzeit[187] – auf Korea und die anderen ostasiatischen Länder angewendet wurde, war immer umstritten. Dies galt auch für die genaue Abgrenzung der Neuzeit in der koreanischen Geschichte: Über die Datierung

---

185 Das Chosŏn-(König-)Reich erstreckte sich über den Zeitraum von 1392 bis 1897 und ging dann unter dem König Kojong über in das Taehan-Kaiser-Reich (1897–1910). Kang 1990: 201ff.

186 Mit Bezug auf die Auswahlkriterien der historischen Materialien sind die Geschichtsauffassungen je nach Geschichtsforschern bzw. -schreibern verschieden. Z. B. wird unterschieden nach literarischen, religiösen, ethischen, politischen und philosophischen Betrachtungen. Auch die Biographien von führenden Persönlichkeiten, aber ebenso naturwissenschaftliche, sozialwissenschaftliche, wirtschaftliche, geographische Aspekte beeinflussen die Klassifizierung der Geschichte. Darüber hinaus müssen die einzelnen Aspekte auch zusammengefasst und einer komplexeren Betrachtung hinzugefügt werden, so Paek Nakchun (1995: 500f.).

187 Z. B. beginne die Neuzeit nach E. Troeltschs Ansicht mit der Aufklärung; dies findet zwar keine allgemeine Anerkennung, wird jedoch immer wieder vorgebracht. Allgemein wird im Westen die Geschichtsperiode der Neuzeit von ca. 1500 bis zur Gegenwart angenommen, wobei diese Neuzeit im Lauf der Zeit weiter eingeteilt worden ist. Prägende Faktoren für diese Zeit sind die Entdeckung neuer Erdteile durch die Europäer, Humanismus und Renaissance, die Reformation und Gegenreformation, der Absolutismus, die Aufklärung in enger Verbindung mit dem Rationalismus, die französische Revolution und die Erklärung der Menschenrechte sowie die mathematisch verfassten Naturwissenschaften und Technik. *Brockhaus Enzyklopädie* 1971: 13/377.

des Anfangs der Neuzeit herrscht deshalb Uneinigkeit, weil die Umbruchzeit wesentlich mit einer Verwestlichung in Verbindung gebracht wird. Der Versuch, den Beginn der Neuzeit in Korea einseitig mit der Entstehung des neuzeitlichen Kapitalismus in Westeuropa gleichzusetzen – wobei aber diese Entwicklung durchaus Einfluss auf Korea ausübte –, lässt viele Fragen und verschiedene Aspekte dieses Prozesses offen: Mehr Übereinstimmung findet in Korea, die Übergangszeit vom Mittelalter (Koryŏ-Reichs, 918–1392) zur modernen Zeit (ab der Befreiung von der japanischen Kolonialherrschaft) als Neuzeit zu bezeichnen[188], die in die Chosŏn-Zeit (1392–1910) fällt, also den Zeitraum vom Beginn der Chosŏn-Zeit (1392) bis zur japanischen Kolonialzeit (1945), wie in der Periodisierung der Einleitung der vorliegenden Arbeit erwähnt wurde. Dieser Zeitraum wird weiter in die „Vor-Neuzeit" (1392 – bis zur Öffnung der Häfen gegenüber Japan durch den koreanisch-japanischen „Freundschaftsvertrag" von Kanghwa[189] von 1876) und in die Neuzeit (also 1876–1945) eingeteilt.[190]

Die koreanische Literaturgeschichte Die Neuzeit der chinesischen Literatur begann ca. Mitte des 19. Jahrhunderts und dauerte bis 1911, wenn wir dies aus den politischen Gründen, wie in der Fußnote 188 dargestellt, so einteilen wollen. Japan orientierte sich noch schneller westlich (vgl. Liu/Zhou 1986: I/4; Ji 1986: I/325; Kubin 2005: ix–5). Als nächstes stellt sich die Frage, welchen Zeitraum die Neuzeit koreanischer Literatur in der koreanischen Literaturgeschichte umfasst. Wird unter dem Gedankengut der Neuzeit verstanden, dass man die inneren strukturellen Probleme und Konflikte verstehen und bewältigen wollte, so sollte, was die Literatur angeht, der Anfang der neuen Literatur im sprachlichen Bewusstsein, mit dem man eigene Probleme durch die Sprache zum Ausdruck bringen wollte, gefunden werden. D.h., man wollte mit dem Mittel der Literatur gegen die alte Gesellschaft mit ihren Vorstellungen kämpfen. Dieses sprachliche Bewusstsein ruft die Freiheit des Genres hervor, und so sollen

---

188 Das Wort „modern" bedeutet jedoch auch „neu, heutig, neuzeitlich" oder auch „bewußte Ausprägung des Neuzeitlichen" (*Brockhaus Enzyklopädie* 1971: 11/681) und dessen in China meist akzeptierte Bezeichnung lautet xiandai 现代 (für ‚aktuell, gegenwärtig, modern'), welche entsprechend auch bei der Periodisierung der Geschichte sowie der Literaturgeschichte verwendet wird (Findeisen 2004: 288–291): Die moderne Zeit wird von der Neuzeit (jindai, 1840–1911) und der „Gegenwart" (dangdai, seit 1949) abgegrenzt unter dem Aspekt des politischen Geschehens, wobei der Opiumkrieg von 1839, die Gründung der Republik von 1912 und die Gründung der Volksrepublik von 1949 markante Punkte bezeichnen. Diese Unterscheidung findet Findeisen (2004: 289) für die Epochenbegriffe jedoch ungeeignet. Stattdessen nimmt er die Position ein, „das 20. Jahrhundert" mit einem ideologisch weniger aufgeladenen Epochenbegriff zu betrachten.
Ich behalte hingegen die gleiche sinokoreanische Terminologie für die Epochen bei, die auch in Korea für die (Geschichts-) Epocheneinteilung übernommen und allgemein verwendet wurden und verwende insofern bei der vorliegenden Arbeit weiterhin: die „Neuzeit" als die Moderne vorbereitende Zeit, bzw. „die Vormoderne", und „Gegenwart" als die neueste Zeit der Moderne.
189 In den Jahren nach diesem mit Japan unter Gewaltandrohung geschlossenen Vertrag schloss Korea weitere Verträge mit verschiedenen, vor allem westlichen Staaten, welche Korea damit zu einem „gleichberechtigten" Mitglied der Völkergemeinschaft machen sollten, obwohl die Verträge für Korea unfair waren.
190 Diese Zeiteinteilung wurde von koreanischen Geschichtsforschern bzw. -schreibern mit dem historischen Bewusstsein begründet. Kim/Kim 1973: 19.

Texte aller Art zur neuen koreanischen Literatur gehören, die alle Probleme des Lebens und Denkens in Korea behandeln. Von diesem Standpunkt aus wollte man den Anfang der neuen koreanischen Literatur in die Regierungszeiten der Könige Yŏngjo [1724–1776] und Chŏngjo [1776–1800] setzen, in denen das gesellschaftliche Klassensystem als soziale Grundlage des Chosŏn-Reichs in Verwirrung geriet und das Bürgertum allmählich in die Gesellschaft einzutreten anfing. Im Folgenden werden die allgemeine Zeiteneinteilung der neuen Literatur in der koreanischen Literaturgeschichte und ihre periodischen Besonderheiten dargestellt:

1) Die Wachstumsphase des neuen Gedankenguts (1780–1880): Das neuere Sprachbewusstsein und die Erschließung der neueren literarischen Genres sollen zur Hervorbringung des authentisch Koreanischen in der Literatur führen. Ein Mittel dazu war, den literarischen Niederschlag der gesellschaftsstrukturellen Probleme zu dieser Zeit aufmerksam zu betrachten.

2) Das Zeitalter der Aufklärung und des Nationalismus bzw. des Nationalbewusstseins (1880–1919): Stark beeinflusst von Japan und Westeuropa sowie Amerika traten die Aufklärungsbewegungen der Modernisten hervor. Gleichzeitig traten deren Gegner auf, die sog. Nationalisten. Man verstand die beiden Richtungen als zwei unterschiedliche Aspekte des neuzeitlichen Bewusstseins. Der Höhepunkt für beide Richtungen war die Unabhängigkeitsbewegung vom 1. März 1919 von Japan. Aufmerksam betrachtet werden soll dabei, dass das Christentum mit dem Nationalismus sehr eng verbunden war.

3) Die Entdeckung des Individuums und des Volkes (1919–1945, vom Beginn der Unabhängigkeitsbewegung bis zur Befreiung von der japanischen Herrschaft): Der Nationalismus wurde allmählich durch theoretische und systematische Studien vorangetrieben und man kam dementsprechend zur klaren Selbsterkenntnis der Koreaner als Mitgliedern eines von Japan unterdrückten Volkes: Man erkannte die Bedeutung der koreanischen Sprache und suchte ein neues Genre in der Literatur, dies war vor allem die prosaische Dichtung, um das koreanische Volksgefühl bzw. -gemüt auszudrücken und dem Bewusstsein der ursprünglichen Volksrechte Geltung zu verschaffen. Zur gleichen Zeit traten Dichter auf, die ihre gesellschaftliche Wirkung selbstkritisch reflektierten, ebenso wie Literaturkritiker und andere nationalen Denker, welche sich mit der Begriffsbildung für die „Koreanistik" beschäftigten. Hinzu kamen Befürworter der „Kirchenlosigkeit"[191], die nicht direkt gegen die Kirche, sondern für den Glauben an Jesus Christus und die Bibel waren und bei denen sich das Bußbewusstsein bzw. Sündenbewusstsein herausbildeten. So schrieb z. B. einer von ihnen namens Sŏng Chonghyŏn eine „Koreanische Geschichte aus dem biblischen Aspekt".

4) Die Neustrukturierung des Volkes und die Entdeckung der Nation (1945–1960):

---

191 Diese Ansicht kam ursprünglich aus Japan, in Korea bedeutete „Kirchenlosigkeit" eine Vereinigung der koreanischen intellektuellen Geistigkeit mit dem Gedanken der Evangelien, die nicht über die Kirchen vermittelt war. Ein solcher Zusammenschluss verkörperte für die Koreaner das Bewusstsein des Volkes als Bußbewusstsein, das die Form des Evangeliums für ein unterdrücktes Volk angemessen machte, das seine Geschichte als Kampf für die Befreiung darstellte. So ließen die Intellektuellen bzw. die Wissenden als Propheten die Geschichte als eschatologisch erkennen. D. h., es war ein fester Glaube des unterdrückten Volkes, dass es doch am Ende gerettet bzw. befreit würde, wenn die Buße geleistet würde. Vgl. Kim/Kim 1973: 172–178.

Nach der Unabhängigkeit des Landes von Japan folgte der Bruderkrieg aufgrund verschiedener ideologischer Glaubensgrundsätze, und die Folge war die Teilung des Landes in Nord- und Südkorea. Diese Spaltung, die die Uneinigkeit des Volkes zeigte, verursachte im ganzen Land einen Mangel an Selbstvertrauen und ein skeptisches Bewusstsein. Trotzdem kam es zur sog. Revolution von 19. April (1960), wo sich Studentendemonstrationen aller Universitäten der Stadt Seoul gegen die Fälschung der (Vize-)Präsidentenwahl sowie gegen die diktatorische Regierung wendeten und damit für die Demokratie eintraten.[192]

Für die obige Periodisierung musste es jedoch einige Voraussetzungen geben: Die wichtigste davon war, dass die in der Vergangenheit verwendete unterschiedliche literarische Terminologie zusammengefasst und verbindlich geregelt wurde. Entsprechende Begriffe bzw. ein entsprechender Wortschatz wurden neu gebildet. Bedeutungen und Inhalte wurden zugeordnet, damit Zusammenhänge zwischen den Inhalten transparent wurden (Kim/Kim 1973: 18–22). Bevor auf die Übersetzungsgeschichte für die Neuzeit eingegangen wird, werden im Folgenden die umstrukturierten Inhalte der Gesellschaft durch die Kabo-Reform als Schritt auf dem Weg zur Neuzeit in Bezug auf die Übersetzungsgeschichte und anschließend der Quellentext sowie dessen Autor als Hintergrundwissen kurz dargestellt.

Kabo kyŏngjang und Veränderungen des Verwaltungssystems Im 31. Jahr unter König Kojong (1894, Jahr des Kabo) wurde die Jahrhunderte lang erhaltene Verwaltungsstruktur des obersten Rates Ŭijŏngbu (議政府) mit sechs Ministerien Yukcho (六曹)[193] abgeschafft. Im nächsten Jahr wurden unter dem Namen Ŭijŏngbu aber als Regierungskabinett das Innen-, Außen-, Militär-, Verfassungs-, Wissenschaftsministerium und das Ministerium für regionale Verwaltung neu strukturiert, welche bis zum Jahr 1910 Bestand hatten. Durch die Kabo-Reform wurde das staatliche Beamtenprüfungssystem Kwagŏ (科學) aufgehoben. Ebenso wurden auch andere amtliche Organisationen wie Sayŏgwŏn, das Amt für Übersetzung, beseitigt, und dafür wurden nur in staatlich notwendigen Abteilungen wie in der diplomatischen Abteilung oder der Militärabteilung Amtsübersetzer oder deren Stellvertreter ernannt und eingesetzt. Zweifellos befanden sich bis dahin die Fremdsprachenfächer in Sayŏgwŏn noch nicht auf dem Niveau eines modernen Schulsystems. Im Jahr 1895 wurde aber gesetzlich festgelegt, dass in diesen Fächern die zurZeit ‚modernen' Fremdsprachen wie Englisch, Japanisch, Französisch, Chinesisch, Russisch und Deutsch unterrichtet werden sollten. Und so entstanden im Jahr 1895 Japanisch-, Englisch- und Mandschurischsprachschulen, 1896 wurde eine russische und 1900 eine chinesische und eine deutsche Schule errichtet. Durch einige Änderungen wurde 1907 schließlich eine dem Wissenschaftsministerium Hakpu 학부 (學部) untergeordnete Fremdsprachenschule in der Hauptstadt Hansŏng

---

192 Bei der gewaltsamen Auseinandersetzung zwischen der Polizei und Studenten kamen viele Studenten durch Schüsse der Polizei ums Leben, worauf es dann zur Brandstiftung an Gebäuden von der Studentenseite kam. Vgl. Yi 1991: 484f.
193 Diese waren das Beamtenministerium Ijo (吏曹), das Finanzministerium Hojo (戶曹), das Ministerium für Zeremonialangelegenheiten Yejo (禮曹), das Verteidigungsministerium Pyŏngjo (兵曹), das Justizministerium Hyŏngjo (刑曹) und das Ministerium für öffentliche Arbeiten Kongjo (工曹). Yu 1991: 20/381f.

(das heutige Seoul) gesetzlich festgelegt, in die staatliche wie private Fremdsprachschulen integriert wurden. Jedoch wurde sie 1911 im Zuge der japanischen „Kulturvernichtungspolitik" abgeschafft (Chŏng 2003: 32ff.).

Zu dem Quellentext und dessen Verfasser Zur Geschichtsschreibung im Hinblick auf die neuzeitliche Übersetzungsliteratur aus dem Horizont der gesamten koreanischen Literaturgeschichte leistete Kim Pyŏngch'ŏl einen großen Beitrag als Professor für englische Literatur und Sprache in den 50er Jahren des 20. Jahrhunderts in Korea. Da den Universitätsprofessoren in den Fächern der ausländischen, vor allem abendländischen Literaturen und Sprachen zu seiner Zeit auch das Übersetzen als wichtige Nebenaufgabe üblicherweise zukam, wollte er sich grundsätzlich mit der Geschichte der englischen Literatur und Sprache in Korea beschäftigen. Dazu begann er zuerst mit einer mühsamen Materialiensammlung[194] über die Übersetzungsgeschichte der englischen sowie amerikanischen Literatur und Sprache in Korea. Er fand dabei jedoch zahlreiche Materialien auch über russische und französische Literatur. So kam er dazu, die Geschichte der Übersetzungsliteratur für die Neuzeit in Korea umfassend zu erforschen.

In den 60er Jahren herrschte eine Forschungstendenz unter den jungen koreanischen Fachwissenschaftlern, sich mit der Übertragung und Rezeption abendländischer Literaturen zu beschäftigen, vor allem mit deren Einflüssen bzw. Auswirkungen. Diese vergleichende Literaturwissenschaft fand in Kim ihren Förderer. Um den Einfluss ausländischer Literatur gründlich zu begreifen, hielt Kim es für erforderlich, die Differenz zwischen dem Originaltext und der Übersetzung im Auge zu behalten. Die Übersetzung selber ist immer auch schon von den Interessen der Übersetzer beeinflusst und so auch immer eine Interpretation, so dass verschiedene Übersetzer den gleichen Originaltext verschieden übersetzten. Deshalb sollte vor dem „Einfluss" ausländischer Literatur zuerst eine Aufklärung über die Translationsverhalten bzw. Übersetzungsverfahren von Translatoren[195] stattfinden, also darüber, wie diese Literatur in den Translatoren selber gespiegelt wurde. Damit wird auch der wachsende Einfluss der ausländischen Literatur in Korea in ihren Gründen und Motiven transparenter. So lag die Veränderung bzw. Entwicklung des Translationsverhaltens auf Grundlage des Inhaltes des Originals im Zentrum seiner Arbeit über die koreanische Übersetzungsliteratur für die Neuzeit – von der Öffnung des Landes in der Reformzeit (Ende des 19. Jahrhunderts) bis zum Koreakrieg (1950–1953). Die effektivste (Forschungs-) Methode soll es nach Kim sein, die „Richtigkeit bzw. Korrektheit" der Übersetzungen durch deren Vergleich mit den Quellentexten nachzuprüfen, wofür man nicht nur idealer-, sondern notwendi-

---

194 Die Schwierigkeit lag vor allem in der Beschaffung der älteren und alten Originaltexte überhaupt. Vgl. Albrecht 1998: 10.
195 Unter dem kognitiven Aspekt des Übersetzens in modernen Übersetzungstheorien verwendet Wilss (1988: 95) den Ausdruck des „kreativen Übersetzerverhaltens". Er unterscheidet dabei nach Verhaltensweisen bei den Übersetzungsprozeduren, nämlich nach der Übersetzungsmethodik und -technik. Die erste sei bei einer typischen nicht-wörtlichen Übersetzung, die auf mentalen Operationen beruhe, eine übersetzungsstrategische Einzelproduktion. Im Gegensatz dazu sei die zweite als eine typisch wörtliche Übersetzung die durch Routine und Wiederholbarkeit geprägte übersetzerische Verhaltensweise. Vgl. Horn-Helf 1999: 87f.

gerweise die Beherrschung verschiedener Fremdsprachen brauchte. Weil er selber keine solche Fremdsprachenfähigkeit besaß, musste er sich beschränken: Das von ihm angesprochene Übersetzungs- oder Rezeptionsverhalten wurde auf einen Buch – wobei die statistischen Zahlen der Veröffentlichungen in Zeitschriften oder Zeitungen tabellarisch dargestellt wurden – und auf die damals übliche Art und Weise[196] des Übersetzens beschränkt, geprüft und dementsprechend zugeordnet. Überprüft wurde auch, ob die Übersetzung direkt vom Originaltext übersetzt wurde oder eine „Umwegübersetzung"[197], eine „Übersetzung aus zweiter Hand" war. Gemeint war damit, ob die Übersetzung der westlichen Literatur auf dem Wege über das Chinesische oder Japanische hergestellt wurde.

Mit diesem Untersuchungsziel setzte Kim den Schwerpunkt zunächst darauf, zu ermitteln[198], welches Verhalten die frühen Übersetzer bis zum Jahr 1950, also bis zum Beginn der wissenschaftlichen Untersuchung des Weges zur „richtigen" Übersetzung[199], bei der Übersetzung zeigten. Denn erst ab 1950 begann man in Korea eigentlich damit, von einem Original ins Koreanische zu übersetzen. Ein zweiter bedeutender Schwerpunkt seiner Untersuchung war herauszufinden, wie die Übersetzung besonders von japanischen Faktoren beeinflusst wurde. Denn die Übersetzungsliteratur wurde, wie schon betont, bis in die 20er Jahre des 20. Jahrhunderts durch die Übersetzung aus zweiter und sogar dritter Hand sehr stark beeinflusst. Als dritten Schwerpunkt wollte er die Originaltexte der koreanischen Übersetzungen selbst untersuchen, um sich ein eigenes Bild von dieser ausländischen Literatur zu machen. Damit wollte er besondere Auffälligkeiten in den koreanischen Übersetzungen herausfinden. Dafür fuhr er auf eigene Kosten nach Japan und Taiwan, um dort das Original zur jeweiligen Übersetzung zu finden. Dank seiner unermüdlichen Arbeit, die viel Mühe und Aufwand bedeutete, wurde in den 1970er Jahren eine große wissenschaftliche Leistung erbracht, nämlich seine „Studie über Koreas Literaturgeschichte in Hinblick auf Übersetzungen für die Neuzeit" (1975).

Kim Pyŏngch'ŏl teilte die Neuzeit der Literaturgeschichte in Hinblick auf Übersetzungen in fünf Perioden ein:
1. Periode (1895–1917): Die Zeit der Aktivitäten der Reformer oder Befürworter einer „Aufklärung"
2. Periode (1918–1925): Die Zeit der kritischen Betrachtung der Übersetzungsliteratur
3. Periode (1926–1935): Die Zeit der Veränderung der Praxis des Übersetzens
4. Periode (1936–1945): Die sog. dunkle Zeit
5. Periode (1946–1950): Eine Zeit der Wiederbelebungszeit

---

196 Dies wird später ausgeführt.
197 Das ist eine Sonderform der „Übersetzungsliteratur", die zunächst im Spätmittelalter und in der Renaissance in Europa auftrat. In der literarischen Übersetzungsforschung wurde untersucht, ob der Umweg die originalliterarische Rezeption in der übersetzten Sprache befördert oder behindert habe. S. Albrecht 1998: 187f.
198 Daraufhin sammelte er möglichst die Originaltexte zu Übersetzungen, wenn dies unmöglich war, dann die Übersetzungen aus dem Chinesischen, dem Japanischen, dem Englischen oder den späteren koreanischen Ausgaben, die in den 60er Jahren neu übersetzt wurden.
199 Kim betrachtete die richtige Übersetzung als eine in Form und Inhalt „äquivalente" Übersetzung vom Originaltext ins Koreanische.

Prägende Ereignisse der einzelnen Perioden waren nach Kim folgende: Für die erste Periode war prägend die Reform des Landes von 1894, Kabogyŏngjang 갑오경장 (甲午更張), wodurch man in allen Kulturbereichen die alten feudal geprägten Strukturen abschaffen und stattdessen eine neue Kultur, die auf aber fremden Einflüssen basierte, aufbauen wollte. Was die Literatur angeht, zeigte sich der anfänglich sehr stark ausgeprägte Rezeptionswille der westlichen Literatur bei den Reformern in einer noch unreifen, aber sehr engagierten übersetzerischen Tätigkeit. Ohne Zweifel lag der aufklärende Charakter auch im Streben nach der Unabhängigkeit Koreas von der japanischen Kolonialherrschaft, durch die sich eine antijapanische Volksstimmung herausgebildet hatte. Unter diesen Umständen wurde 1918 eine erste Wochenzeitschrift für Literatur und Kunst gegründet, in der hauptsächlich die Übersetzungen der westlichen Literatur erscheinen sollten, was zu der zweiten Periode führte. Sie hieß *T'aesŏ munye sinbo* 태서문예신보 (泰西文藝新報, *Die neue Zeitschrift für große westliche Literatur und Kunst*). Die die dritte Periode auszeichnenden Ereignisse waren die Gründung der Studiengruppe westlicher (bzw. ausländischer) Literaturen, Oeguk munhak yŏn'guhoe 외국문학연구회 (外國文學研究會), im Jahr 1926 durch Auslandsstudenten, die in Japan westliche Literaturen studierten und die Gründung ihrer literarischen Zeitschrift im Jahr 1927, die den Namen „Überseeliteratur" führte. Mit der Rückkehr dieser Studenten nach dem Studium begann das Übersetzen durch deren Tätigkeit allmählich feste Umrisse anzunehmen und eine fachspezifische Praxis zu entfalten. Die vierte Periode, die sog. dunkle Zeit, zeichneten Fakten aus wie der übermächtige Einfluss der japanischen Bücher sowie die schwierige Situation für das koreanische Verlagswesen aufgrund des Niederganges der Wirtschaft. Hinzu kamen noch die Politik der Vernichtung der koreanischen Kultur durch Japan, die sich vor allem auf die Sprache richtete, sowie die Einfuhrbegrenzung ausländischer Bücher unter der japanischen Herrschaft. Mit der Befreiung von Japan begann die fünfte Periode als eine neu belebende Periode für die Geschichte der Übersetzungsliteratur der Neuzeit, die bis zum Koreakrieg dauern sollte.

4.2 Die Aktivitäten der Reformer (1895–1917)

Mit dem Beginn der Reform von 1894 (Kabo-Reform) wurde die Neuzeit Koreas eingeleitet. Das Land öffnete sich offiziell gegenüber den westlichen Ländern und damit kam es zu intensiveren Kontakten mit deren Kulturen und Kulturprodukten. In der Folgezeit wurden hauptsächlich die westlichen Literaturen eingeführt, darunter die englische, französische und deutsche Literatur. Diese kamen jedoch nicht direkt aus den entsprechenden Ländern, sondern indirekt über China und Japan, die sie bereits aufgenommen hatten. Denn Korea, das sich im Einflussbereich des chinesischen Kulturraums befand, kannte bis dahin als Fremdsprachen ausschließlich Chinesisch und Japanisch.

Kurz bevor Korea die Kompetenzen des Wissenschaftsministeriums Hakpu 학부 (學部) an Japan durch das erste koreanisch-japanische Abkommen (1905)[200] überge-

---

200 Nach dem Sieg im russisch-japanischen Krieg verstärkten die Japaner ihre Expansionspolitik und nutzten dabei Chosŏn als Basis ihrer imperialistischen Interessen. Zuerst unterwarfen sie sich die Außenpolitik Chosŏns, dann übernahmen sie 1907 die Macht der politischen Organe

ben musste, wurden einige abendländische Geschichtsbücher von der Redaktionsabteilung des Wissenschaftsministeriums übersetzt bzw. bearbeitet und dann publiziert: (1) *T'aesōsinsa* 태셔신사 (泰西新史, *Die große Geschichte des neuzeitlichen Westens*) von 1897, derer Originaltext die *History of Nineteenth Century* von dem Engländer Mackenzie ist, den der englische Missionar in China, Timothy Richard, mit chinesischen Assistenten ins Chinesische übersetzt hatte und 1895 von der Shanghaier Gesellschaft für umfangreiche Wissenschaften (Shanghai Guangxuehui 上海廣學會) unter dem Titel *Taixi jinbainianlai dashiji* 泰西近百年來大事記 publiziert und zwei Jahre später in Korea unter dem Titel 泰西新史攬要 neu gedruckt wurde. Die koreanische Übersetzung dieses Neudrucks aus dem Chinesischen war (1) *T'aesōsinsa*, eine zwar nicht wörtliche, sondern auf die Inhaltsbedeutung gerichtete abgekürzte Fassung der chinesischen Übersetzung; (2) *Chungilyaksa happ'yŏn* 중일 약사 합편 (中日略史合編, *Sammelband der Skizzen chinesischer und japanischer Geschichte*) von 1898, eine redaktionelle Übersetzung, der Autor der chinesischen Übersetzungsvorlage ist als unbekannt angegeben; (3) *Agungyaksa* 아국 약사 (俄國略史, *Kurze Geschichte Russlands*) von 1898, eine auszugsweise Übersetzung des Geschichtsübersetzers Hyŏnch'ae aus dem Chinesischen durch die Redaktionsabteilung des Wissenschaftsministeriums. Die chinesische Vorlage hatte ein Engländer Frederick Galpin (angegebener chi. (transkribierter) Name Kan Feidi) vom Englischen ins Chinesische übersetzt, wie aus der Vorrede der *Fortsetzung der Geschichte des Coups des Wushu-Jahres der Qing-Dynastie in China* (續編 淸國戊戌政變記, 속편 청국 무수 정변기)[201] ersichtlich ist (Kim 1975: 187–193).

Als eine andere Quelle für die Aufnahme neuen Wissens über die abendländische Kultur zu dieser Zeit fungierten das Zeitungswesen und die Verlage, die meistens von den Reformern betrieben wurden. Durch die bei ihnen erschienenen Bücher wurde dem koreanischen Volk Wissen über die westliche Literatur übermittelt, und daneben wurden die Literaturen von den Reformern selbst übersetzt, und zwar in einer Mischung von Adaptation, Zusammenfassung und Kürzung. Im Folgenden werden die unterschiedlichen Typen zu dieser Zeit dargestellt.

---

und annektierten endlich 1910 Korea und brachten es unter ihre Kolonialherrschaft. Yi 1990: 39f.
201 In seiner wörtlichen und kompletten Übersetzung des chinesischen *Wuxu zhengbian ji* 戊戌政變記 (*Aufzeichnung über den Umsturz von 1898*) von Liang Qichao (1873–1929), der *Aufzeichnung über den Sturz von 1898 zur Qing-Zeit*, 淸國戊戌政變記 (2 Bd.), hatte der koreanische Übersetzer Hyŏnch'ae willkürlich diesen Teil, der aus fünf Kapiteln und dem Nachwort von Yi Ilsang bestand, hinzugefügt. Kim 1975: 200ff.

4.2.1 Sieben Übersetzungstypen nach 1894

Das von Kim genannte „Übersetzungsverhalten", das auf die Form und den Inhalt gleichen Wert legte, richtete sich darauf, in welchem Grad der Gehalt des Textes bei der Übersetzung aus der japanischen oder der chinesischen Vorlage, in seltenen Fällen dem Original, unverändert bewahrt wurde und gliederte sich in sieben Übersetzungstypen, nämlich (1) Yŏksul 역술 (譯述, Übersetzen und Erläuterung, wozu auch die freie Übersetzung bzw. die Kurzfassung gehört), (2) Ch'oyŏk 초역 (抄譯, die auszugsweise Übersetzung), bei der Auszüge bzw. ausgewählte Stellen übersetzt wurden, (3) Ch'ugyŏk 축역 (縮譯, die sinngemäß[202] verkürzte Übersetzung), (4) Ŭiyŏk 의역 (意譯, die sinngemäße bzw. freie Übersetzung), (5) Kyŏnggaeyŏk 경개역 (梗概譯, eine ganz knappe und somit eher ungenaue Übersetzung), ein Resümee bzw. eine kurze summarische Zusammenfassung, eine noch großzügiger gekürzte Fassung als Ch'ugyŏk, (6) Ch'ukchayŏk 축자역 (逐字譯) bzw. Wanyŏk 완역 (完譯), eine wörtliche, vollständige Übersetzung im Sinne von Nichtweglassungen sowie der Aufbewahrung der Textstruktur wie etwa der Absätze bzw. Abschnitte bis hin zur Zeichensetzung. Hinzu kam noch (7) Pŏnan 번안 (飜案, die (Neu-) Bearbeitung oder auch Adaptation).[203]

Diese Typen können sich in Bezug auf Christiane Nords Schema in einer Skala von extremer Veränderung zu extremer Bewahrung einordnen lassen, und zwar in der Reihenfolge von links nach rechts: von der kurzen Fassung (1) Yŏksul (譯述) über die kurze summarische Zusammenfassung (5) Kyŏnggaeyŏk (梗概譯) und die abgekürzte Übersetzung (3) Ch'ugyŏk (縮譯) zu der Wort-für-Wort Übersetzung (6) Ch'ukchayŏk (逐字譯) (vgl. Nord 1995: 33). Diese Ordnung beruhte auf der Textlänge bzw. dem Textausmaß des inhaltlichen und förmlichen Aspektes. Bei der Neufassung bzw. Bearbeitung oder auch der Adaptation (7) Pŏnan (飜案) wurden die bestimmte gesellschaftliche Zusammenhänge darstellenden Textfaktoren wie z. B. Eigennamen (Personen- und Ortsnamen) usw. substituiert bzw. adaptiert.

4.2.2 Die Übersetzungsarchäologie[204]

Das Jahr 1910, als Japan Korea annektierte und unter seiner Kolonialherrschaft stellte, ist als ein Wendepunkt zu sehen. Dieses Jahr teilt die Zeit in zwei Perioden, nämlich von 1895 bis 1910 und von 1910 bis 1917. Die vor allem gesellschaftliche sowie politische Aufklärung hatte in den Jahren vor 1910 sehr stark an Bedeutung gewonnen: Seit 1895 hatten sich die auf westliche Geschichte und Literatur bezogenen Übersetzungen stets erhöht, für das Jahr 1908 allein erreichten sie sogar 21 Veröffentlichungen. Während der Kolonialzeit übertraf die Zahl der jährlich übersetzten Bücher das Niveau vom Jahr 1908 nie wieder, z. B. wurden 1909 nur zwei Bücher und 1910 kein einziges mehr übersetzt. Denn während der Kolonialzeit wurde die Veröffentlichung von Geschichtsbüchern und sonstigen in den Augen der Japaner sog. „gefährlichen" Büchern

---

202 Hierbei werden nur die Bedeutungen, vor allem die der chinesischen Zeichen, übernommen und entsprechend der Reihenfolge des koreanischen Satzes übertragen.
203 Zwischen (1), (3) und (5) ist die Unterscheidung nicht scharf gezogen.
204 Hier kann kein umfassender Überblick gegeben werden, sondern ich habe mich auf die wichtigsten Punkte aus Kims Studie als der Primärliteratur (1975) beschränkt.

in koreanischen Zeitungen und Zeitschriften verboten. Diese „aufklärerischen" Schriften wurden beschlagnahmt und verbrannt. Da nach 1910 die politische Literatur nicht mehr veröffentlicht werden durfte, wurden nun nicht nur indirekt „nützliche" Werke im Sinne von Förderung eines (koreanischen) Nationalbewusstseins wie Biographien oder Geschichtswerke, sondern auch rein literarische Werke publiziert. Besonders die dichterische Literatur wurde dabei eher durch zufällige Umstände bestimmt übertragen.

Im ersten Zeitraum (1895–1910), in dem es mehr unbekannte Originalautoren und Übersetzer gab als im zweiten (1910–1917), wurden insgesamt 95 Werke übersetzt, darunter 30 Titel, wo beide bekannt; 16 Titel, wo beide unbekannt; 45 Titel, wo die Originalautoren unbekannt und 4 Titel, wo die Übersetzer unbekannt waren. Was die Übersetzungsvorlage anging, waren 15 Umwegübersetzungen aus dem Chinesischen, 34 aus dem Japanischen, 9 von chinesischen Originaltexten ins Koreanische, 20 von japanischen Originaltexten ins Koreanische, 1 von einer westlichen Sprache ins Koreanische übertragen, wobei 16 Fälle nicht zugeordnet werden konnten[205]. Dies zeigt, dass die Übersetzungsvorlage, sei es aus erster oder zweiter Hand, vorwiegend entweder in Japanisch oder Chinesisch geschrieben war, also dass Japanisch und Chinesisch als Fremdsprachen bei den Gebildeten bzw. Intellektuellen verbreitet waren, während die europäischen, westlichen Sprachen auf koreanischem Boden noch kaum Eingang gefunden hatten. Denn die meisten Intellektuellen jener Zeit waren Auslandsstudenten in Japan, und so ist dieser Übersetzungsweg über Japan der vorgezeichnete, weil es eine Unkenntnis der westlichen Sprachen gab. Dies bedeutete zugleich, dass die westlichen Literaturen über die japanische Rezeption, vor allem in der japanischen Sichtweise und unter dem wesentlichen Einfluss der japanischen Faktoren in Korea eingeführt wurden. So wurden auch die japanischen „Übersetzungsverhalten" bzw. -typen ohne Auseinandersetzung einfach übernommen, und zwar waren es meistens auszugsweise Übersetzungen (2) und Kurzfassungen (1). Auch wenn es komplette Übersetzungen (6) gab, dann erfolgten sie aus dem Japanischen: Es gab 20 auszugsweise Übersetzungen, 18 komplette und zugleich wörtliche, 18 Kurzfassungen, 11 gekürzte und wörtliche, 6 gekürzte und auszugsweise, 3 Resümees, 2 sinngemäße, 1 Bearbeitung, 1 gekürzte und sinngemäße und 15 Übersetzungen, die den Rest der verschiedenen nicht genau zuzuordnenden Typen ausmachen.

Nach Themen und Genres geordnet behandelten 32 die Geschichte über die Verteidigung der Staats- sowie Volksrechte, 12 waren Biographien, 8 „nützliche" Romane, im Sinne einer eigenständigen (koreanischen) Bildung von Nationalbewusstsein und insofern politisch, und 3 dienten zur allgemeinen Bildung; so stellte sich der übersetzungsliterarische Charakter des Zeitalters dar (Kim 1975: 302–309).

1895 finden sich zwei erste Übersetzungen (der abendländischen Literatur), und zwar eine von einem Koreaner, die andere von einem Kanadier mit seinem koreanischen Assistenten. Die erste war eine literarische Romanübersetzung *Yu Ogyŏk-chŏn* 유옥역젼 (*Die Geschichte von Yu Ogyŏk*), deren Textvorlage die japanische Überset-

---

205 Die Texte, die als Übersetzung veröffentlicht und auch gelesen worden sind, wobei aber gar keine Übersetzungsvorlage zugrunde liegt, bezeichnet man als Pseudoübersetzung. Lambert 1999: 250.

zung der „Märchen aus Tausend und eine Nacht"[206] war. Aus dem Nachwort der Übersetzung wird ersichtlich, dass diese von einem Koreaner namens Yi Tong bereits vor dem Juli 1895 gefertigt worden war.[207] Hier wurden nur alle Personennamen koreanisch adaptiert übertragen und rein auf Koreanisch geschrieben, z. B. Yu Ogyŏk war die koreanische Adaptation für den Namen von Scheherezade.

Die zweite Übersetzung desselben Jahres war die des Missionars Gale (James Scrath Gale, 1863–1934), die er mit seiner Frau zusammen erarbeitete: *Ch'ŏllo yŏkchŏng* 텬로력뎡 (天路歷程, *Eine mühsame Reise von tausenden Wegen oder der Leidensweg zum Himmel*). Sie übersetzten *The Pilgrim's Progress*, das John Bunyan 1684 geschrieben und William Chalmers Burns (1815–1868) als der erste Missionar der English Presbyterian Mission in China ins Mandarin-Chinesische übersetzt hatte und das 1865 publiziert worden war (Zetzsche 1999: 144). Die koreanische Übersetzung war zum Zweck der Missionierung eine sinngemäß gekürzte, auszugsweise Übersetzung[208] – nur ein Kapitel wurde dabei übersetzt, aber auch in einem rein koreanischen Schriftstil geschrieben. Es wurde vermutet, dass Gale aus der Originalsprache übersetzte, und sein Koreanischlehrer Yi Ch'angjik mit Hilfe der chinesischen Übersetzungsversion für die Korrektur der Übersetzung Gales gesorgt hätte.

Die Übersetzung aus dem *Fabeln des Aesop* fand sich im koreanischen Grundschullehrbuch, das 1896 von der Redaktionsabteilung des Wissenschaftsministeriums herausgegeben wurde und drei Kapiteln in 97 Lektionen umfasste, worin insgesamt 16 ausgewählte Erzählungen aus den *Fabeln* mit Bildern zu lesen waren. Das Vorwort legt die Vermutung nahe, dass die *Fabeln* aus dem Japanischen[209] übersetzt und überhaupt zum ersten Mal in einem Lehrbuch für Kinder aufgenommen wurden. Auffallend war dabei auch, dass ein Punkt nach jedem Satzglied satzanalytisch gesetzt wurde (Kim 1975: 176–187).

1906 erschien die Teilübersetzung von Samuel Smiles' *Self-Help* in der Zeitschrift *Choyangbo* 조양보 (朝陽報, *Morgendliche Sonnenstrahlung*, Band 1/Nr. 1–3) mit der Überschrift ‚*Chajoron* 자조론 (自助論)', und zwar nur das erste Kapitel ‚National and Individual' aus dem Japanischen. Dabei wurde nicht wörtlich von der japanischen Vorlage „自助論" – übersetzt von Azegami Kenzo 畔上賢造 – übersetzt, sondern sinngemäß fortlaufend in den Nummern 1 bis 3 dieses Jahrgangs der Zeitschrift ohne Angabe des Übersetzernamens, wobei auch eine Reihe von Erläuterungen des Übersetzers vorausging. In dessen Vorwort wurde die Auswahl des 1. Kapitels genannt, das dem Leser eine bessere Einsicht in das Verhältnis von Individuum und Nation geben sollte (a.a.O., 211ff.).

Im selben Jahr war einer anderen Übersetzung noch besondere Aufmerksamkeit zu schenken, *Wŏllam mangguksa* 월남망국사 (*Die Geschichte des Untergangs Viet-*

---

206 *Zensekai ichidaikisho* 全世界一大奇書 wurde 1884 von dem Japaner Inoue Tsutomu 井上勤 aus dem Englischen ins Japanische in erläuternder Kurzfassung übersetzt. Kim 1975: 176ff.

207 Da bei der anderen Übersetzung nur das Erscheinungsjahr und nicht der Monat angegeben ist, bleibt unklar, welche Übersetzung als erste erschien.

208 Die für die Missionierung nötigen Teile wurden ausgewählt, wobei auf die Sprachform des Originals nicht geachtet, sondern prosaisch und pragmatisch übersetzt wurde. Kim 1975: 179–184.

209 1584, vor der Meiji-Epoche in Japan, waren die *Aesopschen Fabeln* von einem portugiesischen Missionar übersetzt worden. Adler 1925: 406.

nams)²¹⁰ von Hyŏnch'ae 현채 (玄采) aus dem Chinesischen im chinesisch-koreanisch-gemischten, wortgetreuen Schreibstil. Es gab 1907 noch zwei weitere, rein Koreanisch geschriebene und deshalb als wertvolle und seltene Ausgaben angesehene Übersetzungsversionen. Die eine übersetzte der große Koreanischwissenschaftler und zugleich -förderer Chu Sigyŏng wörtlich, aber doch zugleich in flüssigem und schönem Stil (6. Übersetzungstyp, keine Auslassung und die Strukturbewahrung des Ausgangstextes)²¹¹ und die andere Yi Sangik 이상익 (李相益) als eine sinngemäß gekürzte Übersetzung (3. Übersetzungstyp) in einem unterbrechungslos fortlaufenden Satz und ohne Untertitel²¹² (a.a.O., 215–217).

1906 wurde durch die Übersetzung des *Aikoku seishintan* 愛國精神譚 aus dem Japanischen, 愛國精神談 (*Aegukchŏngsindam*, *Über den Patriotismus*), von einem unbekannten Übersetzer erstmals die französische Literatur aufgenommen. In der Zeitschrift *Morgendliche Sonnenstrahlung* in einer Serie erschienen, war ihr Quellentext *Tu sera soldat* von Emile Lavisse (1887) – auch wenn man heute in Nachschlagwerken zu Literaturwissenschaft diesen Autor kaum noch finden kann –, der 1891 in Japan auszugsweise und paraphrasierend übersetzt worden war. Zunächst erschien 1907 in Korea die paraphrasierende Übersetzung desselben in der koreanisch-chinesischen gemischten Schreibschrift von No Paengnin 노백린 (盧伯麟) in der literarischen Zeitschrift *Sŏu* (西友, *Freunde aus dem Westen*) in einer Serie und danach 1908 mit eben dieser paraphrasierenden Methode von Yi Ch'aeu 이채우 (李採雨) in einer Einzelerscheinung. Der Grund für diese nacheinander mehrmals wiederholt angefertigten Übersetzungen desselben Werkes soll darin liegen, dass der Text thematisch über die heroischen Taten – hier von französischen Soldaten im portugiesisch-französischen Krieg – handelte. So war es ein zeitgenössisches Phänomen, dass solche inhaltlichen Übersetzungen westlicher Literatur meistens in den von den Reformern betriebenen literarischen Zeitschriften in Serien gedruckt wurden. Denn das von Reformern dominierte Verlagswesen setzte sich dafür ein, schnellstmöglich dem Publikum auf breiterer Grundlage eine bislang in Korea ungekannte andere Welt zu vermitteln (a.a.O., 219–222).

Zum Beispiel gab es 1907 im Hinblick auf die erste Rezeption deutscher Literatur zwei Fassungen von Schillers Drama *Wilhelm Tell* (1804): *Chŏngch'isosŏl sŏsa kŏn'gukchi* 정치소설 서사건국지 (政治小說 瑞士建國誌, *Der politische Roman: eine Geschichte der Staatsgründung der Schweiz*), eine paraphrasierende Übersetzung in koreanisch-chinesischer gemischter Schreibschrift von Pak Ŭnsik 박은식 (朴殷植, 1856–1926), dem Befürworter der Bewegung zur Unabhängigkeit Koreas von Japan, und eine kürzere, rein koreanische von Kim Pyŏnghyŏn 김병현. Beide benutzten die gleiche Übersetzungsvorlage, nämlich die chinesische, sinngemäß im prosaischen Stil adaptierte Kurzfassung nur des Hauptinhaltes des Originals von Zheng Zheguan 鄭哲貫 (a.a.O., 238ff.).

---

210 Diese enthielt neben dem Haupttext, der von dem vietnamesischen Exilpolitiker Phan Văn San 潘文珊 (Beiname, Sàn Nam 巢南) geschriebenen wurde, von verschiedenen anderen Autoren eine Einleitung und drei hinzugefügte einschlägige Texte.
211 Auch aus dem von Liang Qichao 梁啓超 herausgegebenen chinesischen Original übertragen, enthielt Chus Version noch das Vorwort des Verlegers.
212 Hier wurde nur der Haupttext übersetzt.

Ebenso hat 1907 der Herausgeber der *Hwangsŏng*-Tageszeitung Chang Chiyŏn 장지연 (張志淵), der sich für die (politische) Bildung der Bevölkerung und den Unabhängigkeitsgeist einsetzte, Schillers Drama *Die Jungfrau von Orléans* (1801) in Form einer Erzählung im neuen Stil ‚Sinsosŏl (新小說)' neu bearbeitet: *Sinsosŏl Aegukpuinjŏn* 신소설 애국 부인젼 (*Erzählung im neuen Stil: die Geschichte einer patriotischen Frau*). Es wird vermutet, dass Chang, im Rückgriff auf chinesische Übersetzungen von französischen Werken zur Geschichte bzw. Biographien, die *Jungfrau von Orléans* aus dem Chinesischen[213] adaptierend übersetzt hätte (Yi 1998: 413).

So finden sich neben Werken mit volks-erzieherischem Inhalt aus neuer wie bspw. naturwissenschaftlicher Sicht auch exotische und spannend erzählte Geschichten in der Liste der Übersetzungsliteratur dieser Zeit: z. B. die in den Jahren 1907 bis 1908 in der Zeitschrift *T'aegŭkhakpo* in Fortsetzungen veröffentlichte Übersetzung *Haejŏyŏhaeng gidam* 해저여행기담 (海底旅行奇譚, *Abenteuerliche Geschichte einer unterseeischen Fahrt*), die Pak Yonghi 박용희 (朴容喜) aus dem Japanischen übersetzt hat. Die japanische Vorlage *Gotaishūchū kaiteiryokō* 五大洲中海底旅行 war 1884 vom Ōhira Mitsuji 大平三次 selbst aus der englischen Übersetzung *Twenty Thousand Leagues under the sea* des französischen Originals *Vingt mille lieues sous les mers* des Science-Fiction-Autors Jules Vernes (1828–1905) von 1870 übersetzt worden. Diese Übersetzung selbst war nicht vollständig (also auch nicht wörtlich), sondern erklärend frei. So erscheint es ganz natürlich, dass man in der koreanischen Fassung als der wiederum umgeformten, auszugsweisen Übersetzung aus dritter Hand eine völlig andere Gestalt als das Original findet (Kim 1975: 225–228). Das Gleiche zeigt sich 1908 bei der von dem Schriftsteller Yi Haejo 이해조 (李海朝) aus der japanischen Vorlage *Tetsusekai* 鐵世界 übersetzten Erzählung im neuen Stil: *Der Sciencefiction- bzw. Abenteuerroman: die Eisenwelt* (과학소설: 텔셰계, 科學小說 鐵世界). Der Japaner Morita Shiken 森田思軒 hatte den Text 1887 aus dem Englischen *The Begum's Fortune* (1880) übersetzt, und zwar in einer nicht wörtlichen, sondern erläuternd freien gekürzten Fassung, dessen Original ebenfalls von Jules Verne *Les Cing Cents Millions de la Bégum* 1879 veröffentlicht worden war (a.a.O., 272–275). Auf dem gleichen Umwege wurde der deutsche Roman Hermann Sudermanns (1857–1928) *Der Katzensteg* von 1889 in der 1908 und 1909 in der Tageszeitung *Taehan maeil sinbo* in Fortsetzungen erschienenen koreanischen Übersetzung *Vaterlandsverräter* (매국노 – 나라 파는 놈) aus dem Japanischen *Shōsetsu Baikokudo* 小說 賣國奴 (1904, übersetzt von Tobari Tchikufu 登張竹風) veröffentlicht, dessen Vorlage wiederum die chinesische Fassung *Maiguonu* 賣國奴 von 1900 war (a.a.O., 269–272).

Mit Daniel Defoes abenteuerlichem Reisebericht *Robinson Crusoe* (1719) findet die englische Literatur erstmals in Japan Eingang: Dieser Text wurde 1883 von dem Japaner Inoue Tsutomu 井上勤 aus dem Englischen ins Japanische direkt übersetzt und galt zur Zeit in Japan als meisterhafte Übersetzung. Diese wiederum wurde in Korea 1908 von Kim Ch'an übersetzt unter dem Titel „絕世奇談 羅賓孫漂流記 (*Die seltsamste Geschichte der Welt: ein Bericht des Schiffbrüchigen Robinson*)". Zwar war es eine inhaltlich getreue Übersetzung der japanischen Vorlage *Zesseikidan Robinsonhyouryuki* 絕世奇談 魯敏孫漂流記, aber in Bezug auf Textlänge bzw. Textmen-

---

213 Die chinesische Vorlage stand Kim (1975: 245) nicht zur Verfügung.

ge enthält die koreanische Fassung weniger als die Hälfte des japanischen Textes, sie war also eine stark veränderte, entweder auszugsweise oder verkürzte Übersetzung (a.a.O., 267ff.).

Auch *Gulliver's Travels* (1726) des Iren Jonathan Swift (1667–1745) wurde 1909 von Ch'oe Namsŏn 최남선 (崔南善) auszugsweise und sinngemäß aus dem Japanischen Iwaya Sazananis 巖谷小波 *Sekai Otogibanashi* 世界お伽噺 (1899) übersetzt und trug den Titel „걸리버유람긔" (葛利寶遊覽記, *Reisebericht Gullivers*). Ch'oe Namsŏn war es, der 1908 (1. Nov.) die Zeitschrift *Sonyŏn* 소년 (少年, *Die Jugend*) gegründet hatte, um durch die Literatur die Jugend für die Zukunft des neuen, weltoffenen Koreas zu erziehen. Deshalb wandte er sich in Bezug auf die Übersetzungsliteratur nicht nur dem Utilitarismus zu, sondern stellte auch neuzeitliche fiktionale Texte vor: In den bis dahin übersetzten Lehrbüchern, wie z. B. in einem Geschichtslehrbuch, wurden nur die Autoren- und Werknamen westlicher Literatur aufgeführt, jedoch in der Zeitschrift *Sonyŏn* bekam man westliche Werke selbst zu lesen, wenn auch nur als Übersetzung des Hauptinhaltes, Kyŏnggaeyŏk 경개역 (梗概譯), eine kurze summarische Zusammenfassung, oder auszugsweise Übersetzung und Neubearbeitung (a.a.O., 276ff., 280–302).

Mit dieser Öffnung koreanischer Übersetzungen für westliche literarische Werke begann der zweite Zeitraum dieser Periode, die, wie gezeigt, hauptsächlich mit der auszugsweisen sowie bearbeitenden Übersetzung aus dritter Hand, vor allem aus dem Japanischen[214] bestand. Folgende Autoren und Texte wurden übersetzt, wobei es vor allem um die – dabei vielleicht auch oberflächliche und unreflektierte – Vermittlung des Inhaltes ging: Die Britten George Gordon Noél Byron (1788–1824): *Childe Harald's Pilgrimage, The Corsair, Darkness*; Mary Edgeworth (1767–1849): *Helen*; John Milton (1608–1674): *Paradise lost*; Geoffrey Chaucer (ca. 1340–1400): The *Canterbury Tales*, die Amerikaner Harriet Beecher-Stowe (1811–1896): *Uncle Tom's Cabin*; Washington Irving: *The Sketch-Book, Life of Washington*, die Franzosen Fortuné du Boisgobey: *L'Œil-de-chat*; Jules Verne (1828–1905): *Deux ans de Vacances*; Alexandre Dumas (1802–1870): *Le comte de Monte-Christo*; Victor Hugo (1802–1885): *Les Misérables*, der Inder (Bengale) Rabindranath Tagore (1861–1941): *Gitanjali, Der zunehmende Mond*, die Russen Fjodor Michajlowitsch Dostojewskij (1821–1881): *Arme Leute*; Leo Tolstoj (1828–1910): *Auferstehung*; Iwan Turgenjew (1818–1883): *Gedichte in Prosa*, der Deutsche Gottfried August Bürger (1747–1794): *Wunderbare Reise zu Wasser und zu Lande, Feldzuge und lustige Abenteuer des Freiherrn von Münchhausen*, der Spanier Miguel Cervantes (1547–1616): *Don Quichote*, die Niederländerin Louisa de la Ramee: *A Dog of Flanders*, was der englische Titel war, der Pole Henryk Sienkiewicz (1846–1916): *Quo vadis?*, der Italiener Giovanni Boccaccio (1313–1375): *Il Decamerone*. Auch wurden griechische, persische und rumänische Werke aus japanischen Übersetzungen aus dem Englischen ins Koreanische übertragen. Auch diese Texte waren entweder in kurzer summarischer Zusammenfassung und somit meistens nicht als Einzelbücher, sondern als Fortsetzungen in Zeitschriften und Zeitungen oder in wörtlicher, aber auszugsweiser und bearbeiteter Übersetzung aus dem Japanischen übertragen worden. So war es nicht erstaunlich, dass in den Jahren

---

214 Es gab keine einzige Übersetzung aus dem Chinesischen im 2. Zeitraum dieser Periode.

zwischen 1910 und 1919 vierzig verschiedene koreanische Zeitschriften erschienen (a.a.O., 310ff.).

Was die Übersetzung der Dichtung anging, so können zwei Richtungen in ihrer Entwicklung unterschieden werden: Die eine Richtung repräsentierte Ch'oe Namsŏn, der als fast einziger Übersetzer für seine Zeitschrift *Die Jugend* westliche, vor allem englische Gedichte wie die von Byron, Eliot und Tennyson aus dem Japanischen[215] bearbeitete. Dabei blieb die Gedichtform unbeachtet und es wurde prosaisch in freier Form übertragen. Die andere Richtung schlug den Weg über die Auslandsstudenten des Faches für englische Literatur und Sprache in Japan, die über die erforderlichen Englischkenntnisse verfügten, als Weg der direkten Übersetzungen ein. Z. B. waren die Gedichte Tagores bzw. Byrons, die 1917 in der Zeitschrift *Ch'ŏngch'un* 청춘 (青春, *Die Jugendjahre*), Nr. 11 publiziert wurden, direkt aus dem Englischen ins Koreanische, wenn auch vielleicht mit Hilfe der japanischen Version übertragen worden und standen der ein halbes Jahrhundert später erfolgten neuen Übersetzung derselben Dichtung in nichts nach (a.a.O., 292–301, 352–356).

Wie oben gesehen, dominierten am Anfang der Neuzeit der Übersetzungsgeschichte die Übersetzungen als das aufklärerische und erzieherische Medium von historischen und politischen Werken sowie Biographien, in denen Themen, wie die Souveränität eines Staates und das Recht eines Volkes im Mittelpunkt standen. Mit der 1908 von Ch'oe Namsŏn gegründeten Zeitschrift *Sonyŏn* fand diese thematisch einseitige Enge eine Erweiterung durch die Übersetzungen auch von künstlerischen literarischen Werken, was zu weiteren Gründungen verschiedener Zeitschriften führte und mit der Wochenzeitschrift für Literatur und Kunst vom 1918, *T'aesŏ munye sinbo* 태서문예신보 (泰西文藝新報, *Neue Zeitschrift für große westliche Literatur und Kunst*), ihren Höchstpunkt erreichte. Was diese Zeitschrift in der koreanischen Übersetzungsgeschichte auszeichnet, ist, dass sie der erste bewusste Versuch war, einen Übergang von der „unreflektierten" Phase der lediglich den Stoff vermittelnden Übersetzung, wobei von der Formqualität abgesehen wurde, zur bewussten Beachtung der Form zusammen mit dem Inhalt zu schaffen. Dabei wurde sowohl die Übersetzungsvorlage als das Original möglichst genau beachtet. Im Folgenden wird die zweite Periode (1918–1925) als Zeit der Reflexion der Übersetzungsliteratur dargestellt.

---

215 Weil Ch'oe nur Japanischkenntnisse hatte, wählte er selber nur die japanischen Übersetzungen aus und übersetzte diese.

4.3 Die Zeit der kritischen Betrachtung der Übersetzungsliteratur (1918–1925)

4.3.1 Die erste Fachzeitschrift für Übersetzung westlicher Literatur und Kunst

T'aesŏ munye sinbo, die erste Wochenzeitschrift für die Übersetzung speziell westlicher Literatur und Kunst, wurde im August 1918 gegründet. Sie hatte den Zweck, erstens, berühmte westliche Literatur wie Romane, Dichtungen, prosaische Schriften, Dramen, aber auch Kunstwerke wie Lieder, Musik und sonstige schöne Kunst zu übersetzen, zweitens, diese Übersetzungen von angesehenen koreanischen Schriftstellern und drittens, direkt vom Originaltext zu erstellen. Der Unterschied zu anderen Zeitschriften war, dass man die Literatur nicht als etwas Instrumentales in Verbindung mit anderen Zwecken, sondern als etwas Selbstzweckhaftes anzusehen begann, und dass diese Fachzeitschrift nur auf die Veröffentlichung der Übersetzung beschränkt wurde. Sie erschien jedoch nur kurz von 1918 bis 1919, und es gab nur 16 Nummern. Diese enthielten die drei Gattungen Roman, Dichtung und Essay: davon 4 Romane (*Armorel of Lyonesse* des englischen Romanschriftstellers Walter Besant, *The Adventures of the Three Students* als Auszug der dritten Kurzgeschichte aus *The Return of Sherlock Holmes* von Arthur Conan Doyle, *Solitude* von Guy de Maupassant aus den englischen *Gesammelten Romanen und Novellen von Maupassant* (New York 1924) und Iwan Sergejewitsch Turgenjews Novelle *Tagebuch eines Jägers)*, 36 Dichtungen, die überwiegend von Henry Wadsworth Longfellow, Paul Verlaine sowie Turgenjew stammten und 4 Essays (worunter man heute eher vermischte Schriften verstehen würde): „Über die unglückliche Liebe" des Schriftstellers Washington Irving, „Bekenntnis" von Mary Roberts Rinehart, „Mein kummervolles Leben" von Virginia Holt und „Blick zurück in Reue" von Walt Mason. Als Übersetzer waren vier angesehene zeitgenössische koreanische Schriftsteller tätig, Kim Ŏk 김억 (金億), Chang Tuch'ŏl 장두철 (張斗撤), Samjŏn 삼전 (三田) und Kim Insik 김인식 (金仁湜). Außer Kim Ŏk taucht niemand nach dem Einstellen dieser Zeitschrift in der koreanischen Literaturgeschichte wieder auf. Hauptübersetzer waren Kim Ŏk und Chang Tuch'ŏl, und zwar war der erste zuständig für französische und russische, der zweite für englische und amerikanische Literatur. Chang Tuch'ŏl wurde vorgeworfen, dass er seine Autoren willkürlich ausgewählt habe, z. B. Walter Besant, der in späteren Nachschlagewerken für Weltliteratur und Literatur[216] nicht genannt wird. Chang Tuch'ŏl sei damit von der ersten Satzung des Zwecks der Zeitschrift abgewichen. Darüber hinaus habe er gegen die zweite Satzung verstoßen, indem er Walter Besants Roman nicht originalgetreu übersetzt habe[217], so dass auch von Kim der Vorwurf des Betruges[218] erhoben wurde.

---

216 Weder im japanischen Lexikon der Weltliteratur *Shinchōsekai bungakushōjiten* 新朝世界文學小辭典 von 1966 noch im *koreanischen Großen Wörterbuch für Literatur und Kunst* von 1962 (文藝大辭典) findet sich der Schriftsteller. Kim 1975: 372–376. Dieser Vorwurf gegenüber Chang scheint mir aber nicht plausibel. Es kann durchaus nachvollziehbare Gründe geben, diesen Autor zu übersetzen, vor allem wenn man bedenkt, dass dieser sozialreformerische Bestrebungen mit Mitteln der Literatur zu unterstützen suchte.

217 Die ersten zwei Romane wurden von ihm übersetzt, und zwar in adaptierter und radikal gekürzter Fassung: Der insgesamt 317-seitige Roman Besants, *Armorel of Lyonesse*, wurde in 15 Fort-

4.3.2 Der Dichter und Übersetzer Kim Ŏk

Dagegen gilt die Leistung Kim Ŏks sowohl in der Literatur- als auch Übersetzungsgeschichte Koreas als herausragend: Er versuchte grundsätzlich eine inhaltlich und formal getreue Übersetzung und wählte Texte von etwa zehn bekannten Schriftstellern wie Verlaine, Gourmont, Yeats, Turgenjew u.a. aus, welche die Länder England, Frankreich und Russland repräsentierten. Er beherrschte die englische und die französische Sprache, was hingegen die russische Literatur anging, erfolgten seine Übersetzungen aus dem Japanischen und Englischen. Als er in Japan studierte, in dessen Literatur gerade die Strömung des französischen Symbolismus herrschte, beeindruckte ihn besonders die symbolistische Dichtung. Mit seiner Rückkehr fand die Bewegung des Symbolismus auch in die koreanische Literatur Eingang. Die Zeitschrift *T'aesŏ munye sinbo*, in der Kim 19 von 36 Gedichten übersetzte, war ein wichtiger Ausdruck für das übersetzerische Engagement der symbolistischen Dichtungen. 1921 veröffentlichte er den ‚ersten Gedichtband Koreas', was ein markantes Ereignis in der koreanischen Literaturgeschichte kennzeichnete, auch wenn es sich nur um *Übersetzungen* der dort enthaltenen 84 Dichtungen von meistens französischen Symbolisten handelte.[219] Der Titel des Bandes hieß „Der qualvolle Tanz" (*Onoeŭi mudo* 오뇌의 무도, 懊惱의 舞蹈), in dessen Vorwort Kim betonte, dass er sich der mühevollen Arbeit, Dichtung zu übersetzen und dabei dem Original treu zu bleiben, ohne ihr den Charakter von Dichtung zu nehmen, nur unterziehen konnte, weil er selber ein Dichter sei. Denn als Dichter könnte er nicht einfach nur die Wörter übersetzen, sondern müsste sie selbst auch noch dichterisch fassen. Als ein Exponent der wörtlichen, also sinn- und formadäquaten „Übersetzungsweise" (Kim 1975: 400ff.), vertrat er die Auffassung, bei der Lyrikübersetzung wäre es notwendig, die sinngemäße Übersetzungsweise mit gewisser schöpferischer Kreativität des Übersetzers zu verbinden.

Außerdem schrieb er auch leicht verständliche Aufsätze über den französischen Symbolismus oder über die westliche Dekadenz, wo sich sein Verständnis der symbolistischen Dichtung in Frankreich wohl auch als Rechtfertigung seiner Übersetzung und seine Grundposition gegenüber dem Übersetzen ablesen ließ.

Auch war er es, der überhaupt die russische Literatur, überwiegend mit Turgenjew und meistens aus dem Japanischen übersetzt, bekannt machte. Er war auch der erste, der eine kurze biographische Einführung zu Turgenjew, eine eigene Ansicht über ihn und eine Einführung in seine Werke veröffentlichte. Als 1914 in der Zeitschrift *Die Jugendjahre*, Nr. 1 erstmals ein Werk Turgenjews, die Übersetzung von *Gedichte in Prosa* erschien, zählte dies zu den hervorragenden Ereignissen in der koreanischen Literatur- und Übersetzungsliteraturgeschichte (a.a.O., 388–398, 400–411).

---

setzungen zu etwa je einer Seite mit 48 Zeilen in der Schriftgröße 8 Point veröffentlicht. Kim 1975: 376–388.
218 Hierauf komme ich in Hinblick auf den ethischen Aspekt nochmal zu sprechen.
219 Es gab ca. 70 Gedichte symbolistischer Dichter wie Verlaine, Baudelaire, Gourmont, Yeats, die bereits in den verschiedenen Zeitschriften veröffentlicht worden waren und nun teilweise verbessert bzw. korrigiert wurden. Kim 1975: 531–536.

4.3.3 Die Tendenz der Übersetzungsliteratur in den 1920er Jahren

Nach der Unabhängigkeitsbewegung vom 1. März 1919 wurde die 10 Jahre währende japanische Kulturvernichtungspolitik vor allem gegenüber der Presse gelockert, sodass es zu Neu- bzw. Wieder-Erscheinungen von Zeitungen und literarischen Zeitschriften kam. Zwischen 1920 und 1929 wurden 168 Magazine neu gegründet, und 7 erschienen wieder, darunter hauptsächlich Fachzeitschriften für Literatur und Kunst, was zur schnellen Entwicklung der (National-) Literatur beitrug. Dies bedeutete dann auch ein dementsprechend erweitertes Forum der Rezeption der Übersetzungsliteratur. Die Zahl der Übersetzungsliteratur in den 1920er Jahren stieg im Vergleich zu den 1910er Jahren gewaltig an: Einzeln in Buchform herausgegeben wurden 124 Texte gegenüber 15, in den Zeitungen und Zeitschriften wurden insgesamt 671 Werke veröffentlicht gegenüber 41, darunter 151 Werke englischer Literatur, 127 russischer, 126 indischer, 100 französischer, 68 deutscher, 65 amerikanischer Literatur und 34 übrige. Auch qualitativ zeigte sich die Vorliebe für die schöne Literatur in den unterschiedlichen Genres: Es handelte sich um Werke von bedeutenden, zeitgenössischen Dichtern, Romanschriftstellern und Dramatikern aus den oben genannten Ländern[220].

Dieser rasante Anstieg der Übersetzungen führte unter dem Einfluss der über Japan eingeströmten Weltliteratur und Kunst zu einem Fortschritt des zeitgenössischen literarischen Bewusstseins, und die Rezeption der westlichen Literatur half, die eigene Literatur qualitativ zu verbessern. Diese Bewegung wurde getragen vom patriotischen Willen der Auslandsstudenten in Japan, die sich inzwischen zahlenmäßig erheblich vermehrt hatten und die eine größere Auswahl von Studienfächern belegten. Jetzt bot sich mehr Gelegenheit, Literaturen aus verschiedenen Ländern zugänglich zu machen. Je besser das Bildungsniveau des Gesamtvolkes, desto stärker und breiter wurde dessen romantische Sehnsucht nach bzw. Neugier auf fremde Kultur und Literatur (a.a.O., 414f.).

Wenn wir das Ursprungsland des Originals, dessen Autor und das Genre des Werkes betrachten, waren in den 1920er Jahren überwiegend Gedichte aus der englischen Literatur übersetzt und veröffentlicht worden, nämlich 319 Werke,[221] darunter als beliebtester Dichter George Gordon Baron of Byron – von dem drei einzelne Gedichtsammlungen erschienen, zwei im Jahr 1925 und eine im Jahr 1928 –, gefolgt von William Butler Yeats, William Blake, Arthur Symons. Ein Gedichtband Symons wurde von Kim Ŏk 1924 unter dem Titel „Verlorene Perle" veröffentlicht. Abgesehen von den Übersetzungen von Kim Ŏk soll jedoch für diese Periode die Technik der Gedichtübersetzung noch auf dem gleichen Niveau wie in den 1910er Jahren geblieben sein (a.a.O., 418–426).[222] Aufgrund der mangelhaften Kenntnis anderer Sprachen do-

---

220 Genannt seien etwa Yeats, Blake, Hardy, Doyle, Shakespeare, Whitman, Poe, Maupassant, Verlaine, Baudelaire, Goethe, Heine, Tolstoj, Tschechow, Tagore, Andersen, die aber von den japanischen Verzeichnissen der (Welt-) Literatur übernommen waren. Kim 1975: 415–418, 437–440, 682f, 689ff.

221 108 indische (nur von Tagore), 44 französische (darunter 22 von Verlaine und 16 von Baudelaire), 40 russische (davon 33 von Turgenjew), 37 deutsche (davon 23 von Heine, 8 von Goethe), 36 amerikanische (davon 11 von Whitman, 7 von Longfellow) folgten.

222 Das Kriterium für die Beurteilung der Übersetzung war nach Kim, ungeachtet der Textsorte bzw. der Textfunktion, stets die Übereinstimmung des Originals und der Übersetzung in Inhalt und

minierten die Übersetzungen französischer[223] und russischer Romane aus dem Japanischen, so wurden 12 Werke des Autors Maupassant ausgewählt von insgesamt 42 französischen Romanen (a.a.O., 435–438). Auch die aus dem Japanischen oder Englischen übersetzte russische Literatur wurde in den 1920er Jahren zum Gegenstand lebhafter Übersetzung – darunter 11 Romane und Kurzgeschichte von Anton Pawlowitsch Tschechow, 10 von Leo Nikolajewitsch Tolstoj, 8 von Maxim Gorki, 5 von Iwan Sergejewitsch Turgenjew, 2 von Fjodor Michajlowitsch Dostojewskij (a.a.O., 440–444). Reichlich vertreten sind auch russische Kommentare bzw. Besprechungen und Märchen (von Tolstoj und Gorki) sowie Dramen (von Tschechow). Ein ähnliches Bild zeigte die deutsche Literatur, die auch aus dem Japanischen übersetzt wurde, aber im Gegensatz zur russischen in diesen Jahren eher bescheiden vorgestellt und rezipiert wurde: je zweimal wurden Goethes Roman *Die Leiden des jungen Werther* und die Tragödie *Faust*, wenn auch in einer gekürzten Fassung des Hauptinhaltes, übersetzt. Ebenso wurden 14 der *Märchen* der Brüder Grimm zum ersten Mal vorgestellt. Nicht zu vergessen sind auch die englischen Dramen von William Shakespeare, von denen 12 der insgesamt 19 Dramen übertragen wurden. Was die englischen sowie amerikanischen Romane oder Kurzgeschichten anlangt, wurden Werke von weltbekannten Schriftstellern, darunter vor allem Literatur-Nobelpreisträgern, ausgewählt und übersetzt: aus der englischen Literatur Thomas Hardys *Tess von d'Urbervilles* und 4 Kurzgeschichten; 4 Romane und 1 Kurzgeschichte des Schotten Robert Louis Balfour Stevenson *Das Flaschenteufelchen, Der seltsame Fall von Dr. Jekyll und Mr. Hyde* u.a.; Doyles zwei Geschichten von *Sherlock Holmes' Abenteuer* und Edward George Bulwers [Lord Lytton of Knebworth] politischer (Gesellschafts-) Roman *Die letzten Tage von Pompeji*[224]; aus der amerikanischen Literatur wurden übersetzt je zwei Kurzgeschichten von Edgar Allan Poe und Jack London, 4 weitere von O. Henry (Pseudonym für William Sidney Porter) und eine von Mark Twain (a.a.O., 447–452).

Außer den bisher genannten Ursprungsländern waren in den 1920er Jahren auch andere Literaturen und Kulturen eingeströmt: Aufmerksam zu machen ist auf sieben Geschichten aus *Märchen und Erzählungen für Kinder* des Dänen Hans Christian Andersen und *Erzählungen griechischer Mythen*; hinzu kamen je ein bulgarischer und rumänischer Roman, eine philippinische, eine ungarische, eine türkische und zwei persische Dichtungen, zwei tschechoslowakische Dramen usw. Erstaunlich häufig rezipiert wurden zu dieser Zeit allein die Gedichte Tagores mit 108, worunter vier einzelne Gedichtsammlungen waren, und zwar eine aus dem Jahr 1923, zwei 1924 und eine 1927. Dabei wurden die ersten drei von Kim Ŏk,[225] die letzte von Song Wansik

---

Form: Ob z. B. ein Wort hier fiel, ob die Wortart eines Wortes gleich übertragen worden ist, ob die Zahl der Strophen und Verse zwischen beiden gleich ist, waren für ihn für die Würdigung einer Übersetzung entscheidend, was nach meiner Meinung allerdings gerade dort aber problematisch scheint, wo die sprachliche und kulturelle Differenz zwischen den beiden groß ist.

223 Wobei wir jetzt von Kim Ŏks Gedichtübersetzungen einmal absehen.
224 Die Auswahl dieser Autoren spiegelt getreu die Entwicklung der japanischen Literatur wider: Auch in Japan waren fieberhaft amerikanische sowie englische Kultur- und Literaturprodukte aufgenommen worden. In der ersten Ära des europäischen Einflusses auf Japan, Meiji (1868–1912), wurden aus der Sorge um seine Weltposition und dem Erwachen des Parlamentarismus heraus vor allem politische Novellen mit Eifer produziert. Gundert 1929: 128f.
225 Es handelt sich dabei um keine direkte Übersetzung aus dem Bengalischen, sondern aus dem

송완식 (宋完植) übersetzt. Dass der Dichter so beliebt wurde, lag daran, dass er als erster Asiate 1913 den Nobelpreis erhielt und auch sein Land ebenso wie Korea unter der Kolonialherrschaft stand, wodurch in Korea Solidarität erweckt wurde. Auf diese Weise kamen diese verschiedenen Literaturen aus naheliegenden Gründen über Japan, wurden somit aus dem Japanischen übertragen, aber auch die Auswahl fast aller Autoren und Werke war ebenso an den Bestsellerlisten in Japan orientiert (a.a.O., 452–460).

Ab dem Jahr 1925 verringerte sich die rasante Zunahme der westlichen Übersetzungsliteratur allmählich, weil zum einen die verbesserten japanischen Sprachkenntnisse der Bevölkerung, die somit selber japanische Bücher lesen konnte, dazu führten, dass die koreanischen Übersetzungen aus wirtschaftlichen Gründen weniger publiziert wurden im Vergleich zu den preiswerteren japanischen Ausgaben, die zudem in besserer Übersetzungsqualität vorlagen. Zum anderen stieg die Zahl von Schriften über einzelne Autoren, zudem wurde auch eine bestimmte literarische Richtung, die die schöpferische Arbeit der koreanischen Autoren beeinflusste, wichtiger und auch die Methode der Kritik wurde zunehmend rezipiert.

Von insgesamt als Einzelband erschienenen 124 Übersetzungen betrugen die von Koreanern direkt aus der Originalsprache gemachten Übersetzungen nur 11, dazu kamen 16 von amerikanischen Missionaren und 52 Umwegübersetzungen, 51 aus dem Japanischen und 1 aus dem Englischen, was im Vergleich zu den 1910er Jahren immerhin ein Anstieg der direkten Übersetzung darstellte. Zugleich zeigt dies aber die immer noch starke Abhängigkeit von der japanischen Übersetzung. Ähnlich war es auch hinsichtlich der Übersetzungsweise: vollständige und wörtliche Übersetzungen gab es 40, im Vorwort des Übersetzers nicht näher benannte Übersetzungsweise 29 und der Rest von 55 teilt sich in auszugsweiser, kurz zusammenfassender, adaptierter und sinngemäßer Übersetzung, worin sich die subjektiven Neigungen der Übersetzer niederschlugen.

Zu den Übersetzern, die mit der Übersetzung von mindestens drei Werken zur Übersetzungsliteratur zu dieser Zeit beitrugen, gehörten Kim Ŏk (10), Hong Nanp'a 홍난파 (洪蘭坡) (9), Yi Sangsu 이상수 (李相壽) (6), Gale und Yi Wŏnmo 이원모 (李源謨) in gemeinsamer Übersetzung (5), Yang Chaemyŏng 양재명 (梁在明), Künstlername Hayŏp 하엽 (夏葉) (4), Ch'ŏlligu 천리구 (千里駒), Künstlername von Kim Tongsŏng 김동성 (金東成) (3), Ch'un'gyesaeng 춘계생 (春溪生) (3), Yang Paekhwa 양백화 (梁白華) (3), wobei wir Kim folgen (Kim 1975: 531–691):

Bei Kim Ŏk, der sowohl in Quantität als auch Qualität den ersten Platz innerhalb der Übersetzungsliteratur zu dieser Zeit einnimmt, finden sich fünf Gedichtsammlungen, nämlich *Der qualvolle Tanz* (1921), *Gitanjali* (*Kit'anjari* 기탄자리, 1923), *Der Gärtner* (*Wŏnjŏng* 원정, 園丁, 1924), *Der zunehmende Mond* (*Sinwŏl* 신월, 新月, 1924) und *Verlorene Perle* (*Ilŏjin chinju* 잃어진 眞珠, 1924). Tolstojs *Mein Bekenntnis* (*Naŭi ch'amhoe* 나의 懺悔, 1921) (a.a.O., 548f.) war eine wörtliche Übersetzung aus dem Japanischen *Watashino zange* 私の懺悔 (1919), die ihrerseits wiederum aus dem Englischen von Hosoda Genkichi 細田源吉 übersetzt war. Auch zwei Biographien übersetzte er: *Die Biographie des amerikanischen Präsidenten Thomas*

Englischen. Die drei Titel hießen in der Reihenfolge „Gitanjali" (기탄자리, 1923), „Der Gärtner" (원정, 園丁, 1924) und „Der zunehmende Mond" (신월, 新月, 1924). Kim 1975: 452–457.

Woodrow Wilson (*Wilsŭn* 윌슨, 1921) (a.a.O., 545ff.), dessen Originalautor unbekannt blieb und aus dem Japanischen wörtlich übertragen wurde, und *Die Autobiographie des Benjamin Franklin* (*P'ŭraengk'ŭrin* 프랭크린, 1921) (a.a.O., 557ff.), die eine vielleicht oberflächliche auszugsweise oder gekürzte Übersetzung aus dem Englischen war. Die Übersetzung eines Werkes von Henryk Sienkiewicz, *In das Reich des Todes* (*Chugŭmŭi nararo* 죽음의 나라로, 1923) (a.a.O., 596f.), war keine direkte Übersetzung aus dem Polnischen, sondern aus dem englischen Text *In the new promised Land*. Der Übersetzer gab im Vorwort an, sie sei eine freie Übersetzung, mit Zusätzen sowie Weglassungen. „堂上燕雀" (1924) (a.a.O., 619f.) war der Titel, mit dem Kim Lord Lyttons Roman *Die letzten Tage von Pompeji* aus dem Japanischen (*Ponpei Saigo no Hi* ポンペイ最後の日, 1923, übersetzt von Nakamura Syouichi 中村詳一) in der Tageszeitung *Tonga ilbo* in 100 Fortsetzungen wortgetreu übersetzte. Jedoch wurde der Schluss in der 100. Fortsetzung nur noch summarisch und auszugsweise übersetzt.

Was Hong Nanp'a 홍난파 (洪蘭坡) bedeutsam macht, ist, dass er neun Werke der Weltliteratur, alle indirekte Übersetzung aus dem Japanischen, zur Übersetzung ausgewählt hatte: Turgenjews *Erste Liebe* (첫사랑, 1921) (a.a.O., 537ff.), dessen japanische Übersetzungsvorlage[226] ihrerseits aus dem Englischen übertragen war, wurde 1922 der Beliebtheit des Publikums wegen noch einmal verbessert und erschien neu. *Wohin gehst du?* (어대로 가나?) (a.a.O., 556f.), Sienkiewicz' *Quo vadis?*, war zuerst 1921 und 1927 in auszugsweiser Übersetzung erschienen. Auch Victor Hugos *Les Misérables* fasste Hong kurz und summarisch zuerst in koreanisch-chinesischer Gemischtschreibweise unter dem Titel „哀史" (*Aesa* 애사, *Eine traurige Geschichte*, 1922) (a.a.O., 566ff.) und dann für die Frauenleser in rein koreanischer Schrift mit dem Titel „쟌빨쟌의 설음" (*Jean Valjeans Elend*, 1922) (a.a.O., 583f.) zusammen. *Nachfolge des Vaterlandsverräters* (賣國奴의 子, 1923) (a.a.O., 586ff.), die Übersetzung von Hermann Sudermanns Roman *Der Katzensteg* aus der japanischen Fassung *Shōsetsu Baikokudo* 小說 賣國奴 von Tobari Chikufū 登張竹風, war durch die auszugsweise Übersetzung von 390 Seiten der japanischen Ausgabe auf 116 Seiten in der koreanischen Ausgabe gekürzt worden. *Zuliebe der Jugend* (青春의 사랑, 1923) (a.a.O., 593f.) war auch eine typische Übersetzung aus dritter Hand, aus dem Russischen *Die armen Leute* ins Englische *Poor Folk*, aus dem Englischen ins Japanische, aus dem Japanischen ins Koreanische. Der Titel „Tränen der Liebe" (사랑의 눈물, 1924) (a.a.O., 605ff.), dessen Original Alfred de Mussets Roman *Confessions d'un enfant du siècle* hieß, entstammte der wörtlichen Übersetzung der japanischen Vorlage, denn der eigentliche Titel wäre mit „Bekenntnisse eines Kindes seiner Zeit" zu übersetzen. Der Übersetzer machte in seiner Vorrede ersichtlich, dass das Modewort „Liebe" im Titel aus wirtschaftlichem Kalkül begründet und häufig verwendet wurde. 1924 wurde erstmals Émile Zolas *Nana* übersetzt, „나나" (a.a.O., 624f.), auch dies eine Übersetzung aus der dritten Hand, aus dem Französischen ins Englische, aus dem Englischen ins Japanische (*Nana* ナナ, übersetzt von Udaka Shinichi 宇高伸一, 1922), aus dem Japanischen ins Koreanische in auszugsweiser Übersetzung. Als Letztes ist die Übersetzung von Samuel Smiles' *Self-Help* aus dem Japanischen *Saigoku Risshi-*

---

226 *Hatsukoi* 初戀 (1918), übersetzt von Ikuta Syungetsu 生田春月, war ursprünglich eine Umwegübersetzung aus dem Deutschen, die dann aus dem Englischen verbessert wurde. Kim 1975: 537ff.

hen 西國立志編 (1871, übersetzt von Nakamura Masanao 中村正直) durch Hong Nanp'a zu nennen, *Erzählung des Emporkommens aus eigener Kraft für die Jugend* (靑年立志編, 1925) (a.a.O., 637ff.), was bereits zu Beginn der Rezeption westlicher Literatur unter dem Titel „自助論" (*Chajoron* 자조론, 1906) übersetzt worden war.

Henrik Ibens *Nora* wurde 1922 von Yi Sangsu 이상수 (李相壽) aus dem Japanischen übersetzt, „人形의 家" (*Das Puppenhaus*) (a.a.O., 577f.), dessen Vorlage die von dem Japaner Shimamura Hōgetsu 島村抱月 adaptierte *Ningyō-no-ie* 人形の家 war. Die Übersetzung *Menschenhändler* (人肉장사, 1923) (a.a.O., 601f.) aus dem Japanischen[227] von Yi beruhte auf dem Originaltext des Deutschen Schöyens *Die weiße Sklavin*. Getreu der japanischen Fassung übersetzte Yi *Liebe und Schmerz* (*Saranggwa sŏrŭm* 사랑과 설음, 1923) (a.a.O., 593), was auf *Tristan und Isolde* beruhte, dessen Originalautor aber nicht genannt wurde, *Frau aus dem Meer* (*Haebuin* 해부인, 海婦人, 1923) (a.a.O., 594ff.)[228], ein Werk Ibsens, *Geisterturm* (*Kwisint'ap* 귀신탑, 1924) (a.a.O., 621f.) aus der japanischen *Yūreitō* 幽靈塔, die von Mrs. Bendisons Mysteriengeschichte übersetzt wurde und Shakespeares *Merchant of Venice*, eine wörtliche Fassung der japanischen Übersetzung[229] „베니스 商人" (1924) (a.a.O., 632f.).

Der kanadische Missionar Gale übersetzte mit den Koreanern Yi Wŏnmo 이원모 (李源謨) und Yi Ch'angjik zusammen William Speirs Bruces *Polar Exploration*, mit dem Titel „兩極探險記" (1923) (a.a.O., 604), wobei Gale wohl das englische Original und die beiden Koreaner die chinesische Übersetzung von Liu Huru 劉虎如[230] vorliegen hatten. Aus der Zusammenarbeit von Gale und Yi Wŏnmo stammten noch Übersetzungen des Schweizers Johann Rudolf Wyss, der aus dem Deutschen ins Englische übersetzt hatte, nämlich: *The Swiss Family Robinson*, „류락황도긔" (1924) (a.a.O., 626f.), zwei summarische Zusammenfassungen, die eine von Daniel Defoes *Robinson Crusoe*, *Die Geschichte des Schiffbrüchigen Crusoe* (*Kruso p'yoryugi* 그루소표류긔, 1925) (a.a.O., 639f.) und die andere von Frances Eliza Hodgson Burnetts *Little Lord Fauntleroy*, *Der kleine Held* (*Soyŏng'ung* 쇼영웅, 1925) (a.a.O., 640) sowie die gekürzte Übersetzung von Robert Louis Balfour Stevensons *Der seltsame Fall von Dr. Jekyll und Mr. Hyde*, „일신량인긔" (1926) (a.a.O., 658f.), wobei der Übersetzer nur für wichtig gehaltene Teile heranzog, deren Hauptinhalt kurz zusammengefasst wurde.

Yang Chaemyŏngs 양재명 (梁在明) komplette Übersetzung von Goethes Epos *Hermann und Dorothea* (헬만과 도로데아) (a.a.O., 578f.) erschien 1922 zuerst in der Tageszeitung *Chosŏn ilbo* in 58 Fortsetzungen und 1923 dann in einem Buch mit dem Titel „헬만과 도로데아" (a.a.O., 581ff.). Aus der Tragödie *Macbeth* von William Shakespeare wurde von Yang der zweite Auftritt des ersten Aktes ausgewählt und in einer erzählenden Sprache übersetzt, „막베스" (1923) (a.a.O., 584) und erschien in der Tageszeitung *Chosŏn ilbo* in 24 Fortsetzungen. Zwei weitere von ihm aus dem Japani-

---

227 Kubota Juuichis 窪田十一 Übersetzung *Jinniku no Ichi* 人肉の市 (1921).
228 Die japanische Vorlage *Umi no Fujin* 海の夫人 (1914), übersetzt von Shimamura Hougetsu 島村抱月, soll überwiegend aus dem Englischen, wobei auch das Deutsche als Hilfstext diente, umwegig übersetzt worden sein.
229 *Venice no Syounin* ェ゛ニスの商人 (1909), übersetzt von Tsubouchi Syouyou 坪内逍遙.
230 Bei Kim (1975) steht nur der latinisierte Name Loo Heng Seng, der hier angegebene Name kommt jedoch von der chinesischen ältesten Übersetzungsausgabe (1927) beim Verlag Shangwu yin shuguan unter dem gleichen Übersetzungstitel wie dem koreanischen.

schen übersetzte Werke sind die des Theaterstücks *Salome* von Oskar Wilde, „사로메" (1923) (a.a.O., 598f.), und *Die Versuchung des Diogenes* mit dem Titel „지요케네스" (1924) (a.a.O., 627f.) [231] von Wilhelm Schmidtbonn.

Ohne den Originaltitel und -autor anzugeben, erschien die Übersetzung von Ch'ŏlligu 천리구 (千里駒), *Ellens Leistung* (엘렌의 功, 1921) (a.a.O., 532), in Fortsetzungen vom 21. 2. bis 2. 7. 1921 in der Tageszeitung *Tonga ilbo*. Ähnlich war es auch bei der Übersetzung von Doyles *A Study in Scarlet*, „Roter Faden" (붉은실, 1921) (a.a.O., 543ff.), die in 93 Fortsetzungen in derselben Zeitung gedruckt wurde. Es blieb unklar, ob aus dem Japanischen oder vom Englischen direkt übersetzt wurde.

Ch'un'gyesaengs 춘계생 (春溪生) zwei vollständige Übersetzungen von Tolstojs *Auferstehung*, „復活" (1923) (a.a.O., 585f.), und *Manon Lescaut* von Antoine François Prévost d'Exiles (genannt Abbé Prévost), „馬蘭姬 (마논레스코)" (1923) (a.a.O., 586), sowie eine auszugsweise Übersetzung des *Decamerone* von Giovanni Boccaccio, „데카메론" (1924) (a.a.O., 634), waren alle aus dem Japanischen übersetzt und wurden in der Tageszeitung *Maeil sinbo* als Serien in 223, 122 und 55 Fortsetzungen veröffentlicht.

Das gleiche Stück, Ibsens *Nora*, das auch Yi Sangsu ein paar Monate später übersetzte, wurde 1922 von Yang Paekhwa 양백화 (梁白華) aus derselben japanischen Vorlage übersetzt, „노라" (a.a.O., 569ff.), und war eine vollständige Fassung. Ebenso aus der japanischen Vorlage[232] übersetzte Yang Goethes Roman *Die Leiden des jungen Werther*, „少年 벨테르의 悲惱" (1923) (a.a.O., 599ff.), jedoch nicht vollständig, sondern nach seiner Vorliebe auszugsweise. Er erschien in der Tageszeitung *Maeil sinbo* in 40 Fortsetzungen.

4.3.4 Die erste Mitgliederzeitschrift für Dichtung und ihr Vertreter Yang Chudong

Die *Kŭmsŏng* 금성 (金星, *Der Goldene Stern*) genannte erste Mitgliederzeitschrift für Dichtung in der koreanischen Literaturgeschichte, 1923 gegründet, nimmt in unserem Kontext eine wichtige Stellung ein. Sie trug an die Rezeptionsform westlicher Literatur einen ersten theoretischen Ansatz heran und eröffnete damit überhaupt erst das Tor der Debatte über das Problem des Übersetzens, insbesondere des Gedichtübersetzens. Sie musste jedoch nach drei Nummern bereits 1924 ihr Erscheinen einstellen. Der Zweck ihrer Gründung war hauptsächlich eigene, aber auch übersetzte Gedichte zu veröffentlichen, wobei die Publikation der Übersetzung der Romane allerdings in geringer Zahl zugelassen wurde. Grundsätzlich wurde die Umwegübersetzung vor allem aus dem Japanischen sowie nicht namentlich gekennzeichnete Übersetzungen verworfen, was in der koreanischen Übersetzungsgeschichte einen Fortschritt bedeutete und in der Gründung der für die nachfolgende Periode (1926–1935) wichtigen Zeitschrift *Überseeliteratur* (*Haeoe munhak* 해외문학, 海外文學) von 1927 eine Fortsetzung fand. Die *Kŭmsŏng* verlangte, dass die Übersetzer gewissenhaft im Vorwort

---

231 Die japanische Vorlage war *Kyakuhon Jiogenesu no Yuwaku* 脚本ヂオゲネスの誘惑 (1912), übersetzt von Mori Ougai 森鷗外.

232 *Wakaki Werther no kanashimi* 若きエ·ルテルの悲み wurde 1917 von Hata Toyokichi 秦豊吉 übersetzt. Kim 1975: 599ff.

bzw. der Vorrede den Originalautor, den Übersetzer und den Urtexttitel, im Fall des Umwegübersetzens auch die Sprache, aus der die Übersetzung hergestellt wurde, ausdrücklich angeben. Vier zeitgenössische Dichter waren Gründungsmitglieder dieser Zeitschrift, die alle an den Universitäten das Studium in westlicher Literatur und Sprache abgeschlossen hatten, Yang Chudong 양주동 (梁柱東), Paek Kiman 백기만 (白基萬), Son Chint'ae 손진태 (孫晉泰) und Yu Ch'unsŏp 유춘섭 (柳春燮), wobei der aktivste Hauptübersetzer Yang Chudong war. Die in den drei Ausgaben erschienenen Übersetzungswerke waren überwiegend die der bereits dem koreanischen Publikum bekannten Autoren Baudelaire, Verlaine, Yeats, Tagore sowie Tolstoj und Turgenjew.

Yang Chudong übernahm in der *Kŭmsŏng* eine vergleichbare Rolle wie zuvor Kim Ŏk in der Zeitschrift für Übersetzung westlicher Literatur und Kunst (*T'aesŏ munye sinbo*) und forderte die wörtliche Gedichtübersetzung, die die methodologische Grundposition zum Übersetzen der Zeitschrift bestimmte: Obwohl der volle Gehalt der Original-Dichtung schwer zu übersetzen sei, wäre ihre Übertragung doch sinnvoll für die Leser ohne Fremdsprachkenntnisse. Dabei wurden auch eine kritische Biographie des Autors des Originaltextes, der Hauptinhalt des Textes und der zentrale Gedanke kurz behandelt. Das richtige Übersetzen wurde als originalgetreue wörtliche Übersetzung aufgefasst, die auf jeden Fall der bloß sinngemäßen Übersetzung überlegen sei. Diese grundsätzliche Äußerung im Vorwort der ersten Ausgabe zu seinen Übersetzungen der Baudelaireschen Dichtungen stieß bei Kim Ŏk auf Widerspruch, indem dieser eben das Gegenteil behauptete, wie wir oben bereits erfahren haben, und die Notwendigkeit der sinngemäßen Übersetzung der Dichtung mit gewissen künstlerischen Fertigkeiten des Übersetzers betonte. Mit seiner Kritik an Yang fingen heftige theoretische Debatten zum Thema Übersetzen an: In der Zeitschrift *Kaebyŏk* 개벽 (開闢, *Himmlische Öffnung*) übte Kim Ŏk unter der Überschrift „Spaziergang in die schöne Literatur" (Sidan sanch'aek 시단산책, 詩壇散策) eine scharfe Kritik, indem er auf die Fehlübersetzung aller Gedichte in der ersten Ausgabe von der *Kŭmsŏng* hinwies. Er führte einen satzweisen Vergleich zwischen dem Ausgangs- und dem Zieltext, eine morphologische, syntaktische Analyse sowie eine genaue Inhaltsvermittlung durch, um schließlich eine Rechtfertigung seiner Übersetzungsmethode für Gedichte zu begründen. Yang schlug in der dritten Ausgabe von *Kŭmsŏng* auf gleiche Weise zurück, durch den Hinweis auf Kims missglückte Übersetzung von Tagores *Der zunehmende Mond*, welche dieser gerade bei einer Zeitschrift in Fortsetzungen veröffentlichte: Kim wiche selber von einer sinngemäßen Übersetzung ab, und die Behauptung, die gleichen strukturellen Satzglieder im Zieltext wie im Original zu bewahren, sei niveaulos, denn Dichtung zeige über die grammatische Analyse hinaus einen höheren Gehalt. Mit der wörtlichen Übersetzung meinte Yang natürlich keine bloß formale grammatikalische Gleichheit, ließ er doch gegebenenfalls auch die sinngemäße Übersetzung zu, wenn die wörtliche Übersetzung in der Zielsprache verfremdend oder ungeschickt wirkte, er vertrat also eigentlich eine beide Übersetzungsweisen ausgleichende Position. Aber er betonte zugleich, wenn die Entfernung zwischen dem Ausgangs- und dem Zieltext zu weit ginge, stellte sich der Wert der Übersetzung in Frage. Die Fertigkeit des Übersetzers und seine guten Kenntnisse der eigenen Muttersprache sind bei Yang besonders wichtig (Kim 1975: 460–476, 509–516).

4.3.5 Die Bedeutung der Auseinandersetzung zwischen Kim Ŏk und Yang Chudong

Die Auseinandersetzungen zwischen Kim Ŏk und Yang Chudong durch einen schriftlichen Schlagabtausch in den Literaturzeitschriften weisen auf einige wichtige Aspekte in der koreanischen Übersetzungsgeschichte hin, indem die Kontrahenten im Hinblick auf die Rezeption der westlichen Literatur überhaupt zum ersten Mal über den Stellenwert des Übersetzens debattiert hatten, und damit die bis heute noch strittige Begrifflichkeit des Übersetzens und demgemäß die Problematik zwischen wörtlicher und freier Übersetzung insbesondere in Gedichten hervorhoben und bewusst machten. Bei Kim gleicht das Übersetzen selbst einer schöpferischen Arbeit, bei der die Schwierigkeit der direkten Übertragung des vollen Gehalts der Dichtung durch den persönlichen Charakter und das Können des Übersetzers behoben werden kann (um den Zugang aus einer anderen Sprache zu eröffnen), und so vertrat er den Vorrang der sinngemäßen Übersetzung. Daher ist bei Kim eine gute oder schlechte Übersetzung von der Sprachfähigkeit bzw. -fertigkeit des Übersetzers abhängig, denn er muss ja den Sinn erfassen und kann dann angemessen in der Zielkultur rezipiert werden. Hingegen trat Yang Chudong für die mehr wörtliche Übersetzung ein, also für eine genauere Vermittlung des originalen Sinnes, um damit Fehlübersetzungen zu vermeiden. Diese Pointierung zu gegensätzlichen Positionen führte weiter zu einer tatsächlichen Übersetzungskritik, die die Frage der Fehlübersetzung in den Mittelpunkt stellte.

Damit entwickelte sich eine Gegenhaltung zu der damals verbreiteten, unreflektierten Auffassung, dass auch die Übersetzung, die schon über eine dritte Sprache vermittelt war, problemlos den originalen Gehalt bewahre. Das Verantwortungsgefühl des Übersetzers als eines wirklichen Experten konnte sich damit weiterentwickeln (a.a.O., 516ff.).

4.4 Die Zeit der Veränderung der Praxis des Übersetzens (1926–1935)

Im Jahre 1926 bildete sich im japanischen Tokyo unter den zu dieser Zeit in Japan studierenden, gleichgesinnten Koreanern eine Gruppe zum Studium der ausländischen Literatur heraus, die „Arbeitsgruppe für ausländische Literatur" (Oegungmunhak yŏn'guhoe 외국문학 연구회, 外國文學 研究會). Die Mitglieder waren als in Japan studierende Koreaner „natürliche Fachleute" für ausländische Literaturwissenschaften in ihren bestimmten Studienfächern. Sie trugen in der Arbeitsgruppe ihre Untersuchungen vor, und aus diesen engagierten Diskussionen entstand als eine Art Sammelband ihrer Beiträge im Januar 1927 die Literaturzeitschrift, *Überseeliteratur (Haeoe munhak* 해외문학, 海外文學). Von den in der Gründungsurkunde genannten fünf Punkten war der Hauptgedanke, dass zugunsten der koreanischen Muttersprache der Ausbau von neuen Formen inländischer, also koreanischer Literatur erfolgen sollte. Diese neue Literatur sollte zugleich weltoffen sein und mit einem modernen Aussehen auf die Weltbühne treten können, und zwar mit Hilfe der Rezeption ausländischer Literatur. Deren Übersetzung, also das Einführen bestimmter Texte, die auch die Erforschung der Methodik des Übersetzens selber enthielten, sollte aber die Vorrangigkeit der Übersetzungstätigkeit selber nicht in Frage stellen. Dies sollte zu einer genau vermittelten Übersetzung der Werke führen, denn das eigentliche Übersetzen selber sei besser als zehn abstrakte Forschungsarbeiten. Die geplante monatliche Publikation scheiterte jedoch, und mit der zweiten Ausgabe wurde im Juli 1927 das Erscheinen der *Überseeliteratur* leider eingestellt aufgrund der finanziellen Lage und der Unzweckmäßigkeit der Trennung des Ortes für die Herausgabe in Japan und des Druckortes in Korea, was letztendlich zu vielen Druckfehlern führte. Ihre Mitglieder engagierten sich aber in den 30er Jahren weiter sehr aktiv als Kritiker oder Übersetzer und beeinflussten die literarischen Kreise in Korea.

Im Jahre 1926, als das Erscheinen der *Überseeliteratur* in Eile vorbereitet wurde, waren die koreanischen literarischen Kreise in einem aufgewühlten Zustand, indem sich ideologisch geprägte literarische Richtungen aufs Heftigste befehdeten: Vor allem die 1925 gegründete linke KAPF (Korea Artista Proleta Federation), der proletarische Kulturbund Koreas und die rechte, bürgerlich-nationalistische Richtung der Literatur, die sich schon früher etabliert hatte, standen sich durch ihre unterschiedlichen literarischen Haltungen feindlich gegenüber. Da die beiden Lager in Hinsicht auf das Grundverständnis der Literatur uneinig waren und sich gegenseitig blockierten, schien es der Gruppe der *Überseeliteratur* geboten, ausländische Literatur für Korea zugänglich zu machen. Dies sollte die sich als Uneinigkeit zeigenden Mängel im Verständnis von Literatur beheben und muss als ein für diese Zeit bedeutsames Unternehmen angesehen werden. Im Gründungsmanifest der *Überseeliteratur* wurden im Einzelnen genannt: Um das Niveau koreanischer Literatur, die zurzeit unter dem japanischen Einfluss stand, zu heben, sei es direkt oder indirekt, gebe es für Korea nur einen einzigen Weg, mithilfe der Fremdsprachenkenntnisse und ohne japanische Vermittlung direkt mit westlicher Literatur in Berührung zu kommen, wie ja auch Japan selber seine Literatur und Kunst unter dem direkten und indirekten westlichen Einfluss weiterentwickelt hatte. Wolle man die in den westlichen Literaturen zu findenden literarischen Gehalte angepasst an die koreanische Realität und das koreanische Gemüt aufnehmen, sei die direkte Übersetzung dieser Werke ins Koreanische unentbehrlich. Zugleich solle auch die Qualität der koreanischen Literatur verbessert werden. Aus dieser Notwendigkeit entstehe die Zeitschrift *Überseeliteratur*, die als Überwindung bestimmter literarischer Richtungen der Erforschung und Einführung westlicher Literatur keine ideologischen Grenzen setzen werde. Hierfür wurden die Mitglieder zu drei grundlegenden Haltungen oder Zielen in Bezug auf Übersetzung aufgefordert: Die Übersetzung sollte originalgetreu sein. Dazu sollte das Übersetzen aus zweiter oder dritter Hand vermieden werden und die Pflege der koreanischen Muttersprache sollte gefördert werden.

Sie behaupteten, dass die Übersetzungen zu einer vorteilhaften Entwicklung der koreanischen Sprache wesentlich beitragen würden. Die Notwendigkeit der Erforschung der koreanischen Sprache führte zu einem großen Interesse an der neuen Wortbildung. Die von ihnen neu gebildeten, dem Publikum durchaus fremden Wörter wurden in der Übersetzung verwendet mit der Begründung, dass der Westen eine andere Lebensform, demgemäß ein anderes Gesamtbild seiner Sprache zeige als Korea, sodass die daraus sich ergebenden eigentümlichen Gefühle und Vorstellungen notwendig durch die verfremdend scheinenden, neu gebildeten koreanischen Wörter, auch wenn sie als „kein Wort" oder als nicht zur eigenen Sprache gehörig betrachtet würden, zum Ausdruck gebracht werden müssten. Konkret wurden drei Übersetzungsverfahren auf der lexikalischen Ebene geboten: Direktentlehnung, also die unveränderte Übernahme der Fremdwörter, wortgetreue Übersetzung und Hinzufügung neuer Bedeutung zu dem Wort der Ausgangssprache. Diese Verfahren sollen in der Sprachentwicklungsgeschichte dabei behilflich sein, den Reichtum des Wortschatzes zu mehren und neue Wörter zu bilden, so wurde es im ersten Jahrgang der Zeitschrift durch Kim Chinsŏp 김진섭 (金晋燮) vertreten. Da die koreanische Sprache sich in einer noch relativ unentwickelten und undifferenzierten Phase befinde, müsse man wagen, mit Hilfe von neu gebildeten Wörtern zu übertragen, auch wenn diese noch nicht unmittelbar als Worte angesehen würden. Diese Bezeichnung „kein Wort" (非語) war ursprünglich die Kritik von Yang Chuduong, der in drei Punkten seiner Meinung gegen diese Grundstellung zum Übersetzen der *Überseeliteratur* Luft machte. Im Folgenden wird die Debatte zwischen Yang und Mitgliedern der *Überseeliteratur* dargestellt (a.a.O., 476–508).

4.4.1 Die Auseinandersetzung zwischen der Gruppe der *Überseeliteratur* und Yang Chudong

Als die Gründungsausgabe der *Überseeliteratur* veröffentlicht wurde, kritisierte Yang drei Punkte:
 (1) die unvermittelt bleibende Dichotomie der wörtlichen und freien Übersetzung,
 (2) die Stilfrage und
 (3) die Begrenzung der zu übersetzenden Wörter.

In Bezug auf den ersten Punkt soll nach Yang der Übersetzer im Hinblick auf sein Gewissen gegenüber dem Ausgangstext (AT) sorgfältig und so wörtlich wie möglich übersetzen. Flexibel könne er nur dann den AT frei übersetzen, wenn die zielsprachlichen Ausdrücke ungeschickt scheinen, eine sprachlich unannehmbare wörtliche Übersetzung sei kaum besser als eine freie.[233]

Dagegen sprachen Kim Chinsŏp und Yi Hayun 이하윤 (異河潤) – dieser trat mit Kim gleichzeitig in die Gruppe der *Überseeliteratur* ein: Wenn Yang die Gruppe nicht nur vom Standpunkt eines Sprachlehrers betrachten würde, dann könnte man doch sehen, dass hier auch die gleiche Meinung herrsche, und es sei lächerlich, wenn man sich darüber freuen würde, herausgefunden zu haben, dass ein (Schrift-) Zeichen ausgelassen oder übersetzt wurde, so Yi. Auch Kim äußerte, es gebe keine perfekte Übersetzung, vor allem bei der Übersetzung der Dichtungen gerate man in ein Dilemma, die Schönheit einer Dichtung gehe verloren bei der wörtlichen Übersetzung, und wenn die Übersetzung schön sei, dann sei sie wohl nicht wortgetreu nach dem AT übersetzt worden. Diese Problematik liege bei dem Individuum, es sei rein individuelle Sache, sich für eine wörtliche oder freie Übersetzung zu entscheiden. Daher sei es ganz unangemessen, dass die Gruppe der *Überseeliteratur*, besonders ihre Haltung zum Übersetzen, vom Yang kritisiert wurde. Nach Kims Ansicht war z. B. auch bei Yangs Übersetzung der Dichtung willkürlich kein Unterschied zwischen dem Vers und der Strophe gemacht worden und auch Satzeichen waren unbeachtet geblieben.

---

233 Auf diese Debatte bezogen ist auf Christiane Nord (1995: 31–33) hinzuweisen, die die Loyalität als eine ethische Qualität des Übersetzers in doppelter Beziehung bezeichnet, und zwar als Loyalität sowohl zum Zieltextempfänger als auch zum Ausgangstextautor.

Beim zweiten Punkt, der Stilfrage, handelte es sich um den Unterschied zwischen leicht verständlichem Yŏnmun 연문 (軟文) und dem eher schwer zu verstehenden Stil Kyŏngmun 경문 (硬文). Mit diesem zweiten Stil, für dessen Gebrauch sich die Gruppe der *Überseeliteratur* aussprach, war gemeint, dass der Koreanisch-und-chinesisch-gemischte-Schriftstil (국한문 혼용체, 國漢文混用體), sowie die Verwendung der komplizierten chinesischen Wörter bzw. Zeichen oder der chinesischen idiomatischen Redewendungen, die im Normalfall aus vier Zeichen bestehen und die man ohne Hintergrundwissen schwer verstehen kann, für das Übersetzen Verwendung finden sollte. Dagegen wandte sich Yang: man könne je nach der Textsorte z. B. eine wissenschaftliche Arbeit im sog. metaphysischen, also koreanisch-chinesisch-gemischten Schriftstil, hingegen künstlerische Werke wie einen Roman oder ein Drama nur in einem verständlichen Stil übertragen, erstrebenswert sei für den Übersetzer, dergleichen allgemein unverständlichen Wörtern zu vermeiden. An seinen Begriff von „kein Wort" anschließend bot Yang zur Begrenzung der zu übersetzenden Wörter an, möglichst nur rein koreanische Wörter zu gebrauchen, jedoch bei gleichzeitiger Verwertung des Japanischen. Er gab zu, dass es keine Sprache ohne Einflüsse einer Fremdsprache gegeben hätte, und wenn man kein eigenes geeignetes Wort fände, also bei der Null-Entsprechung, dann wäre die direkte Übernahme der Fremdwörter schon nützlich (Kim 1975: 518–525). Hier bleibt aber die fehlende Entsprechung in der Zielsprache immer noch unüberwunden.

Yangs Ansicht hierzu bezeichneten Kim und Yi als altmodisch sowie als nationalistisch: Man sehe heute, wie sehr sich die japanische Literatur dank der früheren Übersetzungsarbeiten, die den schwer zu verstehenden, also metaphysischen Stil ausweisen, entwickelt hätte, und der trotzdem heute in fast allen literarischen wie künstlerischen Werken zu finden sei. Darüber hinaus: Was solle „kein Wort" sein, wie es Yang nannte? Wenn man an die verschiedenen Lebensformen denkt, die die einzelnen Sprachen auszeichnen, dann kann auch „kein Wort" bei der Übersetzung in Kauf genommen werden. Damit könne die Koreanisch-chinesische-Gemischtschreibweise nützlich im Sinne des zweiten Stils aufgenommen werden, um etwa die dem Leser durchaus ungewohnten Fremdwörter nahezubringen. Dies ist eine ähnliche Position von Kim und Yi, wie einst Weisgeber in Bezug auf die Sprachfunktion in seiner Sprachinhaltsforschung argumentiert hatte, dass nämlich unterschiedliche Wirklichkeiten und Weltanschauungen an verschiedene Sprachen gebunden seien, und so finde sich nicht für jedes Wort einer Sprache in jeder anderen ein genaues Äquivalent, sondern es treten gewisse Unterschiede auf (vgl. Stolze 1997: 30–33).

Wie wir sehen, ist Yang unter Berufung auf die Gewissenhaftigkeit des Übersetzers gegenüber dem AT prinzipiell für die wörtliche Übersetzungsmethode, die aber, wenn nötig, durch die sinngemäße Vorgehensweise ergänzt werden kann, und in Bezug auf die Stilfrage liegt nach ihm der erste verständliche Stil, der zu jener Zeit in der koreanischen literarischen Welt allgemein verbreitet und sogar beliebt war, dem zeitgenössischen Stil des Übersetzens nahe. Hingegen verteidigten Kim und Yi die Methode des Übersetzens, bei der der eigentliche Charakter des Originals nicht verloren geht, und darum dem Stil des Originals getreu bleibt, auch wenn sie, die Methode, sich des Momentes der Verfremdung bewusst ist. Somit könnten schließlich die „Leser" – hier sind sie im Sinne von Schleiermacher, auf den ich gleich zu sprechen kommen möchte, wohl Gebildete – das Original erst richtig genießen. Sie fanden zwar den eigenen (individuellen) Stil des jeweiligen Übersetzers wichtig, aber auch den fremden Stil westlicher namhafter Autoren, von dem sie letztendlich für sich selbst zu lernen forderten.

Diese Auseinandersetzung lässt uns in jeder Hinsicht an die „verschiedenen Methoden des Übersetzens" erinnern, die Friedrich Schleiermacher (1768–1834) in einem Vortrag zum Übersetzen 1813 angesprochen hatte[234]: Schleiermacher differenzierte zwischen Dolmetschen und Übersetzen, und zwar ist nach ihm Dolmetschen für das Gebiet der Geschäften geeignet und dabei als „sprachliche Trivialkommunikation" (Wilss 1977: 35) in gewisser Weise mechanisch, während Übersetzen für das Gebiet der Kunst und Wissenschaft, wo man selbsttätig denkt, geeignet ist und deshalb die hermeneutischen Fähigkeiten des Übersetzers gefragt sind. Der „eigentliche" Übersetzer hätte für das „eigentliche" Übersetzen nur zwei Wege, entweder den Schriftsteller möglichst in Ruhe zu lassen und Leser auf ihn zuzubewegen. Damit ist gemeint, dass das Bild des Originals, das der Übersetzer durch seine Kenntnis der „Ursprache" vom Original gewonnen hatte, dem Leser mitgeteilt wird, er „bewegt" den Leser bis an die dem Leser eigentlich fremde Stelle hin (vgl. auch Wilss 1977: 32–36). Dies ist eine ähnliche Position wie die von Kim und Yi, die forderten, eine Übersetzung so zu gestalten, dass sie wie ein Original wirkt und sich wie dessen Autor auf den zielsprachlichen Leser zubewegt. Das ist dann auch mit der Behauptung Yangs des oben genannten ersten, verständlichen Stils vergleichbar.

Diese Debatte zwischen der Gruppe der *Überseeliteratur* und Yang zeigte einen Fortschritt im Problembewusstsein des Übersetzens gegenüber derjenigen zwischen Kim Ŏk und Yang in der vorhergehenden Periode, und der gleiche Ansatz, Theorien über die Grundposition zum Übersetzen darzulegen, wurde in den 1930er Jahren in noch vielfältigeren Übersetzungstheorien weitergeführt[235], was diese Periode auszeichnet und in der koreanischen Übersetzungsgeschichte von großer Bedeutung ist (Kim 1998: 289–310).

4.4.2 Die Tendenz der Übersetzungsliteratur in den 1930er Jahren

Die Zahl der Übersetzungsliteratur in den 1930er Jahren stieg im Vergleich zu den 1920er Jahren weiter an: Es gab 894 Übersetzungen in den Zeitungen und Zeitschriften, 223 mehr (als im vorigen Jahrzehnt), aber nur 21 wurden als Buch veröffentlicht (103 weniger), das zeigt, dass die Veröffentlichung in den Zeitungen und Zeitschriften eindeutig die in der Buchform dominierte. Dies lag vor allem an der Zunahme der Neugründungen von Zeitschriften, die zwischen 1930 und 1936 ihren Höhepunkt während der japanischen Kolonialzeit erreichte. Weiterhin lag es daran, dass die Übersetzungsliteratur in den Zeitungen und Zeitschriften nicht, wie in den 1920er Jahren, eher zufällig, sondern zu bestimmten Zwecken von Fachleuten ihrer jeweiligen Fachbereiche durchgeführt wurden: Die meisten von der Gruppe der *Überseeliteratur* waren, wie schon oben erwähnt, im Übersetzen sehr engagiert, weil sie sich als Experten ver-

---

234 „Über die verschiedenen Methoden des Übersetzens", Akademie-Vortrag, vorgetragen am 24. Juni 1813. In: *Friedrich D. E. Schleiermacher*. Kritische Gesamtausgabe, 1980ff., Abt. 1. *Schriften und Entwürfe*, Bd. 11, S. 67–93, Berlin: de Gruyter, 2002.
235 Dazu komme ich später.

pflichtet fühlten, und veröffentlichten ihre Übersetzungen in einer bestimmten Spalte der Zeitschriften sowie in Zeitungen als Sonderteil, als ein Beispiel sei genannt: „Eine Sammlung von Meisterstücken aus der Weltliteratur".[236] So konnte man die Übersetzungen einer Kurzgeschichte, eines Romans oder eines Gedichtes der Weltliteratur in Fortsetzungen lesen. Der Grund für den Rückgang der Bücherpublikation der Übersetzungsliteratur lag einerseits an der Konkurrenz mit den japanischen Büchern und andererseits an der mangelnden Nachfrage nach literarischen Büchern.[237] Nach 1935 zeigten die Veröffentlichungen, sei es in den Zeitungen und Zeitschriften oder als Buch, einen drastischen Rückgang. Denn Japan trat 1935 aus dem Völkerbund aus und eröffnete seine Feindseligkeiten gegen Amerika und England, allerdings nicht gegen Deutschland und Italien, was eine Bewegung besonders gegen die angelsächsische, aber auch die westliche Kultur überhaupt hervorrief und die Kontrolle über Produkte der westlichen Kultur verschärfte, und Korea war als japanische Kolonie ebenfalls davon betroffen.

Von den 894 Veröffentlichungen in den Zeitungen und Zeitschriften entstammten 367 der englischen Literatur, 127 der deutschen, 108 der französischen, 104 der amerikanischen, 101 der russischen, 21 der indischen und 64 der Literatur anderer Sprachen. Von 21 in Buchform waren 6 amerikanische, 3 englische, 2 französische Werke, je 1 deutsches, polnisches, dänisches Werk und 7 sonstige. Trotz der geringen Zahl der Buchveröffentlichungen waren von 21 Übersetzungen 12 direkt vom AT ins Koreanische übertragen worden, also 57%, was zugleich fast eine Verdreifachung im Vergleich zu den 1920er Jahren bedeutete, wo der Anteil noch bei 20% lag. Von den 21 waren jetzt nur noch 3 von ausländischen Missionaren und der Reste von Koreanern, die alle

---

236 Als Erstes ist die am 22. Mai 1931 anfangende Veröffentlichung von „Ausgewählte Kurzgeschichten der Weltliteratur" (世界名作短篇選譯) in der *Chosŏn*-Tageszeitung zu nennen, sie enthielt: Robert L. Stevensons „Eine Nacht" (하로ㅅ밤, 22.5.–6.6.1931), Nathaniel Hawthornes „Dr. Heiddeger's Experiment" (하박사의 실험, 7.6.–16.6.1931), Edgar Allan Poes „Das goldene Insekt" (黃金蟲, 17.6.–17.7.1931), Charles-Louis Philippes „Selbstmordversuch" (自殺未遂, 18.7.–22.7.1931), Jules Renards „Ein kleiner Zigeuner" (작은 漂浪人, 26.7.–29.7.1931), Maurice Leblancs „Trauring" (結婚 반지, 30.7.–14.8.1931) – alle von Yi Hayun (異河潤) übersetzt –, Anton Tschechows „Der Bär", (곰, 8.8.–18.8.1931), übersetzt von Ham Taehun (咸大勳), Oscar Wildes „Sphinx ohne Geheimnis" (秘密없는 스핑크스, 15.8.–21.8.1931), Henri de Régniers „Bruch" (決裂, 22.8.–27.8.1931), übersetzt von Yi Hayun, Anton Tschechows „Frauen auf dem Dorf" (마을의 女子들, 23.4.–10.5.1932), übersetzt von Ham Taehun, James Joyce' „Unerwartet" (意外, 21.6.–26.6.1932), übersetzt von Hakp'o (學圃), Anton Tschechows „Gedenkfeier" (記念祭, 23.1.–28.1.1933), übersetzt von Ham Taehun, John Galsworthys „Frühling" (봄, 5.2.–2.3.1933), übersetzt von Cho Yongman (趙容萬), Frau Isabella Augusta Gregorys „Die Tür des Gefängnisses" (獄門, 9.2.–14.9.1933), übersetzt von Ch'oe Chŏngu (崔廷宇), Thomas Hardys „Der traurige Kavalier" (憂鬱한 輕騎兵, 10.2.–28.2.1933), übersetzt von Yi Hongno (李弘魯), Thomas Hardys „Verleugnung des Kindes" (子息의 否認, 7.3.–18.3.1933), übersetzt von Yi Sŏnssŏp (李瑄燮), Sean O'Caseys „Die Schatten der als Zivilisten verkleideten Soldaten" (便衣隊의 그림자, 21.8.–22.9.1933), übersetzt von Chang Kije (張起悌), De L'Isle-Adams „Ein Fräulein wie eine Perle" (眞珠娘, 6.9.–26.9.1933), übersetzt von Yi Hayun, John Galsworthys „Die Niederlage gegen den Norden" (敗北, 27.9.–15.10.1933), übersetzt von Yi Hayun, und Frau Isabella Augusta Gregorys „Der Mondaufgang" (月出, 3.10.–15.10.1933), übersetzt von Ch'oe Chŏngu. Kim 1975: 694ff.

237 Aus Gründen des Umsatzes wurden in den Buchhandlungen mehr Schulbücher bzw. sonstige Hilfsmittel für den Unterricht ausgestellt.

westliche Sprachen und Literaturen studierten, hergestellt worden, hingegen sah das Verhältnis im Vorjahrzehnt noch so aus: 16 von Missionaren und nur 8 von Koreanern. Was das Umwegübersetzen aus dem Japanischen anging, war es im Vergleich zu den 1920er Jahren von 39% auf 20% zurückgegangen, d.h. japanische Einflüsse in der koreanischen Übersetzungsliteratur hatten etwas abgenommen. Der Anteil der vollständigen, nicht bloß auszugsweisen Übersetzungen betrug 48%, das war eine Zunahme von 15 Prozent-Punkten gegenüber der Vorperiode, als der Anteil noch bei 33% lag. Die auszugsweise sowie sinngemäße Übersetzung in gekürzter Form waren jetzt fast verschwunden. Hinsichtlich der Angabe des Autornamens des Originaltextes und des Übersetzers gab es nur noch 3 Fälle ohne Angabe des Autornamens des Originaltextes (13%), 18.8 Prozent-Punkte weniger als ein Jahrzehnt zuvor (Kim 1975: 692–698, 797ff.).

Betrachtet man die Übersetzungsliteratur nach dem Ursprungsland, so zeigt sich Folgendes: Die englische Übersetzungsliteratur in den 1930er Jahren wurde dominiert von Übersetzern der neuen Generation, die an den Universitäten englische Sprache und Literatur studierten. Dazu gehörten Yi Hayun, Kim Kwangsŏp 김광섭 (金珖燮), Ch'oe Chŏngu 최정우 (崔珽宇), Kim Ch'ungsŏn 김충선 (金忠善), Yi Chongsu 이종수 (李鍾洙), Kim Haegyun 김해균 (金海均), Cho Yongman 조용만 (趙容萬), Im Haksu 임학수 (林學洙), Kim Hwant'ae 김환태 (金煥泰) u.a., und entsprechend ihrer Bildung erreichten ihre Übersetzungen ein höheres Niveau: Nicht mehr die summarische Übersetzung der Weltliteratur zum Zweck der Belehrung des Volkes wie in den 1920er Jahren war als bestimmender Grund für die Veröffentlichungen zu finden. Beliebt wurden im Genre des Romans Autoren wie John Galsworthy, von dem 8 Kurzgeschichten übersetzt wurden, wohl auch, weil er den Nobelpreis für Literatur im Jahr 1932 erhalten hatte, gefolgt von Conan Doyle mit 7, James Joyce mit 5 Kurzgeschichten, die aus seinen Meisternovellen *Dubliners* (1914) ausgewählt wurden. Thomas Hardy und Robert Louis Balfour Stevenson, Aldous Leonard Huxley und Liam O'Flaherty waren mit je 4, Katherine Mansfield mit 3, David Herbert Lawrence und Virginia Woolf mit je 1 Kurzgeschichte vertreten (a.a.O., 698–703).

Hinsichtlich der englischen Dichtung wurden 239 Gedichte übersetzt, was nahezu eine Verdreifachung gegenüber den 84 in der vorigen Periode war. Dies hat, wie schon angedeutet, damit zu tun, dass die miteinander in Wettbewerb stehenden Zeitungen und Zeitschriften besondere Kolumnen für Gedichte einrichteten. In Konkurrenz zu *Chosŏn ilbo* veröffentlichte die Tageszeitung *Tonga ilbo* vom 9. 2. bis 30. 3. 1930 unter dem Kolumnentitel „Ausgewählte moderne englische Gedichte" (現代英詩選譯) 10 Werke unter der Leitung des Übersetzers Pyŏn Yŏngno 변영로 (卞榮魯). Als Reaktion darauf boten verschiedene andere Zeitschriften und Zeitungen auch ähnliche Sonder-Kolumnen an: Bei der Zeitschrift *Taejung kongnon* 대중공론 (大衆公論), Nr. 5 (1.4.1930) wurden unter der Überschrift „Ausgewählte westliche Gedichte" (西詩選譯) insgesamt 7 Werke von Simons, Hardy, Robert Seymour Bridges, Davies, Hudgeson und Galsworthy von Yi Hayun übersetzt und publiziert, der auch in der Nr. 7. (1.6.1930) unter derselben Überschrift auch 7 irische Gedichte von W. B. Yeats, J. M. Singer u.a. übersetzte und publizierte. In der Tageszeitung *Tonga ilbo* wurden vom 5. 11. bis 24. 12. 1930 unter dem Titel „Studie zur modernen Dichtung" (現代詩 研究) Dichter wie T. Hardy, Alfred Edward Housman, William Henry

Davies, John Masefield, [Alfred Noyce], [Edward Thomas], [Rupert Brooke], [James Stevens] [238], D. H. Lawrence, W. B. Yeats und George William Russel und noch weitere vorgestellt und deren ausgewählte Dichtungen ebenfalls von Yi Hayun übersetzt und publiziert. In der Zeitschrift *Sindonga*, Nr. 1 (1.1.1933) wurden unter dem Sondertitel „Schriftsteller Galsworthy" je ein Werk, ein Gedicht, Drama oder eine Kurzgeschichte ausgewählt und übersetzt. In der Zeitschrift *Chogwang*, im 5. Band, Nr. 6 (1.6.1939) wurden unter dem Sondertitel „Liebesgedichtsammlung aus aller Welt" (세계연애시첩, 世界戀愛詩帖) 13 ausgewählte Liebesgedichte von Hardy, Goethe, Yeats, Francis Jammes, Dante, Gabriel Rossetti u.a. von Fachübersetzern wie Yi Hayun, Kim Kwangsŏp, Son Usŏng 손우성 (孫宇聲) übersetzt und veröffentlicht.[239] Durch diesen Sonderteil der Zeitungen und Zeitschriften war die Übersetzungsliteratur vor allem von Gedichten in den 1930er Jahren so lebhaft wie noch nie zuvor, dass man von dieser Periode als Renaissance für die Übersetzung der englischen Dichtung sprach (a.a.O., 703–718).

Auch die Übersetzungsleistung in anderen Genres wie Dramen, Essays und Sachtexten, die aktuelle, wissenschaftliche, literaturwissenschaftliche sowie literaturkritische Themen behandelten, war in Qualität und Quantität verbessert worden: Die Übersetzer selber als zeitgenössische Literaturkritiker wählten nach der Fachrichtung ihres Studiums bekannte Textkritiker und deren Arbeiten zu vielfältigen Themen aus und übersetzten sie, etwa W. H. Hudsons „Zur Untersuchung der fiktionalen Prosa"[240], H. Newbolts „Über die Dichtung", M. Barings „Über die Dramen von Tschechow", T. E. Humes „Moderne Kunst und Philosophie", W. Lewis' „Wiederbelebung des Klassizismus in Großbritannien", A. Hirschs „Soziologie und Literaturgeschichte" oder Alan Alexander Milnes Essays „Freude am Schreiben", „Angewohnheit, Tagebuch zu schreiben", „Zum Verzicht auf Alkohol", O. Wildes Märchen „Der Sohn des Sterns" usw. (a.a.O., 718–722).

Von der amerikanischen Literatur wurden zu dieser Zeit im Bereich der Erzählliteratur[241] die Kurzgeschichten von O. Henry[242] am meisten gelesen, weitere Aufmerk-

---

238 Die Autorennamen im eckigen Klammern basieren auf dem koreanischen Quellentext, der von Kim (1975: 696) nur koreanisch transkribiert angegeben wurden. Sie sind in einschlägigen Literaturlexikon nicht zu finden.

239 Die Tageszeitung *Tonga ilbo* bot vom 27. 9. bis zum 13. 10. 1934 dem Publikum zum Thema „Die Muse des Herbstes" Übersetzungen ausgewählter Dichtungen Englands (4), Frankreichs (2) und Amerikas (1), übersetzt von Kim Kwangsŏp, Im Haksu u. a. an. Die Zeitschrift *Samch'ŏlli* 삼천리 (三千里) zeigte im 3. Band, Nr. 11 (1.11.1931) unter dem Titel „Sonderausgabe: Literatur aus den kleinen und politisch nicht so bedeutenden Ländern" (*Yaksominjok munye t'ŭkchip* 약소민족문예특집, 弱小民族文藝特輯) Übersetzungen von 9 Gedichten aus Indien (von S. Naidu), Bulgarien (von K. Veličkov, C. Cerkovski und I. Vazov), Irland (J. Stevens), Ungarn (von F. Kölcsey und F. Molnár), Südrussland (von Alexander Sarov, dieser von Kim genannte Autor, konnte nicht verifiziert werden) und Polen (von L. Zamenhof), in ihrem 10. Band, Nr. 8 (1.8.1938) unter der Überschrift in einer Sonder-Kolumne „Gedichtsammlung aus der Weltliteratur" (해외명작시편집, 海外名作詩篇集) Übersetzungen von 5 Dichtungen usw. Kim 1975: 694ff.

240 Das ist ein Auszug von William Henry Hudsons *An Introduction to the Study of Literature* [Einführung in die Literaturwissenschaft], „The Study of Prose Fiction", dessen Übersetzungstitel der Übersetzer Yi Hayun selbst gegeben hatte. A.a.O., 721.

241 Wie in China wurde auch in Korea der als Roman verbreitete *Sosŏl*-Begriff (chi. *xiaoshuo*

samkeit erregten moderne Schriftsteller wie Ernest Miller Hemingway und Pearl Sydenstricker Buck, die erstmals vorgestellt wurden: Hemingways Kurzgeschichte „The Killer" wurde von Pak T'aewŏn (unter seinem Schriftstellernamen von Mongbo 몽보, 夢甫) direkt ins Koreanische mit dem Titel „도살자 (屠殺者)" übersetzt und bei der Tageszeitung *Tonga ilbo* vom 19. 7. bis 31. 7. 1931 veröffentlicht. Zudem wurde von Kim Kirim 1933 unter der Artikelüberschrift „Der Autor des Werkes *A Farewell to Arms*" in der Tageszeitung *Chosŏn ilbo* eine kurze Darstellung von Hemingways Leben und dieses Werkes gegeben. Bucks „The Exile" wurde von Im Haksu direkt ins Koreanische übersetzt: „피난군 (避難群)" und 1939 bei einer Zeitschrift veröffentlicht.

Von 62 Dichtungen waren die am meisten übersetzten Gedichte die von Carl Sandburg (11), Sara Teasdale (8), Walt Whitman (8), beliebt waren auch Edgar Allan Poe und Henry Wadsworth Longfellow (je 3) und die Werke von amerikanischen modernen Dichtern wie James Langston Hughes (5), Countee Cullen (4), Nicholas Vachel Lindsay, Louis Untermeyer (je 3). Auch Edgar Lee Masters, Brian Hooker oder James Openheim, Ezra Loomis Pound usw. wurden, wenn auch kurz, vorgestellt. Die häufigsten Übersetzer waren Han Hŭkku 한흑구 (韓黑鷗, 18), Yi Hayun (9) und Pak Yongch'ŏl 박용철 (朴龍喆, 5), die alle englische Sprache und Literatur studiert hatten bzw. über ausreichende Englischkenntnisse verfügten (a.a.O., 722–729).

Nicht so stark wie die englische Literatur war die französische Literatur in den 1930er Jahren vertreten: 45 Romane wurden übersetzt und in Zeitschriften veröffentlicht, 3 mehr als im vorigen Jahrzehnt, aber es gab nur eine Taschenbuchausgabe. Romain Rollands *Jean Christof*, von Yi Hŏn'gu 이헌구 (李軒求) übersetzt, erschien in 34 Fortsetzungen in der Tageszeitung *Chosŏn ilbo* (zwischen den 8. 2. und den 18. 3. 1934), und auch Maurice Leblancs *Der Schneidezahn des Tigers*, von Wŏn Tongin 원동인 (苑洞人) übersetzt, wurde in 220 Fortsetzungen in der selben Zeitung (zwischen den 5. 8. 1930 und den 15. 5. 1931) veröffentlicht. Zudem waren direkte Französischübersetzer noch immer selten zu finden. Weitere beliebte Autoren für die Übersetzung waren Guy de Maupassant (mit 5 seiner Werke) und Alphonse Daudet (mit 4), gefolgt von Georges Duhamel (4), dessen Werke eine Widerspiegelung der Antikriegsliteratur zu Anfang der 1930er Jahre darstellten und Jules Renard (3), dem Begründer der „Literatur der Antiliteratur" und dem Mitbegründer des ‚Mercure de France', dessen bedeutsame Position in der modernen Literatur durchaus beachtet wurde. Auch wurde je 1 Werk von aktuellen französischen Schriftstellern des 20. Jahrhunderts wie Charles-Louis Philippe, André Maurois, André Malraux, Guillaume Apollinaire und Anatole France usw. vorgestellt, was zeigte, dass die Übersetzer auch einen Weg in die Moderne nahmen. In der Dichtung zeigte sich großes Interesse an den französischen Symbolisten, obwohl die Zahl der Übersetzung im Vergleich zum vorigen Jahrzehnt zurückgegangen war (50 zu 59): 6 Werke von Victor Hugo, 5 von

---

小説), unter dem die Erzählliteratur fast aller Formen zusammengefasst wurde, lediglich als Form des schriftlichen Ausdrucks ohne definitorische Klarheit verwendet. Vgl. Zimmer 2002: 2/Teilband 1 26f., 33.

242 Es waren die 10 Kurzgeschichten: „Oktober und Juni", „Das Brot der Hexe" und deren Adaptation, „Geschenk eines Weisen", „Die Kirche mit der Mühle", „20 Jahren später", „Weihnachtsgeschenk", „Ein Polizeibeamter und der Lobgesang", „Wiedergeburt" und „Das letzte Blatt".

Paul Verlaine, je 4 von Francis Jammes, Albert Samain, Charles Baudelaire, je 3 von Paul Fort, André de Rene, Anna Comtesse Mathieu de Noailles und je 2 von Jean Nicolas Arthur Rimbaud und Paul Ambroise Valéry. Die meisten dieser Übersetzungen waren von Yi Hayun mit 20, gefolgt von Yi Hŏn'gu mit 13 und Son Usŏng mit 5 (a.a.O., 730–736).

Auch die Übersetzung der russischen Literatur ging zurück: Dies lag zum einen am Versiegen der indirekten Übersetzungen aus dem Japanischen, zum anderen an der geringen Anzahl an Russischübersetzern[243]. L. N. Tolstoj und A. Tschechow waren seit den 1910er Jahren immer beliebt, in den 30ern wurden 10 Kurzgeschichte bzw. Erzählungen von Tolstoj, 6 von Tschechow, 3 von Maxim Gorki und 1 von F. Dostojewskij übersetzt. Von 43 Übersetzungen der russischen Dichtung bezogen sich 26 auf Iwan Sergejewitsch Turgenjew, wobei seine „Gedichte in Prosa" weiterhin die beliebtesten waren.

Was sich im Bereich der Übersetzung der deutschen Literatur im Vergleich zum vorigen Jahrzehnt änderte, war, dass sich die Zahl sowohl der Deutschübersetzer als auch der Übersetzungen selbst erhöhte.[244] Zur Übersetzergruppe gehörten diejenigen Mitglieder der *Überseeliteratur*, die in Japan deutsche Sprache und Literatur studierten, nämlich Sŏ Hangsŏk 서항석 (徐恒錫), Pak Yongch'ŏl, Cho Hŭisun 조희순 (曺希醇), Kim Chinsŏp usw. (diese übersetzten vom Deutschen direkt ins Koreanische). Johann Wolfgang von Goethe und Erich Maria Remarque erwiesen sich im Bereich der Romane als beliebt durch die wiederholten Übersetzungen desselben Werkes wie z. B. Goethes *Die Leiden des jungen Werthers*. Dieses wurde bereits 1928 zweimal und 1932 von Pak Yongch'ŏl erneut übersetzt. Remarques *Im Westen nichts Neues* wurde 1931 dreimal unter verschiedenen Übersetzungstiteln veröffentlicht, auch wenn alle nur eine auszugsweise Übersetzung waren. In der Dichtung zeigte sich die Vorliebe für Heinrich Heine und Goethe, deren Dichtungen während der 1920er und 1930er Jahre in Korea am meisten gelesen wurden. Besonders ist hier Pak Yongch'ŏl hervorzuheben mit einem Band Gedichtübersetzungen, in dem er 13 Gedichte von Goethe, 1 von Friedrich Schiller, 66 von Heine und 7 von Rainer Maria Rilke, also insgesamt 87, allein übersetzte (a.a.O., 736–748).

Hinsichtlich der Übersetzungsliteratur aus den sonstigen Ländern ergibt sich die folgende Reihenfolge: zuerst ist Indien zu nennen mit 21 Übersetzungen, Italien folgt mit 15, Griechenland mit 13, Polen mit 9, Dänemark mit 6, Bulgarien mit 5, Spanien und Norwegen je mit 3, Portugal, die Niederlande, Persien und die Philippinen je mit 1 Übersetzung: In der indischen Literatur waren weiterhin Gedichte von Tagore (11) und Naidu (8) beliebt und wurden aus dem Englischen übersetzt. Jedoch wurden im Vergleich zu den 20ern mit ihrer lyrischen Dominanz nun eher patriotische Themen behandelt, was sich wohl aus dem Zeitgeist ergab, wie ihn z. B. die Sonderausgabe für Literatur der politisch nicht so bedeutenden und kleinen Nationen der Zeitschrift *Samch'ŏlli* vom 1. 11. 1931, Band 3, Nr. 11 (약소민족 문예 특집호, 弱小民族文藝特輯號) widerspiegelte. Aus dem gleichen patriotischen Kontext wurden Werke der polnischen und bulgarischen Literatur übersetzt, und zwar 3 Romane des polni-

---

243 Ham Taehun 함대훈 (咸大勳) war der einzige, der russische Sprache und Literatur studierte.
244 Sie erhöhte sich von 37 auf 86, was eine Zunahme um das 2.5fache bedeutete.

schen Nobelpreisträgers für Literatur, Henryk Sienkiewicz, für den das Interesse seit den 1910ern stetig wuchs, weiter ein patriotischer Roman von Stefan Żeromski aus dem Japanischen[245] und ein literaturwissenschaftlicher Sachtexte von [Alexander Piscole][246] „Moderne polnische Literatur", der aus dem Bedürfnis mehr über Polen zu erfahren, 1934 und nochmals 1939 aus dem Japanischen übersetzt wurde. Zur Rezeption der bulgarischen Literatur trug Kim Ŏk viel bei, dessen übersetzerisches Engagement für englische und französische Gedichte in den 1920ern die Erschließung neuer Sprachgebiete einleitete, nämlich das Übersetzen der bulgarischen und ungarischen Literatur aus dem Esperanto sowie das von (alt-) griechischen Gedichten aus dem Japanischen[247] und das von chinesischen Gedichten aus dem Original. Kim Ŏk übersetzte allein 3 Gedichte der bulgarischen bedeutenden Dichter Ivan Vazov, C. Cerkovski und K. Veličkov und 2 Kurzgeschichten von Vazov und G. Stamatov.[248] In Bezug auf die italienische Literatur wurden Werke von großen Schriftstellern wie Gabriele D'Annunzio (die Kritische Schrift „Krieg und Literatur"), des Dichters Giacomo Leopardi (die Gedichte „Der Gehorsam", „Oh, schmerzliches Herz", „Von der Auferstehung bis zur Fastenzeit"), von Edmondo De Amicis (die Erzählung für Kinder „Die Schule der Liebe"), von Luigi Pirandello (die Novelle „Die Wahrheit"), der 1934 den Nobelpreis erhielt, usw. aus dem Englischen übersetzt. Bei der dänischen Literatur wurde der Vorzug ausschließlich den Märchen[249] von Hans Christian Andersen und bei der norwegischen den Dramen von Henrik Ibsen („Frau aus dem Meer", „Gespenster") gegeben (a.a.O., 749–755).

4.4.3 Die übersetzungstheoretische Debatte zur Rezeption westlicher Literatur in den 1930er Jahren

Die koreanische Übersetzungsliteratur erlebte in den 1930er Jahren einen Aufschwung sowohl der praktischen übersetzerischen Tätigkeit als auch der Übersetzungstheorien. Dieser Aufschwung war begründet in den Debatten zwischen der „treuen" und „freien" Übersetzung, also den Debatten über die Stilfrage für den Übersetzer und die Festlegung der zu übersetzenden Sprachverwendung in Bezug auf die fremdartige Sprechweise in der koreanischen Zielsprache in den 1920er Jahren.

Zu der Zeit veröffentlichten Übersetzer ungefähr fünfzig darauf bezogene Schriften bzw. wissenschaftliche Aufsätze, die sich grob in drei Richtungen unterscheiden lassen: (1) Einzelmeinungen in den Jahresberichten bzw. -rückblicken der Zeitschriften, (2) Debatten zwischen der Gruppe der *Überseeliteratur* und anderen Gruppen und (3) Vorschläge zu Grundprinzipien vor allem des literarischen Übersetzens.

---

245 Im Vorwort ließ der Übersetzer erkennen, dass die Übersetzung aus dem Japanischen keine vollständige war, sondern in auszugsweiser und summarischer Übersetzungsmethode unternommen wurde. Kim 1975: 750.
246 Bei Kim ist der Name nur koreanisch transkribiert angegeben.
247 7 Gedichte der antiken griechischen Lyrikerin Sappho (Σαπφώ) wurden unter der Überschrift „Ausgewählte griechische Lyriken" (희랍서정시가초, 希臘抒情詩歌抄) aus dem Japanischen frei übersetzt, so das Vorwort.
248 Vgl. zu den ins Koreanische transkribierten Autornamen, V. Eckhardt 1951: 230–233.
249 Auch die *aesopischen Fabeln* vom griechischen Fabeldichter Aisopos wurden von Ch'oe Yŏnghae übersetzt.

Dies war eine Vertiefung und Verbreiterung der kritischen Auseinandersetzungen der 20er Jahre, wo ein Mangel an Verantwortungsbewusstsein des Übersetzers beklagt wurde, indem keine Angaben über den Autor des Originaltextes oder die Frage des Umwegübersetzens gemacht wurden, und wo unter Umständen sogar noch eine Übersetzung aus einer weiteren Sprache zugrunde lag. Vor allem an der Gruppe der *Überseeliteratur* wurde die lauteste Kritik geübt. Der Hauptvorwurf galt der mangelnden übersetzerischen Fähigkeit der Mitglieder dieser Gruppe. Nichtmitglieder wie Hyŏn Min 현민 (玄民), Song Kang 송강 (宋江), Kim Tongin 김동인 (金東仁), sein Deckname war Ch'unsa 춘사 (春土), und Ch'oe Chaesŏ 최재서 (崔載瑞)[250] kritisierten in den Zeitungen die Unfähigkeit der Mitglieder dieser Gruppe, weil diese es nicht wage, neueste Werke, von denen es noch keine japanische Übersetzung gab, zu übersetzen und so gar keinen Beitrag zur Entwicklung der nationalen Literatur leiste: Fast 90% ihrer Übersetzungen seien bereits in den vorigen Jahrzehnten aus dem Japanischen erfolgt[251]. Es wurde sogar die Unnötigkeit der Übersetzungsmühe ins Koreanische behauptet, weil diese Übersetzungen so fremd wirkten, dass besser zur Lektüre der japanischen Version zu greifen sei.[252] Kim Chinsŏp als führendes Mitglied der *Überseeliteratur* räumte zwar ein, dass die Kritik an ihr teilweise begründet sei, und dass es leicht sei, an ihr Kritik zu üben, dass man aber die derzeitige koreanische literarische Realität berücksichtigen müsse, also die wissenschaftliche Grundlage und die Leistungsfähigkeit der koreanischen Wissenschaftler bedenken sollte und auch, dass man Geld verdienen müsse. Als einziger stellte Ham Taehun von der *Überseeliteratur* (Fachbereich: russische Sprache und Literatur) die Gegenbehauptung auf, dass man die Weltliteratur immer wieder und auch neu übersetzen könne, um ihren Gehalt besser zur Darstellung zu bringen. In der Tat gab es aber noch keine Übersetzung der umfangreicheren Werke durch die *Überseeliteratur*, seien es direkte Übersetzungen oder Umwegübersetzungen.

Noch in den 30ern war bei vielen das Hauptaugenmerk gerichtet auf die rein wissenschaftlichen Arbeiten, die von Grundprinzipien des Übersetzens handelten, mit denen man aber nicht direkt an der strittigen Kontroverse teilnahm, sondern sich nur auf Beiträge in den Zeitschriften beschränkte. Dafür stellvertretend waren Kim Ŏk und Kim Chinsŏp zu nennen, zuerst die 2 Aufsätze von Kim Ŏk: „Zum Übersetzen der Dichtung" (3. Band der Zeitschrift *Tonggwang*, Nr. 5, vom 1. 5. bis 1. 6. 1931) und „Die Sprachfunktion geht auf Klangwirkung bzw. -effekte bis zu den Gemütszuständen hin: Meine Ansicht über das Übersetzen" (Tageszeitung *Chosŏn chungang ilbo* vom 27. 9. bis 29. 9. 1934). In einem weiteren Aufsatz „Übersetzen und Kultur" in 14 Fortsetzungen in der Tageszeitung *Chosŏn chungang ilbo* vom 17. 4. bis 5. 5. 1935

---

250 Seine scharfe Kritik im Artikel „Prinzipienlose Forscher der ausländischen Literatur" in der Tageszeitung *Chosŏn ilbo* vom 26. 4. 1936 lautete, dass die Gruppe der *Überseeliteratur* so feige sei, dass sie nicht die moderne Literatur zu übersetzen wagte, sondern sich nur mit der aus dem 19. Jahrhundert beschäftigte und also die moderne Literatur ausschlösse.
251 Dieser Befund stand im Artikel von Hyŏn Min, „Aufforderung für einen neuen Start an die Gruppe der *Überseeliteratur* in der Tageszeitung *Tonga ilbo* vom 5. 10. 1933.
252 Dies war eine Kritik von Kim Tongin im Artikel „Über das Auftreten einer Übersetzungsbewegung" in der Tageszeitung *Chosŏn chungang ilbo* vom 22. 5. 1935 und im Artikel „Übersetzungsliteratur" in der Tageszeitung *Maeil sinbo* vom 31. 8. 1935.

kam Kim Chinsŏp zur Schlussfolgerung, dass das Übersetzen dazu diene, neue Weltanschauungen anzubieten und zugleich ein Fremd-Sein zu beseitigen oder zumindest zu verkleinern, und so sollte diese kulturgeschichtliche Aufgabe nicht nur von der Gruppe der *Überseeliteratur* ausgeführt werden, sondern von dem ganzen koreanischen Literatenkreis. Daher sollte man der Gruppe trotz der vielleicht mangelhaften übersetzerischen Leistungen im derzeitigen Zustand nicht nur Vorwürfe machen, sondern in der Hoffnung auf die bessere Zukunft eher Anregungen geben. Der ganze Prozess sei so auch letztendlich als eine Selbstkritik des koreanischen Literatenkreises als Ganzes zu sehen, schloss er seine Verteidigung (Kim 1975: 755–766).

Diese Darstellung einer Auseinandersetzung über das Wesen der Übersetzung, die weder sonst vor noch nach der Befreiung von Japan ein so hohes und reiches Niveau erreichte, erlangte eine hohe Akzeptanz und Geltung.

4.4.4 Exkurs: Kim Ŏks Ansicht zum Übersetzen

Aus dem schon erwähnten Aufsatz „Zum Übersetzen der Dichtung" von Kim Ŏk, lassen sich im Rahmen seiner (Übersetzungs-) Prinzipiendiskussion folgende Punkte herausheben:

(1) die in gewisser Weise Unübersetzbarkeit der Dichtung,

(2) die Notwendigkeit der freien Übersetzung,

(3) die „Erlaubnis" oder besser Akzeptanz der Fehlübersetzung, weil in der freien Übersetzung die Möglichkeit und Notwendigkeit der Fehlübersetzung eingeschlossen ist,

(4) die relative Unwichtigkeit eines Weglassens von Teilen des Originals,

(5) die individuelle Verantwortung des Übersetzers bei der Textauswahl zum Übersetzen,

(6) die Zulässigkeit des Weglassens von Eigennamen und

(7) die Bedeutung des künstlerischen Vermögens bzw. der ausgebildeten Fertigkeit des Übersetzers.

Der zweite Aufsatz mit dem Titel „Die Sprachfunktion geht auf Klangwirkung oder auch -effekte bis zu den Gemütszuständen hin: Meine Ansicht über das Übersetzen" kann in folgende Punkte zusammengefasst werden:

(8) In der Sprache seien neben der Bedeutung auch Klangwirkung und Emotion enthalten und so enthalte die Sprache neben der semantischen Funktion auch die Ausdrucksfunktion von Klangeffekten und Gefühlen

(9) Dies sei beim Übersetzen einer selbst schöpferischen textproduzierenden Aktivität schwer übertragbar.

(10) Daher können und müssen die Übersetzer mit ihren eigenen künstlerischen Fähigkeiten das Original in einer eigenen Weise reproduzieren.

(11) Dabei könne übersetzungsmethodisch noch auf Folgendes hingewiesen werden:

(i) Das Original sei vorzüglich ins Esperanto als eine angestrebte Universalsprache zu übersetzen.

(ii) Die im Original wiederholt vorkommenden Ausdrücke seien gegebenenfalls wegzulassen.

(iii) Lange Ausdrücke seien möglichst abzukürzen

(iv) Ob die aus dem Koreanischen übersetzten sprachlich-stilistischen Ausdrücke (bzw. die Gestaltung) für Ausländern unverständlich bleiben, weil sie zu sehr an die koreanische Eigentümlichkeit angelehnt sind, bleibe zu prüfen; gegebenenfalls müssten die Ausdrücke auf deren Verständnisweise hin geändert werden.

(12) Es können nur Texte ausgewählt werden, die ein Gemeinsames enthalten, also z. B. Gefühle, die alle Menschen haben und so auch verstehen können, und so auch Texte, die eher einen internationalen als einen nur nationalen Charakter zeigen.

(13) Im Sinne des Übersetzens als einer eigenen schöpferischen Arbeit übersetzt man aufgrund des Bildes des Originals frei und neu (Kim 1998: 318).

Betrachtet man diese 13 Punkte näher, dann ist im Folgenden zu sehen: Zunächst ist die konventionelle sprachliche Form in Gedichten erwähnt, bei denen das Übersetzen anspruchsvoller als bei Prosatexten ist. Die in Gedichten verwendete Sprache sei qualitativ anders als die in naturwissenschaftlichen Büchern und Gesetzes-Texten oder auch in anderen literarischen Genres. Deshalb ist das Übersetzen der Gedichte als eine auch schöpferische textverarbeitende Aktivität[253] nur durch kreative Bemühungen des Übersetzers möglich, die von seiner poetischen Fähigkeit und Fertigkeit abhängt. Selbstverständlich war es für Kim, dass sich der Übersetzer mit aller Kraft darum bemüht, den aufgenommenen Inhalt bzw. die Botschaft des Originalgedichtes durch seine literarischen Fertigkeiten zum Ausdruck zu bringen. Daran schloss sich die Betonung der freien Übersetzung an: Es gebe nichts Gefährlicheres, als bei der Übersetzung der Dichtung Wort für Wort zu übertragen, weil dieses Verfahren Original- und Zieltext ruiniere. Bei der Dichtung solle man auch keine Bange vor einer Fehlübersetzung haben. Es geht hier vor allem, ausgehend von einem Ausgangstext, um die adäquate und effektvolle Herstellung eines künstlerischen Werkes. Auch kein Problem ist das Weglassen von Teilen des Originals, wenn ein solches Gedicht nicht auf einem hohen Niveau der künstlerischen Form der Sprache geschrieben sei, und so keine gefühlsmäßige Bewegung, Andeutung und Stimuli erregen würde. Vielmehr ist es erlaubt, unnötige Wörter bei der Übersetzung wegzulassen. Was die Auswahl des Werkes angeht, so sei dies die Geschmacks- bzw. Gefühlssache des Übersetzers. Dabei spiele die Bedeutung des zu übersetzenden Gedichtes keine Rolle. Denn das Übersetzen sei für jeden Übersetzer eine Angelegenheit seines individuellen Charakters und kein wirkliches Zusammenwirken von Originaldichter und Übersetzer.[254] Bei der umgekehrten Übersetzungsrichtung vom Koreanischen in eine Fremdsprache solle man doch eher ein Werk mit mehr über-nationalem, allgemeinerem Charakter als mit typisch nationalem auswählen. Damit meinte er den oben genannten Punkt 12. Die Eigennamen dürfe

---

253 Vgl. dazu die Ansicht von R. Kloepfer über die literarische Übersetzung: „Übersetzung ist Dichtung – nicht irgendeine Dichtung, etwa Nachdichtung oder Umdichtung, sondern die Dichtung der Dichtung". Koller 2004: 293f.

254 In der Theorie der literarischen Übersetzung wurde von R. Kloepfer (1967) auch Ähnliches gesagt, nämlich dass die individuell geprägte literarische Übersetzung eine eigene Theorie, die mit der Theorie der Dichtkunst und der Hermeneutik im engen Zusammenhang steht, benötige. In Anlehnung an Paul Valery zieht er das Fazit: Das Ziel einer vollkommenen literarischen Übersetzung sei unerreichbar; das Verstehen mache man auf viele verschiedene Weisen; die Übersetzung sei eine Art der Progression. Koller 2004: 291–294.

der Übersetzer willkürlich dann weglassen, wenn ihre Übersetzung nicht wie im Ausgangstext wirke. Bei der Qualitätsfrage oder Bewertung einer Übersetzung gehe es letztendlich um die künstlerische Fähigkeit bzw. Fertigkeit des Übersetzers (Kim 1998: 316ff.).

Ähnliche Gedanken über die Übersetzbarkeit der Poesie überhaupt und der Übersetzung von bestimmten Gedichten hatten sich auch die frühen Übersetzer des Westens gemacht, wie in der Geschichte der Übersetzungswissenschaft ausgewiesen: In der schon Jahrtausende alten übersetzerischen Praxis wurden die theoretischen Reflexionen meistens von den Übersetzern selber im direkten Zusammenhang mit ihrer Übersetzungstätigkeit gemacht. Die Reflexionen zur Übersetzungsproblematik, die sie äußerten und über die sie ausführlich diskutierten, mögen zwar als vorwissenschaftlich gelten, doch sie wiesen auf grundsätzliche Probleme hin. Als aus deutscher Praxis bekannte Beispiele sind die Beiträge von Martin Luther und Friedrich Daniel Ernst Schleiermacher zu nennen. Vor allem in Bezug auf den ersten Punkt von Kim Ŏk (die eigentlich Unübersetzbarkeit der Dichtung) ist Schleiermacher wichtig, weil er nämlich verschiedene Textgattungen unterschied, die an den Übersetzer unterschiedliche Anforderungen stellten, und zwar Unterschiede zwischen dem Dolmetschen und dem Übersetzen.[255] Das Erste (Dolmetschen) hat mit Texten des „Geschäftslebens" zu tun und das Zweite mit Texten von Wissenschaft und Kunst. Die Texte, in denen die Sprache zur Vermittlung der direkt aufgenommenen und momentan erfassbaren Sachverhalte und zum „Transportieren" bzw. zur Übertragung dieser Sachverhalte dient, sind für das Dolmetschen geeignet, und die Texte, wie die aus Wissenschaft und Kunst, also vor allem philosophische und poetische Texte, in denen die spezifisch einzelsprachliche Sprachform mit dem dort dargestellten Inhalt als eine Einheit höherer Ordnung zusammengeht, für das Übersetzen. Hierzu müsse man sich mehr eigene Gedanken machen, um die Rede transparent zu machen, als bei Sachtexten, deren Textwirklichkeit an äußerlich gegebenen Gegenständen und Sachverhalten zu messen und zu korrigieren sei. So sollten die Texte der Wissenschaft und der Kunst, wo das, was gesagt wird und wie es sprachlich gefasst ist, in einer spezifischen Einzelsprache verbunden ist, als im strengen Sinne unübersetzbar betrachtet werden. Damit meinte Schleiermacher, die Sprache selbst sei Inhalt bzw. determiniere selbst diese Inhalte, und wolle man diese Texte adäquat übersetzen, dann müsse dem Leser der „Geist der Sprache" des Originals, also das, was in der Sprache selbst gedacht ist, vermittelt werden (Koller 2004: 34–43).

Auf welche kritischen Punkte weist Kim in seinem 2. Aufsatz hin?

Zur Textauswahl zum Übersetzen von der koreanischen in eine andere Sprache empfiehlt er bevorzugt einen Text mit „internationalem" Charakter zu übersetzen, vor einem mit „authentisch" koreanischen Charakter. Dabei hat er wohl den ausländischen Leser im Blick. Jedoch sagt er nicht genau, was er unter ‚internationalem Charakter' versteht. Hierzu ist auf das Buch „Literarische Übersetzung" vom Jörn Albrecht (1998:

---

255 Mit seiner Abhandlung „Über die verschiedenen Methoden des Übersetzens" hat Schleiermacher im 19. Jahrhundert im deutschen Sprachraum theoretisch Bedeutendes zum Übersetzen beigetragen, wobei sich seine Theorie des Übersetzens mit deren wichtigen Problemen und Aspekten und Aporien befassten. Koller 2004: 41.

165–172) zu verweisen: Albrecht stellt chronologisch die Begriffe ‚Weltliteratur' mit ‚Literatur' und ‚Nationalliteratur' zusammen dar. Literarische Übersetzung habe, so wie die Wissenschaft der Übersetzung auf eine besondere Weise mit der Sprache überhaupt, auf jeden Fall immer mit der Literatur im engeren Sinne zu tun. Der Begriff Literatur kommt aus dem Lateinischen ‚littera' und bedeutet ‚Schrift, das Geschriebene', eine ältere Bedeutung war ‚Belesenheit, literarische Bildung', in der französischen Enzyklopädie wird sie als ‚die Kenntnis der schönen Literatur' verstanden, was man heute als die Disziplin ‚Vergleichende Literaturwissenschaft' bezeichnet. Im modernen Deutschen bedeutet Literatur das ‚Schrifttum' selbst. Je nach der Sprache oder dem sprachlichen Kontext kann so auch weiterhin die Bedeutung unterschiedlich sein. Denn Literatur bleibt wiederum an Sprache gebunden und impliziert damit die Komplexität des Phänomens „Sprache". Dazu kommt noch: Bei den heutigen noch weiter differenzierten Wissenschaftsdisziplinen, etwa der vergleichenden Sprachwissenschaft, der vergleichenden Literaturwissenschaft, der allgemeinen Sprachwissenschaft usw., wird sie je nach Forschungsvorgehensweisen verschieden definiert. Wenn z. B. in der Literaturwissenschaft „Nationalliteratur" und „Weltliteratur" in ihrem Unterschied deutlich gemacht werden, indem Sprache und Nation gleichgesetzt werden, wird in der modernen Soziolinguistik das Verhältnis von Ethnie, Nation und Sprache in seiner verwickelten Einheit betrachtet.

Die Literaturgeschichte wird im Rahmen der Nationalliteraturen geschrieben, wo es im Mittelalter und in der frühen Neuzeit den Begriff „die übernationale" Literatur in dem Sinne des höheren Niveaus der Literatur gab, die als dieses Allgemeine aufgenommen wurde und von vielen verschiedenen Lesern rezipiert wurde. Vor dem Hintergrund wissenschaftlicher Beschäftigung mit den Nationalliteraturen entstand erst der Terminus „Weltliteratur", wobei man in Deutschland üblicherweise gleich an Goethe denkt, die Bezeichnung „Meisterwerke mit Weltgeltung" entspricht dem englischen Ausdruck ‚world literature'. Jedoch bei der Bewertung einer literarischen Leistung als Weltliteratur besteht schon eine Gefahr: Nach welchen Kriterien ist über die Zugehörigkeit zur Weltliteratur zu entscheiden? Für die Kenner der Nationalliteraturen einerseits und für die Literatursoziologen andererseits kann die Beurteilung als Weltliteratur aus ihren unterschiedlichen Gesichtspunkten und Interessen verschieden erfolgen. Darüber hinaus wird die Bezeichnung ‚Weltliteratur' dann wiederum anders gebraucht, wenn sie als Summe aller Literaturen der Welt verstanden wird, die uns so ihre Geschichte, Werke und Autoren der Vielfalt der Literatur der Welt angibt, was man im Deutschen als „Literatur der Welt", wie sie in Handbüchern bzw. Lexika der Weltliteratur Verbreitung findet, bezeichnet (vgl. Albrecht 1998: 161–179).

4.5 Die sog. dunkle Zeit unter der japanischen Herrschaft (1936– 1945)

Die Übersetzungsliteratur, die aufgrund der Unterdrückung der Presse durch Japan schon seit 1935 ständig abnahm, kam zwischen 1940 und 1945, einer Phase, in der projapanische Meinungsäußerungen erzwungen werden sollten, fast zum Erliegen. Jetzt herrschte in der Presse ein projapanischer Ton, und die Zahl der Zeitschriften, in denen meistens auch nur noch Kurzgeschichten oder Novellen veröffentlicht wurden, fiel von 228 in den 30ern auf 18. Dementsprechend nahm auch die Zahl der schöpferischen, vor allem Prosa-Arbeiten ab und dabei besonders die der Übersetzungsarbeiten der westlichen Literaturen (Kim 1975: 800f.). Wird die Zahl der Übersetzungen, die zwischen 1940 und 1945 in Zeitschriften und in Buchform erschienen, nach Ländern betrachtet, stand England (21 in Zeitschriften und 5 Bücher) wie immer an erster Stelle, gefolgt von Deutschland (21 und 1), Frankreich (15 und 2), Amerika (8 und 2), Russland (5 und 0) und den sonstigen Ländern (5 und 3). Nach 1942 gab es fast keine Veröffentlichung mehr, weder in Zeitschriften noch in der Buchform (a.a.O., 822f.).

Eine bemerkenswerte Tatsache für diese Periode war, dass einerseits die deutsche Literatur, vor allem Gedichte von Rilke, aufgrund der freundschaftlichen Beziehung Japans mit Deutschland nach 1941, mehr als zuvor übersetzt wurde, aber nicht von den Fachleuten in deutscher Sprache *und* Literatur, sondern von denjenigen, die entweder nur gute Deutschsprachkenntnisse hatten oder deren Studienfach englische Sprache *und* Literatur war. Zum anderen wurden auch erstmals versucht, viele lange und umfangreiche Texte aus schon bestehenden Projekten verschiedener Verlage zu übersetzen, wie „Gesammelte Werke der Weltliteratur", „Sämtliche Meisterstücke der Detektivromane der Weltliteratur" oder „Gesammelte meisterhafte Romane der Weltliteratur" usw. Der aktivste Übersetzer dieser Periode war Im Haksu 임학수 (Fachbereich: englische Sprache und Literatur) (a.a.O., 806ff., 823).

Alle englische,[256] amerikanische[257] und französische Literatur[258] in den Genres Roman, Gedicht, Essay und kritische sowie wissenschaftliche Schriften wurden in den Jahren 1940 und 1941 von den entsprechenden Fachleuten übersetzt, die durch ihr Studium einen qualitativen Fortschritt im Übersetzen ermöglichten. Aus der deutschen Literatur wurden, jedoch aus dem Englischen, insgesamt 8 Gedichte Rainer Maria Ril-

---

256 Übersetzt wurden in Romanbereich Oscar Wildes „Sphinx ohne Geheimnis" (Übersetzungstitel: 秘密없는「스핑쓰」) von Yang Chudong (1.5.1940), Thomas Hardys „Für meine Frau" von Kim Sangyong 김상용 (金尚鎔) (1.4.1941), James Joyces Kurzgeschichte „Schatten" (Originaltitel: ‚A little cloud' aus der Sammlung „Dubliner") von Son Chŏngbong 손정봉 (孫正鳳) (1.8.1940) u. a. Kim 1975: 801. Im Bereich der Dichtung wurden Werke von W. Blake, Arthur Symons, Maurice Baring und J. Joyce usw. von Kim Kwangsŏp 김광섭 (金珖燮) und Yi Hayun u. a. übersetzt. Darüber hinaus wurden 1940 insgesamt nur 5 Aufsätze, Essays usw. übersetzt. A.a.O., 803, 805.

257 Die Kurzgeschichte von O. Henry „Das Brot der Hexe" übersetzte Yang Chudong, E. Hemingways „Unverlierer" Sŏl Chŏngsik 설정식 (薛貞植) und Pearl Sydenstricker Bucks „Mit dem Vater und der Mutter" sowie Agnes Newton Keiths „Monsun über Borneo", Kyŏl 결 (缺), Deckname eines unbekannten Übersetzers). In der Dichtung wurden nur 2 Gedichte von S. Teasdale übersetzt. A.a.O., 801, 803.

258 Von Georges Duhamel wurde ein Teil des Romans „Das Leben der Märtyrer" von Yi Hŏn'gu und eine kritische Schrift „Krieg, Musik und Radio" von Yi Wŏnjo 이원조 (李源朝) übersetzt; darüber hinaus zwei Romane aus dem Japanischen, Paul Bourgets „Der Tod" von Kyŏl und Maurice Leblancs „Ein seltsamer Felsenburg" von Kim Naesŏng 김래성 (金來成), weiter kritische Schriften wie P. Mac-Orlans „Die sentimentale Kultur", André Maurois' „Vor dem Abmarsch an die Front", Emile Chartiers (sein Pseudonym lautet Alain) „Vom gesicht" und Jean Cassous „Die Literatur und der Heroismus" von Kyŏl, ein Gedicht Théophile Gautiers „Am Meer" von Yi Hayun und eine auszugsweise Übersetzung aus dem Japanischen von Paul Valerys Essay „Inspiration des Mittelmeers" von Kim Sŭnggyu sind zu nennen. A.a.O., 805f.

kes[259] von Yun T'aeung 윤태웅 (尹泰雄, englische Sprache und Literatur) übersetzt. Die Übersetzungen von Erzählungen und Gedichten bekannter Schriftsteller wie Thomas Manns „Der Weg zum Friedhof" (von Im Haksu), Hermann Hesses „Der Dichter" (von Sin Namch'ŏl 신남철, 申南徹) und R. M. Rilkes „Die große Nacht" (von Yun T'aeung) sind zu nennen; aber auch Sachtexte wie Heinrich Manns „Nietzsche", Stefan Zweigs „Die Zukunft der europäischen Literatur" u. a. wurden von Kyŏl übersetzt. Nur 5 Erzählungen bzw. Kurzgeschichten wurden aus der russischen Literatur in dieser Periode übersetzt,[260] jedoch waren alle Umwegübersetzungen aus dem Englischen von den ‚Nicht-Fachleuten', so dass keine nachhaltige Entwicklung eingeleitet wurde. Von den Übrigen sind die Übersetzungen der Werke „Silja, die Magd" und „Die milde Natur" des mit dem Nobelpreis ausgezeichneten finnischen Schriftstellers Frans Eemil Sillanpää durch Kyŏl und „Das Mädchen am See" der schwedischen Dichterin Selma Lagerlöf, durch Ch'oe Chaesŏ 최재서 (崔載瑞) zu nennen (a.a.O., 801, 806–809).

Weiter sind folgende Buchveröffentlichungen zu nennen: 4 sind von Pak Yongch'ŏl allein übersetzt worden, nämlich W. Shakespeares „Der Kaufmann von Venedig" (20.5.1940), dessen Werk aber bereits 1933 als Bühnendrama, d.h. in adaptierter Version, übersetzt worden war, jedoch vermutet man eine Umwegübersetzung aus dem Japanischen; John Masefields „Tragedy of Nan" wurde auch schon in den 1930ern, aber aus dem englischen Original auf einem hohen Ausdrucksniveau übersetzt; H. Ibsens „Das Puppenhaus" (Originaltitel: *Nora* oder *Ein Puppenheim*) erschien auch erst 1940 als Buch, wurde wörtlich aus dem Englischen übersetzt und war eine übersetzerische Verbesserung gegenüber den vorherigen Versionen aus dem Jahr 1922 (von No Paengnin und Yi Sangsu); Luigi Pirandellos Drama „Der Narr" wurde auch schon in den 1930ern für die Aufführung wörtlich übersetzt, wenn nicht aus dem Italienischen, sondern höchstwahrscheinlich aus dem Englischen. Neben diesen vier stammten zwei von Im Haksu: Homers „Ilias" in 2 Bänden (1940, 1941) ließ aber im Vorwort des Übersetzers keine Angabe der Vorlage erkennen. Man vermutet die vollständige Übersetzung entweder aus dem Japanischen oder aus dem Englischen. Ch. Dickens' „Die traurige Geschichte der zwei Städte" (Originaltitel: „A Tale of Two Cities") in 3 Bänden übersetzte Im nur auszugsweise, was beweist, dass noch bis in die 40er Jahre hinein ein solches Verfahren in Korea nicht unüblich war (a.a.O., 810–815, 818ff.).

---

259 Die deutschen Übersetzungen der koreanischen Übersetzungstitel sind von mir: „Die erste Generation Adams", „Der Herbst" bei zwei verschiedenen Zeitschriften, „Die Einsamkeit", „Liebeslied", „Das feierliches Moment", „Lieder einer jungen Frau", „Die Herbsttage", „Auch wenn Sie meine beide Augen entfernen". A.a.O., 806.

260 Tolstojs „Iwan der Narr", übersetzt von Pak T'aewŏn 박태원 (朴泰遠) (1.1.–1.6.1940), Fjodor Sologubs „Das Lächeln", von Chŏng Kyuch'ang 정규창 (丁奎昶) (1.2.1940), Krylows „Fabeln", von Kyŏl, N. A. Baikovs „Der Vogel, der den Geist der Toten anruft" (5.10.1942) und „Dem Dschungel zuliebe", von Paek Ch'ŏl. Kim 1975: 808.

4.6 Eine Zeit der Wiederbelebung (1945–1950)
4.6.1 Überblick

Die Befreiung Koreas von Japan, als dieses am 15. 8. 1945 kapitulierte, sorgte für einen großen Jubel im koreanischen Volk und gab Anlass für überschwängliche Hoffnungen auf die Zukunft. Das Land geriet zunächst in allen Bereichen in Verwirrung und Chaos, was sich am deutlichsten in der Presse, vor allem in den Zeitschriften, widerspiegelte: Die Zahl der Zeitschriften der verschiedensten Gattungen stieg von 18 in der vorigen Periode auf 124. Damit stieg auch die Publikation der Übersetzungsliteratur in den Zeitschriften drastisch an. Jedoch waren die Zeitschriften relativ stark politisch beeinflusst, was sich aus der politischen Situation nach der Befreiung ergab. Durch die Bestrebung der USA und der Sowjetunion zur Erhaltung ihrer Einflussbereiche, die bei aller ideologischen Entgegensetzungen doch auch ein Gleichgewicht intendierte, strömten in das durch den Kalten Krieg geteilte Korea unter der Kontrolle der amerikanischen und sowjetischen Besatzungsmächte fremde kulturelle Einflüsse ins Land.

Die Zeitschriften, die diese Kulturen und deren Einflüsse aufnahmen, zeigten damit auch selbst einen heterogenen Charakter und wandten sich einer der beiden Hegemonialmächte zu, so dass diese beiden Literaturen schließlich bei der Übersetzung dominierten. Als engagierteste Zeitschriften sind vor allem „Die neue Welt" (*Sinch'ŏnji*) und „Die öffentliche Meinung" (*Minsŏng*) zu nennen, und als Zeitungen leisteten *Kyŏnghyang sinmun* und *Chayu sinmun* einen großen Beitrag. Gegenstand von allgemeinem Interesse wurden besonders aktuelle sowie belehrende Kritiken oder Kommentare über die literarischen Gegebenheiten des Westens und Berichte in Form der Reportage über Demokratie und Kommunismus. Dies signalisierte zugleich einen Generationswechsel des Übersetzerkreises, denn jetzt waren mehr die Schriftsteller mit journalistischer Prägung als die Fachleute, wie in den vorhergehenden Jahren, tätig, wie etwa Ch'ae Chŏnggŭn 채정근 (蔡廷根, englische, amerikanische und sowjetische Literatur). Er spielte eine ähnliche Rolle wie Kim Ŏk, der von den späten 1910ern bis Anfang der 20er fast allein die Übersetzungsliteratur hervorbrachte. Genannt seien auch: Kim Sŭnggyu 김승규 (金乘逵, französische Literatur), Chŏn Ch'angsik 전창식 (田昌植, englische, amerikanische und französische Literatur) und Yang Sŭngsik 양승식 (梁乘植, französische Literatur) usw. (Kim 1975: 824ff.).

Die Zahl der Übersetzungsliteratur, die in den Zeitschriften und als Buch zwischen 1945 und 1950 veröffentlicht wurde, stieg zunächst im Vergleich zu den Vorjahren weiter an, begann jedoch mit der politischen Unruhe seit 1948, die dem Ausbruch des Koreakriegs im Jahre 1950 vorranging, zu sinken: Von insgesamt 403 Publikationen in den Zeitschriften nahmen die amerikanische (173) und sowjetische Übersetzungsliteratur (67) die beherrschende Stellung ein, doch von insgesamt 71 Bucherscheinungen stand England (27) vorne, gefolgt von der Sowjetunion (15), Frankreich (10) und Amerika (7) usw. Dabei machte die Direktübersetzung von der Ausgangssprache bei den Büchern mit 58 schon 82% aus, 37% mehr als zwischen 1940 und 1945. Umgekehrt sank die Zahl der Übersetzung aus dem Japanischen, die nur noch 13% der Gesamtübersetzungen ausmachten, um 18%. Was die Übersetzungsart bzw. das Übersetzungsverfahren anging, so belief sich die vollständige Übersetzung auf 94%, 14%

mehr als zuvor, und es waren auch alle Übersetzungen mit den Namenangaben des Originalautors sowie des Übersetzers versehen. Diese positive Entwicklung koreanischer Übersetzungsliteratur stabilisierte sich mit der Unterzeichnung des Waffenstillstandes von 1953 und blühte ab 1955 weiter auf. Am Ende der mehr als 50 Jahre währenden repressiven Phasen nach der Öffnung des Landes nach außen hatte die koreanische Übersetzungsliteratur ihren eigenen Weg gefunden. Die Grundlage hierfür schafften in dieser Periode vor allem vier Übersetzer, die mindestens 3 Übersetzungswerke publizierten, nämlich Im Haksu (6), Yang Chudong (4), Yi Sŏkhun 이석훈 (李石薰, 4) und Yi Hogŭn 이호근 (李晧根, 3) (a.a.O., 932ff.):

Dabei zeigte vor allem Im Haksu eine hervorragende Leistung: Er publizierte erstmals 1946 mit Yi Hogŭn zusammen die zweibändige „Sammlung der ausgewählten Kurzgeschichten der Weltliteratur" (세계단편선집, 世界短篇選集), von der der zweite Band jedoch die Übersetzung der Werke nahmhafter chinesischer Schriftsteller, die maßgebend für die neue chinesische literarische Bewegung waren, beinhaltete. Der erste Band bestand aus den Übersetzungen von insgesamt 10 Schriftstellern, aus Pearl Sydenstricker Bucks „Kriegsflüchtlinge", Katherine Mansfields „Das Puppenhaus", Liam O'Flahertys „Die armen Leuten", „Eine Silbermünze" und „Der Brief", Arnold Bennetts „Die Post zur Heimat", Somerset Maughams „Das Leben von Herrn May Hugh" und Leonard Merricks „Der Prinz im Märchen" (alle übersetzt von Yi Hogŭn), Harry Sinclair Lewis' „Die verlorenen Eltern (1938)", Nathaniel Hawthornes „Ein Gast, der einen großen Plan des Lebens hatte" [The Ambitious Guest], John Galsworthys „Der Sünder", Rabindranath Tagores „Der amerikanische Nachbar" (übersetzt von Im) (a.a.O., 856ff.). Es folgten 1948, „Gesammelte englische Dichtungen vom Anfang des 19. Jahrhunderts" (19世紀初期英詩集), in dem je 4 englische romantische Gedichte von William Wordsworth, Percy Bysshe Shelley, George Gordon Baron of Byron und John Keats und derer Übersetzungen nebeneinander standen (a.a.O., 875f.); T. Hardys „Der traurige Kavalier", das aus 4 Kurzgeschichten Hardys bestand (Kim 1975: 884); R. Tagores „The Crescent Moon", was eine vollständige Übersetzung war (a.a.O.,886ff.). Die „Earlier XIX Century Poets", eine redaktionell bearbeitete Ausgabe der oben erwähnten „Gesammelten englischen Dichtungen vom Anfang des 19. Jahrhunderts" (19世紀初期英詩集) war unter diesem neuen Titel eine Veröffentlichung, in der links das Original, rechts die Übersetzung und unten der Kommentar abgedruckt waren. Weiter erschienen in diesem Jahr „Gesammelte Gedichte von William Blake", wo die Übersetzungen von 22 ausgewählten Gedichten veröffentlicht wurden, die als vorbildlich betrachtet wurden (a.a.O., 890f.).

4.6.2 Einzelbetrachtungen der nach Ländern gegliederten Übersetzungen

Im Vergleich zu den 30er Jahren, wo sich ein starker Wille der Übersetzer zeigte, das englische Kulturgut durch Novellen und Romane zu vermitteln, ist die Zeit von 1945 bis 1950 mit nur insgesamt 15 Übersetzungen eher bescheiden zu nennen. In der Dichtung sind meistens romantische Gedichte des 19. Jahrhunderts, aber auch 5 Stücke von Thomas Stearns Eliot übersetzt worden, wobei Eliots *Waste Land* von Yi Insu 이인수 (李仁秀) und Kim Ch'igyu 김치규 (金致逵) gemeinsam zum ersten Mal (5.1.1949) komplett übersetzt wurde, seit ihrer Teilübersetzung von Pak Yongt'ae vom 1. 9. 1935. In allen Bereichen von Drama, Kritik, Prosa, Märchen und sonstiger Literatur war der

Einfluss des 2. Weltkriegs spürbar. Genannt seien 2 Essayübersetzungen über die Weltkriege und Übersetzungen von Eliots kritischen Schriften, „Notes Towards the Definition of Culture", von Yang Tonggun 양동군 (楊東君), und „Die Tradition und individuelle Fähigkeit", die von Yang Chudong komplett übersetzt wurde (Kim 1975: 826–829).

Gegenüber der englischen Literatur erreichten die Übersetzungen amerikanischer Kurzgeschichten, Novellen und Romane fast die dreifache Anzahl. Dabei wurden Werke von erstklassigen Schriftstellern wie Margaret Mitchell, Erskine Preston Caldwell, Irwin Shaw, John Steinbeck, Richard Wright, William Faulkner usw. ausgewählt und übersetzt, wobei bei fast der Hälfte der Ausgaben jedoch die Übersetzer ungenannt blieben. Das zeigte an, dass die Übersetzungen entweder von flüchtiger summarischer oder auszugsweiser Übersetzungsart waren, während die mit eigenem Namen angegebenen auf komplette und direkte Übersetzungen aus der Ausgangssprache hinwiesen. Dabei wurde doppelt soviel amerikanische Dichtung (54) wie englische (27) übersetzt, vor allem Dichtungen von Walt Whitman (16) und die Dichtung der sog. Farbigen[261] (18), deren Beliebtheit zum einen auf der Wiederbelebung durch Whitman, der als Fahnenträger der Freiheit galt, beruhte und die zum anderen als Ausdruck der Empathie mit den schwarzen Unterdrückten in die Auswahl aufgenommen wurde. Den Boom der Gedichte von amerikanischen schwarzen Dichtern vermittelte Kim Chonguk 김종욱 (金宗郁), der am 10. 1. 1949 mit seinen Übersetzungen einen Sammelband, „Die Starken" (强한 사람들), mit Werken verschiedener schwarzer Dichter publizierte.[262] Die Genres Roman und Dichtung wurden in den Zeitschriften von vor allem zeitkritischen Übersetzungen weit übertroffen, die Phänomene der amerikanischen Literatur vermitteln sollten, aber durchaus auch das Thema Atombombe[263] oder die Sowjetunion behandelten. Im Jubel der Befreiung entstand eine scheinbar regellose Fülle solcher Übersetzungen (a.a.O., 829–837).

Ähnlich wie die amerikanische Übersetzungsliteratur nahm auch die sowjetische einen ungeheuren Aufschwung, der jedoch im südlichen Landesteil, der nicht von der Sowjetunion besetzt war, meist nur in links orientierten Zeitschriften zu beobachten war: Auch viele politische, zeitkritische Werke, die etwa die Kämpfen der sowjetischen Truppen im 2. Weltkrieg lobten, wurden im Romanbereich übersetzt. Daneben standen aber auch Werke von L. N. Tolstoj, M. Gorki, A. Tschechow usw. Auch in der Dichtung herrschte das Thema Kommunismus sowie das Lob über die Tapferkeit der Roten Armee im 2. Weltkrieg vor. Auf dem Gebiet des Dramas, der Kritik, des Essays und sonstiger Werke war die Zahl der Übersetzung kritischer Schriften bzw. Aufsätze am höchsten, wobei oft nicht die literaturwissenschaftliche Theorie, sondern überwiegend der aufklärerische Inhalt aus kommunistischer Perspektive behandelt wurde (a.a.O., 837–841).

Auch in der französischen Übersetzungsliteratur wurde viel Zeitkritisches mit aufklärerischem Charakter über die Realität der französischen Literatur vermittelt. Insbe-

---

261 Dies war die Dichtung, die von Schwarzen selber verfasst wurde.
262 Der Band besteht aus 22 Gedichten von 12 schwarzen Dichtern wie J. Langston Hughes (4), R. Wright (2), P. L. Dunbar (2), G. D. Johnson (1), Claude McKay (2), Countee Cullen (1) u.a., wobei die Übersetzungen als vorbildlich betrachtet wurden. Kim 1975: 909ff.
263 Viele waren amerikanische Zeitungsartikel von *Time*, *Life*, *Yank* usw.

sondere wurde für diese Periode angestrebt, französische Existenzialismusliteratur verfügbar zu machen. Von der Zeitschrift *Die neue Welt* wurde eine Sonderausgabe über die Existenzialismusliteratur (Band 4/Nr. 9, 1.10.1948) herausgegeben, in der sich bearbeitete bzw. redaktionelle Übersetzungen[264] von einschlägigen Aufsätzen und Novellen fanden, wie beispielsweise (1) „Existenzialismus: Mit dem Schwerpunkt auf Sartre" von Kim Tongsŏk 김동석 (金東錫), (2) „Sartres Denken und Werke" von Yang Sŭngsik, (3) „Sartres Existenzialismus" von Pak Inhwan 박인환 (朴寅煥), sowie (4) die Übersetzungen von Sartres Aufsatz „Der Zeitcharakter der Literatur" aus dem Englischen, gemeinsam übersetzt von Ch'ŏngu 청우 (靑羽) und Hongil 홍일 (洪逸)[265] – beide Namen sind Decknamen – und (5) der Novelle „Die Mauer", wörtlich und vollständig übersetzt von Chŏn Ch'angsik. 1950 wurde auch ein Werk eines anderen Schriftstellers des Existenzialismus, Albert Camus' Roman „Die Pest" von Kim Myŏngwŏn 김명원 (金明遠) erstmals übersetzt und zwar sinngemäß und gekürzt im Vergleich zur wörtlichen und vollständigen von Yi Chin'gu 이진구 (李鎭求). In der Dichtung wurde mit 5 Stücken in 5 Jahren nur spärlich übersetzt. Aufmerksamkeit erregte die Verlagserscheinung „Gesammelte französische Gedichte" (佛蘭西詩選, 27.7.1948), die 44 Stücke von 18 verschiedenen Autoren[266] enthielt und von Yi Hayun übersetzt wurde. 32 dieser Stücke stammten von seinem Übersetzungsband der Gedichtsammlung vom 1933, „Der geruchlose Blumengarten" (失香의 花園), und wurden für den Band vom 1948 neu bearbeitet. Auch in den anderen Genrebereichen hatten kritische Schriften den Vorrang vor den eigentlichen Romanen und Gedichten, vor allem standen aufklärerische Zeitkritiken im Vordergrund vor theoretischen Schriften. Dabei zeigte sich eine Vorliebe für kritische Texte sowie Essays von A. Gide aufgrund seiner Auszeichnung mit dem Nobelpreis im Jahre 1947 (a.a.O., 841–846).

Nach dem 2. Weltkrieg wurde insgesamt wenig Interesse an der deutschen Literatur gezeigt. Es wurden die die deutsche literarische Realität übermittelnden Zeitkritiken mehr übersetzt als Roman und Dichtung. Es seien genannt, z. B. T. Manns „Das magische Volk", „Die Definition der Demokratie" oder sein Essay „Warum kehre ich nach meiner Heimat nicht zurück?" (a.a.O., 846f.)

In den sonstigen Übersetzungsliteraturen, die aber einen geringen Anteil der Übersetzungen ausmachten, gab es dagegen eher mehr Romane und Dichtungen als Kritiken oder Aufsätze: Im Haksu übersetzte 10 Gedichte der griechischen Lyrikerin Sappho aus dem Englischen (1.11.1948); bei den indischen Gedichten wurden je 2 von Kabir, R. Tagore, 3 von S. Naidu aus dem Englischen übersetzt (a.a.O., 847f.).

---

264 Damit sind auch eigenständige Aufsätze gemeint, die auf der Basis von Aufsätzen Sartres bzw. deren Übersetzungen geschrieben wurden.
265 Aus dem Vorwort der Übersetzer wird ersichtlich, dass die Übersetzungsvorlage von der englischen Übersetzung von Jean-Paul Sartres Aufsatz, „We write for our own time", stammte, die sich in der Vierteljahreszeitschrift der amerikanischen Universität Virginia, *The Virginia Quarterly Review*, in der Frühlingsausgabe 1947 befand.
266 V. Hugo (2), Th. Gautier (2), C. P. Baudelaire (3), P. Verlaine (5), A. Rimbaud (2), T. Corbière (1), A. Samain (5), R. de Gourmont (1), P. Fort (4), F. Jammes (3), A. de Noailles (2), P. Valéry (2), P. Géraldy (2), J. Cocteau (2), M. Maeterlinck (3), C. van Lerberghe (1), E. Verhaeren (2), R. Radiguet (2). Kim 1975: 891ff.

4.6.3 Die chronologische Betrachtung der Einzelbücher der Übersetzungsliteratur

Was sich bei den Zeitschriften in Bezug auf die übersetzten Texte gezeigt hatte, setzte sich auch in der Buchpublikation fort[267]: Die 1946 erschienene Übersetzung von H. Hesses *Siddhartha* (kor. Titel: 신달타) durch Kim Chunsŏp 김준섭 (金俊燮) war eine Ausnahme der vorher angesprochenen verbreiteten Praxis der amerikanischen und sowjetischen Übersetzungsliteratur. Denn es handelte sich hierbei um ein „unpolitisches" Werk. Hingegen war „Die Kriegsaufzeichnung der chinesischen Roten Armee" (紅軍從軍記, 1946) wiederum ein zeitkritisches und politisches Werk, das auszugsweise (Kapitel 5, 6, und 7) eine wörtliche und direkte Übersetzung des englischen „Red Star over China" des amerikanischen Journalisten Edgar Snow war. In diese Reihe gehört auch die „Gedichtsammlung von Sergej Jesėnin" (kor. Übersetzungstitel: 에세-닌 詩集), ein Übersetzungsband der sowjetischen Gedichtsammlung aus dem Japanischen, der von der Gedichtsform der japanischen Vorlage abwich. Wenn auch eine Umwegübersetzung aus dem Englischen, entsprachen die von Im Kyuil 임규일 (林圭一) übersetzten 46 „Aesop Fabeln" dem Inhalt und der Form nach doch der Vorlage (a.a.O, 849–856).

Ein erster Band der ‚Sammlung der Kurzgeschichten der europäischen und amerikanischen Schriftsteller' erschien 1947, aus dem Englischen übersetzt von Chu Yosŏp 주요섭, der auch als eine Inhalt und Form beachtende, treue Übersetzung galt.[268] Dies galt ebenso von „Dichtung und Wissenschaft" von I. Richards, übersetzt von Yi Yangha 이양하 (李揚河), der zuerst vom Englischen ins Japanische, dann vom Japanischen ins Koreanische übersetzte. Ein ähnliches Thema behandelte A. Bennetts „Einführung zur Literaturwissenschaft", übersetzt von Kim Kyŏngbo 김경보 (金耕普), „Das Wesen der Literatur"[269], übersetzt von Paek Hyowŏn 백효원 (白孝元), und M. Gorkis „Zur Literaturwissenschaft", übersetzt von Cho Pyŏgam 조벽암 (趙碧岩). Dabei waren der erste sowie der zweite Text eine Umwegübersetzung aus dem Japanischen und eine wörtliche Auszugsübersetzung und der dritte Teil eine vollständige Übersetzung aus dem Englischen mit Hilfe der japanischen Version (a.a.O., 858–872).

Das Jahr 1948 war für die Geschichte der Übersetzungsliteratur das produktivste seit 1924: Am meisten – nach den Genres unterschieden – wurde der Roman und – nach dem Ursprungsland unterschieden – englischsprachige Literatur übersetzt, beliebt waren sowohl in den Zeitschriften als auch in der Buchform die Detektivgeschichten von Conan Doyle, die beständig zum Übersetzen ausgewählt wurden, wie etwa „Der

---

267 Es gab z. B. nicht wenige Übersetzungen, die von Nicht-Fachleuten mit entsprechender Ausbildung erstellt wurden, darüber hinaus gab es eine inhaltlich willkürlich erscheinende Auswahl der Übersetzungstexte usw. Kim 1975: 849.
268 7 Kurzgeschichten finden sich dort: „Der Siegestag" (Amerika), „Der Charakter der Russen" (Sowjetunion), „Gewissenhafte Bürger" (Amerika), „Verändert den Autornamen" (England), „Zwei Soldaten" von W. Folkner (Amerika), „Eine Episode unter der Erde" (Amerika), „Rapp Samuell" (Amerika). A.a.O., 859f. Da es mir nicht gelungen ist, außer Folkner die anderen Originalautornamen zu belegen, wurden nur die Titelübersetzungen und die Ursprungsländer von mir angegeben.
269 Der Autorname, der bei Kim nur mit dem koreanisch transkribierten Nachnamen „누시노프" stand, war im Lexikon nicht aufzufinden.

Hund von Baskerville" (바스카아빌의 怪犬), übersetzt von Yi Sŏkhun. Außerdem waren die Übersetzungen für die späten 1940er Jahre im allgemeinen originalgetreu, es wurde auf den Inhalt und die Form geachtet und leserfreundlich in die zielsprachliche Kultur übersetzt. Z. B. Prosper Mérimées „Carmen", übersetzt von Yi Hwiyŏng 이휘영 (李彙榮), „Ausgewählte englische Gedichte" (영시선집, 英詩選集), übersetzt von Pyŏn Yŏngno 변영로 (卞榮魯) zusammen mit Yi Hayun, „Sammlung der Liebesgedichte von H. Heine" (하이네 戀愛詩), übersetzt von Yun T'aeung 윤태웅 (尹泰雄), André Gides „Pastoralsymphonie" (전원 교향악, 田園交響樂), übersetzt von An Ŭngnyŏl 안응렬 (安應烈), „Sammlung ausgewählter Weltliteratur" (世界奇文選), zusammengestellt und übersetzt von Yang Chudong. Von ihm wurden auch „100 englische Gedichte" (영시백선, 英詩百選) und „Ausgewählte moderne englische Gedichte" (현대 영시선, 現代英詩選) übersetzt. Hier fanden sich aber auch einige Kapitel mit irischen und amerikanischen Gedichten. Alle übersetzten Gedichte wurden zugleich auch in der Originalfassung am Ende des Buches abgedruckt.

Shakespeares „Der Kaufmann von Venedig" (베니스의 商人) wurde übersetzt von Ch'oe Chŏngu, L. N. Tolstojs Volkserzählung „Wieviel Erde braucht der Mensch?" (사람은 얼마나 土地가 必要한가?) wurde aus dem Englischen und vollständig übersetzt von Nam Hun 남훈 (南薰) usw. (a.a.O., 872–907).

Die Übersetzungen von 1949 waren von hoher Qualität und wurden als niveauvoll geschätzt: Eine vielfältige Textauswahl der Genres aus unterschiedlichen Ländern wurde von Fachleuten übersetzt. „Kunst und Gesellschaft" (Original: *Art and Society* von Herbert Read) übersetzte Han Sangjin 한상진 (韓相鎭) vollständig und wortgetreu. Ebenso wörtlich übersetzte Yi Hogŭn 2 Kurzgeschichten von Aldous Leonard Huxley, *Half-Holiday* und *Fard*, mit dem Übersetzungstitel „Gesammelte Kurzgeschichten von A. Huxley". Diese Sammlung war zum Erlernen der englischen Sprache gedacht, sodass der koreanische und der englische Text nebeneinander standen. Im Bereich der Dichtung übersetzte Chiyong 지용 zu dem gleichen Zweck 12 prosaische Gedichte von W. Whitman. Dabei könne er sich als einer, der selbst von japanischer Herrschaft befreit worden war, in Whitman und in seine Gefühle hineinversetzen, so schrieb er in seinem Vorwort zu diesem Band „Prosaische Gedichtübersetzung" (散文附譯詩). Diese Übersetzung behielt auch ihren Vorbildcharakter im Vergleich zu den Versionen der 1960er Jahre. Auch als Taschenbuch gab es Übersetzungsbände mit Gedichten, die typisch und prägend für die späten 40er Jahre bezüglich ihrer inhaltlichen und formalen Qualität waren, „Die Sammlung der Gedichte von Byron", redaktionell übersetzt von Chang Ch'ikyŏng 장치경 (張致卿) und „Die Sammlung der Gedichte von Goethe", von Kim Ujŏng 김우정 (金又正). Das erste Taschenbuch war gegliedert nach Byrons Lebensphasen und deren Hauptmotiv bzw. -thema für seine Dichtung und es fanden sich darüber hinaus Erläuterungen sowie Anmerkungen. In dem zweiten Taschenbuch fanden sich insgesamt 51 Gedichte von Goethe. Eine inhaltlich freiere Übersetzung wählte Sin Samsu 신삼수 (申三洙) für Alfred Lord Tennysons *In Memoriam*, die er unter dem Titel „Erinnerungslieder" (追憶의 노래) vollständig übersetzte. Dieser Band beinhaltete ein einführendes Kapitel über die Dichtung *In Memoriam*, die Vorrede, den Originaltext und die Übersetzung von 127 Strophen. Aus der russischen Literatur stammten 2 Direktübersetzungen, Michail

Scholochows Erzählung „Der stille Don" (고요한 동), von Yi Hongjong 이홍종 (李洪鍾) gemeinsam mit Hyŏndŏk 현덕 (玄德) wortgetreu übersetzt, und Maxim Gorkis Schauspiel „Nachtasyl" (eigentlicher Titel im russischen Original: *Na dne* „Auf dem Grund", kor. Übersetzungstitel: 밤酒幕) von Ham Taehun. Dieses Stück wurde bereits 1934 für die Bühnenaufführung von Ham wörtlich übersetzt und erschien 1949 als Buch. Von Fachübersetzern übersetzt, hatten (1) der Band „Hamlet" (하므렡) von W. Shakespeare, (2) „Das Puppenhaus" (人形의 집) von H. Ibsen aus dem Englischen und (3) „Bilderbuch ohne Bilder" (그림없는 그림책) von Hans Christian Andersen aus dem Deutschen ein hohes Niveau:

Zu (1) Die dritte Ausgabe des „Hamlet" war die Übersetzung, die der von Hyŏnch'ŏl und Ch'oe Chŏngu in den 20er und 30er Jahren folgte und mit Erläuterung und Kommentar zum Text versehen war, von Sŏl Chŏngsik 설정식 (薛貞植) wortgetreu in einem guten und angemessenen Stil. Er studierte in Amerika englische Literatur und Sprache und war nach der Rückkehr in seine Heimat schriftstellerisch tätig.

(2) „Das Puppenhaus" wurde für die Bühnenaufführung von Hŏ Chip 허집 (許執) aus dem Englischen mit Hilfe von 3 verschiedenen japanischen Versionen für das koreanische Publikum angepasst übersetzt. Die Übersetzung war vollständig, nicht auszugsweise oder summarisch gekürzt wie die 2 Ausgaben vor einem Vierteljahrhundert, so galt sie als ausgezeichnete und vorrangige Übertragung.

(3) „Bilderbuch ohne Bilder" als Taschenbuch wurde von Sŏ Hangsŏk übersetzt und war schon vorher in der Zeitschrift *Sin'gajŏng* in Fortsetzungen erschienen. Es enthielt 33 Geschichten und ein Nachwort und hatte auch inhaltlich Niveau, wobei geringe Abweichungen von der Form stattfanden.

Ebenso als Taschenbuch erschien im Bereich Aufsätze eine Sammlung „Ansichten über die Demokratie der modernen großen Schriftsteller", in der Kritiken wie A. Huxleys ‚Zur Gleichheit', H. G. Wells' ‚Zweifel an der Demokratie' sowie ‚Verbesserung der Demokratie' und G. B. Shaws ‚Kritik an der Demokratie' von Kwŏn Chunghwi 권중휘 (權重輝) auf einem hohen Niveau übersetzt wurden. Wenn auch eine Auszugsübersetzung, so galt die Übersetzung von Albert Mordells *The Erotic Motive in Literature* von Cho Kyudong 조규동 (趙奎東), „Das Geschlecht und die Literatur", doch auch als beispielhaft (a.a.O., 907–928).

Als 1950 der Koreakrieg (25. 6.) ausbrach, erschienen in diesem Jahr nur noch 3 Übersetzungswerke in Buchform: *Watch on the Rhine* der amerikanischen neuen Schriftstellerin Lillian Hellman wurde von O Hwasŏp 오화섭 (吳華燮) übersetzt, mit dem Titel „라인江의 監視", was wörtlich ins Deutsche übersetzt, „Überwachung am Rhein" heißt, der dem Titel des im 19. Jahrhundert populären deutschen Gedichts von der „Wacht am Rhein" sehr nahekommt. Die Übersetzung behielt im Vergleich zu den Übersetzungen nach den 1960er Jahren seine Geltung als vorbildlich. Der dritte Band der ‚Sammlung der ausgewählten Populärliteratur der Welt' enthielt von A. Dumas „Die drei Musketiere" (三銃士) und war eine aus dem Japanischen von Soch'ŏn 소천 (素泉, Pseudonym) adaptierte und gekürzte Version. Die vermutlich einzige Sammlung von übersetzten Gedichten während des Koreakrieges war die ‚Sammlung der Meisterdichtungen ausgewählter Dichter aus der Weltliteratur' von 1950, die eine „Sammlung der Gedichten von William Wordsworth" enthielt, übersetzt von Yi Nŭnggu 이능구 (李陵九). Sie gliederte sich nach Themen in 8 Teile, die insgesamt 38 Stücke umfassten und fand in Bezug auf Inhalt und Form große Beachtung (a.a.O., 928–931).

5. Die moderne Zeit

5.1 Eine hohe Zeit für das Übersetzen in den 1950er bis 1970er Jahren

Mit dem Waffenstillstand vom 27. 7. 1953, der den Koreakrieg beendete, sowie der Zurückerlangung von Seoul konnte die Blütezeit für das Verlagswesen beginnen, und dementsprechend konnte das allgemeine Verlangen breiter Bevölkerungsschichten nach westlicher Kultur, deren Einfuhr gegen Ende der japanischen Kolonialzeit verboten worden war, durch einen erneuten Aufschwung der Übersetzertätigkeit Befriedigung erfahren: Zunächst wurden die Auslandsstudenten, die während der Kolonialzeit in Japan abendländische Literaturen und Sprachen studiert hatten, gleich nach der Befreiung noch nicht in einem größeren Umfang zu Professuren in ihren Fachbereichen der Universitäten berufen – dies geschah erst Ende der 50er Jahre. Um dem allgemeinen Bedürfnis entgegenzukommen und die Erwartungen zu erfüllen, widmeten sie sich, trotz ungenügender Übersetzungspraxis, nolens volens dem Übersetzen und erfüllten damit auch ihre „patriotische Pflicht".

Mit dem Übersetzungsboom erschienen Ende der 1950er Jahre in den Verlagen Taschenbuchreihen, wie sie in Deutschland von Reclam oder Fischer veröffentlicht wurden: Die namhaften koreanischen Verlage beabsichtigten, „Sammelbände mit einer Auswahl der Weltliteratur" zu verlegen. So erschienen in der Folge in den 60er Jahren eine große Zahl verschiedener Sammelbände zu bestimmten Themen bzw. Anlässen. Es gab Sammelbände geordnet z. B. nach Autoren: „Gesamte Werke von Shakespeare" oder „Gesamte Werke von Pearl S. Buck", nach Anlässen: „Sämtliche mit dem Nobelpreis ausgezeichneten literarischen Werke", „Sämtliche von Schwarzen geschriebenen Werke", oder nach dem Alter der Leser: „Sämtliche Weltmärchen für Kinder" usw.

Jedoch dieses quantitative Wachstum der Übersetzungen verbürgte noch keine Qualitätsgarantie: Die populären und besonders die trivialen Literaturen wurden meistens noch unprofessionell angefertigt, ganz zu schweigen davon, dass sie fehlerhaft aus dem Japanischen, einer Zweitsprache, übersetzt wurden. Denn viele Intellektuelle, die unter der japanischen Kolonialzeit direkt übersetzerisch aktiv gewesen waren, waren zum einen fatalerweise aufgrund ideologischer Gegensätze nach der Befreiung und dann besonders während des Koreakrieges ums Leben gekommen, so dass man auch nach der Befreiung noch auf viele Umwegübersetzungen aus dem Japanischen zurückgreifen musste. Dies zeigte sich z. B. deutlich darin, dass die Titelliste einer „Sammlung der Weltliteratur", die Ende der 50er Jahre veröffentlicht wurde, mit einer ebensolchen in Japan übereinstimmte. Trotz dieser Einschränkung war das für das koreanische Publikum ein erster Zugang, die Weltliteratur auf Koreanisch verfügbar zu haben. Zum anderen drängten die um Schnelligkeit und Produktivität wetteifernden Verleger selbst die Schriftsteller, die in Fremdsprachen wenig bewandert waren, dazu eine zusammenfassende Version[270] eines Textes in einer der damals üblichen Reihen von

---

270 Damit war die Übersetzungsmethode Kyŏnggaeyŏk 경개역 (梗概譯, eine flüchtige und somit ungenaue Übersetzung, ein Resümee bzw. eine kurze summarische Zusammenfassung) gemeint. Vgl. II. 4.2.1 der vorliegenden Arbeit.

Sammlungen der Weltliteratur hervorzubringen, wie etwa die „Sammlung der zusammengefassten Weltliteratur" (要約 世界文學全集, 1955) in 7 Bänden des Verlags Kogŭm, oder auch „Reisen durch die Meisterwerke aus der Weltliteratur" (世界名作 巡禮, 8 Bände, 1959) des Verlags Kyemyŏng munhwasa und „Digest der Meisterwerke aus der Weltliteratur" (世界名作 다이제스트, 11 Bd., 1959) des Verlags Chŏngsinsa usw. In Japan war es auch nicht anders. Trotz dieser Mängel waren die 50er über die 60er bis in die 70er Jahre hinein für Korea eine hohe und gute Zeit für die Übersetzung, man kann sie als koreanische „Renaissance" der Übersetzung bezeichnen (Kim 1998: I/21–25).

5.1.1 Die 1950er Jahre

Die Anzahl an Publikationen der Übersetzungsliteratur nahm, wie gesagt, nach 1953 in einem großen Maße zu, und zwar vor allem in Form von Sammlungen bzw. Taschenbuchreihen, aber weniger in Form von Einzelbüchern: Von 4 vor 1953 stieg die Zahl der Sammlungen auf 23 in der Folgezeit, insgesamt erschienen 187 Bände in dieser Periode. Es gab 17 Verlagstaschenbuchreihen[271], die erst ab 1953 auf dem Markt kamen und insgesamt 277 Bände umfassten. Besondere Aufmerksamkeit genoss dabei die amerikanische Literatur, deren Rezeption, vor allem die des Romanbereichs (mit 192 übersetzten Werken), die der englischen (mit 128) überholte. Denn die englische Literatur hatte bis zur Befreiung die größte Resonanz in der koreanischen Literatur gefunden. Dagegen wurden die Rezeptionen der russischen (mit 81 Romanen) sowie der chinesischen (28) oder der japanischen (7) Literatur erheblich reduziert, weil diese Herkunftsländer politisch sowie geschichtlich als Feindesland betrachtet wurden. Außer dem nach dem Koreakrieg vom amerikanischen Ministerium für öffentliche Beziehungen unterstützten Förderungsprogramm der Übersetzungen wurden auch Studien zur amerikanischen Literatur übersetzt und veröffentlicht, wie „Die amerikanische moderne Dichtung" (Original: *Achievement in American Poetry* von Lousie Bogan, übersetzt von Kim Yonggwŏn, 1957), „Der amerikanische moderne Roman" (*The Modern Novel in America* von Frederick Hoffman, übersetzt von Chu Yosŏp, 1957) oder „Das amerikanische moderne Drama" (*Fifty Years of American Drama* von A. S. Downer, übersetzt von Yŏ Sŏkki, 1957), „Die amerikanische Kurzgeschichte" (*The Short Story in America* von Ray B. West, übersetzt von Kwak Sojin, 1957), „Die Zeit der Kritik" (*An Age of Criticism* von W. Van O'Connor, übersetzt von Kim Pyŏngch'ŏl, 1957) usw. (vgl. Kim 1996: 15ff.). So zeigte sich mit der Wiederbelebung des Publikationswesens der Anfang des Zeitalters der „koreanischen Renaissance" des Übersetzens auch im Folgenden: Viele Veröffentlichungen sämtlicher Werke von Einzelautoren wurden in Umlauf gesetzt, wie etwa „Die ausgewählte Sammlung von André Gide" (koreanischer Übersetzungstitel: 앙드레 지이드 選集, 5 Bände, Yŏng'ung-Verlag: 1953–1954). Von demselben Verlag stammte auch „Die ausgewählte Sammlung von Hermann Hesse" (헤세 選集, 5 Bände, 1954–1956) ebenso wie „Die Sammlung der Gesamtgedichte von T. S. Eliot" (엘리옷 詩全集, in einem Band, T'amgudang: 1955) usw.

---

271 Zum Beispiel gab es dabei die Biographiereihe der großen Persönlichkeiten, die Reihe für allgemeine Bildung, neue Bücher aus Westeuropa, ausgewählte Übersetzungen, eine wissenschaft-

„Die Sammlung der Weltliteratur" in 18 Bänden (世界文學全集 全18卷) verlegte 1958 zuerst der Tong'a-Verlag, wobei er sich an moderner westlicher Buchgestaltung orientierte. Die erste 16-bändige Lieferung enthielt ‚Jean-Paul Sartre und Albert Camus'. 1960 wurde die Reihe mit dem Band ‚Gedichte des 20. Jahrhunderts' abgeschlossen. ‚Jean-Paul Sartre und Albert Camus' enthielten die Werke „Die Mauer", „Die Pest" und „Die Verbannung und das Königreich" und wurden von Yi Hwan 이환 (李桓) und Yi Chin'gu 이진구 (李鎭求) übersetzt. Sie waren die ersten Sammelbände der Weltliteratur nach der Befreiung und erlangten so eine große Popularität besonders unter jungen Leuten. Dadurch veranlasst warfen auch andere Verleger Bücher mit dem gleichen Titel auf den Markt. Zu nennen ist hier der Verlag Chŏngŭmsa mit 50 Bänden (1958–1965): Der erste Band war D. H. Lawrences „Der Regenbogen", erschien am 25. 11. 1958, der von Kim Chaenam 김재남 (金在枏) übersetzt wurde. Der 50. Band beinhaltete Jean-Jacques Rousseaus „Bekenntnisse" vom 30. 12. 1965, übersetzt von Pak Sunman 박순만 (朴順萬). Weiterhin zu nennen ist der Ŭlyu-Verlag mit 60 Bänden (1959–1965): Der erste mit Irwin Shaws „Die jungen Löwen", übersetzt von Kim Sŏnghan 김성한 (金聲翰), der letzte Sartres „Was ist die Literatur?" und Camus' „Der Mensch in der Revolte", übersetzt von Kim Punggu 김붕구 (金鵬九) (Kim 1998: I/22f.).

Nicht zu vergessen ist die Gründung der ersten kulturpolitischen Monatszeitschrift für die Übersetzung „Die Welt" (세계) im Januar 1959, derer Gründungszweck es war, dem Publikum die Übersetzungen neu erschienener Aufsätze aus den aktuellsten Nummern von namhaften wissenschaftlichen Zeitschriften in England, Amerika, Frankreich und Deutschland zugänglich zu machen. Im Zeitalter des Existenzialismus wurden darüber hinaus in der *Welt* Schriften wie z. B. K. Jaspers' Vorlesungen „Die Vernunft und die Widervernunft in unserer Zeit", Frederick John Hoffmans „Grace, Violence, and Self-Death and Modern Literature" usw. publiziert. Die Zeitschrift war auch das erste Beispiel für die Kulturarbeit, die von einem reinen Privatunternehmer (Yi Tongjun) gefördert wurde, und sie war auch der erste Versuch des waagerecht gesetzten Druckes, der allerdings nach der 2. Nummer aufgegeben wurde. Sie stellte 1960 ihr Erscheinen ein (Kim 1996: 18f.).

Was die Übersetzer anging, waren es meist Angehörige der sog. „2. Generation nach der Befreiung", junge Wissenschaftler im Alter von 30–40 Jahren, die also meistens in den späten 1910er bis Anfang der 1920er Jahre geboren waren. Sie spielten die Hauptrolle als Übersetzer während der 1950er Jahre – besonders ab dem Ende der 1950er Jahre. Diese Übersetzer waren anfangs vor allem als Universitätsdozenten oder -professoren in Seoul und den Regionen in den Fächern für ausländische Literaturen und Sprachen tätig. Diese Fächer zeigten dabei noch eine Abhängigkeit von der Lehre und Forschung an den bekannten japanischen Universitäten. In Korea gab es nämlich zu dieser Zeit als einzige Einrichtung für dieses Studium das an der juristischen und literarischen Fakultät der Kaiserlichen Universität Kyŏngsŏng eingerichtete Fach für Anglistik, wo allerdings nur eine geringe Zahl von Koreanern studieren konnte. Diese 2. Generation war zwar sowohl in der Muttersprache als auch in Fremdsprachen nicht den höheren Ansprüchen der Übersetzung entsprechend ausgebildet, besaß aber bereits

---

liche oder akademische Reihe usw. Kim 1998: I/24.

vor dem Erlernen einer anderen Fremdsprache sehr gute Japanischkenntnisse, was sich in der Praxis des Übersetzens als Vorteil gegenüber der 3. und 4. Generation nach der Befreiung zeigte, die nicht mehr über so gute Japanischkenntnisse verfügten. Erst durch eine „Umschulung" bzw. ein Aufbaustudium, dass sie im Ausland, weniger in Frankreich, Deutschland und England, aber vornehmlich in Amerika, als ein „praktisches Jahr" machten, und vor allem durch den ein- oder zweijährigen Besuch einer Graduiertenschule in Amerika wurden sie ab der Mitte der 50er Jahre in ihrer Übersetzungsaktivität kompetenter. Sie gründeten 1954 als Fachleute für Anglistik „Die koreanische (Forschungs-) Gesellschaft für englische Literatur und Sprache" und beherrschten bis in die 1960er und 1970er Jahre hinein den Bereich des Übersetzens, indem sie hervorragende Leistungen erbrachten (vgl. auch Kim 1996: 10f., 20f.): Zu dieser Gruppe gehörten, wenn wir nach dem Fachgebiet der Sprache unterscheiden: Kang Pongsik 강봉식 (康鳳植), Chŏng Pyŏngjo 정병조 (鄭炳祖), Kim Chaenam, Chang Wangnok 장왕록 (張旺祿), Yi Kahyŏng 이가형 (李佳炯), Yu Ryŏng 유령 (柳玲), Yi Chonggu 이종구 (李鍾求), Yang Hyŏngt'ak 양형탁 (梁炯鐸), Yi Kisŏk 이기석 (李基錫), Yi Ch'angbae 이창배 (李昌培), Kim Pyŏngch'ŏl 김병철 (金秉喆) (englische sowie amerikanische Literatur und Sprache), An Ŭngnyŏl 안응렬 (安應烈), Yi Hwiyŏng 이휘영 (李彙榮), Yang Pyŏngsik 양병식 (梁秉植), Kim Punggu, O Hyŏnu 오현우 (吳鉉隅), Yi Chin'gu, Pang Kon 방곤 (方坤), Chŏng Kisu 정기수 (丁奇洙), Cho Hongsik 조홍식 (趙洪植), Yi Hwan (französische Literatur und Sprache), Pak Chongsŏ 박종서 (朴鍾緒), Kim Sŏngjin 김성진 (金晟鎭), Kwak Pongnok 곽복록 (郭福祿), Kang Tusik 강두식 (姜斗植), Ku Kisŏng 구기성 (丘冀星) (deutsche Literatur und Sprache), Ch'a Yŏnggŭn 차영근 (車榮根), Ham Ilgŭn 함일근 (咸逸根), Kim Haksu 김학수 (金鶴秀) (russische Literatur und Sprache), Kim Yongje 김용제 (金龍濟), Kim Kwangju 김광주 (金光洲) (chinesische Literatur und Sprache), Kim Yongje (japanische Literatur und Sprache), Kim Chongbin 김종빈 (金鍾斌) (nordeuropäische Literatur und Sprache) usw. (Kim 1998: I/21–25).

5.1.2 Die 1960er Jahre

Die Entwicklung der Übersetzungsliteratur Im August 1960 wurde durch die Demokratische Partei die zweite koreanische Republik (1960–1963) begründet, die aber bereits am 16. 05. 1961 durch einen Staatsstreich von Generalmajor Pak Chŏnghŭi [Pak Chung-hee] gestürzt wurde. Mit diesem begann 1963 die dritte Republik (1963–1972), derer Regierung eine strikt antikommunistische und diktatorische Politik sowie eine möglichst schnelle Industrialisierung verfolgte. Das bedeutet in unserem Kontext zum einen, dass es überhaupt keine Übersetzung der Literatur des anderen Teils der Welt, also des „kommunistischen Lagers" von Sowjetunion, China und osteuropäischen Ländern geben sollte. Zum anderen nahm aber die Übersetzungsliteratur mit dem wirtschaftlichen Wachstum weiter zu: Die Zahl der Sammlungen von verschiedenen Verlagen erhöhte sich, von den 25 der 1950er Jahre auf 115, die Zahl der Taschenbuchreihen, von 17 auf 25. In diesen 10 Jahren durchlief die Übersetzungsliteratur in schnellem Tempo ihre Blütezeit, ihre „Renaissance". Es zeigte sich ein großes Interesse für die japanische Literatur, den chinesischen klassischen Geschichts- sowie Ritterroman und die Publikation ausgewählter oder gesammelter Werke der Einzelautoren.²⁷² Insbesondere wurden 1964 aus Anlass des 400-jährigen Geburtstages von Shakespeare fast gleichzeitig „Sämtliche Werke von W. Shakespeare" von zwei verschiedenen Verlagen publiziert, womit Korea den 7. Platz auf der Welt für das Übersetzen der Werke von Shakespeare einnahm. Dies war aber auch auf den Boom der 60er Jahre zurückzuführen, wo Sammelbände aller Art ohne höhere Qualität Verbreitung fanden.²⁷³ Der Grund, warum die Publikation der Sammelbände und Taschenbuchreihen den Markt überflutete, lag im guten Geschäft: Dieses Geschäft sei aber nur möglich, wenn man sich solch aufwendiger, im europäischen Stil eingebundener Reihen bediene, die man auch außerhalb der Buchhandlung verkaufen könne, vor allem da sie sich besser als Einzelbücher verkaufen ließen, so das Argument der Verlegerseite. Auch noch in den 60ern bestand das Interesse weiter, kurze summarische Zusammenfassungen der Weltliteratur zu verlegen: 3 Reihen einer solchen Zusammenfassung aus den 50ern wurden in den 60ern mit dem gleichen Inhalt, aber geändertem Titel und von anderen Verlagen, erneut aufgelegt, z. B. der „Digest der Meisterwerke aus der Weltliteratur" (世界名作 다이제스트, 1959) des Verlags Chŏngsinsa, der ursprünglich in den 50ern erschienen war, kam in den 60ern mit dem gleichen Inhalt und lediglich geändertem Titel in einem anderen Verlag heraus. Die zweite Reihe war die „Gekürzte Ausgabe: Die Sammlung der Weltliteratur" (世界文學全集, 1964) (縮小版) des Verlags Haptong ch'ulp'ansa und die dritte die „Gekürzte Fassung: Die Sammlung der Weltliteratur" (抄譯 世界文學全集, 1967) des Verlags Chŏngsinsa.

Weiterhin wichtig für diesen Zeitraum sind die Übersetzungen von Essays bzw. Betrachtungen, die das Leben allgemein oder die allgemeine Bildung behandelten, ebenso solche, die (philosophische) Selbstreflexionen enthielten und in Form von Sammlungen darboten²⁷⁴ (Kim 1998: I/187–196).

Übersetzungen der chinesischen Literatur   Wegen der politischen Konfrontation mit China und der Sowjetunion wurde die Rezeption der modernen chinesischen Literatur abgelehnt²⁷⁵, wo hingegen das Übersetzen der klassischen Romane boomte.

---

272 „Ausgewählte Meisterwerke von Pearl S. Buck" (펄벅傑作選集, 15 Bände, 1961–1962) beim Verlag Samjungdang, „Sämtliche Werke von André Gide" (앙드레 지드全集, 5 Bände, 1966) bei Mimun ch'ulp'ansa, von demselben Verlag noch „Sämtliche Werke von William Shakespeare" (셰익스피어全集, 5 Bände, 1964), „Sämtliche Werke von Ernest Hemingway" (헤밍웨이全集, 5 Bände, 1967), „Sämtliche Werke von Johann Wolfgang von Goethe" (괴테全集, 6 Bände, 1968) und „Sämtliche Werke von Friedrich Nietzsche" (니체全集, 5 Bände, 1969) „Sämtliche Werke von Hermann Hesse" (헤르만 헤세全集, 5 Bände, 1968) bei Munwŏn'gak usw. Kim 1998: I/195.

273 Ungeachtet der internationalen Stellung in der Shakespeare-Übersetzung gab es aber hinsichtlich der Übersetzungsqualität im Land Auseinandersetzungen. A.a.O., 193. Dies wird weiter unten im Kap. III. 3, „Der ethische Aspekt" dargestellt.

274 Es gab davon 5 Sammlungen, darunter 4 unter dem gleichen Titel „Die gesammelten Essays aus der Weltliteratur" (세계 수필문학 전집, 世界 隨筆文學全集, 5 Bände: 1966 beim Tonga-Verlag, 5 Bände: 1966 beim Tongsŏ munhwa, 3 Bände: 1966 beim Posŏng-Verlag und 5 Bände: 1968 beim Munwŏn'gak) und eine Sammlung zur philosophischen Betrachtung, „Die gesammelten philosophischen Betrachtungen aus der Welt(-literatur)" (세계 수상문학 전집, 世界 隨想文學全集, 6 Bände, 1969) bei Munwŏn'gak. Kim 1998: I/196.

275 In der 10-bändigen „Sammlung der Nachkriegsliteratur aus der Welt" (세계 전후문학 전집, 世界 戰後文學全集, 1960–1962) vom Verlag Sin'gu munhwasa wurde China nicht aufge-

Zum Beispiel wurde 17-mal die Übersetzung von Luo Guanzhongs 羅貫中 (kor. 나관중) historischem Roman *Drei Reiche*, „三國志"[276], von verschiedenen Verlagen publiziert: je einmal 1960 (5 Bände, Ŭlyu-Verlag), 1962 (in einem Band, Sammunsa), 1966 (5 Bände, Kyumunsa) und 1967 (5, Ŏmun'gak), zweimal 1964 (5, Sech'ang sŏgwan; in einem Band, Samhyŏp-Verlag), dreimal 1968 (5 Bände, Tongyang-Verlag; 5, Munusa; 3, Samjungdang) und je viermal 1961 (in einem Band, Paeginsa, Sinmun-Verlag und Sammunsa; 3 Bände, Chŏngŭmsa), 1965 (3, Ch'angjosa sowie Hyangminsa; 5, Hyangminsa und Sech'ang sŏgwan).

Ebenso wie Luo wurden mehrmals und neu Shi Naians 施耐庵 (시내암) *Räuber*, „水滸誌" und Wu Cheng'ens 吳承恩 (오승은) *Reise in den Westen*, „西遊記" übersetzt. Populär waren auch die in mehreren Bänden[277] veröffentlichten Ritter- bzw. Abenteuerromane (Wuxia xiaoshuo 武俠小說 bzw. Guaiqiwu 怪奇物), die auf chinesische Art über Helden, Ritter und Abenteurer erzählten.

Das Genre Essay wurde fast ausschließlich durch die Werke Lin Yutangs 林語堂 (임어당, 1895–1976) oder Lu Xuns 魯迅 (노신, 1881–1931) beherrscht. Eine gewisse Aufmerksamkeit bekamen jedoch die Kurzgeschichten bzw. Erzählungen der modernen chinesischen Schriftsteller, die ohne politische Tendenz waren und nur in minimaler Zahl erschienen. Diese Schriftsteller waren unter anderen Xu Zhimo 徐志摩 (서지마, 1896–1931), Yu Dafu 鬱達夫 (울달부, 1896–1945), Xie Bingying 謝冰瑩 (사빙영), Cheng Jiying 陳紀瀅 (진기영), Wang Ran 王藍 (왕람), Xu Su 徐速 (서속), Tong Zhen 童眞 (동진), Qi Jun 琦君 (기군), Lin Haiyin 林海音 (임해음, 1919–2001) und Ai Mei 艾玫 (애매, 1904–1992) (Kim 1998: I/328–336).

Übersetzungen der japanischen Literatur Die Einfuhr und Übersetzung japanischer Bücher unterlag in den 1960ern einer gewissen Beliebigkeit. Dies lag zum einen an der Zunahme derjenigen, die keine fundierten Japanischkenntnisse hatten und andererseits an der Normalisierung der diplomatischen Beziehungen zu Japan im Jahre 1965. So wuchs die Zahl der Veröffentlichungen aus der japanischen Literatur von 7

---

nommen, auch in der 18-bändigen „Sammlung der modernen Weltliteratur" (현대 세계문학 전집, 現代 世界文學全集, 1968) vom selben Verlag sowie in der 12-bändigen „Heutigen Weltliteratur" (오늘의 世界文學, 1969–1971) vom Verlag Minjung sŏgwan waren die Werke der modernen chinesischen Schriftsteller nicht zu finden. Vgl. Kim 1998: I/332f.

276 Luo Guanzhongs (ca. 1330 – ca. 1400) Verfasserschaft des Werkes bleibt selbst in der chinesischen Literaturgeschichte noch hypothetisch, und auch seine Biographie ist spärlich belegt. Jedoch wird er als der Verfasser der historischen „Populären Auslegung der Chronik der Drei Reiche" (*Sanguozhi tongsu yanyi*, dies ist meist als *Sanguo yanyi, Erzählung über die Drei Reiche* bzw. *Historischer Roman über die Geschichte der Drei Reiche*, verbreitet) angesehen, dem Werk, welchem stofflich das offizielle Geschichtswerk zur Periode der Drei Reiche (220–280), die *Chronik der Drei Reiche, Sanguozhi*, von Chen Shou (233–297) zugrunde liegen soll, so dass Luo als derjenige angesehen wird, der einen Beitrag zur Entstehung des chinesischen Romans in der chinesischen Literatur geleistet zu haben. Die heute am meisten verbreitete Fassung (in 120 Kapiteln) geht auf Mao Zonggang zurück, der in der 2. Hälfte des 17. Jahrhunderts die älteste erhaltene Fassung aus dem Jahr 1522 mit 240 Kapiteln revidierte. Vgl. Müller 2004: 208f.; Zimmer 2002: 2/Teilband 1 73–80, 82–88.

277 Ähnlich populär waren aufgrund des sensationellen Filmerfolges des englischen Geheimagenten 007 in dieser Periode Ian Flemings Werke, die in 3 Sammlungen in verschiedenen Verlagen mit 47 Titeln übersetzt und erschienen waren. Kim 1998: I/209f.

Werken (4 Romane, je 1 Essay, 1 Dokumentation und 1 Werk mit Memoiren) in den 1950er Jahren auf alleine 467 Romane in den 60ern[278]. Damit nahm Japan in dieser Periode und für dieses Genre den ersten Platz der Übersetzungsliteratur ein (gefolgt von Frankreich mit 372, Amerika mit 332, England mit 246, Deutschland mit 183, der Sowjetunion mit 152 und China mit 120). Dies spiegelte wider, dass nach der 15-jährigen Unterbrechung der diplomatischen Beziehungen zwischen den beiden Ländern[279] die Neugier der koreanischen Leserschaft auf die japanische Literatur geweckt wurde und dass ein zahlenmäßig starkes Potential an Japanischübersetzern im Vergleich zu denen anderer Sprachen vorhanden war.

Zu den beliebten Autoren gehörte zuerst Kawabata Yasunari 川端康成 (mit 52 übersetzten Werken, darunter wurde allein sein mit dem Nobelpreis ausgezeichnetes Werk *Das Schneeland* (*Yukiguni* 雪國) 15-mal übersetzt), wohl auch weil dieser 1966 als zweiter Asiat und erster Japaner den Literaturnobelpreis erhielt. Dessen sämtliche Werke (6 Bände) wurden 1969 von dem Verlag Sin'gu munhwasa publiziert. Weitere Autoren waren Gomikawa Junpei 五味川純平 (34), Ishikawa Tatsuzo 石川達三 (21), Miura Ayako 三浦綾子 (21, darunter *Das auf dem Hügel weidende Schaf*, japanischer Originaltitel: *Genzai* 原罪 6mal, *Der Gefrierpunkt* (*Hyoten* 氷点) 3-mal übersetzt), Ishizaka Yōjirō 石坂洋次郎 (19), Tanizaki Jun'ichirō 谷崎潤一郎 (13), Ishihara Shintarō 石原愼太郎 (13), Inoue Yasushi 井上靖 (13), Yasuoka Shōtarō 安岡章太郎 (13) u.a. Es war ein anerkennenswerter Beitrag der Verleger, dass sie nicht nur auf Grund der Bekanntheit bestimmter Autoren Übersetzungen förderten, sondern auch durch eine sorgfältige Auswahl der Autoren und ihrer Werke verschiedene Sammelbände in diesen Jahren herausgaben. Beispiele dafür waren: „Ausgewählte preisgekrönte Werke der neuen japanischen Schriftsteller nach dem Krieg" (戰後日本新人受賞作品選, 1960) vom Verlag Yungmunsa, „Sammlung der ausgewählten Meisterwerke japanischer Kurzgeschichten" (日本傑作短篇選集, 1960, 26 Bände) vom Verlag Munhŭngsa, „Ausgewählte japanische Literatur" (日本文學選集, 1960, 7 Bände) von Ch'ŏngunsa, „Gesammelte Kurzgeschichten Japans nach dem Krieg" (戰後日本短篇文學全集, 1965, 5 Bände) von Ilgwang, „Ausgewählte neueste japanische Werke" (最近日本作品選, 1966, 4 Bände) vom Verlag Suhŏmsa, „100 wichtige Schriftsteller Japans" (日本代表作家百人集, 1966, 5 Bände mit 100 Werken) von Hŭimang ch'ulp'ansa und „Gesammelte japanische Literatur der Kurzgeschichte" (日本短篇文學全集, 1969, 6 Bände) von Sin t'aeyangsa usw.

Eine weitere Leistung dieser Periode war die Publikation der Übersetzung der die japanische Neu- und moderne Zeit repräsentierenden literarischen Werke, wobei auch die Übersetzer besonders gelobt werden müssen: Z. B. Tanizaki Jun'ichirōs *Der Sprühregen* (*Sasame* 細雨, 2 Bände), übersetzten Kim Yongje (den 1. Band, 1960) und Kim Yunsŏng 김윤성 (金潤成, den 2. Band, 1961), „Die Liebe eines Narren" von dem selben Autor übersetzte Kim Kwangsik 김광식 (金光植, 1969), Harada Yasukos 原田康子 *Der Trauergesang* (*Banka* 挽歌) wurde von Yi Hyŏnja 이현자 (李顯子, 1960) übersetzt, Ishizaka Yōjirōs „Die jungen Leute" von Ch'oe

---

278 Kein so großes Interesse wie am Roman wurde an anderen Genres wie Gedicht, Essay, Kommentar, Biographie, kritische Schriften usw. gezeigt. Kim 1998: I/348.
279 Während dieser Zeit galt das Verbot, japanische Bücher zu importieren. A.a.O., 337.

Changgyu 최장규 (崔壯圭, 1961), Natsume Sōseis 夏目漱石 „Ich bin eine Katze" von Kim Sŏnghan (1962), Shimazaki Tōsons 島崎藤村 *Die Übertretung der Gebote Buddhas* (*Hakai* 破戒) von Kim Tongni 김동리 (金東里, 1963), Shiga Naoyas 志賀直哉 *Der Weg durch die Nacht* (*Ayakoro* 暗夜行路) von Pak Yŏngjun 박영준 (朴榮濬, 1963), Inoue Yasushis *Wind und große Wellen* (*Fudo* 風濤), von Yi Wŏnsŏp 이원섭 (李元燮, 1968), Abe Kōbōs 安部公房 „Der Sand und eine Dame" von Yu Chŏng 유정 (柳呈, 1968) und Endō Shūsakus 遠藤周作 „Das Meer und das Gift" wurde von Kim Yunsŏng (1969) übersetzt (Kim 1998: I/337–356).

5.1.3 Die 1970er Jahre

In den 1970er Jahren nahm die Übersetzungsliteratur in Sammlungen und Taschenbuchreihen noch weiter zu: Die Zahl der Sammlungen erhöhte sich von 115 während der 1960er Jahre auf 198, die der Taschenbuchreihen, von 25 auf 99. Vor allem auch erreichte die Zahl der unter dem gleichen Titel „Sammlung der Weltliteratur" (세계문학 전집, 世界文學全集) bei verschiedenen Verlagen veröffentlichten Reihen eine Steigerung von 2 während der 60er Jahre auf 25 in den 70ern. Die Zahl der ausgewählten oder gesammelten Werke der Einzelautoren[280] stieg von 17 auf 34 und auch die der gesammelten Essays von 5 auf 6, wobei sich die Gesamtzahl der Bände von 24 auf 55 erhöhte.

Ab dem Ende der 1970er Jahre zeigte sich auf der Verlegerseite ein Bestreben, aus der misslichen Lage, moderne Werke kommunistischer Länder prinzipiell nicht zu übersetzen, herauszukommen, indem es einige mutige Verleger wagten, zunächst Werke aus blockfreien Ländern[281] zu verlegen. Wie schon betont, waren die Werke der kommunistischen Länder, vor allem moderne Werke, im „antikommunistischen" (Süd-) Korea seit der Teilung des Landes bis dahin strikt verboten. An diesen neuen Schritten nahmen Verleger wie Ch'angjakkwa pip'yŏngsa 창작과 비평사 (創作과 批評社), Han'gilsa 한길사, Silch'ŏn munhaksa 실천문학사, Irwŏlsŏgak 일월서각 (日月書閣)[282], T'aech'ang munhwasa 태창문화사 (泰昌文化社), Hongsŏngsa 홍성사 (弘盛社) und Pundo ch'ulp'ansa 분도출판사 (芬道出版社)[283] teil. Sie ver-

---

280 Hierzu gehörten A. Camus, G. d. Maupassant, A. Gide, J. J. Rousseau, F. Sagan, A. Saint-Exupéry (Frankreich), S. Maugham, W. Shakespeare, B. Russell, C. Doyle (England), R. Tagore (englische Kolonie Indien), E. Hemingway, P. S. Buck, D. Carnegie (Amerika), L. N. Tolstoj, I. Turgenjew (Russland), A. Schweitzer, J. W. Goethe, H. Hesse, L. Rinser, E. M. Remarque (Deutschland), Kahlil Gibran (Libanon). Kim 1998: I/400–403.

281 Das waren die Staaten, die gegenüber den politischen Konflikten zwischen der westlichen und der kommunistischen Staatenwelt gemeinsam eine neutrale Stellung betonten. Es handelte sich vor allem um ehemalige Kolonien in Asien, Afrika und Europa (Protagonisten waren Indien, Ägypten, Jugoslawien usw.). A.a.O., 387.

282 Veröffentlicht wurden in diesem Verlag „Die Befreiungstheologie und gesellschaftliche Umwälzung" von G. Gutierez und Richard Shawl (übersetzt von Kim K'waesang, 1977), „Arabien und Israel" von J. P. Sartre (1979, Übersetzer ungenannt), „Die Veränderung und Struktur der 3. Welt" von L. S. Starbrianose (übersetzt von Han Wansang, 1979) und „Die Kirche und die Befreiungstheologie" von Leonardo Boff (übersetzt von Kim K'waesang, 1979). A.a.O., 389–392.

283 Hier erschienen „Alles, was die Armut hervorbrachte" von Osca Lewis (übersetzt von Han Sŏnggŏn, 1979) bei Hongsŏngsa, „Die Befreiungstheologie" von G. Gutierez (übersetzt von Song Yŏm, 1977), „Die Autobiographie von Sadat" von Anwer El Sadat (übersetzt von An

traten die Ansicht, dass jeder das Recht und die Freiheit hätte, von all den kulturellen Geschehnissen bzw. Aktivitäten auf der Welt Kenntnis zu nehmen und nur die Hälfte davon wahrzunehmen, würde die Wahrheit des Ganzen verfehlen. Im festen Glauben daran, dass die Wahrheit immer die Wahrheit des Ganzen sei, wollten sie gegen die Hindernisse in der koreanischen Übersetzungskultur unter der repressiven Militärregierung (5. Republik: 1981–1988) ankämpfen. Zunächst allerdings musste der diese Bewegung anführende Verleger Ch'angjakkwa pip'yŏngsa seine Tätigkeit aufgrund der Repression einstellen und konnte erst in der 6. Republik wieder verlegerisch tätig sein. 1978 begann dieser Verlag sein neues Leben zuerst mit dem Werk von Alex Haley, *Malcom X* (2 Bände), sowie „Die Sammlung der Werke aus den Ländern der Dritten Welt" (제 3世界叢書, 14 Bände, 1978–1985).[284] Vom Verlag T'aech'ang munhwasa erschien eine 6-bändige „Sammlung der Werke aus der 3. Welt der Kultur" (제 3世界文化叢書, 1979) (Kim 1998: I/387–405).

Die Rede von „der dritten Weltliteratur" war eine Weiterentwicklung der in den 1970er Jahren geführten Erörterungen über „bürgerliche Literatur", die der Hauptvertreter der Zeitschrift für Literatur und Künste *Ch'angjakkwa pip'yŏngsa* (1966), Paek Nakch'ŏng, 1969 veröffentlichte. Der von Paek vorgelegte Begriff ‚Bürger' wurde durch die allmähliche Anverwandlung an den Begriff ‚Volksmassen' zum Kern der Volksliteratur. Die ‚Volksmassen' stellten danach ein reines, moralisches geschichtliches Subjekt der Gesellschaft dar. Sie stellten eine ideale bürgerliche Gesellschaft dar, in der die Bedeutung von Freiheit, Gleichberechtigung und Philanthropismus (dies erinnert natürlich an die Parole der französischen Revolution Freiheit, Gleichheit und Brüderlichkeit, liberté, egalité, fraternité) lebendig sei. Die Volksliteratur basierte für Paek auf dem geschichtlichen Prozess. Er suchte den Motor dieses Prozesses in den internationalen Verhältnissen. Dies unterschied ihn von anderen kritischen Geistern in den 1970er Jahren. So fand für ihn die koreanische Literatur als eine Volksliteratur ihre internationale Stellung an der Seite der Länder der 3. Welt in einer Frontstellung gegen die imperialistische Weltpolitik (Sin 2004: 732–753).

Auch die Übersetzungen von Krimis und Gedichten in Form von Sammlungen erlebten zu dieser Zeit einen großen Aufschwung: Die Zahl der Krimisammlungen[285] stieg von 2 (insgesamt 10 Bände) in den 60ern auf 7 (237 Bände) in den 70ern an, ebenso verdreifachte sich die Zahl der Gedichtsammlungen: von 3 (insgesamt 29 Bände) auf 15 (233 Bände). Eine besondere Aufmerksamkeit zog vor allem im Bereich der Krimi- bzw. Detektivromansammlungen der Übersetzer Yi Kahyŏng 이가형 (李佳炯, Studium der französischen Literatur und Sprache an der Universität Tokyo in Japan) auf sich. Er gründete eine Gesellschaft der Krimiliebhaber – den ‚Mysteriumklub' –, die sich mit der Entwicklung der Literatur der Mysterien und deren Übersetzung beschäftigen sollte und jährlich die Zeitschrift ‚Mysterium' herausgab (Kim 1998: I/392f., 434f.).

Tosŏp, 1979) bei Pundo. A.a.O., 389–392.
284 Darin fanden sich Werke aus Indien, Brasilien, Afrika, Palästina in den Genres Roman, Gedicht, Aufsatz und Dokumentation. A.a.O., 388.
285 Beliebte Autoren waren hier vor allem Agatha Christie, Conan Doyle, Edgar Allen Poe, Erle Stanley Gardner, Ellery Queen, Ira Levin usw. Kim 1998: I/251, 435.

Im Genre der Dichtung sind folgende Autoren zu nennen: George Gordon Byron, John Milton, William Wordsworth, Alfred Tennyson; Walter Whitman, Henry Wadsworth Longfellow, Robert Frost; Paul Verlaine, Charles Baudelaire; Johann Wolfgang von Goethe, Heinrich Heine, Gottfried Benn, Günter Eich; Konfuzius[286]; Rainer Maria Rilke, Rabindranath Tagore, Kahlil Gibran, Léopold Sédar Senghor usw. (a.a.O., I/438-442, 521ff.; Kim 1998: II/589, 667, 690f., 741–744).

Besonders erwähnenswert sind für die 70er folgende Übersetzer: Oh Hwasŏp 오화섭 (吳華燮) und Sin Chŏngok 신정옥 (申定玉) für das Übersetzen von englischen sowie amerikanischen Dramen. Als zur 1. Generation nach der Befreiung im Fach der englischen und amerikanischen Literatur gehörig war der Erstere auch in den 1970ern vor allem mit den Dramen von Eugene O'Neill, Tennessee Williams, Arthur Miller usw. beschäftigt. Von Frau Sin allein kam eine 10-bändige Ausgabe „Die modernen englischen und amerikanischen Dramen" (현대영미희곡, 現代英美戲曲, 1975–1984) heraus, wobei die englischen und amerikanischen Dramatiker für den Zeitraum, der ungefähr mit dem 2. Weltkrieg begann, bis 1980 übersetzt und vorgestellt wurden. Auch beschäftigte sie sich in den Jahren von 1989 bis 1994 ausschließlich mit dem Übersetzen der sämtlichen Werke von Shakespeare, die in 40 Bänden herauskamen. Die gleiche Leistung erbrachte Kim Chaenam: Er war der Alleinübersetzer der sämtlichen Werke von Shakespeare, Alleinübersetzer waren auch Kim Chonggŏn 김종건 (金鍾健): „Sämtliche Werke von James Joyce" (6 Bände), Chŏng Pyŏngsŏl 정병설 (鄭炳卨): „Sämtliche Werke von Ernest Hemingway" (6 Bände), Pak Siin 박시인 (朴時仁) (朴時仁): „Die Heldensagen von Plutarch"[287] (플루타크 英雄傳, 6 Bände), Chŏng Ponghwa 정봉화 (鄭鳳和): „Tausendundeine Nacht" (아라비안 나이트, 4 Bände), Oh Chŏnghwan 오정환 (吳正煥): nochmals „Tausendundeine Nacht" (아라비안 나이트, 10 Bände), Yi Such'ŏn 이수천 (李修天): „Sämtliche Werke von Guy de Maupassant" (7 Bände), Yu Ryŏng: „Sämtliche Werke von Rabindranath Tagore" (6 Bände), Hong Kiun 홍기운 (洪起雲): „Die unsterbliche Meisterdichtung der Welt" (永遠한 世界의 名詩, 10 Bände), Kim Hyŏnmun: Conan Doyles „Die große Intelligenz" (大智慧) und „Die große Sammlung des Sherlock Holmes" (Originaltitel: The Adventures of Sherlock Holmes, 10 Bände), Yi Yongho 이용호 (李庸護): „Eine Reihe des 2. Weltkrieges" (제2차 세계대전 시리즈, 28 Bände), An Tongnim 안동림 (安東林): „Das Schicksal des 3. Reiches" (5 Bände) (Kim 1998: I/524–528)[288].

---

286 Wie in den 1960ern gab es auch in den 1970ern eine Vorliebe für das *Buch der Lieder* (*Shijing* 詩經) von verschiedenen Verlagen, wenn es um die Übersetzungsliteratur der chinesischen Gedichte geht: Es wurde 1971, 1978 und 1979 je 1-mal, 1974 2-mal, 1975 3-mal und 1976 4-mal publiziert. Kim 1998: II/690f.
Als bedeutsamster der Fünf Klassiker soll das *Buch der Lieder*, eine Sammlung von 305 Liedern, von Konfuzius für seine Morallehre aus 3000 altchinesischen Liedern ausgewählt worden sein. Dies allerdings gehört in der chinesischen Literatur in den Bereich der Legende. Debon 2004: 276ff.
287 Hiermit sind die Biographien großer antiker Politiker von Plutarch gemeint.
288 Auch in den 50er und 60er Jahren gab es Alleinübersetzungen von Chang Manyŏng 장만영 (張萬榮) „Ausgewählte Lyrik der Welt" (세계서정시선, 世界抒情詩選, 6 Bände) (Chŏngyang-Verlag, 1952–1954) und „Die Sammlung ausgewählter Dichter der Welt" (세계시인선집, 世界詩人選集, 12 Bände) (Verlag Tongguk munhwasa, 1961). Kim 1998: I/527.

5.1.4 Die Zeit der Einführung westlicher Literaturtheorien (1970–1979)

Erst nach der Befreiung, in dem Maße, in dem die universitäre Ausbildung der westlichen Literaturen und Sprachen ein ordentliches Fach wurde, übernahmen die Universitätsprofessoren allmählich die Rolle weiterer Vermittler, und in der Folge wurde auch das Publikationsmedium, in dem ihre Studien bzw. Forschungsartikel und Aufsätze veröffentlicht wurden, erweitert und umfasste neben allgemeinen Zeitschriften und Zeitungen auch Fach- und Gelehrtenzeitschriften bzw. Zeitschriften wissenschaftlicher Gesellschaften oder gesammelte universitäre Abhandlungen. Als die Zeitschriften wissenschaftlicher Gesellschaften wie bspw. der ‚Koreanischen Gesellschaft für englische Literatur und Sprache' (한국영어영문학회, 1954), der ‚Koreanischen Gesellschaft für deutsche Literatur und Sprache' (한국독어독문학회, 1959) und der ‚Koreanischen Gesellschaft für französische Literatur und Sprache' (한국불어불문학회, 1961) erschienen, enthielten sie in den 60er Jahren noch einen geringen Anteil von wissenschaftlichen Arbeiten über die Rezeption der westlichen Literatur und statt dessen mehr literarische Übersetzungen. Dieses Verhältnis kehrte sich erst in den 1970er Jahren um, weil Mitte der 70er die Auslandsstudenten nach ihrem Studium der westlichen Literaturen und Sprachen, vor allem in Westeuropa und Amerika, zurückgekehrt waren und der Rezeption einen Erneuerungsschub brachten: Vorwiegend waren es nun rein wissenschaftliche Schriften, die übersetzt und publiziert wurden, und nicht mehr vor allem Kritiken über Tagesaktualitäten. Ein Beispiel dieses Strebens, nämlich bekannte wissenschaftliche bzw. kritische Schriften von meist englischen (namhaften) Autoren einzuführen, war die von der höchst renommierten staatlichen Universität Seoul herausgegebene Reihe der „Sammlung der Literaturkritiken" (문학비평총서, 文學批評叢書, 16 Bände, 1977–1979), die in den 1980ern eine Erweiterung auf 26 Bänden erfuhr. Sie enthielt u.a.[289]: „Der Realismus" (übersetzt von Kim Chong'un 김종운, 金鍾云), „Der Naturalismus" (von Ch'ŏn Sŭnggŏl 천승걸, 千勝傑), „Die Romantik" (Yi Sangok 이상옥, 李相沃), „Die absurde Literatur" (von Hwang Tonggyu 황동규, 黃東奎), „Der Symbolismus" (von Pak Hŭijin 박희진, 朴熙鎭), „Die Metapher" (von Sim Myŏngho 심명호, 沈明鎬), „Der Klassizismus" (von Kang Taegŏn 강대건, 姜大虔), „Die Satire" (von Song Nakhŏn 송락헌, 宋洛憲), „Die Tragödie" (von Mun Sangdŭk 문상득, 文祥得), „Die Handlung" (von Mun Usang 문우상, 文祐相), „Der Dadaismus und der Surrealismus" (von Pak Hŭijin), „Der Roman" (von Kim Chong'un), „Die Rhetorik" (von Kang Taegŏn), „Der Ästhetizismus" (Yi Sang'ok), „Die biographische Literatur" (von Yi Kyŏngsik 이경식, 李京植) usw. (Kim 1996: 6–10, 20f.).

So wurden ab den 70ern zuerst die westlichen literarischen Kritiken, dann die literaturwissenschaftlichen Theorien nicht nur durch deren Übersetzungen, sondern auch durch eigene Forschungen und ergänzende Studien darüber lebhaft rezipiert. Besonderes Verdienst dabei erwarben sich die beiden Verleger der Vierteljahreszeitschriften *Ch'angjakkwa pip'yŏngsa* 創作과 批評社 (*Zeitschrift für Schöpfung und Kritik*) und *Munhakkwa chisŏngsa* 文學과 知性社 (*Zeitschrift für Literatur und Intelligenz*), in denen die meisten Arbeiten auf diesem Gebiet erschienen. Mit dem Ziel, dass sich die ‚Schöpfung' nicht nur auf ein Erzeugnis literarisch-künstlerischer Phantasiekraft be-

---

[289] Vgl. auch Kim 1998: I/452–459.

schränkt, sondern auch eine politologisch-soziologische Wirklichkeit gewinnt, sollte die ‚Kritik' sowohl die Literatur und Künste als auch die aktuellen politischen sowie gesellschaftlichen Ereignisse betreffen. Gegründet wurde die *Zeitschrift für Schöpfung und Kritik* (ZfSK) 1966 und sie war führend in der Veröffentlichung von Literaturkritiken und Übersetzungen der Literaturtheorien. In ihrer ersten Ausgabe im Winter 1966 kündigte sie als ‚ein Forum des Diskurses' ihre Richtung an. „Eine neue Vision zur Schöpfung und der Kritik" von Paek Nakch'ŏng 백낙청, dem Hauptvertreter der ZfSK, „Die Voraussetzungen für die koreanische Literatur" von Yu Chongho 유종호, C. Light Mils' „Die Kultur und die Politik", übersetzt von Paek Nakch'ŏng, J. P. Sartres „Die Situationen und der Intellektuelle in moderner Zeit"(*), übersetzt von Chŏng Myŏnghwan, Buchbesprechungen: Roman Ingardens „Die phänomenologische Ästhetik" von Cho Kagyŏng und David Eastons „Zur Analyse der Politik" von Yi Ch'ŏngsik seien als Beispiele für den Inhalt dieses Diskurses genannt. Zu weiteren wichtigen Leistungen der ZfSK gehörten die Übersetzungen des 1951 in London erschienen Hauptwerkes „Sozialgeschichte der Kunst und Literatur" von Arnold Hauser durch Yŏm Muung, die bis Anfang der 70er in Fortsetzungen erschien: Aus diesem Gesamtwerk wurden „Die Künste der Vorgeschichte und derer gesellschaftliche Bedingungen" von Paek Nakch'ŏng (1975) und „Die Logik in der Wendezeit" von Yi Yŏnghŭi (1974) übersetzt; ebenso E. Fischers „Überlegungen zur Situation der Kunst" von Kim Chaemin (1971) (a.a.O., 22f.).

Vergleichbar mit der ZfSK entfaltete die *Zeitschrift für Literatur und Intelligenz* (ZfLI) 10 Jahre lang zwischen 1970 und 1980 eine übersetzerische Aktivität im breiteren Bereich von Politik, Gesellschaft und Wirtschaft. Sie widmete sich mehr den Übersetzungen der deutschen und französischen Texte mit Ausnahme eines Textes des amerikanischen Sprachphilosophen John Searle „N. Chomskys Revolution in der Sprachwissenschaft" (von Kim Pyŏng'ik) und M. Jeys „Die Theorie der Ästhetik und die Kritik an der Massenkultur" (von Kim Chongch'ŏl). In der Gründungsnummer erschien in der Übersetzung von Kim Hyŏn „Der Schriftsteller und der Intellektuelle" von R. Barth und in der 2. Nummer „Der Zerfall der Macht" von Robert Nisbet in der Übersetzung von Kim Pyŏngik. Auch die Übersetzungen von Adornos Radiovorträgen „Engagement" (1971) und „Rede über Lyrik und Gesellschaft" (1977) von Kim Chuyŏn und Aufsätze aus Doktorarbeiten wie Pan Sŏngwans „Die kulturelle Tradition der deutschen Zivilgesellschaft" und Ch'a Ponghŭis „Die künstlerische Theorie von Walter Benjamin" usw. bezeugten in den 70ern einen erleichterten und schnelleren Zugriff auf Materialien aus Europa als es noch in den 60ern für Texte aus England und Amerika der Fall war.

Die 1976 gegründete Zeitschrift „Literatur der Welt" leistete zu Übersetzungen der Literaturtheorien und kritischen Theorien einen herausragenden Beitrag, und zwar mit der Übersetzung von Erich Auerbachs „Mimesis, dargestellte Wirklichkeit in der abendländischen Literatur", die gemeinsam von Kim Uch'ang und Yu Chongho erarbeitet wurde, wobei der „Neuzeit"-Teil (1979) und der „Antike-Mittelalter"-Teil (1987) als Buch erschienen (a.a.O., 28ff.).

Die Hauptströmung der Theorie und Kritik zu dieser Zeit waren der Strukturalismus und die Literatursoziologie, wie schon oben kurz erwähnt, wobei es sich aber nicht um eine neu rezipierte Theorie, sondern eine Neubehandlung des alten Themas vom Verhältnis zwischen Literatur und Gesellschaft handelte: Dies beinhaltete geschichtlich die sog. KAPF-Bewegung, die Bewegung des proletarischen Kulturbundes Koreas in den 20er Jahren, das Interesse an der literarischen Soziologie in den 30er Jahren, die nach der Befreiung vom 1945 sowohl von den Linken als auch von den Rechten behauptete Nationalliteraturtheorie, die Auseinandersetzung zwischen den Befürwortern der reinen Literatur und den Anhängern der Teilnahme der Literatur an den gesellschaftlichen Auseinandersetzungen in den 60er Jahren sowie die Theorie der Volkskunst in den 70er Jahren. Der Ursprung, dass die Literatursoziologie, die das Verständnis für Literatur im Zusammenhang mit der gesellschaftlichen Situation, die die Literatur bedingt, eröffnen wollte, in den 70ern eine breite Rezeption finden konnte, war vor allem auch in den vorangehenden 60er Jahren zu finden: Man versuchte damals, die westeuropäisch orientierte „absolute Ästhetik" der 50er Jahre, d.i. die westeuropäische Literatur, als Maßstab für Kreativität und Bewertung der koreanischen Literatur, zu überwinden. Die nach der Befreiung sowie dem Koreakrieg schwach verwurzelte koreanische Literatur war noch tief von dem Glauben an eine Ästhetik durchdrungen, die sich uneingeschränkt an der westeuropäischen Literatur orientierte. Andererseits begannen in den 70ern die Tendenzen der Industrialisierung der (koreanischen) Gesellschaft offen hervorzutreten, indem die Veränderung von der traditionellen zur industriellen Gesellschaft und dementsprechend die sich ändernde Ansicht von der Welt und dem Leben einen rasanten Verlauf nahm. So wurde es notwendig, mit einem neuen theoretischen Blick die Literatur zu erläutern, wofür die Literatursoziologie von Lucien Goldmann in der Anwendung auf die koreanische Literatur einen nützlichen Beitrag liefern konnte. Zur Einführung dieser strukturalistisch orientierten Literatursoziologie, die analog zu den Strukturen der Gesellschaft inhaltliche und formale Strukturen der Literatur analysierte, trug am meisten Kim Ch'isu mit seinem Buch „Zur Literatursoziologie" bei. Ebenso konnte die Literaturtheorie der Frankfurter Schule, die, auf die konkrete historische Situation bezogen, über den Stellenwert und die Funktion der Literatur diskutierte, in der koreanischen Industriegesellschaft der 1970er Jahren mit der strukturalistisch orientierten Literatursoziologie zusammen eine breite Akzeptanz finden. Denn es war diese Gesellschaft, in der die zunehmenden gesellschaftlichen Probleme sowie die aufbrechenden Konflikte im Zuge der Entwicklung der Industrialisierung es verlangten, die verstärkt soziale Funktion der Literatur als ein Mittel, das Massenbewusstsein zu beeinflussen, zur Sprache zu bringen (Kwŏn 1989: 145–151).

5.2 Die Übersetzungsliteratur zwischen 1980 und 1985

Die in den 70ern ihre höchste Blüte erreichende Übersetzungsliteratur expandierte in den 80ern zunächst noch weiter, nach dem Jahr 1985 kam es jedoch zum Abbruch, indem sich erwies, dass das Angebot der bis dahin gedruckten Sammlungen und Taschenbuchreihen die reale Bedarfsdeckung überstieg. Andererseits beeinflusste die Veränderung der politischen Landschaft der Welt nach 1985 den literarischen Bereich. Damit ist die Beendigung des Kalten Krieges, die im wesentlichen aus Gorbatschows Politik von Glasnost (Transparenz) und Perestroika (Umgestaltung) von 1985 resultierte, gemeint: Es kam zu tiefgreifenden Reformen innerhalb der sowjetischen Literatur, die zur Aufhebung der Zensur der bis dahin als „antirevolutionär" gebrandmarkten Bücher führte, z. B. Boris Pasternaks Roman „Doktor Schiwago", der aufgrund der gegen die parteioffizielle Linie geschilderten Darstellung der russischen Revolution 1957 nur im Ausland erschienen war[290]. Diese und andere Werke fanden ihre weitere Verbreitung nicht nur in aller Welt, sondern auch in Korea, wo sich das Feindesland plötzlich in ein befreundetes Land gewandelt hatte und nun auch die Tagespresse mit Artikeln von eher linksorientierten Schriftstellern aus osteuropäischen Ländern und sogar aus der Sowjetunion[291] bereichert wurde. So konnten sich an die Öffnung gegenüber der Literatur aus der 3. Welt in den 70ern dann in der 2. Hälfte der 80er die freien Kontakte zur sowjetischen modernen Literatur anschließen.[292] So ist für die 1. Hälfte der 80er, wo noch die Übersetzungen der bereits bekannten Werke berühmter Autoren vorherrschten – hier seien Tolstoj, Dostojewskij, Turgenjew (aus dem 19. Jahrhundert), Solschenizyn (aus dem 20. Jahrhundert) mit ihren Erzählungen bzw. Essays und Romane sowie Puschkins Gedichte, Gogols und Tschechows Dramen genannt – hervorzuheben, dass von Nikolai Berdjajews (1874–1948) 4 Werke, in denen er die geistige Freiheit forderte, übersetzt wurden: Sie enthielten seine Autobiographie „Das große Netz" (wörtliche Übersetzung des Originaltitels: *Selbsterkenntnisse*) von Yi Kyŏngsik (1981), „Die Weltanschauung von Dostojewskij" von Yu Chunsu 유준수 (柳俊秀, 1982), „Der Misserfolg der Zivilisation und das Schicksal der Menschen" von Kim Yŏngsu (1984) und „Die Einsamkeit und der Mensch und die Gesellschaft" von Yi Ch'ŏl 이철 (李徹, 1985). Weiter ist zu nennen, die 2-fache Übersetzungen von Viktor Borissowitsch Schklowskijs (1893–1984) Werk „Die Literaturtheorie des russischen Formalismus" bei den Verlagen Wŏlinje (1980) und Ch'ŏngha (1983), die Übersetzung des Werkes des kirgisischen Autors Tschingis Aitmatow „Das weiße Schiff" von Kim Kŭnsik (1983). Dies war ein Versuch, das Gebiet der auf den Nationalismus hin orientierten neuen sowjetischen Schriftsteller zu erschließen, während sich durch die Übersetzung von Maxim Gorkijs „Die Mutter" von Ch'oe Minyŏng (1985), die starke Tendenz zum sozialistischen Realismus und das klare Bekenntnis zum Kommunismus zeigten. Ständige Übersetzer für russische Literatur waren die Universitätsprofessoren, die aus dem gleichen Fachbereich kamen, nämlich Yi Ch'ŏl (der 37 Werke übersetzte), Kim Haksu (30), Pak Hyŏnggyu (27), und Yi Tonghyŏn (16) usw. (Kim 1998: II/763f., 973–982).

Wie in den 70ern waren, betreffs der englischen Literatur, beliebte Autoren in diesem Zeitraum die Schwestern Emily und Charlotte Brontë („Jane Eyre" und „Stürmischer Hügel"), Agatha Christie mit ihren Detektivromanserien, Somerset Maugham in Form der Sammlung seiner Gesamtwerke und William Golding, der nach seiner Auszeichnung mit dem Nobelpreis für sein Werk („Lord of the Flies") in diesem Zeitraum 26-mal übersetzt wurde. George Orwell wurde mit seinem Zukunftsroman („1984")

---

290 In der Sowjetunion erschien der Roman erst 1988. Kim 1998: II/763.
291 Über Alexandr Blok (1880–1921), Sergej Jesenin (1895–1925), Vladimir Majakowskij (1893–1930), Boris Pasternak (1890–1960) usw. erschienen Artikel in Zeitungen und waren Sendungen im Fernsehen zu sehen. A.a.O., 763f.
292 1991 wurden diplomatische Beziehungen zur Sowjetunion aufgenommen, der freie Besuchsverkehr zwischen beiden Ländern erlaubt und insbesondere bis dahin verbotene Werke wie z. B. K. Marxens „Das Kapital" übersetzt. Kim 1998: II/763f.

und William Shakespeare in mehreren Sammlungen seiner Dramen bei verschiedenen Verlagen veröffentlicht. Von Bertrand Russell sowie Francis Bacon wurden 13 bzw. 4 Essays veröffentlicht (a.a.O., 772–810).

Aus der amerikanischen Literatur wurden vor allem Pearl Buck mit 217 sowie Ernest Hemingway mit 270 Übersetzungen sowie Gedichte Robert Frosts publiziert (a.a.O., 883, 886f.).

Aus der französischen Literatur erschienen wiederholte Übersetzungen von „Das ganze Leben einer Frau" von Guy de Maupassant *Une vie*, „Die Lilie im Tal" von Honoré de Balzac, „Rot und Schwarz" von Henri-Marie Beyle (Künstlername: Stendhal), „Die Kameliendame" von Alexandre Dumas dem Jüngeren, „Die enge Pforte" von André Gide, „Der Fremde" und „Die Pest" von Albert Camus, „Die Erde der Menschen" von Antoine de Saint-Exupéry, „So lebt der Mensch" und „Hoffnung" von André Malraux und die „Pensées" von Blaise Pascal (a.a.O., 920–941).

Die deutsche Literatur war vertreten mit Johann Wolfgang von Goethe, von dessen Romanen in dieser Zeit allein 21-mal „Die Leiden des jungen Werthers" und von den Dramen bzw. Tragödien 14-mal der „Faust" veröffentlicht wurden. Dabei wurden von den Romanen nur 4 weitere und von den Dramen nur ein weiteres je einmal herausgegeben. Weitere Autoren waren: Hermann Hesse (z. B. „Demian", „Unter dem Rad"), Franz Kafka („Der Prozeß", „Das Schloß", „Amerika"), Erich Maria Remarque („Arc de Triomphe"), Thomas Mann („Der Zauberberg"), Heinrich Böll („Billard um halb zehn"), Hans Carossa („Geheimnisse des reifen Lebens", „Die Schicksale Doktor Bürgers") und Max Müller („Deutsche Liebe"), die seit den 1960er Jahren weiter an Popularität gewannen. Hermann Hesse war dabei der beliebteste Autor überhaupt in der Übersetzungsgeschichte für die moderne Zeit und seine bekannten Werke wie bspw. „Siddhartha" wurden rege übersetzt (vgl. a.a.O., 982–1000, vor allem 994ff., 999f.).

Für die chinesische Literatur sind besonders folgende Autoren zu nennen: Lin Yutang 林語堂 (임어당, von dem es 17 Übersetzungen gab, wovon alleine 9 auf „Die Entdeckung des Lebens" – englischer Titel: *The Importance of Living* – fielen) und Lu Xun 魯迅 (노신, von dem fast nur sein Essay „阿Q正傳 *AQ Zhengzhuan, Die wahre Geschichte des Herrn Jedermann*" publiziert wurde). Es ist dabei in Erinnerung zu behalten, dass die Neuveröffentlichungen nur selten auf wirklich neuen Übersetzungen beruhten (a.a.O., 1016–1020).

Ungebrochenes Interesse auch in den 80ern fanden die Autobiographien von W. Churchill sowie Arnold Toynbee und Dale Carnegies Sammlung seiner Essays zum Leben und seine Autobiographie (a.a.O., 814–818, 901f.). Das gleiche galt für Jean-Jacques Rousseau („Emil") und, als Vertreter der existentialistischen Literatur, für Jean Paul Sartre („Die Mauer", „Der Ekel") sowie für Simone de Beauvoir („Das 2. Geschlecht"), für den Nobelpreisträger Claude Simon („La Route des Flandres") und für Charles Baudelaire, Paul-Marie Verlaine, Arthur Rimbaud mit ihren symbolistischen Gedichten (a.a.O., 943–960). Auch Albert Einsteins Biographie bzw. Autobiographie wurde insgesamt 7-mal übersetzt, Friedrich Nietzsches „Lebensphilosophie" war mit Essays und kritischen Schriften mit 20 Übersetzungen seiner Werken vertreten (darunter wurde allein „Also sprach Zarathustra" 7-mal übersetzt) (a.a.O., 1009f.). Ohne dass die künstlerische Qualität besser wurde, wurden weiterhin massenweise wie schon in den 1960er Jahren die chinesischen trivialen Ritter- bzw. Abenteuerromane (Wuxia xiaoshuo 武俠小說 und Guaiqiwu 怪奇物) übersetzt. Während die modernen chinesischen Dichtungen und Dramen wenig Interesse fanden, war die Übersetzung „Kriegerische Strategie vom Meister Sun" (*Sunzi bingfa* 孫子兵法, „Die Kunst des Krieges") erfolgreich. Diese alte kritisch-erzählende Abhandlung wurde als Anleitung zum erfolgreichen Leben betrachtet (a.a.O., 1016–1022).

Wenig Interesse wiederum fanden die Dramen, Essays sowie kritisch-erzählende Texte aus der japanischen Literatur, wenn wir von einigen modernen Gedichten und den auf der Geschichte basierenden umfangreichen Trivialromanserien sowie bekannten Romanen aus der Meiji- 明治 (1868-1912), Taishō- 大正 (1912–1926) und Shōwa- 昭和 Zeit (1926–1989) absehen (a.a.O., 1035–1050).

Als besondere Leistungen der Übersetzungsliteratur anzusehen waren die Übersetzung von Terrence Hawkes „Der Strukturalismus und die Semiotik" von Chŏng Pyŏnghun und Oh Wŏn'gyo, die Übersetzung von A. Swingewoods und D. Laurensons „Die Soziologie der Literatur" von Chŏng Hyesŏn, die von Graham Houghs „Zur Kritik" von Ko Chŏngja, die Fortsetzung[293] der „Sammlung der Literaturkritiken" (문학비평 총서, 文學批評叢書, 18–26 Bände, 1980–1985) von der Universität Seoul (a.a.O., 813f.). Die Autobiographien von Margaret Mead wurden 5-mal, von Charlie Chaplin 7-mal, von Isadora Duncan 8-mal, von Lee Iacocca 7-mal, von Benjamin Franklin 5-mal und Thomas Bulfinchs „Griechische und römische Mythen" wurden 8-mal übersetzt (a.a.O., 918f.). Von Fachleuten wurden auch übersetzt „Für die Soziologie des Romans" (1982 von Cho Kyŏngsuk) und „Die Methodologie der Literatursoziologie" (1984 von Pak Yŏngsin) beide von Lucien Goldmann (a.a.O., 960f.). Der Übersetzungsband einer Gedichtsammlung von Bertolt Brecht, „Die Trauer eines Überlebenden" (1985), enthielt 14 Dichtungen von Brecht, der bis dahin aus ideologischen Gründen verboten war, und wurde von Kim Kwanggyu erstellt. Die Publikation dieses Bandes sowie der von Brechts Drama „Mutter Courage und ihre Kinder" (1983, von Yi Wŏnyang und Yang Hyesuk, 梁惠淑 gemeinsam übersetzt), die Übersetzung von Ronald Grays „Die kritische Biographie" von Im Yangmuk (1984, 2 Bände) und die Veröffentlichung eines unbekannten Autors „Die dritte Welt und Bertolt Brecht", als gemeinsame Arbeit von Kim Sŏnggi und Yun Puhan (1984), sind hinsichtlich der ersten Behandlung eines verbotenen, trotzdem aber bekannten Dramatikers aus Ostdeutschland als besondere Leistungen zu würdigen. Aber auch neue Schriftsteller aus Westdeutschland wurden vorgestellt, wie z. B. Martin Walser („Ein fliehendes Pferd", von An Samhwan 1982 übersetzt), Peter Weiss („Abschied von den Eltern", von Kim Sunam ebenfalls 1982 übersetzt), Siegfried Lenz („Deutschstunde", 1983von Chŏng Sŏung, 1984 von Kim Sŭngok), Elias Canetti, der Nobelpreisträger vom 1981[294] („Die

---

293   18. Band: „Der Modernismus" (übersetzt von Hwang Tonggyu, 1980), 19. Band: „Der Algorismus" (von Song Nakhŏn, 1980), 20. Band: „Die Romane" (von Mun Usang, 1980), 21. Band: „Das Drama und dramatische Elemente" (von Ch'ŏn Sŭnggŏl, 1981), 22. Band: „Die Komödie" (von Sŏk Kyŏngjin, 1981), 23. Band: „Der Expressionismus" (von Kim Kilchung, 1985), 24. Band: „Die Posse" (von Hong Kich'ang, 1985), 25. Band: „Der Ursprung" (von Kim Sŏnggon, 1985) und 26. Band: „Der Epos" (von Yi Sŏngwŏn, 1985). Kim 1998: II/811ff.

294   Es wurde von E. Canettis Werken folgende übersetzt: „Die Blendung" (1981, Kim Chŏngsŏp), wobei noch anzumerken ist, dass „Die kopflose Welt" ein Kapitel dieses Erstlingswerkes ist, „Die Fackel im Ohr" (1982, Yi Chŏnggil) und „Die gerettete Zunge" (1982, Yang Hyesuk). Kim 1998: II/995f.

kopflose Welt", von Pak Kyŏngmyŏg und Kim Yangil 1981 gemeinsam), Hermann Kasack („Die Stadt hinter dem Strom", 1982 von Chŏng Pongnok), Werner Bergengruen („Der Großtyrann und das Gericht", „Die Rose von Jericho", 1982 von Kim Kwang'yo) (a.a.O., 995–1000, 1010).

In der Übersetzungsliteratur aus den sonstigen verschiedenen Ländern zeigte sich ein besonderes Interesse auch an Autoren aus der 3. Welt (z. B. dem Libanesen Kahlil Gibran), vor allem an Nobelpreisträgern wie dem Chilenen Pablo Neruda, dem Kolumbianer Gabriel Garcia Márquez (*100 Jahre Einsamkeit*), dem Jugoslawen Ivo Andrić (*Die Brücke über die Drina*) und dem Polen Henrik Sienkiewicz (*Quo vadis?*). Auch andere namhafte Schriftsteller fanden Interesse, wie der Schweizer Erich Fromm („Die Furcht vor der Freiheit", „Die Kunst des Liebens") und Carl Hilty („Für schlaflose Nächte"), Rainer Maria Rilke („Die Aufzeichnungen des Malte Laurids Brigge"), der Italiener Alberto Moravia („Zwei Damen", „Die Gleichgültigen"), der Rumäne Constantin Virgil Gheorghiu („25 Uhr"), der Neugriechische Nikos Kazantzakis („Alexis Sorbas", „Freiheit oder Tod", „Mein Franz von Assisi", „Kapitän Michalis"), der von dem Iren James Joyce an Homers *Odysseus* erinnernde Roman "Ulysses", der Spanier Miguel de Cervantes („Don Quichote"), die Inder Shree Rajneesh und Jiddu Krishnamurti („Was suchen wir im Leben?", engl. Titel: „What are you seeking?"), der Däne Søren Kierkegaard („Die Krankheit zum Tode"), der Norweger Henrik Ibsen („Nora oder das Puppenheim"), der Ire Samuel Beckett („Warten auf Godot"), der Ungar György Lukàcs („Die Theorie des Romans", „Die Grundtheorie der Ästhetik des Realismus", 1985) und die Deutsche jüdischen Glaubens Anne Frank („Das Tagebuch der Anne Frank") (a.a.O., 1051–1093).

5.3 Translation im heutigen Korea

5.3.1 Ausbildungsstätten und Organisationen für Übersetzer und Dolmetscher

Noch gibt es in Korea keinen grundständigen Studiengang „Bachelor-Übersetzer-und-Dolmetscher". Aber es gibt heute nach dem universitären Bachelor-Abschluss in Fächern ausländischer Sprachen und Literaturen wie Anglistik, Germanistik, französischer Literatur und Sprache usw. ein Angebot für ein Postgraduierten-Studium für Übersetzer und Dolmetscher, das Mitte der 1990er Jahren eingerichtet wurde. Damit wurde die Entwicklung im Westen nachvollzogen, wo sich die Übersetzungswissenschaft als eine eigenständige wissenschaftliche Disziplin etabliert hatte.[295] Damit man sich ein Bild von der Situation der Übersetzer- und Dolmetscherausbildung an den Hochschulen in Korea machen kann, möchte ich hier als Beispiel für die Entwicklung der Fächer für ausländische Sprachen und Literaturen die in Korea renommierte staatliche Universität Seoul anführen: Als ein Zusammenschluss der in Seoul verstreuten Fakultäten wurde sie 1946 kurz nach der Befreiung gegründet. Ihr Bildungsprogramm war noch von der damaligen politischen Situation geprägt, die noch Spuren des japanischen Militarismus erkennen ließ. Die westlichen Sprachen und Literaturen wurden zu dieser Zeit noch immer grundsätzlich als „zu liberal und unproduktiv" betrachtet und

---

295 S. zur Entwicklung im Westen in der vorliegenden Arbeit I. 1.1.

so vernachlässigt. Hinzu kam noch der quantitativen Mangel an gebildeten Hochschullehrkräften in diesem Bereich sowie der Mangel an Lehrmaterialien zur Grundlagenforschung und -lehre. Erst spät in den 1950er Jahren konnte man mit Hilfe der Hilfsgelder der amerikanischen Regierung die Lehrstoffe überhaupt importieren und/oder kopieren (hierzu vgl. auch Kim 1996: 13f.). Erst in den 1960er Jahren wurden die beiden zunächst nur an der Universität Seoul zu Ende der 1940er Jahre eingerichteten Fächer, Germanistik und französische Sprache und Literatur, auch an den anderen Hochschulen des Landes eingeführt. Auch wurden zurückgekehrte Wissenschaftler, die im entsprechenden Land einen Magister- bzw. Promotionsstudiengang erfolgreich absolviert hatten, zu Hochschullehrern der Universität Seoul berufen. Diese fingen dann auch an, eigene Forschung zu betreiben, auch wenn die Ergebnisse noch nicht über den relativ engen Bezug auf ihre Lehrtätigkeit hinausgingen. Die Bestrebung gingen so zunächst dahin, die Abhängigkeit von japanischen Lehrmaterialien, wie z. B. Wörterbüchern, im Bildungswesen zu verringern, was zur Herausgabe eines deutsch-koreanischen und eines französisch-koreanischen Wörterbuches führte. Allerdings gab es erst 1975, als die neue Etappe der eigentlichen „Universität" Seoul, der „Gesamtheit" der Fakultäten, mit dem Umzug auf einen neuen Campus anfing, eine starke Vermehrung der Stellen für Professoren[296] in Fächern westlicher Sprache und Literatur, und von da ab zeigte sich dann auch allmählich eine qualitative Verbesserung: Die noch nicht ausgereifte Planung der Curricula wurde systematisch verbessert durch Vereinheitlichung und inhaltliche Angleichung der Curricula. Sowohl durch den Zugang zu den nicht nur aus dem Westen direkt importierten Quelltexten, sondern auch zu anderen Texten in preiswerten Ausgaben als auch durch die Bildungsqualität der Lehrkräfte mit im Ausland erworbenem Doktortitel wurde die Situation verbessert. Nachdem die Wichtigkeit der Anschlussstudien, der Fortbildung (der Graduiertenschule), erkannt worden war, wurden die darauf zentrierten Master- und Promotionsstudiengänge, in denen es bis dahin keine effektive Betreuung gab und die nur formal existierten, standardmäßig festgelegt. Neben den Publikationen wissenschaftlicher Arbeiten sowie von Forschungsergebnissen zeigte sich, dass nicht wenig Interesse an den Methoden der literaturwissenschaftlichen Forschung an sich sowie an der jeweiligen literaturwissenschaftlichen Strömung bestand. Auch durch die Einsicht in die Verbundenheit mit der interdisziplinären Forschung konnten die Lehre und Forschung in westlichen Sprachen und Literaturen die Voraussetzung für ein Aufblühen des Faches schaffen. Trotz ihrer wichtigen Bedeutung für die Forschung in diesem Bereich war aber die Übersetzungstätigkeit als solche noch immer vernachlässigt worden, wie an der Festschrift zum 40-jährigen Jubiläum der Universität Seoul vom 1986[297] zu sehen ist, wo herausgehoben wird, dass während dieser vergangenen 40 Jahre kaum ein Aufsatz veröffentlicht wurde, der die Relation von Übersetzung und Forschung der westlichen Sprachen und Literaturen intensiv behandelte (Song 1986: I/182f.).

---

296 1976 gab es 28 Professoren (im Vergleich zum Jahr 1966 mit 7) in der Anglistik, 10 (3) im Fach für französische Sprache und Literatur und 14 (4) in der Germanistik. Yi 1986: I/160f.

297 *Seoultaehakkyo hangmun yŏn'gu 40nyŏn* (I) [*40 Jahre Lehre und Forschung an der Universität Seoul*] (2 Bände), Tagungsband des wissenschaftlichen Symposiums zum 40-jährigen Jubiläum der Gründung der Universität Seoul, Bd. 1, S. 158–183, Seoul: Universitätsverlag, 1986.

1979 bot die koreanische Fremdsprachenuniversität (한국 외국어 대학교)[298] zum ersten Mal (nach der Befreiung) durch die staatliche Anerkennung einen Masterstudiengang der Graduierten-Schule für das Simultandolmetschen an, und zwar in 8 Fremdsprachenfächern in Kombination mit Koreanisch, nämlich Englisch, Französisch, Deutsch, Russisch, Spanisch, Chinesisch, Japanisch und Arabisch. Diese Graduiertenschule für das Simultandolmetschen (외대 동시통역대학원) wurde 1980 umbenannt in die Graduiertenschule für das Dolmetschen (외대 통역대학원) und 1997 erneut umbenannt in die Graduiertenschule für das Dolmetschen und Übersetzen (외대 통번역대학원). Der Einrichtungszweck war, die Studierenden mit Hochschulabschluss, die Grundkenntnisse der Sprache des jeweiligen Faches bereits besaßen, in der Technik des Simultandolmetschens auf internationalem Niveau auszubilden, um sie als Fachübersetzer und -dolmetscher auf internationalen Fachkonferenzen zu verschiedenen Themen der Politik, der Wirtschaft, der Gesellschaft, der Kultur, der Technik und Wissenschaft, des Sports usw., welche für die nahe Zukunft in Korea zu erwarten waren, sowie für den multinationalen Informationsaustausch einsetzen zu können. Zu den Studienzielen gehören heute auch die Vermittlung wissenschaftlicher Theorien, die Entwicklung didaktischer Methoden und die Heranbildung praxisnaher Fachkräfte, die in der Lage sind, interdisziplinär zu kooperieren. Die (Hoch-) Schule bietet dafür renommierte koreanische Lehrkräfte und technische Einrichtungen auf internationalem Niveau an und schickt, unterstützt von der staatlichen Studienstiftung, die durch eine strenge Aufnahmeprüfung ausgewählten Studierenden für 1 oder 2 Jahre in Fachdolmetschinstitute des Auslands. 1999 wurde der erste Promotionsstudiengang angeboten. Vom Internationalen Verband der Konferenzdolmetscher, AIIC (Association Internationale des Interprètes de Conférence), als die einzige Ausbildungsstätte zum Übersetzen und Dolmetschen in der Region Asien[299] anerkannt (vgl. Http://www.aiic.net/), ist sie seit 2004 Mitglied der Internationalen Konferenz der Universitätsinstitute für Übersetzer und Dolmetscher, C.I.U.T.I. (Conférence Internationale Permanente d'Instituts Universitaires de Traducteurs et Interprètes).[300]

Im Zuge der zunehmenden Globalisierung und vor allem der politischen Umwälzungen wurden so weitere Gründungen vergleichbarer Graduierten-Schulen für Übersetzen und Dolmetschen, wie oben erwähnt, seit der Mitte der 1990er Jahre durch den großen Bedarf an qualifizierten Übersetzern und Dolmetschern begünstigt: 1997 richtete die Frauenuniversität Ewha [Ihwa] den Master-Studiengang für Dolmetschen in Englisch, Französisch, Japanisch und Chinesisch ein, sie wurde 2003 aus „Sondergraduierten-Schule für Dolmetschen" in „Fachgraduiertenschule für Übersetzen und

---

298 Http://www.hufs.ac.kr/.
299 Die Mitglieder der AIIC sind je nach den geographischen Arbeitsbereichen in Regionen gruppiert: Je eigenständige Regionen bilden Länder wie Deutschland, Belgien, Frankreich und Italien, die USA sind auch eine eigenständige Region, die nordischen Länder zusammen bilden eine Region ebenso wie die Länder des gesamten asiatisch-pazifischen Raumes. Fergusson 2002: 322.
300 Ihr Ziel soll es sein, eine internationale Kooperation der Ausbildung für Sprachvermittler zu ermöglichen und somit die Ausbildung zu harmonisieren, zu verbessern und praxisgerecht zu gestalten. 2004 fand das Jahrestreffen der mehr als dreißig Mitglieder aus aller Welt in dem koreanischen Mitgliedsinstitut, der Graduiertenschule für das Übersetzen und Dolmetschen der koreanischen Fremdsprachenuniversität, statt. Http://www.ciuti.org/about-us/.

Dolmetschen" umbenannt und neu organisiert, und 2005 wurde ein Promotionsstudiengang eingerichtet.[301] Eine ähnliche Entwicklung zeigte sich auch in den Regionen: 1995 richtete in Taegu die Kyemyŏng-Universität die Graduiertenschule für internationale Wissenschaften (mit je einer Abteilung für Asien-, Europa- und Amerikawissenschaft) ein, 1999 wurden diese drei Abteilungen in die Fachrichtungen Übersetzen und Dolmetschen in Englisch, Japanisch und Chinesisch umstrukturiert, 2006 in die Graduiertenschule für Übersetzen und Dolmetschen umbenannt, ab 2007 wird der Master-Studiengang angeboten.[302] In der Hafenstadt Pusan richtete 2003 die Fremdsprachenuniversität Pusan die Graduiertenschule für Übersetzen und Dolmetschen in Englisch, Japanisch und Chinesisch für den Master-Abschluss ein, und 2005 wurde das Übersetzungs- und Dolmetsch-Center als ein entsprechendes Dienstleistungszentrum eingerichtet.[303]

Als eine nicht auf Gewinn ausgerichtete Organisation wurde 1971 die koreanische Gesellschaft für Übersetzer, KST (Korean Society of Translators, 한국 번역가 협회), zum Zweck der Ausbildung von „Übersetzern" und des Schutzes ihrer Rechte gegründet. 1974 gewann sie durch ihren Beitritt zur „Fédération Internationale des Traducteurs" (FIT), einem weltweiten Zusammenschluss verschiedener Fachverbände für Übersetzer und Dolmetscher, die mit der UNESCO zusammenarbeitet, ein internationales Image und trägt national zur Aus- und Fortbildung für die zukünftigen Übersetzer bei. Z. B. veranstaltete sie 1982 erstmals eine Preisverleihung für hervorragende Übersetzer und stiftete 1987 in Zusammenarbeit mit dem japanischen Verlag Babel den internationalen Förderpreis für Nachwuchs-Übersetzer. Sie führt seit 1994 den Eignungstest für das Übersetzen (Translation Competence Test, TCT) durch und stellt damit ein eigenes Zertifikat über die Übersetzerqualifikation (Certificate of Translation Competence) aus. Der TCT wird in drei Rangklassen abgestuft, wobei die höchste Stufe die Berufskompetenz (Professional Competence Test for Translation), die zweite die Fachkompetenz (Specialized Competence Test for Translation) und die dritte die Allgemeinkompetenz (General Competence Test for Translation) zertifiziert. Zu prüfende Sprachen sind Englisch, Japanisch, Chinesisch, Französisch, Deutsch, Spanisch und Russisch, wobei jedoch nicht jedes Jahr alle Fächer zur Prüfung angeboten werden und auch nur eine Übersetzrichtung gewählt werden kann. Kandidaten, die im Test gut abgeschnitten haben, können, gefördert durch die Stipendien der Gesellschaft, an einem Übersetzungspraktikum teilnehmen (zum TCT, s. auch *Pŏnyŏgŭi segye* [Die Welt des Übersetzens], 1995:1/76ff.). Seit 1996 gibt sie ihre Zeitschrift *Pŏnyŏkka* 번역가 [Die Übersetzer] heraus (*Die Übersetzer* 1997: 3/25).

Als eine Stiftung, die führend in der Förderung des Übersetzens koreanischer Literatur ist, ist die Daesan Foundation zu nennen (재단법인 대산재단). Der Stiftungszweck ist „die Förderung der koreanischen Literatur" und „ihre Internationalisierung" und die aktive Förderung des Übersetzens koreanischer Literatur. Diese begann seit 1993 mit der Ausschreibung des jährlichen Preises für Übersetzen, die sich zuerst auf das englisch- und französischsprachige Zielpublikum beschränkte. 1994 ist als Zielsprache Deutsch hinzugekommen, gefolgt von Spanisch 1995. Zu den Vorausset-

---

301 Http://www.home.ewha.ac.kr/~gsti/.
302 Http://www.itt.kmu.ac.kr/.
303 Http://www.gsit.puts.ac.kr/.

zungen für die Teilnahme an diesem Förderungsprogramm gehört als Erstes die Auswahl des koreanischen literarischen Werkes, das sich für eine internationale Verbreitung eignet und auch vielversprechend im Hinblick auf eine mögliche Verleihung eines international bekannten Preises ist. Eine weitere Voraussetzung ist die Bildung eines Übersetzerteams, zu dem eine Person aus dem zielsprachlichen Kulturraum gehören soll (Pak 1995: 32–35).

Das Institut für das Übersetzen koreanischer Literatur (한국문학번역원 KLTI Korean Literature Translation Institute), 1996 zuerst als eingetragener Verein unter dem Namen „Konsortium für das Übersetzen koreanischer Literatur" (재단법인 한국문학번역금고) gegründet, wurde 2001 durch die Erweiterung seiner Organisation als Stiftung „Institut für das Übersetzen koreanischer Literatur" (재단법인 한국문학번역원) neu gestaltet und legte damit einen wichtigen Grundstein für die zentralisierte Übersetzungspolitik und -förderung koreanischer Literatur. 2005 wurde es auf Grund des Literatur- und Kunstförderungs-Gesetzes, Art. 38, zur öffentlichen Institution, die sich mit der Aufgabe befasst, koreanische Literatur als eine Volkskultur auf internationaler Ebene zu fördern. Jährlich setzt sie Preise für das Übersetzen koreanischer Literatur sowie für Nachwuchs-Übersetzer aus, bietet verschiedene Förderungsprogramme für Übersetzeraus- und -fortbildung an und fördert darüber hinaus auch direkt das Übersetzen und Publizieren.[304]

5.3.2 Ausbildungssituation und Chancen auf dem Arbeitsmarkt für Übersetzer und Dolmetscher

Wie gesehen, entstanden seit der Mitte der 90er Jahre des 20. Jahrhunderts, als die gesellschaftliche Nachfrage nach Fachübersetzern und -dolmetschern rasant anstieg, für diese nach und nach die Graduiertenschulen, die spezialisierten „Graduate Schools für Translatorenausbildung", und der Gründungsboom scheint noch weiter anzuhalten, allerdings ohne universitären Bachelor-Studiengang, so dass nicht automatisch mit der Menge auch eine Qualitätsgarantie verbunden ist. Die Studierenden in solchen Graduiertenschulen waren und sind meistens die Absolventen der Studiengänge für westliche bzw. ausländische Sprachen und Literaturen, die aber nicht durch die entsprechenden fremdsprachlichen Prüfungen, sondern nur durch die Oberschulzeugnisse (Zeugnisse der High School) und die Universitätsaufnahmeprüfung zugelassen sind, wobei die Fremdsprachenkompetenz keine zentrale Voraussetzung für das Studium des jeweils ausgewählten Faches darstellt. Während des Studiums werden dann die entsprechenden Fremdsprachenkenntnisse erweitert und die Literatur sowie Kultur der Länder soll zumindest in Ansätzen kennengelernt werden. Die Lehrinhalte des zweijährigen Graduierten-Studiums sind überwiegend auf das Dolmetschen konzentriert, und zu Übersetzungsübungen dienen neben aktuellen Tagesthemen meist Sachtexte für die Allgemeinbildung, aber nur wenige literarische Texte. Die bevorzugten Fremdsprachen der angebotenen Fächer sind, neben der ‚Weltsprache' Englisch, Chinesisch und Japanisch, die vor allem in der Wirtschaft gefragt sind. Die Lehrkräfte an diesen Graduiertenschulen werden für das Dolmetschen von berufstätigen Fachdolmetschern gestellt

---

304 Http://www.klti.or.kr/

und für das Übersetzen von Professoren für die Fächer ausländischer Sprache und Literatur.

Bei dem großen Interesse an der Übersetzungskompetenzprüfung, die seit 1994 von der nichtuniversitären Institution, der koreanischen Gesellschaft für Übersetzer (KST), durchgeführt wird, zeigte sich aber eine ungleiche Entwicklung des Studiums zwischen den geistes- und wirtschafts- sowie naturwissenschaftlichen Fächern: Die Zahl der Teilnehmer an der 3. abgehaltenen Prüfung vom 1997 betrug 11000 (wovon nur 10% bestanden haben), und die meisten der Teilnehmer waren Studierende oder Absolventen der Geisteswissenschaften, denen aber weder die Universitäten noch die privaten Unternehmen eine Einstiegsmöglichkeit in den Beruf anboten (Ryu 1997: 9). Dies hatte wohl den Grund darin, dass die erfolgreiche Ablegung dieser Prüfung bei der KST in einem hohen Ansehen stand und den Bewerbern einen lebenslangen Beruf zu sichern schien – auch wenn es in der Realität anders ist. Dies zeigt zweierlei: Die beruflich spezifische Beschäftigung mit der translatorischen Tätigkeit korrespondiert einerseits der je zeitgeistigen Entwicklung bzw. Strömung, und andererseits ist die Nachfrage nach Fachübersetzern und -dolmetschern im Bereich von Handel, Industrie, Technologie, Touristik, Sport usw. auf dem Arbeitsmarkt gestiegen. Dies spiegelt sich wider, bei der Prüfung der Fachkompetenz in verschiedenen Sprachen, die die 2. Stufe des TCTs darstellt, und die z. B. in Englisch die 5 Fachbereiche Geistes-, Sozial-, Wirtschafts- und Naturwissenschaft und Technik als Wahlfächer umfasst. Diese Tendenz zur Ein-Fach-Kompetenz der Translatoren widerspricht dabei ironischerweise wiederum dem Nicht-Professionalismus, dem neuen Trend der heutigen Gesellschaft, die die Flexibilität verlangt und daher die Ausbildung einer allgemeinen Qualifikation fordert (a.a.O., 6–9).

Die Sicherheit der gesellschaftlichen Stellung sowie die berufliche und finanzielle Lage für (Fach-) Übersetzer sind schließlich mit der Frage der Übersetzungsqualität und der Ausbildung der Fachtranslatoren verbunden. Darum sind hier noch im Sinne des langfristigen Interesses, wie gesehen, für die noch weitgehend nicht fest etablierte koreanische Wissenschaftslandschaft im Fach des Übersetzens, eine fundierte Planung der Hochschulen sowie Ausbildungs- und Bildungsinstitute für und die Bemühung um die qualifizierten Übersetzer- und Dolmetscherausbildung notwendig. Dazu ist ebenso eine beständige, aktive staatliche Förderungspolitik erforderlich.

Was die Buchpublikation der Übersetzung, zuerst aus dem Koreanischen in die Fremdsprache, angeht, stehen die ins Englische unangefochten an der Spitze, jedoch erschienen über 50% davon in Korea selbst, so dass sich die Frage stellt, ob ihr Zweck überhaupt das englischsprachige Zielpublikum gewesen ist. Bei der Präsentation koreanischer Literatur im Ausland bzw. der Übersetzungsförderungspolitik ist, neben der Verbesserung der Übersetzungsqualität selbst, eine auch bedarfsorientierte Marktanalyse zu berücksichtigen; weiterhin gilt es, bekannte Verlage oder Zeitschriften zu gewinnen und die weitere Pflege (z. B. Bewerbung) der Übersetzungsliteratur nach ihrem Erscheinen und die angemessene Auswahl der Genres für die Übersetzungen zu gewährleisten. Ein offenes Problem bei den Übersetzungen ins Koreanische ist, dass die gleichen Ausgangstexte mit unterschiedlichen Titeln auf dem Büchermarkt angeboten werden und es dabei auch zu mehrfachen Übersetzungen des gleichen Ausgangstextes bei verschiedenen Verlagen kommt. Ein weiteres Problem ist, dass nur jeweils dem kurzfristigen Markttrend folgend ein bestimmtes Genre für die Übersetzung, wie z. B. das des Romans, von Verlagen bevorzugt wird (vgl. Kim 2004: 309–312).

Eine mit der Übersetzungsqualität zusammenhängende weitere Frage ist, für die aktive Übersetzungskritik wissenschaftliche Methoden zu erstellen. Man kann sagen, dass in Korea sich die Übersetzungskritik im eigentlichen Sinn noch nicht etabliert hat. Vom Ausland ist hier weder von Fachleuten noch von den Medien Hilfe zu erwarten, weil es unter dem Gesichtspunkt des wirtschaftlichen Gewinns auf dem ausländischen Markt für Übersetzungen aus einer „kleinen" Sprache wie dem Koreanischen in der Tat schwierig ist, eine große Auflage zu erzielen. Es scheint hier zutreffend zu sein, dass militärische und wirtschaftliche Macht ein wichtiger Faktor für die Verbreitung einer Sprache auf dem internationalen Markt ist (Stoll 1999: 15).

III. Der praktische Teil

1. Translatoren und ihre Rolle

Wie im I. theoretischen Ausgangspunkt der vorliegenden Arbeit unter dem Abschnitt 1.4.2.2 dargestellt, wies Pym auf eine Kernfrage der Translationsgeschichte hin, nämlich auf vier Ursachen: die materielle bzw. initiierende, die finale, die formale und die effiziente Ursache (1998: 143–159). Die effiziente Ursache, nämlich die Translatoren unterschied Pym in die Translatoren, die ihren Beruf zufrieden, wenn auch „anonym", ausübten, indem sie sich an die bereits entwickelten Normen oder Regeln hielten (a.a.O., 161). Und in andere Translatoren, die auch mit ihrer eigenen Persönlichkeit wirklich in die Geschichte eingriffen und eine aktive und gesellschaftlich wirksame Rolle spielten. Darüber hinaus teilte Pym die Translatoren in drei Typen ein. Im Folgenden werden diese drei Typen nach Pym (a.a.O., 160–176) und anschließend der koreanische Bezug kurz dargestellt.

Der erste Typ stellt so die einzelne Subjektivität dar, die in allen translatorischen Kontexten eingeschlossen ist, weil sie eine (bestimmte) Übersetzung produzierte, auch wenn zwei oder mehrere Translatoren separat oder zusammen an der Übersetzung arbeiteten. Er ist im gewissen Sinne nur indirekt in dem Produkt seines Translats sichtbar. Im Unterschied zu diesem ist der zweite Typ zwar auch ein Einzelsubjekt, das als ein solches betrachtet wird, das dabei aber als kompetent für die Translationen anzusehen ist, sich an die Norm (des Berufs) hält und deshalb auch dafür angemessen bezahlt wird. Im übertragenen Sinn ist er, indem er einen finanziell, sozial und juristisch abgesicherten Status besitzt, selbst als ein Produkt des Berufs zu bezeichnen. Diesen beiden Typen ist eine elementare Anonymität gemein, sie kommen zwar im Bereich der Übersetzungskritik, Soziologie und Berufsethik zur Sprache, werden aber nicht als solche im Sinne der aktiven und wirksamen Ursache angesehen.

Der dritte Typ drückt den Translatoren als Menschen aus, als eine bewegende und biologische Einheit, die einen materiellen Körper hat. Dies kann mit ‚Humantranslatoren' bezeichnet werden. Damit ist gemeint, dass ein Translator nicht nur von der Translation lebt, sondern (zum Überleben) lebenslang seine Dienste auch in anderen Tätigkeitsfeldern als dem Übersetzen anbietet. Dieser Typ neigt daher dazu, mobiler zu sein und sich über festgefahrene Normen, Systeme oder Funktionen hinwegzusetzen. Diese Translatoren wechseln Ort und Kultur nach Bedarf.[305] Sie sind insofern sehr relevant für die Gestaltung der Geschichte der Translation, als z. B. das institutionelle Interesse an einen Fachberuf „Translator" sich auf die Untersuchungsmethode der Translationsgeschichte so auswirkte, dass mehr auf das Translat als Produkt geachtet wurde als auf den Humantranslatoren. Durch die Konzentration auf die nur wenigen großen Translatoren und Experten der Vergangenheit sieht man in der Translationsgeschichte

---

[305] Z. B. waren es Lateinübersetzer im Spanien des 12. Jahrhunderts, die auf der Suche nach dem islamischen Wissen aus verschiedenen Regionen Europas kamen. Die Mobilität der Translatoren richtet sich dabei natürlich nach den Bedingungen der Zeit, in der das Übersetzen ausgeführt wird, z. B. auch der Verkehrsstrukturen, in denen Translatoren ihre Beschäftigungen oder Einstellungen finden können, Pym 1998: 172ff.

von den vielen anderen Translatoren und ihren sonstigen Tätigkeiten ab, obwohl es doch der großen Mehrheit der Translatoren gelungen war, unterschiedliche Grade von Einfluss zu gewinnen oder zu erhalten, so Pym: Neben der übersetzerischen Tätigkeit waren doch viele gleichzeitig im Hauptberuf Journalisten, Schriftsteller, Importeure, Händler, Außenminister, Theologen usw. Einige von ihnen erlangten aufgrund ihres Status und ihrer Kompetenz in diesen anderen, also hauptberuflichen Tätigkeitsbereichen beträchtlich mehr soziales und intellektuelles Ansehen, als sie es als Translatoren erfahren hätten (a.a.O., 163).[306] Gerade deshalb sind sie als ausgesprochen wirksame Ursache zu bezeichnen, weil sie mehr taten als nur zu übersetzen. Dieser andere Blickwinkel Pyms, dass die nur hauptamtlichen Translatoren wenig Einfluss auf die Gesellschaft hatten (vgl. a.a.O., 160–176), kann auch so gedeutet werden, dass diese Tätigkeit meist neben einer anderen Beschäftigung, die den Lebensunterhalt sicherte, nur eine zusätzlich war und dass diese Translatoren im Vergleich zu den anderen geisteswissenschaftlichen Berufen ein geringeres Ansehen hatten, sei es weil sie wirklich schlecht übersetzten oder weil sie die soziale Geringschätzung für ein bloß als technischen Beruf angesehenes Gewerbe traf.

In Korea wurden von Pym abweichend drei andere Typen der Translatoren genannt, und zwar im vor-neuzeitlichen Chosŏn-Reich (Näheres hierzu s. 2.1.4 im zweiten Teil der vorliegenden Arbeit), in dem die Förderungspolitik der Translation besonders aktiv betrieben wurde. Nach der staatlichen Beamtenprüfung (Kwagŏ) in die Dienste eingetreten, wurden dann diese drei Typen je nach dem Status des jeweiligen Prüfungsfaches eingestuft. Es waren einmal die Sprachdienstbeamten (Yŏkkwan) für den mündlichen Dienstbereich, die das Prüfungsfach „Übersetzen" abgelegt haben und meist aus der mittleren Schicht der Gesellschaft kamen, dann die Fremdsprachenwissenschaftler (Yŏkhakcha) für den schriftlichen Verkehr, die durch die Prüfung für Zivilbeamten einen sehr hohen Rang genossen und meist aus der Oberschicht der Gesellschaft stammten, und als letztes eine Mischung aus den genannten beiden Typen (Kang 2000: 39–89):

Die Sprachdienstbeamten (als ein Beispiel ist Wŏn Minsaeng 원민생 zu nennen), deren Dolmetschdienst nun Anfang der Chosŏn-Zeit für den Aufbau der diplomatischen Beziehungen mit der Ming-Dynastie in China für sehr wichtig gehalten und deshalb aktiv gefördert wurde, waren im Allgemeinen aufgrund ihrer mittleren oder niederen Abstammung der Geringschätzung der Zivilbeamten preisgegeben und konnten trotz hervorragender Leistung keine Beförderung auf höhere Ämter in Anspruch nehmen (dies traf z. B. Chang Yusŏng 장유성) (Kang 2000: 44–47). Vor wie nach der japanischen Invasion im Jahr 1592, dem Jahr Imjin, (Imjinwaeran 임진왜란) vollbrachten zahlreiche Dolmetscher vor allem für Chinesisch (z. B. Hong Sunŏn 홍순언) und Japanisch (Pak Taegŭn 박대근) als Begleiter der Gesandtschaft nach China oder als unterstützende Kräfte der Militäroffiziere bei deren Aktionen im Krieg eine große Leistung (a.a.O., 60, 62). Die hauptsächlich im Außendienst im Ausland oder an der

---

306 Der Engländer William Caxton (1421–1491), bekannt als Gründer der ersten Druckerei in England, übersetzte aus dem Französischen, war auch für viele Jahre ein einflussreicher Wollhändler in Brügge. Über sein Leben vergleiche abweichend zur Darstellung bei Pym (a.a.O., 163). S. Nama u.a. 1995: 30ff.

Grenze tätigen Sprachdienstbeamten erreichten in der späten Chosŏn-Zeit durch den Schmuggelhandel neben dem Dienst einen großen Reichtum. Unter den Fremdsprachenwissenschaftlern zu Beginn des Chosŏn-Reiches gab es nicht wenige chinesische Auswanderer, die aufgrund ihrer Leistungen einflussreich wurden, wie etwa Sŏl Changsu 설장수, der als erster Aufseher des Amtes für Übersetzung die Leitung dieses Amtes übernahm. Er leistete auch als Gesandter für China einen großen Beitrag und gab ein wichtiges Lehrbuch für Chinesisch, *Chikhae sohak* 직해소학 (直解小學, die auf Chinesisch verfasste Erläuterung des chinesischen *Lehrbuches für Kinder*, *Xiaoxue* 小學), heraus (a.a.O., 48). Die für die Lautlehre großes Untersuchungsinteresse zeigenden Zivilbeamten, die gleichzeitig Fremdsprachenwissenschaftler waren, wie Sŏng Sammun 성삼문 und Sin Sukchu 신숙주 u.a., reisten nicht selten nach Peking, um direkt vor Ort ein authentisches Wissen des Chinesischen zu erlangen, und leisteten damit zur Erfindung der koreanischen Schrift zu dieser Zeit und danach zur Übersetzungsarbeit einen wichtigen Beitrag (a.a.O., 51,). Der dem dritten Mischtyp zuzurechnende Ch'oe Sejin 최세진 (1468–1567) zum Beispiel kam aus einer Familie der Mittelschicht, die im Fremdsprachendienst, also einem technischen Beruf, tätig war. Er legte jedoch die Zivilbeamtenprüfung ab und brachte mit seiner Gewandtheit im Chinesischen viele herausragende Leistungen hervor: die wichtigen Übersetzungen von *Nogŏltae* und *Pakt'ongsa* 번역 노걸대, 번역 박통사, *Sasŏng t'onghae* 사성통해, *Hunmong chahoe* 훈몽자회 usw.) (a.a.O., 56–59).

In der Neuzeit, die mit den Reformen, die die Öffnung Koreas gegenüber den westlichen Kolonialmächten begleiteten, begann, übernahmen die reformorientierten Intellektuellen die Rolle des Translators. Die meisten von ihnen betrieben zu dieser Zeit Zeitungen und Verlage, die dem koreanischen Volk Kenntnisse über die westliche Literatur und Kultur zu übermitteln versuchten, sie übersetzten gleichzeitig selber die westlichen Literaturen und veröffentlichten sie dann in ihren Medien. Dem Zweck der Modernisierung angemessen, waren ihre koreanischen Übersetzungen in einer Mischung von Adaptation, Zusammenfassung, Teilübersetzung und Kürzung aus dem Japanischen oder auch dem Chinesischen aufgrund der Unkenntnis der westlichen Sprachen entstanden. Diese auch als „Umwegübersetzung" bezeichnete Übersetzungsarbeit konnte als nicht zu vermeidende Notlösung für die Neuzeit Koreas angesehen werden, sie wurde von den Reformern zunächst mehr mit Begeisterung als wirklichem fachlichem Können geleistet und bereitete doch die weitere Entwicklung und Professionalisierung des Übersetzens vor. In den 1920er und 1930er Jahren, als sich viele zum Studium der ausländischen Literatur und Sprache in Japan befanden, wurden diese Studenten dann aktiv in der Vorbereitung eigentlicher Übersetzertätigkeit. Sie waren zwar dem japanischen literarischen Einfluss ausgesetzt, so dass das Gesamtbild ihrer Übersetzungsliteratur das japanische Vorbild nachahmte, aber man begann nun bewusst an das Übersetzen zu gehen und sich über die Übersetzungsprobleme oder die Ansichten zum Übersetzen im Allgemeinen auseinanderzusetzen (wie z. B. die Debatte zwischen Kim Ŏk 김억 und Yang Chudong 양주동 über die wörtliche und freie Übersetzung bei der literarischen Übersetzung vor allem bei Gedichten).

Indem diese Studenten Ende der 1950er und Anfang der 1960er Jahre zu Universitätsprofessoren berufen wurden, als sich die Studiengänge für ausländische Literatur und Sprache akademisch zu etablieren begannen, waren sie während des Übersetzungsbooms von etwa 1950 bis 1970 neben ihrer „Professorentätigkeit" auch als Übersetzer tätig. Dies hatte zur Folge, dass auch die inhaltliche Bandbreite der Veröffentlichungen erweitert wurde, also neben allgemeinen Zeitschriften und Zeitungen auch spezielle Fachliteratur umfasste. In den 1970er Jahren, als mehr (literatur-) wissenschaftliche und kritische Schriften und weniger literarische Werke übersetzt wurden, war dies in der Rückkehr der jungen Akademiker nach ihrem Studium der westlichen Literaturen und Sprachen, vor allem aus Westeuropa und Amerika, begründet (s. 4. Neuzeit und 5. Moderne Zeit des zweiten Teils der vorliegenden Arbeit).

Man kann sehen, wie vielfältig die sprachvermittelnden Aufgaben mit ihren Stellungen in der Geschichte und der Gesellschaft waren: die diplomatische und verhandelnde Rolle des Dolmetschers im Krieg, der meist gleichberechtigte Status bei der schriftlichen Kommunikation der Texte in der Verkehrssprache, sozial geringes Ansehen der Dolmetschsprachdienstbeamten als hauptberufliche Übersetzer und Dolmetscher[307] in der Chosŏn-Zeit usw.

2. Das Berufsbild des Übersetzers

Bei den meisten Besprechungen neu erschienener oder aufgelegter Übersetzungen, vor allem literarischer Texte, wird häufig eine ausgangstextunabhängige Kritik geübt, d.h., es wird ohne das Überprüfen des Verhältnisses der Übersetzung zum Original ein Prädikat wie „flüssig", „gut lesbar", „schlecht lesbar" usw. verliehen. Damit soll die Leistung der Übersetzer „angemessen" gewürdigt sein: Ein schlecht lesbarer Text sei auf die Unfähigkeit der Übersetzer zurückzuführen, wohingegen ein Lob des flüssigen Textes dem Autor des Ausgangstextes gebühre. Der Übersetzer kann zwar im öffentlichen Ansehen dem Verfasser des Ausgangstextes oder dem Schriftsteller gleichkommen, aber er tritt tatsächlich in der Geschichte immer wieder in den Hintergrund.

Heute machen, vor allem am 30. September, dem Weltübersetzertag, der seit 1991 von der FIT (Fédération Internationale des Traducteurs) festgelegt worden ist, die Übersetzer und Dolmetscher auf sich aufmerksam. Kurz zur Vorgeschichte der FIT: 1886 wurde durch die Berner Übereinkunft, einem völkerrechtlichen Vertrag zum Schutz von Werken der Literatur und Kunst[308], das Urheberrecht auch dem Übersetzer für seine Übersetzung zuerkannt, wenn es eine vom Autor autorisierte Übersetzung war. Obwohl dieses Recht von Verlegern nicht selten verletzt wird, ist damit das Bild des Berufsstandes Übersetzer, vor allem des literarischen Übersetzers, entstanden. Die eigentliche Chronologie der Konstitution dieses berufsständigen Bildes fing tatsächlich mit der Gründung der FIT im Jahre 1953 an, die auf ihrer Vollversammlung 1963 eine „Translator's Charter" veröffentlichte – diese wurde 1994 überarbeitet –, welche die Bedeutung eines unabhängigen bzw. selbständigen Berufes sowie der Rechte der Übersetzer hervorhob und einforderte. 1976 auf der 19. UNESCO-Vollversammlung in

---

307 Die beiden Tätigkeiten waren noch nicht zu einem je eigenständigen Berufsbild ausdifferenziert.
308 Zunächst gehörten zu den 8 Vertragsstaaten Belgien, Deutschland, Frankreich, Großbritannien, Italien, Schweiz, Spanien und Tunesien. Durch mehrere Revisionen in den folgenden Jahren wurde die Berner Übereinkunft seit 1908 die *Revidierte Berner Übereinkunft* (RBÜ) genannt und wird seit 1967 von der Weltorganisation für geistiges Eigentum (WIPO) verwaltet. S. Http://www.uni-muenster. de/Jura.itm/hoeren/material/berner_uebereinkommen. htm.

Nairobi wurde eine Empfehlung zum „gesetzlichen Schutz der Übersetzer und der Übersetzungen und für die Verbesserung der Stellung der Übersetzer" aufgegriffen und den Regierungen der Mitgliedsländer für die Umsetzung in ihre jeweilige Gesetzgebung zugestellt. Durch diese Empfehlung wurde sowohl auf die Übersetzer und Übersetzungen aus aller Welt als auch auf die „Translator's Charter" aufmerksam gemacht. In Korea beauftragte 1980 das zuständige Regierungsreferat die koreanische Gesellschaft für Übersetzer, KST (Korean Society of Translators, Mitglied der FIT), diese Empfehlung ins Koreanische zu übertragen. Trotz der Bemühungen um derer Bekanntmachung durch gezielte Versendung sowie Veröffentlichung der Übersetzungen der Empfehlung in Fachzeitschriften bestand in Korea noch ein geringes Interesse (Pang 1996: 14f.; *Pŏnyŏkka* [Die Übersetzer] 1996: 2/16–20):

Der Anteil der Übersetzungen an der gesamten Buchproduktion in Korea ging allerdings 1988, als das Land dem Welturheberrechtsabkommen (UCC, Universal Copyright Convention) beitrat, im Vergleich zum Vorjahr zurück, erholte sich allerdings in den 1990er Jahren wieder. Seit 1996 ist auch Korea Mitgliedstaat der Berner Übereinkunft (BÜ), deren Nichtunterzeichner von der WTO (Welthandelsorganisation) ebenfalls dazu verpflichtet wurden, einen Großteil der Bedingungen der BÜ zu akzeptieren, indem die WTO (1995) in der sog. Uruguay-Runde das *Abkommen über handelsbezogene Aspekte der Rechte des geistigen Eigentums* (Agreement on Trade-Related Aspects of Intellectual Property Rights, TRIPS) für ihre Mitgliedstaaten obligatorisch eingeführt hatte. Dadurch wird in Korea bei allen Werken eine Schutzdauer von 50 Jahren – 1998 wurde sie auf 70 Jahre verlängert – über den Tod des Urhebers hinaus garantiert, während das Urheberrecht der ausländischen Publikationen in Korea, die vor seinem Beitritt zum Welturheberrechtsabkommen erschienen waren, auch jetzt noch nicht anerkannt wird. Unter diesen Umständen traten im Bereich des koreanischen Verlags- und Publikationswesens chronisch negative Phänomene auf, wie z. B. eine selbstmörderische Konkurrenz um das Übersetzungs- und Publikationsrecht der ausländischen Werke zwischen den Verlagen. Weiter wäre zu nennen: die Auswahl der verkaufsträchtigen Literatur, der Mangel an Berufsethik, der sich darin zeigt, dass die Vertragsbedingungen nicht eingehalten werden, die Frage der Übersetzungsqualität als solcher usw. (*Pŏnyŏgŭi segye* [Die Welt des Übersetzens] 1995: 1/25ff.). Damit stoßen wir auf die Frage der Wichtigkeit und Notwendigkeit der Berufsethik nicht nur für die Übersetzer und Dolmetscher, sondern auch für die Verleger und Herausgeber.

3. Der ethische Aspekt

Es zeigt sich bei jedem Übersetzer, besonders bei einem Anfänger, ein innerer Konflikt, der durch die kulturelle Erweiterung durch die Übersetzung verursacht ist und nach einer übersetzerischen Entscheidung drängt. Der Konflikt macht sich daran fühlbar, dass die zielsprachliche Kultur einerseits das Hauptaugenmerk bekommt, dass aber andererseits deren Sprachgebrauch abhängig von der ausgangssprachlichen „großen" Sprache stark beeinflusst wird, wenn etwa mit vielen, direkt übernommenen ausgangssprachlichen Fremdwörtern die zielsprachliche Alltagskommunikation überdeckt wird. Die Frage drängt sich auf: Darf ich zum Zwecke einer reibungslosen Übertragung bedenkenlos zur „Sprachverwüstung" in der Zielsprache beitragen oder muss ich das Wagnis eingehen, zur „Bereicherung und horizontalen Erweiterung" eigener Ausdrucksmöglichkeiten eigene Termini zu bilden bzw. zu verwenden? – wenn ich mich so ausdrücken darf. Diese Anstrengung, auch angesichts des möglichen Misslingens, gehört zur Berufsethik des Translators. Er darf seine Tätigkeit nicht nur an den eigenen Vorstellungen oder persönlichen Empfindungen ausrichten, sondern er muss auch einen über-individuellen Standpunkt erstreben. Wir können auch sagen, dass der Translator grundsätzlich unparteiisch sein muss, wenn er sowohl gegenüber dem Auftraggeber und dem Zielpublikum als auch gegenüber dem Autor des Ausgangstextes loyal bleiben will. Diese „Loyalität" nannte C. Nord (1995: 31) die „Verpflichtung" des Translatores, als sie über das Verhältnis zwischen Texten und Übersetzungen sprach: Der Translator sei sowohl an den Ausgangstext als auch an die Zieltextsituation gebunden und müsse deshalb auch zweifach dem „Ausgangstextsender" und dem „Zieltextempfänger" (Nord 1995: 10f.) gegenüber loyal bleiben, weil er als ein Gesellschaftswesen bei seiner kommunikativen Handlung der Translation für unterschiedliche Sprachen und Kulturen auch eine ethische Verantwortung zu tragen habe. Dieser ethische Aspekt steht mit der translatorischen Kompetenz – mit Blick auf die Vorgabe des Übersetzungsauftrages, die Übersetzungsmethode und -strategie usw. – in einem direkten Zusammenhang. Darauf werde ich später noch einmal zurückkommen. Durch den Übersetzungsauftrag in eine Kommunikationssituation eingebettet haben sowohl Übersetzer als auch Auftraggeber Benimmregeln einzuhalten, wie sie die üblichen Sitten vorgeben: z. B. den Abgabetermin des Zieltextes durch den Übersetzer sowie den Zahlungstermin durch den Auftraggeber einzuhalten. Im Folgenden werden in Bezug auf diesen ethischen Aspekt die negativen Erscheinungsbilder während des Übersetzungsbooms in Korea, also weitere Verstöße gegen die guten Sitten, dargestellt.

Eine Erscheinung der Blütezeit des Übersetzens der „koreanischen Renaissance" in den 1960er Jahren war die rege und zahlenmäßig rasant steigende Publikationstätigkeit von Sammelbänden der Übersetzungsliteratur, die jedoch auch negative Aspekte bzw. Folgen mit sich brachte[309] (Kim 1998: I/229f.): das gedankenlose Abschreiben auch der japanischen Übersetzungsfehler durch die Übersetzer. Weitere Erscheinungen waren, dass der Übersetzer nur seinen Namen als Übersetzer für andere hergab (賣名) oder eine Übersetzung zugleich an verschiedene Verlage verkaufte (轉賣). Auch das Publizieren einer zusammengestellten Übersetzung, die in der Tat von anderen Untergeordneten teilübersetzt wurde, aber nur unter dem Namen eines übergeordneten Übersetzers erschien (監修), war üblich. Dazu kam, dass der Übersetzer im Besitz des Urheberrechts seiner Übersetzung deren Publikationsrecht an verschiedene Verlage verkaufte (賃貸) oder dass von einem umfangreichen Werk nur ein paar Stellen übersetzt wurden, ohne dies kenntlich zu machen (變造), oder dass einer mit nur Japanischkenntnissen gegen eine geringe Bezahlung beliebige Werken unterschiedlichster Genres aus aller Zeit und aller Welt übersetzte und auch übersetzen ließ oder dass die Verlage untereinander die Übersetzung weiter verkauften. Zu nennen sind auch die von den Verlagen betriebene verantwortungslose Publikation schneller und flüchtiger Übersetzungen als Ausdruck einer gnadenlosen Verdrängungskonkurrenz oder die vielen Gründungen der ‚Wanderverlage' während eines momentanen,

---

309 Vgl. auch Albrecht 1998: 182–191.

zurzeit guten Geschäftes, die dabei auch den Namen des Übersetzers ohne dessen Kenntnis in Anspruch nahmen, die mosaikartig aus Fetzen von bereits vorhandenen Übersetzungen zusammengestellte Übersetzungsarbeit, oder wenn die Verlagsseite in der Tat gegen eine unangemessen geringe Bezahlung von dem Japanischkenner die Umwegübersetzung aus dem Japanischen machen ließ[310] und den Übersetzernamen von einem namhaften Anderen angab, oder wenn die Bezahlung der Übersetzung mittels Schuldschein ein Herausschieben des Zahlungstermins durch den Verlag bewirkte usw. All das waren Verstöße gegen die guten Sitten.

Einen Teil dieser negativen Erscheinungen findet man auch in Kritiken von Tageszeitungen an den Verlegern und deren Mangel an Ethik, z. B. die *Kyŏnghyang-Tageszeitung* (vom 10. 6. 1964) äußerte sich so (Kim 1998: I/193ff.): Zu der saisonbedingt jedes Jahr vorkommenden Geschäftsflaute machten sich die Verleger selbst das Leben schwer und stellten sozusagen einen Teufelskreis her, was daran liege, dass es keine Regeln für Verleger gebe, die von Ethik und Moral geleitet werden. Es sei aber Aufgabe eine Ordnung herzustellen. Es verschrecke die Kunden, wenn sie Bücher wie etwa „Die geschlechtliche Aufklärung", „Unterricht zur Unmoral" (von Mishio Yukio 三島由紀夫) aus dem Japanischen, D. H. Lawrence' „Lady Chatterley und ihr Liebhaber" usw., in der Buchhandlung sehen, dies bringe die Leser nur aus der Fassung. Eine solche Literatur, trivial im Inhalt und reißerisch aufgemacht, galt zu dieser Zeit in der koreanischen Gesellschaft durchaus noch als tabu. Weiter hieß es in der Zeitung, dass die nur auf Profit erpichten Verleger keineswegs den Angaben des Originaltitels und -autors der Übersetzung folgten, sondern sie änderten den Titel, um ‚Erregung' bzw. Unterhaltung zu versprechen. Auch bei konkurrierenden Übersetzungen eines Werkes durch zwei Verleger, z. B. eines mit dem Nobelpreis ausgezeichneten Autors, sei mindestens eine Übersetzung davon aus dem Zeitdruck für ein „blitzschnelles" Erscheinen heraus qualitativ schlechte Arbeit, indem dafür die Übersetzung mosaikartig von mehreren Leuten fertig gestellt werde, und deren angeblicher Übersetzer, ein „Professor", nur seinen Namen geliehen hätte. Dieses aus Konkurrenzgründen blitzschnelle Übersetzen erlitten sogar auch die Klassiker, was inzwischen die Realität des koreanischen Verlagswesens darstellte. Ein Beispiel zeige sich in der Shakespeare-Übersetzung, aufgrund deren Fehlerhaftigkeit[311] das Land in eine stürmische Debatte geraten war, welche ich im Folgenden darstellen werde.

---

310 Ein übliches Verfahren war, dass eine Gruppe von jungen Leuten, die gewisse Fremdsprachenkenntnisse besitzen sollten, in einem Zimmer eines vom Verlag reservierten Gasthauses zusammen logierte und Tag und Nacht durch die Arbeitsteilung mosaikartig übersetzte und auch ein umfangreiches Werk blitzschnell, aber ohne Qualitätsgarantie anfertigen konnte. Kim 1998: I/194f.

311 Bei der Fehlübersetzung z. B. eines Beipackzettels für Medikamente muss der Übersetzer die praktische Verantwortung für die Folgen tragen. Hiermit vergleichbar ist die Anforderung für Sachtextübersetzer, die W. Koller macht. Der Übersetzer soll Sachtexte, deren Inhalte sich auf Gegenstände und Sachverhalte außerhalb des Textes beziehen und bei falscher oder ungenauer Übersetzung für den Leser schädliche Folgen haben können, sprachlich-stilistisch adäquat übersetzen und für die eindeutige Ausdrucksweise neben der grammatischen Korrektheit sogar Eingriffe oder Verbesserungen am Original vornehmen. S. Koller 1992: 272–286.

3.1 Die Auseinandersetzung um die Shakespeare-Übersetzung in den 1960er Jahren[312]

Aus dem Projekt zum Jubiläum des 400. Geburtstages von W. Shakespeare erschienen 1964 zwei Übersetzungssammlungen von dessen Gesamtwerk, wovon die eine von Kim Chaenam (Professor), dem der Verlag Yangmunsa den Auftrag gegeben hatte, allein übersetzt wurde. Die andere wurde von 19 Spezialisten für Shakespeare, mit derer Auswahl der Verlag Chŏngŭmsa die koreanische Shakespeare-Gesellschaft beauftragt hatte, erstellt. Als der erste Verlag Yangmunsa aufgeben musste, übernahm dann diese Stelle ein zweiter Verlag Mimun ch'ulp'ansa, der sich für seinen Erfolg bei diesem Wettstreit „unmoralisch" verhielt: Zunächst gelang es dem Verlag, den Professor Kim, welchem die Übersetzung des Gesamtwerkes von Shakespeare als seine Lebensaufgabe galt, dazu zu überreden, ein halbes Jahr früher als geplant die Übersetzungen abzuliefern. So vertiefte er sich nur in dieser Aufgabe und vernachlässigte aus Zeitdruck sogar den Unterricht an der Universität. Ohne Absprache mit ihm heuerte dann der Verlag daneben etwa zehn Arbeitskräfte für eine geringe Bezahlung zum Umwegübersetzen aus dem Japanischen an. In den Wirbel der waghalsigen Verlegerkonkurrenz hineingezogen, war Kim entsetzt und wütend angesichts der Übersetzungen von diesen unqualifizierten Kräften, aber ihm blieb nichts übrig, als das so zu akzeptieren. Jedenfalls ging die Auseinandersetzung durch die Stellungnahmen der beiden Übersetzerseiten der konkurrierenden Verlage los, die ihre jeweiligen Übersetzungen verteidigten und die in einer Zeitung in einer Gegenüberstellung bekannt gegeben wurde. Und zwar behauptete Kim, für die angemessene Übertragung im genauen Sinne der Literatur wie des Gesamtwerkes Shakespeares würde eine fachliche wie wissenschaftliche unendlich lange Untersuchung benötigt, wozu noch die literarischen Fähigkeiten des Übersetzers sowie dessen Aneignung der praktischen Erfahrungen notwendig seien. Da die Lösung dieser Aufgabe nur von einem Fachmann, der die nötigen Erfahrungen für diese Übersetzung im Übersetzen der Werke nacheinander erst findet, möglich sei, sei der Fall eines Allein-Übersetzers ideal. Darauf antwortete eine Gruppe von 19 Shakespeare-Spezialisten, die zwar Kims Behauptung der Notwendigkeit der langen Untersuchungszeit für die nicht einfachen Werke von Shakespeare zustimmte, aber dann argumentierte, dass es unsinnig sei, dass sowohl das Übersetzen des Gesamtwerkes eines Autors wie z. B. Shakespeares als auch die wissenschaftliche Forschung nur von einem einzelnen Individuum allein bewältigt werden könne. Sie verwies gleich dazu auf die konkreten Beispiele für die Fehlübersetzungen aus dem Japanischen, die unter Kims eigenem Übersetzernamen erschienen waren. Hierauf antwortete Kim nicht, sondern fing an, die für ihn peinlichen Übersetzungen zu revidieren, und er widmete sich für fast 20 Jahre einer 2. Revisionsarbeit nach der 1. vom 1971. Schließlich 1995, im Alter von 74, konnte er die 2. revidierte Version publizieren, was uns in Bezug auf Verantwortung des Übersetzers im Sinne von Berufsethik ein anschauliches Beispiel gibt.

---

312 Kim 1998: I/222–231.

3.2 Die Anforderungen an die Übersetzer in konkreten Situationen

Anforderungen bzw. Normen und Normenfelder, unter denen ein Übersetzer arbeiten soll, müssen als notwendige Gründe für die jeweilige Übersetzungslösung für die verantwortliche Arbeit eines Übersetzers angesehen werden. Es gibt verschiedene Arten von Normen, unter denen (Übersetzungs-) Entscheidungen getroffen werden: Absolute Normen wie Gesetze, (Spiel-) Regeln und bestimmte Normen, wie Industrienormen, sind vorausgesetzt und strafbewehrt, und können in diesem Sinne in der Kunst keine Anwendung finden. Relative Normen gelten dagegen „üblicherweise", werden oft als literarische Konvention oder sprachliche Gewohnheit bezeichnet, und ein Verstoß dagegen gilt dann als Abweichung. Literarische Normen sind z. B. an Gattungen zu veranschaulichen. Es gibt auch ‚Ad-hoc-Normen', die nur für einen vorliegenden Fall geeignet sind, wenn eine völlig neue Übersetzung vorgenommen wird. Kodifizierte Normen wie offizielle Grammatiken, Stilistiken oder Übersetzervorworte, in denen leitende Grundprinzipien und Ziele angegeben werden, sind explizit. Nicht kodifiziert sind die erschließbaren Normen wie die Struktur einer Sprache. Zwischen diesen beiden stehen die ablesbaren Normen wie Textmerkmale, die durch die Urteilskraft erkennbar und in Nachschlagwerken identifizierbar sind.

Bei der Vielfalt dieser verschiedenen Normen, vor allem für literarische Werke[313], liegt die Schwierigkeit für den Übersetzer darin, dass er sich bei der literarischen Übersetzung konsequent nicht nur für eine Norm zu entscheiden hat, sondern auch mit einander ausschließenden Normen konfrontiert ist. Die Normen als das dem einzelnen Subjekt vorausgesetzte Regelwerk bestimmen erst generell das Handeln und den Anwendungsbereich. Es gehört zum Ethos eines verantwortungsbewussten Übersetzers, dass er weiß, dass die Begründung für seine übersetzerische Entscheidung, die er eben nicht aus dem Üblichen, dem zufällig Vorherrschenden entnehmen kann, ihm erst die Orientierung gibt. Hier ist auf die Philosophie zu verweisen, die eine deontische Logik[314] entwickelt hat, eine formale Theorie dessen, was getan werden soll oder darf. Diese Theorie enthält das logische Studium des Normativen, das die Normen als Handlungsregeln auffasst, und kann auch auf die Entscheidungen für die übersetzerische Sittlichkeit bzw. das übersetzerische Ethos unter verschiedenen Normen angewandt werden.

Normenfelder sind die Bereiche, in denen je eigene Normen Geltung beanspruchen. Für eine treue Übersetzung sind zunächst die Merkmale des Ausgangstextes, die ein Übersetzer zu übertragen versucht, das Normfeld. Ebenso einen normativen Charakter haben ein bestimmtes Ziel oder eine Aufgabe und der persönliche Stil, weil sie Teile der entsprechenden Übersetzungskultur sind. Aus den Bedingungen der jeweiligen Übersetzungskultur heraus kann man die Übersetzungsnormen sowohl festlegen als auch ableiten. Auch die Rolle der zielsprachlichen Lesekultur, der Verleger sowie Herausgeber sind als normsetzend von Bedeutung. Eine eigene dynamische Norm entfaltet sich in der Übersetzung selber als Konsequenz, die sich aus dem Zusammenspiel der für den jeweiligen Text charakteristischen Unterschiede und Kontraste usw. und dem Verpflichtungsbewusstsein des Übersetzers ergeben. Ort und Zeit sowie Sozial-

---

313 Diese können auch als „Normenstruktur" definiert werden. Vgl. Wellek/Warren 1949: 151.
314 Das griechische Wort τὸ δέον bedeutet: das Erforderliche, die Pflicht.

und Regionaldialekte haben auch einen Einfluss auf die literatursprachlichen Normen. Die Darstellungsarten der literarischen sowie technischen Medien wie etwa der Sprech-, der Musikbühne oder das Band als Tonträger usw. haben auch Normencharakter. Kulturelle Konnotationen (wie Wertvorstellungen) und naturbezogene Normen (wie Ausdrücke von Jahreszeiten in der nördlichen und südlichen Erdhälfte) sollen berücksichtigt werden (Frank/Kittel 2004: 54–59).

4. Die translatorische Kompetenz

Bei der Bewertung der Übersetzerleistung ist meist die Rede von Übersetzerfähigkeiten. Die Fähigkeiten für das Übersetzen und Dolmetschen werden als translatorische Kompetenz bezeichnet, und die Übersetzungskompetenz bezeichnet dann diejenige fürs Übersetzen. Diese Fähigkeiten betreffen nach C. Nord im Einzelnen die Begriffe wie Vergleich, Entscheidung, Umsetzung und Qualitätssicherung. Davon zu unterscheiden sind die rein technischen Fertigkeiten in Bezug auf die verschiedenen Hilfsmittel oder die Recherche, welche man lernen kann, und was der Übersetzer beim Übersetzungsprozess braucht, Auftrags-, Ausgangstextanalyse, Konzipieren der Übersetzung und Zieltextproduktion. Diesen Fähigkeiten und Fertigkeiten fürs Übersetzen setzte Nord auch verschiedene Formen des Wissens voraus, nämlich über Sprache und Kultur, (sprach- und übersetzungswissenschaftliche) Theorie und Methode, Sachverhalt und Fachgebiet und (Übersetzungs-) Praxis (Nord 2002: 74–80; vgl. auch Kautz 2002: 19f.).

Betrachten wir dies näher, sind zuerst die grund- und fremdsprachliche Kompetenz zu nennen, wobei die Voraussetzung der Sprach-Grundkompetenz „idealerweise" vor der Fachausbildung liegt. Neben der Zielsprache muss die Muttersprache selbstverständlich beherrscht werden. Nicht nur die Sprachfähigkeit, sondern auch kulturelles Wissen verschiedener Kulturen werden angefordert, und dafür ist auch die Fähigkeit und/oder auch die Bereitschaft zur Allgemeinbildung, neue Fachgebiete und Sachverhalte zu recherchieren und sich in sie zugleich einzuarbeiten, unabdingbar. Die Sprach- sowie Kulturfehler bzw. -defizite in Ausgangs- und Zieltexten zu bemerken und professionell zu korrigieren gehört zu den Hauptfähigkeiten der Textproduktion. Diese zeigen sich wiederum in sprach- und übersetzungswissenschaftlichen Kenntnissen sowie Methoden- und Strategiekenntnissen, wie z. B. Textsortenwissen, Analysefähigkeiten usw. Nicht nur für die Begründung von Übersetzungslösungen, sondern auch bei kontrastierenden Textvergleichen ist eine „objektive" Urteilskraft der Übersetzung nötigt, wofür nachprüfbare Kriterien zu entwickeln von Bedeutung ist. Auch die Teamfähigkeit bei der Zusammenarbeit, die bei mehreren Übersetzern an einem Text immer gefragt ist, hat ein großes Gewicht, weil die Texte anderer gegebenenfalls weiterzubearbeiten, zu überarbeiten bzw. zu prüfen, aber auch Änderungen einzuarbeiten sind. All dieses ist für die Übersetzer- und Dolmetscherausbildung grundlegend und von Bedeutung für das Selbstbewusstsein der Übersetzer und Dolmetscher selber.

Schlussfolgerung

Warum eigentlich haben wir uns mit Translationsgeschichte beschäftigt? Der Grund dafür wurde im ersten Teil des theoretischen Ausgangspunktes dieser Arbeit unter dem Abschnitt 1.4 angesprochen: Um die die gegenwärtige Situation beeinflussenden Probleme aufzuzeigen, sie zur Sprache zu bringen und zu lösen, wird versucht, den Blick auf die Vergangenheit zu werfen, die einen Hinweis auf Kategorien und potentielle Lösungen geben könnte, die über das heute gängige Denken hinausgehen.

Handelt nun die Translationsgeschichte mehr von den Translatoren als den Translaten, die in einer interkulturellen „Zwischen-Zone"[315] positioniert sind und die man darum Mitglieder einer interkulturellen Gruppe nennen kann, dann kann die Translationswissenschaft, die eine interkulturelle Wissenschaft ist, als durch die so aufgefasste Translationsgeschichte bereichert angesehen werden. Damit kann auch die Translationsgeschichte ein Hauptgebiet der interkulturellen Geschichte ein gemeinsames Forschungsfeld der Humanwissenschaften ausmachen bzw. darstellen, die die Humantranslatoren und ihre sozialen Tätigkeiten oder Aktionen sowohl im Zusammenhang mit deren (materiellen) Translaten als auch über diese hinaus erforschen. In diesem Zusammenhang werden im Folgenden hinsichtlich der „Kultur" weitere mögliche Begründungen (Pym 1998: 15–19) und der koreanische Kontext dargestellt:

Für die Geisteswissenschaften, die sich mit der Beschreibung einzelner Kulturen beschäftigen, kann die Translationsgeschichte eine hilfreiche Funktion erfüllen. Denn sie ist dann sehr nützlich, wenn eine konzeptionelle Methode gebraucht wird, die über die im jeweils eigenen kulturellen Prozess sonst üblichen Verfahren hinausgeht, um dort, wo sich eine Kultur durch den Kontakt mit den anderen Kulturen verändert hat, zu einer adäquateren Beschreibung zu kommen. Dies betrifft gewiss die (marxistischen) Positionen, die eine für die internen (kulturellen) (Änderungs-) Prozess wirksame Methodologie behaupteten, die wesentlichen Einflüsse von außen ausschließt, weil alle tatsächlichen Änderungen von Innen kämen (vgl. a.a.O., 16). Allerdings können viele historische Ereignisse nicht nur mit internem Wissen bzw. internen Kenntnissen einsichtig gemacht werden. Dies impliziert, dass auch wesentliche Änderungen vom interkulturellen Prozess her kommen können. Es ist darum nötig, dass der inter-

---

315 Der Vertreter der Descriptive Translation Studies (s. hierzu den Abschnitt 1.3.4 im ersten Teil der vorliegenden Arbeit) Gideon Toury war der anderen Meinung, es gäbe in Wirklichkeit keine solche sich überschneidenden Zonen bzw. eine „Schnittzone", und zwar weil die Translatoren *nur* zu der Zielkultur gehörten, indem es beim Übersetzen nur auf die Zielsprache und -kultur ankomme. Dagegen nimmt Pym von der Perspektive der Humantranslatoren ausgehend in seiner Hypothese an (1998: 178–183), Translatoren seien in dieser sich überschneidenden Zone der Kulturen wirksam und können deshalb sogar „intersections" (182), also Schnittpunkte bzw. Kreuzungen genannt werden, wo etwas von zwei oder mehreren Kulturen miteinander verbunden wird. Translatoren können so selbst auch als historische Gegenstände betrachtet werden. Allgemein tendierten sie nicht dazu, den gleichen linguistischen Horizont zu haben, wie diejenigen, die auf ihre Translationen angewiesen sind. Und so müssen Humantranslatoren als soziolinguistische Personen selbst angefangen haben, Schritte zum Herausbilden dieser „Schnittzone" zu unternehmen.

kulturelle Aspekt in Konzepte und empirische Untersuchungsmethoden mit einbezogen und begründet wird. Die Translationsgeschichte ist eine Methode dafür, solche Konzepte formulieren zu können und dementsprechend an die nötige Forschung heranzugehen.[316]

Auch wenn es um die Politik im Bereich der allgemeinen Sprache und Kultur sowie der Translation geht, seitdem diese über den linguistischen Aspekt hinaus auch den kulturellen aufgenommen hatte, kann die Translationsgeschichte dieser Politik Informationen oder Ideen geben, die sich so aus der Geschichte als nützlich erwiesen haben[317], wie uns mehr Erkenntnisse in Bezug auf die Vergangenheit dann einen weiteren Horizont für die Zukunft erschließen können. Eine solche ähnliche historische Perspektive der Translationsgeschichte ist auch gerade für die Zeit von Bedeutung, in der z. B. die Wanderbewegung ansteigt und die Nachfrage nach „Community Interpreting" wächst, womit das Dolmetschen für die meisten Einwanderer, Flüchtlinge oder Wanderarbeiter bei Gesprächen mit Behörden, Sozialämtern, auch im Gesundheitswesen usw. des Aufnahmelandes bezeichnet wird (vgl. Bowen 1999: 319).

Translationsgeschichte kann die vermittelnde Schicht der Gesellschaft wie z. B. Translatoren, Unterhändler, Kaufleute usw. dabei indirekt unterstützen: Deren interkulturelle Besonderheiten, ihre besondere Art der Existenz in der Gesellschaft, die in einem Kontrast zur Historie oder Theorie dessen, was man die eingesessene bzw. eigene Kultur nennen kann, stehen, finden so Unterstützung. Indem z. B. die Wissenschaftler, die sich mit der Entstehung und Entwicklung einzelner, vor allem kleiner oder regionaler Kulturen beschäftigen, wo für die Gestaltung ihrer linguistischen oder literarischen Identitäten bewusst Translationsprogramme durchgeführt wurden. Sie erforschen die Translationsgeschichte in Orten wie den Niederlanden, Belgien, Israel oder Quebec, weil die dort bereits entwickelten unterschiedlichen deskriptiven Prozeduren für ihre Studien geeignet sind. So kann die Translationsgeschichte in der Tat jedem, den die Gestaltung einer eingesessenen Kultur interessiert, eine wertvolle Lektüre sein. Und wenn die Translationsgeschichte dabei nicht nur über die Vergangenheit der eigenen Kultur und Translationen, sondern auch mit Referenzen auf die Vergangenheit der fremden beschrieben wird, dann kann sie die eigene Kultur dazu bringen, die fremde Kultur aus deren Sicht zu verstehen oder zu begreifen. Weil zum einen über einen langen Zeitraum fast nur Eigentümlichkeiten der eigenen Kultur und Gehalte ihrer eigenen Vergangenheit ausführlich beschrieben wurden, ohne dabei Hinweise auf die Vergangenheit der fremden zu reflektieren, und zum anderen der Begriff „Kultur" mehr mit einem bestimmten Ort verbunden scheint, als „sich zu bewegen" (vgl. a.a.O., 17), so wurden in der Kulturgeschichte die vermittelnden Gruppen, die zwischen den existierenden Kulturen den Austausch ihrer Produkte und Sprachen führten, als sekundär

---

316 S. hierzu auch Bachmann-Medick 2004: 162ff. Die interdisziplinäre Wende in der Übersetzungswissenschaft verlange notwendigerweise die Erweiterung des Begriffs Übersetzung, der neben dem Textbezug auch auf den Zusammenhang der Kulturen anzuwenden sei. So wurde Übersetzung als integraler Bestandteil interkultureller Handlungskonstellationen als kultureller Prozess, Übersetzungsgeschichte als Kontaktgeschichte zwischen den Kulturen betrachtet.

317 Z. B. für eine absehbare europäische Sprachpolitik kann die historische Perspektive wie eine „symbolische" Einschätzung der Kosten für die Translationen in der EU eine Rolle spielen. Pym 1998: 16.

und unwesentlich in Bezug auf die elementaren kulturellen Angelegenheiten betrachtet.[318]

Dagegen zeigt sich in anthropologischer Sicht, dass das Handeln der vermittelnden Gruppen vor der eingesessenen „Kultivierung" einen Vorrang hat, und die Translationsgeschichte gewinnt damit an Bedeutung, das Handeln, die Bewegung oder Veränderungen des gesellschaftlichen Prozesses nachzuerzählen. Denn auch der ursprüngliche Gehalt einer kulturellen Identität, die das ausdrücken soll, was wir „hier und jetzt" sind, und in der deshalb die Bewegung oder die Veränderung nicht bedacht sind, spiegelt sich in Translationen wider.

Warum sich heute die Geschichte allgemein für die Interkulturalität und transkulturelle Bewegung interessiert, erklärt sich daraus, dass sich die Produktivität zunehmend mehr an „Informationen" überhaupt bemisst, und das Spezifische und Landestypische in den Hintergrund tritt, so dass es für die eingesessene Kultur schwieriger wird, ihr eigenes Gebiet zu erfassen und ihre konzeptuelle Souveränität und historische Grenze aufzubewahren. Insofern beeinflussen die kulturellen Veränderungen vor allem diejenigen, darunter auch Translatoren, die diese Informationen übertragen.

Deshalb kann eine ideale Geschichte eigentlich nicht nur als das Privileg der eigenen Kultur verstanden werden, sondern ist auch für die Bewegung der Menschen und der Texte von Interesse. So können dann auch die interkulturellen Gruppen[319] wie z. B. Wanderer, Grenzbewohner, Kinder aus gemischten oder verschiedenen Kulturen usw. eine Vision ihrer gegenwärtigen Position und der zukünftigen Potentiale beziehen, wenn sie in die Geschichte einbezogen werden (vgl. a.a.O., 18).

Nicht nur in Wissenschaft und Technik, in zwischenstaatlichen Handelsverkehr oder in der Literatur, sondern auch im Bereich des menschlichen Alltags überhaupt, wo das Bedürfnis oder die Notwendigkeit des Übersetzens und Dolmetschens besteht, sind wir immer auf diese Tätigkeiten angewiesen. Nämlich angewiesen in einem besonderen Umfang, wenn es um eine „kleine" oder „große" Sprachgemeinschaft (Koller 2004: 28) geht, womit der Fremdsprachenunterricht ebenso eine große Rolle spielt. Im Zusammenhang mit dem Verhältnis kleiner zu großen Sprachen sind in Korea teilweise erstaunliche Phänomene zu beobachten: Die „Weltsprache"[320] Englisch herrscht

---

318 Der Begriff „Kultur" findet seinen Ursprung in der landwirtschaftlichen Bearbeitung des Bodens (dem lateinischen *cultura*, Ackerbau). Im Laufe der Zeit erfuhr der Begriff eine Erweiterung als „cultura animi", also als Pflege der Seele. Er erhielt erst bei Herder seine moderne Fassung. Herder fügte als „drittes Sinnmoment" die „Historizität" hinzu. „Er sprach von der zunehmenden K[ultur] eines Volkes, von der K[ultur] als der Blüte seines Daseins. Damit war K[ultur] begriffen als eine beginnende, sich abwandelnde, sich vollendende und auflösende Lebensgestalt und -form von Nationen, Völkern, Gemeinschaften". Wilhelm Perpeet, „Kultur, Kulturphilosophie. – A. *Zur Wortgeschichte von <Kultur>* ". In: *HWPh* 1976: 4/Sp. 1309–1324, hier: Sp. 1309f.

319 Dazu können in Korea die Einwanderer aus dem z. B. chinesischen, uighurischen, mongolischen usw. Gebiet im koreanischen kulturell-historischen Kontext, die Dolmetscher aus meist niedriger Abstammung, die Gesandten, die sich zwischen den Nachbarländern bewegten, die Intellektuellen sowie Theologen, die sowohl für z. B. die Praktische Lehre im 19. Jh. als auch für die westliche Religion, vor allem christliche, abgesehen von der buddhistischen, sprachen, gehören. S. hierzu den Punkt 1. Translatoren und ihre Rolle, im dritten Teil dieser Arbeit.

320 Zusammenhängend mit machtpolitischen, wirtschaftlichen, historisch-kulturellen, geographi-

heute wie überall auch in Korea, wo vor allem die Verehrung Amerikas in der gesamten koreanischen Gesellschaft stattfindet. Dies führt dazu, dass man z. B. für den Anschein von Englisch als Muttersprache eine Auslandsgeburt, also eine Geburt in Amerika, wagt, oder dass man eine Zungenoperation für eine „glatte" Aussprache wie sie die Amerikaner haben, machen lässt, oder dass man die Kinder frühzeitig zum Auslandsstudium, also in den englischsprachigen Raum, schickt, oder im milderen Fall, dass die Intellektuellen bevorzugt werden, die im englischsprachigen Raum ihren Doktor erworben haben (Kim 2006: 15–19). Statt aus dem Bestreben, eine solide Ausbildungsgrundlage für Fremdsprachen zu schaffen, entsprangen solche Vorstellungen nur aus der äußerlichen Beeinflussung.

Wenn wir auf die frühere Chinaverehrung, genauer das Verhältnis der alten koreanischen zu der chinesischen Literatur – seit der Einführung chinesischer Schriften durch den Kontakt mit deren Kultur – einen Blick werfen, ist dies ein Beispiel für einen vielschichtigen Prozess der Wechselwirkung von Literaturen, wo sich die kleinere zunächst an der großen imitierend orientiert, bis sie eine „eigene Identität" findet. Chinesische Kultur war die Großkultur in Altkorea und Chinesisch die wichtigste Fremdsprache, die Sprache der Gebildeten, und zugleich die Amtssprache, welche zum einen die Entwicklung der koreanischen Schrift (1444) und die koreanische Literaturgeschichte stark beeinflusste. Zum anderen wurden die chinesischen Schriftzeichen aus der Vorliebe sowie der Großchinaverehrung von der Oberschicht der Gesellschaft auch nach der Erfindung einer eigenen Schrift weiter verwendet, was schließlich zu einer Veruneinheitlichung der Sprache und der Schrift führte. Und die Übersetzung konnte so auf dieses „Machtverhältnis" unter den Sprachen hinweisen, indem sie für die jetzt neu geschaffene Sprache aus der entwickelten Kultursprache Chinesisch Entlehnungen unter bloßer koreanischer Transkription und oder im koreanisch-chinesischen Mischschriftstil beibehielt. Dies erwies sich als Mittel der Bereicherung des Koreanischen. Erst 1894 wurde die koreanische Schrift Han'gŭl als offizielle Nationalsprache verkündet.

Im 19. Jahrhundert, in dem die imperialistischen Mächte, vor allem Japan, in Korea eindrangen und ihre Herrschaft zu konsolidieren anfingen, war zeitweilig die japanische Übersetzungsliteratur die „Leit"-Übersetzungsliteratur, indem die koreanischen Übersetzungen westlicher Literaturen aufgrund der Unkenntnis von deren Sprachen hauptsächlich unter Verwendung japanischer Mittelübersetzungen hergestellt wurden. Diese entfernten sich ihrerseits durch Abweichungen und Veränderungen[321] von ihren meist englischen Vorlagen. Diesen japanischen Fassungen folgten die koreanischen Übersetzer zu einem aufklärerischen Zweck und mit großem Eifer, mal treu[322] mal frei übersetzend unter Verwendung von Adaptation oder radikaler Kürzung, was schließlich die Originalwerke unkenntlich machte und so eine kulturelle „Identitätslosigkeit" der „koreanischen" (Übersetzungs-) Literatur, wie sie wiederkehrend in der

---

schen Faktoren gehören zur internationalen Verkehrssprache z. B. Englisch, Chinesisch, Russisch, und weiter in eingeschränkterem Maße Französisch, Arabisch und Spanisch, dazu Koller 2004: 74.
321 Es kann sich dabei um eine elliptische Formulierung, oder eine selektives, erklärendes Verfahren handeln. Vgl. auch Graeber 2004: 94–105.
322 Treu in Bezug auf die japanische Vorlage.

Wirkungsgeschichte zwischen Korea und seinen Nachbarkulturen beobachtet werden kann, zeigte. So konnte in diesem Zusammenhang der Gedanke der Originalität nicht hervortreten, und ein Mangel an Originalität konnte darum erst später zum Bewusstsein kommen. Aber so können auch die koreanischen Übersetzungen aus zweiter Hand für diese Periode dann als ein historisch eingrenzbares Phänomen betrachtet werden, wenn man dabei den historischen Kontext, ihre Auswirkung und auch ihre Funktion berücksichtigt, durch die z. B. die westliche Literatur überhaupt der koreanischen Leserschaft zugänglich gemacht werden konnte.

Heute wird das Umwegübersetzungsverfahren unter Fachleuten als Ausnahme[323] betrachtet und ist doch weit verbreitet[324]: Diese Mittelübersetzung kann konsequent und ausschließlich als der Ausgangstext betrachtet, aber auch zur nachträglichen Kontrolle der direkten Übersetzung benutzt werden. Oder auch kann ein Übersetzer in diese als die Vorläuferübersetzung in der Zielsprache Einblicke gewinnen, wobei Wilhelm Graeber (2004: 97f.) vom „eklektischen Übersetzen" sprach, bei dem eine Übersetzung mithilfe von solchen verschiedenen Vorlagen sowohl direkt als auch indirekt angefertigt werden kann.

Mit neu entstandenen Ideen und Problemen wurden im Laufe der Zeit viele Übersetzungsforschungen bzw. übersetzungswissenschaftliche Theorien vorgestellt. Indem die Kennzeichen einer Wissenschaft überhaupt Gesetz, Experiment und Fortschritt sind – so die heutige Sicht –, wird unter dem Begriff Gesetz die empirisch beobachtbare Regelmäßigkeit verstanden, die dann zu einem (erklärenden) Modell integriert werden kann. Dabei macht ein Verfahren bzw. eine Methodologie das Experiment aus, und mit dem Fortschritt ist die Verbesserung des Erkenntnisstandes gemeint. Zur Darstellung der Gesetzmäßigkeit wurden so Theorien konzipiert, die dann auch Modelle oder Entwürfe zur Ordnung der Erkenntnisse genannt werden (Zilsel 1976: 8–13), für unseren Fall betrifft das etwa die heutigen interdisziplinären, funktional orientierten, den Schwerpunkt auf die empirisch-pragmatische oder didaktische Dimension setzenden Richtungen u.a. der Translationswissenschaft bzw. Translatologie in Bezug auf diesen komplexen Gegenstand des Übersetzens und des Dolmetschens. Dann stellt

---

323 Ausnahme sind auch noch die Fälle der zweisprachigen Ausgabe und der Rückübersetzung. Beim ersten ist der erleichterte Zugang zum Original gewollt, und so ist die Übersetzung nicht selbstverständlich und meistens für die klassischen Sprachen hergestellt worden. Der zweite Fall findet bei der linguistisch orientierten Übersetzungsforschung Anwendung, um den Einfluss der Ausprägung der Ausganssprache auf die Übersetzung zu untersuchen. Auch in der Geschichte der Literatur wurde die Rückübersetzung als das „Original" veröffentlicht. Albrecht 1998: 182–191.

324 Es gibt verschiedene Gründe, wie z. B., wenn ein plötzliches Interesse an bzw. Bedarf nach Autoren oder Werken entsteht, die in Sprachen geschrieben sind, aus denen bisher wenige in die entsprechende Zielsprache übersetzt worden sind, oder wenn ein interessantes Werk in der ursprünglichen Sprache nicht existiert, sondern in einer Übersetzung in eine dritte Sprache zusammengefügt worden ist, oder wenn eine Übersetzung in die Sprache einer z. B. kolonialen Vormacht erzwungenermaßen hergestellt worden ist. Weitere Fälle sind zu nennen, z. B. bei der allgemein anerkannten kulturellen Autorität bestimmter Übersetzungen einer als vorbildlich angesehenen Sprache und der Literatur, oder wenn die Übersetzung eines schwierigen Textes aufgrund der kulturellen Unterschiede in eine dritte Sprache autorisiert ist. Frank/Kittel 2004: 36f.

sich lediglich die Frage, ob die Translationswissenschaft bzw. Translatologie als das Allgemeine – nicht aus einem Prinzip, einem Wert oder einer Norm hervorgehend, sondern diese erst begründend – für solche funktional vielen spezialisierten Richtungen angesehen werden kann, ja ob sie nach ihrer Eigengesetzlichkeit, ihre diversen Teilbereiche in sich zu überführen, diese dann in sich verbinden kann, so dass diese auch miteinander verglichen werden können. Kann trotzdem die Translationswissenschaft diesen Stand ihres allgemeinen Systems immer wieder herstellen und so unendlich weiter laufen? (vgl. auch Luhmann 1994: 156–159, der dies als „Autopoiesis" bezeichnet); oder braucht die Translationswissenschaft doch einen neuen Stand? und oder ist so etwas überhaupt möglich?: Die heutige moderne Translatologie versucht erst noch – einem Vorschlag von Holmes folgend –, eine integrative Allgemeine Translationstheorie als Basis für die Teiltheorien zusammen mit Anwendungsmöglichkeiten für den Einzelfall aufzustellen (Salevsky 2002: I/76–80). Sie möchte nicht Anweisungen für das „richtige" Übersetzen und Dolmetschen geben, was sie jedoch anbieten kann: das Bewusstsein der Übersetzer und Dolmetscher zu heben, indem sie diese dafür sensibilisiert, auf die Differenziertheit dieser Tätigkeit zu achten und die vielfältigen Möglichkeiten in der konkreten Situation zu nutzen. Dementsprechend erforscht sie den kognitiven Vorgang beim Übersetzen und Dolmetschen und die Faktoren für die translatorische Entscheidung, um diese zu beschreiben und damit lehrbar zu machen. Daran könnten sich Übersetzer und Dolmetscher in konkreten Situationen angemessen orientieren und sich dann auch dessen bewusst sein, wenn sie damit ihre Übersetzung und Dolmetscharbeit begründen können (Kautz 2002: 40–45). Hierzu wurde kommentiert, dass dies sich doch nur im Rahmen der funktionalen Translationstheorie bewege, und zwar das pragmatische Argument zeige, aber nur in Bezug auf die Herstellung des Zieltextes für den Bedarfsträger, wobei nur vom ‚Designtext', und in Bezug auf den Translator vom ‚Faktor der Translation' die Rede ist (Stolze 1997: 202–208). Strategische und methodische (Übersetzungs-) Hinweise dabei sind nach wie vor üblicherweise im Vor- oder Nachwort zu finden. Daran anschließend möchte ich an dieser Stelle nicht die Zusammenfassung der bisherigen geschichtlichen Entwicklung schreiben, sondern versuchen, aus diesem Überblick ein Fazit zu ziehen:

Auf die Auskunft „ich studiere Übersetzungswissenschaft" folgt gewöhnlich die Frage, „in welche Sprache übersetzen Sie?" Daran kann man leicht sehen, woran man allgemein angesichts dieses Faches denkt: Übersetzen hieße danach, von einer in eine andere Sprache zu übertragen. Gerade wegen der unhintergehbaren Sprachgebundenheit dieser Tätigkeit ist damit nicht alles Mögliche und Beliebige gemeint, wenn wir einsehen, dass sich die Sprache in der Lebenswelt ihrer eigenen Kultur widerspiegelt (vgl. auch Stolze 1997: 30–33), d.h., wenn ein Kulturgegenstand bzw. kulturgebundener Gegenstand als zum ‚Geist' gehörig erachtet wird, dann kann dieser Gegenstand aufgrund dieses ‚geistigen' Anteils nicht ohne das Vorwissen durchsichtig oder erhellt werden (Coseriu 1992: 104f.). ‚Der Übersetzer' arbeitet an diesem komplexen (kulturgebundenen) Gegenstand ‚Übersetzen' als einer besonderen Art Handlung des Transfer-Prozesses, bei dem das Problem des Orts und der Zeit angesprochen wird und die gegebenen Bedingungen bzw. Situationen seines Entstehens mit eingezogen werden. Dabei erscheint gleichwohl die Komplexität aller Möglichkeiten und daraus entsteht jetzt, wo die Vergangenheit (für den Übersetzer) über Gegenwart und Zukunft herrscht, die Übersetzung. Indem wir uns an dem Vergangenen orientieren, das keine ‚andere Möglichkeit' mehr enthält, also eine bereits reduzierte Komplexität darstellt[325], und auf der Grundlage des bereits Gewussten einen neuen (Sinn-) Horizont erschließen, indem wir uns vorgegebene oder eigene Gedanken ständig und nachgestalterisch vergegenwärtigen, was Aristoteles einst für das künstlerische Darstellen ‚Mimesis (Nachahmung)' ansprach – (vgl. Stolze 1997: 238), so können wir auch daraus nachvollziehen und uns erklären, warum trotz der anhaltenden Diskussionen und der verschiedenen Meinungen über Übersetzungsmethoden, ihre Probleme, ihre Grenze und ihre Misserfolge oder Erfolge usw. man doch auch immer nach dieser und jener Übersetzung gefragt hat. So wurde auch immer die translatorische Tätigkeit ausgeübt – und man wird weiter nach Übersetzungen fragen, und sie, diese Tätigkeit, wird auch ausgeübt werden –, darin zeigt sich die Geschichtlichkeit des Übersetzens. Jede neue Situation und ebenso auch jeder Mensch stellen neue Probleme, aber es gilt auch das, worauf bereits hingewiesen worden ist, dass in der Wirklichkeit nicht alle Kontexte und Situationen vollständig und erschöpfend festgestellt und miteinbezogen werden können. In all den komplexen Möglichkeiten entscheidet der ‚Übersetzer', obwohl die Resultate dieser Entscheidungen, die sich aus Situation und Kontext ergaben, in diesem Sinn nicht vollständig begründete Auffassungen von Inhalten sein und, aufgrund unserer Sprachkenntnis, doch immer letztendlich verstanden werden können (Coseriu 1992: 105f.). Also entscheidet er, um sein vor allem zeitgebundenes Translat herzustellen, das dabei aber auch immer weiter in dieser Vorläufigkeit verbessert werden kann. Das ist m. E. eine Perspektive der Entwicklung.[326] Und wir gehen mit Blick auf die Zukunft gerichtet diesen Weg immer weiter: Man könnte es als „Soll-Bestand" für die Übersetzer bezeichnen, dass man im Bewusstsein der Verantwortung und mit seiner Handlungsmöglichkeit Texte mit einem implizierten Wissen übersetzt, welches jeder Zeit aber auch explizit zu machen ist[327], sei es mit dem wissenschaftlichen oder übersetzerischen Ethos. Dabei wird jetzt mehr über die Übersetzerkompetenz nachgedacht, und es besteht daher auch die Notwendigkeit, dass man weiter an der Übersetzungs- und Dolmetschdidaktik, die ihrerseits wiederum Theorie-, Methoden-, Allgemein- so-

---

325 All die Komplexität anderer Möglichkeiten ist durch die aktuell zu erlebende Gegenwart reduziert worden. Hier geht es um die Zeitdimension der menschlichen Welt, den vermittelnden Vorgang zwischen Komplexität der Welt und Aktualität des Erlebens: Man betrachtet die Gegenwart entweder als fortgehenden Standpunkt seines subjektiv-selektiven Erlebens oder als festen, wobei man etwas Mögliches ins Wirkliche umwandelt. Auf diese Weise zeigt sich die Geschichte für die Menschheit immer in ihrer wichtigsten Funktion, der Reduktion von Komplexität. Luhmann 1968: 7–14, 17.
326 Auch wenn J. Albrecht (1998: 139ff.), allerdings in Bezug hierauf, von einer zufälligen Neuerung, die kaum vorherzusagen ist, spricht, so betrachtet er sie eher als für die Zielsprache schädlich.
327 Anderer Meinung ist dazu Radegundis Stolze (1997: 240–246). Statt mit eingeübten übersetzerischen Strategien an den Text heranzugehen, übersetze der Übersetzer grundsätzlich durch die Reflexion seines eigenen Denkens und des Handelns den Text, falls aber „intuitiv und tiv" übersetzt wird, dann nur in dem Maße, dass er dies auch „linguistisch" begründen könne. Das Wissen dieser maßstäblichen Reflexion gehört bei ihr der Übersetzungskompetenz an. Hierzu anzumerken ist, dass Intuition und Reflexion im Allgemeinen als gegensätzliche Vermögen betrachtet werden. Vgl. Hülsmann 1972: 2/Sp. 967f., bes. Sp. 968.

wie Fachwissen und translatorische Kompetenz nötig hat, arbeiten muss, vor allem im gerade sich im Aufbruch befindenden Ausbildungsbetrieb des graduierten Studienganges für Übersetzer und Dolmetscher in Korea.

So gilt es z. B. das Angebot der akademischen Ausbildung von Übersetzern und Dolmetschern zu vertiefen und zu erweitern: Und zwar sollen die Grundkenntnisse in Sprach-, Literatur-, Kultur- und Übersetzungsgeschichte und dann die darauf aufbauende Ausbildung je nach der angestrebten Berufstätigkeit mit fachspezifischen Kenntnissen in unterschiedlichen Bereichen aufgenommen werden. Dabei soll versucht werden, Theorie und Praxis einander näher zu bringen. Weiter sollten die Übersetzungsforschungen aus anderen Wissenschaftsbereichen und die sich daraus ergebenden Resultate genutzt und in das Fach integriert werden.

Worauf ich zum Schluss (der vorliegenden Arbeit) das bereits vorgetragene nochmals zuspitzen möchte, ist, dass das Übersetzen und Dolmetschen als das Kulturgebundene in und mit der Geschichte zugleich auch die Kommunikationswege zwischen den Kulturen bereiten, wobei die Translatoren eine zentrale vermittelnde Rolle spielen. Als Individuen, die gleichzeitig ein Gesellschaftswesen sind, haben die Translatoren einzelne individuelle Eigenschaften und aus ihrer eigenen Umwelt auch äußere (Rahmen-) Bedingungen, die ihre Translationen beeinflussen, daher kann eine Translation so einem theoretisch sowie methodisch „absoluten" übersetzungswissenschaftlichen Anspruch nach, wie ihn die Übersetzungswissenschaft in der Vergangenheit unter und aus je verschiedenen Aspekten erhoben hat, nicht genügen. Als eine der Geisteswissenschaften versuchte sie, auch analog zu naturwissenschaftlichen Vorstellungen Theorien bzw. Modelle zu bilden, aus denen sich zahlreiche, wenn auch nur partiell anwendbare Ansätze ergaben, die zugleich aber wissenschaftliche Entwicklungen oder Fortschritte induzierten. Insofern ist die heutige Translationswissenschaft von Bedeutung und kann eine Perspektive anbieten, wenn sie die translatorische Praxis anregt. Diese Anregung besteht darin, dass die Translatoren gegenüber all den translatorischen unberechenbaren Problemen, wie sie in der Praxis auftreten, mithilfe ihrer Theorie professionell und verantwortlich reflektiert. Dabei muss berücksichtigt werden, dass sie wiederum als „historische" Wesen von vorhergegangen Arbeiten und ihrer Geschichte lernen und denken müssen. Dadurch können auch die Translatoren mit ihren Translationen zur Entwicklung beitragen.

Abkürzungsverzeichnis

AIIC	Association Internationale des Interprètes de Conférence (Internationaler Verband der Konferenzdolmetscher)
AS	Ausgangssprache
AT	Ausgangstext
ATm	Altes Testament
BÜ	Berner Übereinkunft
Ch.	Chinesisch
C.I.U.T.I.	Conférence Internationale Permanente d'Instituts Universitaires de Traducteurs et Interprètes (Internationale Konferenz der Universitätsinstitute für Übersetzer und Dolmetscher)
Dt.	Deutsch
FIT	Fédération Internationale des Traducteurs (ein weltweiter Zusammenschluss verschiedener Fachverbände für Übersetzer und Dolmetscher)
GTG	Generative Transformationsgrammatik
HWPh	*Historisches Wörterbuch der Philosophie*
KAPF	Korea Artista Proleta Federation (der proletarische Kulturbund Koreas)
KLTI	Korean Literature Translation Institute (Das Institut für das Übersetzen koreanischer Literatur, 한국문학번역원)
Kor.	Koreanisch
KST	Korean Society of Translators (die koreanische Gesellschaft für Übersetzer, 한국 번역가 협회),
LThK	*Lexikon für Theologie und Kirche*
NTm	Neues Testament
RBÜ	Revidierte Berner Übereinkunft
Reg.	Regiert
SOV	Subjekt-Objekt-Verb
SVO	Subjekt-Verb-Objekt
TCT	Translation Competence Test (Eignungstest für das Übersetzen bei KST)
UCC	Universal Copyright Convention (Welturheberrechtsabkommen)
VOS	Verb-Objekt-Subjekt
WTO	Welthandelsorganisation
ZfLI	*Zeitschrift für Literatur und Intelligenz*
ZfSK	*Zeitschrift für Schöpfung und Kritik*
ZS	Zielsprache
ZT	Zieltext

Literaturverzeichnis

* Eckige Klammer sind Übersetzungen von mir.

Adler 1925. Paul Adler, *Sachwörterbuch zur japanischen Literatur*, Frankfurt a. M.: Frankfurter Verlags-Anstalt A. G., 1925.

Aland 1980. Kurt Aland, „Bibelübersetzungen I. 1.2. Zu den alten Übersetzungen des Neuen Testamentes". In: *Theologische Realenzyklopädie*, Bd. VI: *Bibel – Böhmen und Mähren*, S. 161f., herausgegeben von Gerhard Krause und Gerhard Müller, Berlin; New York: Walter de Gruyter, 1980.

Albrecht 1998. Jörn Albrecht, *Literarische Übersetzung. Geschichte, Theorie, kulturelle Wirkung*, Darmstadt: Wissenschaftliche Buchgesellschaft, 1998.

Albrecht 2005. Jörn Albrecht, *Grundlagen der Übersetzungsforschung: Übersetzung und Linguistik*, Tübingen: Narr Francke Attempto Verlag, 2005.

Alleton 2003. Viviane Alleton, „Schrift". In: *Das große China-Lexikon*, S. 651–654, herausgegeben von Brunhild Staiger, Stefan Friedrich und Hans-Wilm Schütte unter Mitarbeit von Reinhard Emmerich, Darmstadt: Wissenschaftliche Buchgesellschaft, 2003.

An 1991. Pyŏnghi An, „Naehun 내훈 (內訓)", Bd. 5, S. 598; „Nŭngŏmgyŏng ŏnhae 능엄경 언해 (楞嚴經諺解)", Bd. 5, 944f. In: *Han'guk minjok munhwa taebaekkwa sajŏn* [Enzyklopädie der koreanischen Nationalkultur], herausgegeben von Han'guk chŏngsin munhwa yŏn'guwŏn, Seoul: Ungjin, 1991.

An 1991. Pyŏnghi An, „Amit'agyŏng ŏnhae 아미타경 언해 (阿彌陀經諺解)". In: *Han'guk minjok munhwa taebaekkwa sajŏn* [Enzyklopädie der koreanischen Nationalkultur], Bd. 14, S. 326, herausgegeben von Han'guk chŏngsin munhwa yŏn'guwŏn, Seoul: Ungjin, 1991.

An 1991. Pyŏnghi An, „Ŏnhae 언해 (諺解) [Koreanische Übersetzung]". In: *Han'guk minjok munhwa taebaekkwa sajŏn* [Enzyklopädie der koreanischen Nationalkultur], Bd. 15, S. 73f., herausgegeben von Han'guk chŏngsin munhwa yŏn'guwŏn, Seoul: Ungjin, 1991.

An 1991. Pyŏnghi An, „Wŏn'gakkyŏng ŏnhae 원각경 언해 (圓覺經諺解)". In: *Han'guk minjok munhwa taebaekkwa sajŏn* [Enzyklopädie der koreanischen Nationalkultur], Bd. 16, S. 664, herausgegeben von Han'guk chŏngsin munhwa yŏn'guwŏn, Seoul: Ungjin, 1991.

An 1991. Pyŏnghi An, „Hyogyŏng ŏnhae 효경 언해 (孝經諺解)". In: *Han'guk min-*

jok munhwa taebaekkwa sajŏn [Enzyklopädie der koreanischen Nationalkultur], Bd. 25, S. 642, herausgegeben von Han'guk chŏngsin munhwa yŏn'guwŏn, Seoul: Ungjin, 1991.

Aristoteles 1995. *Topik. Sophistische Widerlegungen*. In: *Aristoteles*. Philosophische Schriften in sechs Bänden, Bd. 2, übersetzt von Eugen Rolfes, Hamburg: Meiner, 1995.

Bachmann-Medick 2004. Doris Bachmann-Medick, „Von der Poetik und Rhetorik des Fremden zur Kulturgeschichte und Kulturtheorie des Übersetzens". In: *Die literarische Übersetzung in Deutschland: Studien zu ihrer Kulturgeschichte in der Neuzeit* (in: Göttinger Beiträge zur Internationalen Übersetzungsforschung im Auftrag des Sonderforschungsbereichs 309 „Die literarische Übersetzung", Bd.18), S. 153–192, herausgegeben von Armin Paul Frank und Horst Turk, Berlin: Erich Schmidt Verlag GmbH & Co., 2004.

Baker 1998. Mona Baker, „Translation studies". In: *Routledge Encyclopedia of Translation Studies*, S. 277–280, herausgegeben von Mona Baker unter Mithilfe von Kirsten MalmkjÆR, London; New York: Routledge, 1998.

Beaugrande/Dressler 1981. Robert A. de Beaugrande und Wolfgang U. Dressler, *Einführung in die Textlinguistik*, Tübingen: Niemeyer, 1981.

Benjamin 1923. Walter Benjamin, „Die Aufgabe des Übersetzers". In: *Illuminationen*. Ausgewählte Schriften, S. 50–62, Neuausdruck, Frankfurt a. M.: Suhrkamp, 1977.

Bigelmair 1938. A. Bigelmair, „Ulfila(s)". In: *Lexikon für Theologie und Kirche*, Bd. X, Sp. 362–364, herausgegeben von Michael Buchberger, Freiburg: Herder-Verlag, 1938.

Bihlmeyer 1938. K. Bihlmeyer, „Wiclif". In: *Lexikon für Theologie und Kirche*, Bd. X, Sp. 861–864, herausgegeben von Michael Buchberger, Freiburg: Herder-Verlag, 1938.

Bohlen 1994. Reinhold Bohlen, „Bibel: I. Begriff". In: *Lexikon für Theologie und Kirche*, Bd. II, Sp. 362f., begründet von Michael Buchberger, herausgegeben von Walter Kasper u.a., Freiburg; Basel; Rom; Wien: Herder, dritte, völlig neu bearbeitete Auflage, 1994.

Bossong 1999. C. Bossong, „Wilhelm von Humboldt". In: *Großes Werklexikon der Philosophie*, Bd. 1, S. 708–710, herausgegeben von Franco Volpi, Stuttgart, 1999.

Bowen 1999. Margareta Bowen, „Community Interpreting". In: *Handbuch Translation*, S. 319–321, aus dem Englischen übersetzt von Klaus Kaindl, herausgegeben von Mary Snell-Hornby, Hans G Hönig, Paul Kußmaul und Peter A. Schmitt, 2. verbesserte Aufl., Tübingen: Stauffenburg, 1999.

Brinker 2001. Klaus Brinker, *Linguistische Textanalyse: Eine Einführung in Grundbegriffe und Methoden*, 5. durchgesehene und ergänzte Aufl., Berlin: Erich Schmidt Verlag, 2001.

Brock 1980. Sebastian P. Brock, „Bibelübersetzungen I: 2. Die Übersetzungen des Alten Testamentes ins Griechische". In: *Theologische Realenzyklopädie*, Bd. VI: *Bibel – Böhmen und Mähren*, S. 163–172, herausgegeben von Gerhard Krause und Gerhard Müller, Berlin; New York: Walter de Gruyter, 1980.

Brockhaus Enzyklopädie. „Bibel", Bd. 2, S: 675–681, 1967; „modern", Bd. 11, S. 681, 1971; „Neuzeit", Bd. 13, S. 377–383, 1971; „Septuaginta", Bd. 17, S. 318f., 1973; „Talmud", Bd. 18, S. 444f., 1973, 17. völlig neu bearbeitete Aufl., Wiesbaden: F.A. Brockhaus, ab 1966.

Bußmann 1990. Hadumod Bußmann, „Corpus". In: *Lexikon der Sprachwissenschaft*, S. 155f., unter Mithilfe und mit Beiträgen von Fachkolleginnen und -kollegen, 2. völlig neu bearbeitete Aufl., Stuttgart: A. Kröner Verlag, 1990.

Černý 2002. Lothar Černý, „Zwischen den Zeichen: Zur Geschichte der Übersetzungstheorie". In: *Übersetzen und Dolmetschen: Eine Orientierungshilfe*, S. 5–7, herausgegeben von Joanna Best und Sylvia Kalina, Tübingen; Basel: A. Francke Verlag, 2002.

Cho 1991. Uho Cho, „Kwagŏ [Das Staatsexamen für die Auswahl der Beamten]". In: *Han'guk minjok munhwa taebaekkwa sajŏn* [Enzyklopädie der koreanischen Nationalkultur], Bd. 2, S. 900–915, herausgegeben von Han'guk chŏngsin munhwa yŏn'guwŏn, Seoul: Ungjin, 1991.

Ch'oe 1980. Kil-Song Ch'oe [Kilssŏng Ch'oe], *Han'guk musogŭi yŏn'gu* [Studie zum koreanischen Schamanismus], Seoul, 1980.

Ch'oe 1991. Kŭndŏk Ch'oe, „Nonŏ [Gespräche mit Konfuzius]". In: *Han'guk minjok munhwa taebaekkwa sajŏn* [Enzyklopädie der koreanischen Nationalkultur], Bd. 3, S. 767f., herausgegeben von Han'guk chŏngsin munhwa yŏn'guwŏn, Seoul: Ungjin, 1991.

Chŏn 1991. Kwanghyŏn Chŏn, „Ch'ilsŏ ŏnhae [Die koreanische Übersetzung der sieben Klassikerwerke]". In: *Han'guk minjok munhwa taebaekkwa sajŏn* [Enzyklopädie der koreanischen Nationalkultur], Bd. 22, S. 785, herausgegeben von Han'guk chŏngsin munhwa yŏn'guwŏn, Seoul: Ungjin, 1991.

Chŏng 2002. Kwang Chŏng, *Yŏkhaksŏ yŏn'gu* [Studie zu Fremdsprachenlehrbüchern], Seoul, 2002.

Chŏng 2006. Kwang Chŏng, „Yŏkhaksŏwa kugŏsa yŏn'gu [Studie zu Fremdsprachenlehrbüchern und der Geschichte koreanischer Sprache]". In: *Yŏkhaksŏwa kugŏsa* yŏn'gu, Festschrift für Chŏng Kwang von Miyŏung Pak u.a., S. 43–65, Seoul: T'aehaksa, 2006.

Chŏng 2003. Sŭnghyŏ Chŏng, *Chŏsŏnhugi waehaksŏ yŏn'gu* [Studie zu Japanischlehrbüchern für die späte Chosŏn-Zeit], Seoul, 2003.

Chŏng/Yun 1998. Kwang Chŏng und Seyŏng Yun, *Sayŏgwŏn yŏkhaksŏ ch'aekp'an yŏn'gu* [Studie zu Druckplatten der Fremdsprachenlehrbücher des Amtes für Übersetzung Sayŏgwŏn], Seoul: Koryŏ University Press, 1998.

Cornfeld/Botterweck (Hg.) 1969. Gaalyahu Cornfeld und Gerhard Johannes Botterweck, *Die Bibel und ihre Welt: Eine Enzyklopädie zur Heiligen Schrift. Bilder – Daten – Fakten* (2 Bände), Bd. 1 (A–J), aus dem Englischen von F. J. Schierse übersetzt und bearbeitet von G. Johannes Botterweck, H. Ferdinand Fuchs u.a., Bergische Gladbach: Gustav Lübbe Verlag, 1969.

Coseriu 1992. Eugenio Coseriu, *Einführung in die Allgemeine Sprachwissenschaft*, übersetzt aus dem Spanischen von Monika Hübner, Silvia Parra Belmonte und Uwe Petersen, 2. Aufl., Tübingen: Franke, 1992.

Crystal 1995. David Crystal, *Die Cambridge-Enzyklopädie der Sprache*, übersetzt und bearbeitet für die deutsche Ausgabe von Stefan Röhrich u.a., Frankfurt a. M.; New York: Campus Verlag, 1995.

Debon 2004. Günther Debon, „Shijing". In: *Lexikon der chinesischen Literatur*, S. 276ff., herausgegeben von Volker Klöpsch und Eva Müller, München: C.H. Beck, 2004.

Dizdar 1999. Dilek Dizdar, „Skopostheorie". In: *Handbuch Translation*, S. 104–107, aus dem Englischen übersetzt von Klaus Kaindl, herausgegeben von Mary Snell-Hornby, Hans G. Hönig, Paul Kußmaul und Peter A. Schmitt, 2. verbesserte Aufl., Tübingen: Stauffenburg, 1999.

Dürr 2005. Michael Dürr, „Chinesisch". In: *Metzler-Lexikon Sprache*, S. 115f., herausgegeben von Helmut Glück unter Mitarbeit von Friederike Schmöe, 3. neu bearbeitete Aufl., Stuttgart; Weimar: Verlag J. B. Metzler, 2005.

Evers 2003. Georg Evers, „Südkorea". In: *Die Länder Asiens* (in: Kirche und Katholizismus seit 1945, Bd. 5), S. 56–85, herausgegeben von Erwin Gatz (ab 1998), Paderborn u.a.: Ferdinand Schöningh, 2003.

Fergusson 2002. Susan Fergusson, „AIIC – der Internationale Verband der Konferenzdolmetscher". In: *Übersetzen und Dolmetschen: eine Orientierungshilfe*, S. 320–327, herausgegeben von Joanna Best und Sylvia Kalina, Tübingen; Basel: Franke, 2002.

Findeisen 2004. Raoul David Findeisen, „Literatur im 20. Jahrhundert". In: *Chinesische Literaturgeschichte*, S. 288–291, herausgegeben von Reinhard Emmerich unter Mitarbeit von Hans van Ess, Raoul David Findeisen u.a., Stuttgart: Verlag J. B. Metzler, 2004.

Fischer 1931. Johann Fischer, „Bibelübersetzung: I. Griechische Bibelübersetzung". In: *Lexikon für Theologie und Kirche*, Bd. II, Sp. 297–303, herausgegeben von Michael Buchberger, Freiburg: Herder-Verlag, 1931.

Forke 1927. Alfred Forke, *Die Gedankenwelt des chinesischen Kulturkreises*, München; Berlin: R. Oldenbourg, 1927.

Frank/Kittel 2004. Armin Paul Frank und Harald Kittel, „Der Transferansatz in der Übersetzungsforschung". In: *Die literarische Übersetzung in Deutschland: Studien zu ihrer Kulturgeschichte in der Neuzeit* (in: Göttinger Beiträge zur Internationalen Übersetzungsforschung im Auftrag des Sonderforschungsbereichs 309 „Die literarische Übersetzung", Bd.18), S. 3–70, herausgegeben von Armin Paul Frank und Horst Turk, Berlin: Erich Schmidt Verlag GmbH & Co., 2004.

Freudendorfer 1931. J. Freudendorfer, „Elzevier". In: *Lexikon für Theologie und Kirche*, Bd. III, Sp. 649, herausgegeben von Michael Buchberger, Freiburg: Herder-Verlag, 1931.

Fu 1997. Jialing Fu, *Sprache und Schrift für alle: Zur Linguistik und Soziologie der Reformprozesse im China des 20. Jahrhunderts*, Frankfurt a. M. u.a.: Peter Lang, 1997.

Gerzymisch-Arbogast 2002. Heidrun Gerzymisch-Arbogast, „Ansätze der neueren Übersetzungsforschung". In: *Übersetzen und Dolmetschen: Eine Orientierungshilfe*, S. 17–29, herausgegeben von Joanna Best und Sylvia Kalina, Tübingen; Basel: A. Francke Verlag, 2002.

Glück 2005. Helmut Glück, „Standardaussprache". In: *Metzler-Lexikon Sprache*, S. 643, herausgegeben von Helmut Glück unter Mitarbeit von Friederike Schmöe, 3. neu bearbeitete Aufl., Stuttgart; Weimar: Verlag J. B. Metzler, 2005.

Göpferich 1995. Susanne Göpferich, *Textsorten in Naturwissenschaft und Technik. Pragmatische Typologie- Kontrastierung-Translation*, Tübingen: Narr, 1996.

Göpferich 1999. Susanne Göpferich, „Text, Textsorte, Texttyp". In: *Handbuch Translation*, S. 61–64, aus dem Englischen übersetzt von Klaus Kaindl, herausgegeben von Mary Snell-Hornby, Hans G Hönig, Paul Kußmaul und Peter A. Schmitt, 2. verbesserte Aufl., Tübingen: Stauffenburg, 1999.

Graeber 2004. Wilhelm Graeber, „Englische Übersetzer aus dem Französischen: Eine Forschungsbilanz der Übersetzungen aus zweiter Hand". In: *Die literarische Überset-*

zung in Deutschland: Studien zu ihrer Kulturgeschichte in der Neuzeit (in: Göttinger Beiträge zur Internationalen Übersetzungsforschung im Auftrag des Sonderforschungsbereichs 309 „Die literarische Übersetzung", Bd. 18), S. 93–108, herausgegeben von Armin Paul Frank und Horst Turk, Berlin: Erich Schmidt Verlag GmbH & Co., 2004.

Gundert 1929. W. Gundert, „Die japanische Literatur". In: *Handbuch der Literaturwissenschaft*, Bd. 12, herausgegeben von Oskar Walzel unter Mitwirkung von A. Baumstark, E. Bethe, H. Borelius u.a., Wildpark-Potsdam: Akademische Verlagsgesellschaft Athenaion M. B. H., 1929.

Haegeholz 1913. W. Haegeholz, *Korea und die Koreaner*, Stuttgart, 1913.

Han 1988. Sang-Woo Han, *Die Suche nach dem Himmel im Denken Koreas: Eine religionswissenschaftliche und -philosophische Untersuchung zur Hermeneutik des Menschen zwischen Himmel und Erde*, Frankfurt a. M.: Peter Lang, 1988.

Hegel 1999. G.W.F. Hegel, *Phänomenologie des Geistes*. In: *G.W.F. Hegel. Hauptwerke in sechs Bänden*, Bd. 2, Darmstadt: Wissenschaftliche Buchgesellschaft, 1999.

Hermans 1999. Theo Hermans, „Descriptive Translation Studies". In: *Handbuch Translation*, S. 96–100, aus dem Englischen übersetzt von Klaus Kaindl, herausgegeben von Mary Snell-Hornby, Hans G Hönig, Paul Kußmaul und Peter A. Schmitt, 2., verbesserte Aufl., Tübingen: Stauffenburg, 1999.

Holz-Mänttäri 1994. Justa Holz-Mänttäri, „Translatorisches Handeln". In: *Übersetzungswissenschaft – eine Neuorientierung: zur Integrierung von Theorie und Praxis*, S. 348–374, herausgegeben von Mary Snell-Hornby, 2., durchgesehene Aufl., Tübingen; Basel: Franke, 1994.

Hong 1991. Yunp'yo Hong, „Nonŏ ŏnhae [Die koreanische Übersetzung der *Gespräche des Konfuzius*]", Bd. 3, S. 770; „Maengja ŏnhae [Die koreanische Übersetzung der *Gespräche des Menzius*]", Bd. 7, S. 769; „Taehak ŏnhae [Die koreanische Übersetzung der *Großen Lehre*]", Bd. 6, S. 522; „Sŏgyŏng ŏnhae [Die koreanische Übersetzung des *Shujing*]", Bd. 11, S. 665; „Sigyŏng ŏnhae [Die koreanische Übersetzung des *Shijing*]", Bd. 13, S. 491; „Chuyŏk ŏnhae [Die koreanische Übersetzung des *Yijing*]", Bd. 20, S. 845f.; „Chungyong ŏnhae [Die koreanische Übersetzung der *Lehre der Mitte*]", Bd. 21, S. 127f., In: *Han'guk minjok munhwa taebaekkwa sajŏn* [Enzyklopädie der koreanischen Nationalkultur], herausgegeben von Han'guk chŏngsin munhwa yŏn'guwŏn, Seoul: Ungjin, 1991.

Horn-Helf 1999. Brigitte Horn-Helf, *Technisches Übersetzen in Theorie und Praxis*, Tübingen; Basel: A. Francke Verlag, 1999.

Hülsmann 1972. H. Hülsmann, „Formalismus". In: *Historisches Wörterbuch der Phi-*

losophie, Bd. 2, Sp. 967–968, bes. Sp. 968, herausgegeben von Joachim Ritter, völlig, neubearbeitete Ausgabe des *Wörterbuchs der Philosophischen Begriffe* von Rudolf Eisler, Basel: Schwabe & Co., 1972.

Hwang 1991. P'aegang Hwang, „Kungmun munhagŭi palchŏn kwajŏng [Die Entwicklung der koreanischen Literatur]". In: *Han'guk minjok munhwa taebaekkwa sajŏn* [Enzyklopädie der koreanischen Nationalkultur], Bd. 24, S. 144f., herausgegeben von Han'guk chŏngsin munhwa yŏn'guwŏn, Seoul: Ungjin, 1991.

Jäger 1975. Gert Jäger, *Translation und Translationslinguistik*, Halle: Niemeyer, 1975.

Ji 1986. Zhenhuai Ji, „Jindai Wenxue [Die chinesische Literatur: Neuzeit]". In: *Zhongguo wenxue* [Die chinesische Literatur] (2 Bd.) (in: *Zhongguo dabaike quanshu* [Das große Gesamtwerk der China-Enzyklopädien], herausgegeben von Hu Qiaomu u.a., ab 1978), Bd. I, S. 325ff, herausgegeben von Zhou Yang, Ji Zhenhuai u.a., Peking; Shanghai: Zhongguo dabaike quanshu chubanshe [Verlag Das große Gesamtwerk der China-Enzyklopädien], 1986.

Junker 1931. H. Junker, „Deuteronomium". In: *Lexikon für Theologie und Kirche*, Bd. III, Sp. 229ff., herausgegeben von Michael Buchberger, Freiburg: Herder-Verlag, 1931.

Kade 1963. Otto Kade, „Aufgabe der Übersetzungswissenschaft: Zur Frage der Gesetzmäßigkeit im Übersetzungsprozeß". In: *Fremdsprachen* 7, Nr. 2, S. 83–94, Leipzig, 1963.

Kade 1968. Otto Kade, „Kommunikationswissenschaftliche Probleme der Translation". In: *Übersetzungswissenschaft* (in: Wege der Forschung, Bd. 535), S. 199–219, herausgegeben von Wolfram Wilss, Darmstadt: Wissenschaftliche Buchgesellschaft, 1981.

Kang 1991. Kilsu Kang, „Muyedobot'ongji [Vervollständigte kriegerische Künste und Waffen]". In: *Han'guk minjok munhwa taebaekkwa sajŏn* [Enzyklopädie der koreanischen Nationalkultur], Bd. 8, S. 260, herausgegeben von Han'guk chŏngsin munhwa yŏn'guwŏn, Seoul: Ungjin, 1991.

Kang 1990. Man'gil Kang, *Han'guk kŭndae sa* [Geschichte für die koreanische Neuzeit], 2. Aufl., Seoul, 1990.

Kang 1991. Sinhang Kang, „Han'gŭl [Die koreanische Sprache Han'gŭl]". In: *Han'guk minjok munhwa taebaekkwa sajŏn* [Enzyklopädie der koreanischen Nationalkultur], Bd. 24, S. 138–144, herausgegeben von Han'guk chŏngsin munhwa yŏn'guwŏn, Seoul: Ungjin, 1991.

Kang 2000. Sinhang Kang, *Han'gugŭi yŏkhak* [Die Lehre vom Übersetzen in Korea], Seoul, 2000.

Kang 2005. Sinhang Kang, *Hunmin chŏngŭm yŏn'gu* [Studie über das koreanische Alphabet Hunmin chŏngŭm], 7. verbesserte und erweiterte Aufl., Seoul, 2005.

Kautz 2002. Ulrich Kautz, *Handbuch Didaktik des Übersetzens und Dolmetschens*, München: Goethe Institut und Indicium, 2002.

Keilhauer 1986. Anneliese und Peter Keilhauer, *Südkorea: Kunst und Kultur im ‚Land der Hohen Schönheit'*, Köln: DuMont, 1986.

Kern 2004. Martin Kern , „Die Literatur der Qin und Westlichen Han". In: *Chinesische Literaturgeschichte*, S. 61–87, herausgegeben von Reinhard Emmerich unter Mitarbeit von Hans van Ess, Raoul David Findeisen u.a., Stuttgart: Verlag J. B. Metzler, 2004.

Kim 1998. Hyojung Kim, *Pŏnyŏkhak* [Die Übersetzungswissenschaft] (in: Wissenschaftliche Reihe Daowoo: Geisteswissenschaft 103), Seoul: Minŭmsa, 1998.

Kim 1974. Kwangsu Kim, *Han'guk kidokkyo chŏllaesa* [Die Geschichte der Einführung des Christentums in Korea], Seoul: Kidokkyomunsa, 1974.

Kim 1975. Pyŏngch'ŏl Kim, *Studie über Koreas Literaturgeschichte zu Übersetzungen für die Neuzeit*, Seoul: Verlag Ŭlyu munhwasa, 1975.

Kim 1998. Pyŏngch'ŏl Kim, *Studie über Koreas Literaturgeschichte zu Übersetzungen für die moderne Zeit*, 2 Bände, Seoul: Verlag Ŭlyu munhwasa, 1998.

Kim 2004. Pyŏnghak Kim, *Han'guk kaehwagi munhakkwa kidokkyo* [Die koreanische Literatur in der Reformzeit und das Christentum], Seoul, 2004.

Kim 2004. Suyong Kim, „Han'guk munhagŭi haeoe sojae hyŏnhwang: Chonghap kyŏllon [Der heutige Zustand der koreanischen Literatur im Ausland: Schlussfolgerung]". In: *Han'guk munhagŭi oegugŏ pŏnyŏk: Kagŏ, Hyŏnjae, Mirae* [Übersetzungen der koreanischen Literatur in fremde Sprachen: gestern, heute und morgen] (in: Kulturforschungen 4), S. 309–331, herausgegeben vom koreanischen Informationszentrum für europäische Kulturen, Seoul: Yŏnse University Press, 2004.

Kim 1991. Tujong Kim, „T'aesan yorok [Gesammelte wichtige Informationen über die Schwangerschaft und die Geburt]". In: *Han'guk minjok munhwa taebaekkwa sajŏn* [Enzyklopädie der koreanischen Nationalkultur], Bd. 23, S. 47, herausgegeben von Han'guk chŏngsin munhwa yŏn'guwŏn, Seoul: Ungjin, 1991.

Kim 1991. Unt'ae Kim, „Kwanje [Das Staatsverwaltungssystem]". In: *Han'guk minjok munhwa taebaekkwa sajŏn* [Enzyklopädie der koreanischen Nationalkultur], Bd. 3, S. 122–131, herausgegeben von Han'guk chŏngsin munhwa yŏn'guwŏn, Seoul: Ungjin, 1991.

Kim 2006. Yeong-Hwan Kim, „Pŏnyŏk munhwaŭi chŏnt'onggwa pŏnyŏk chŏngch'aege taehan myŏt kaji chean [Vorschläge zur Übersetzungstradition und -politik]". In: *The Journal of Translation Studies* 7/Nr. 1, S. 7–23, Seoul: The Korean Association of Translation Studies (KATS), 2006.

Kim 1996. Yonggwŏn Kim, „Munhak ironŭi pŏnyŏkkwa suyong (1950–1970) [Das Übersetzen und die Rezeption der Literaturtheorien]". In: Zeitschrift *Oegung munhak* [*Zeitschrift der Contemporary World Literature*], Nr. 48, S. 15–18, Seoul, 1996.

Kim/Kim 1973. Hyŏnsik Kim und Hyŏn Kim, *Han'guk munhaksa* [Die Literaturgeschichte in Korea], Seoul, 1973.

Kim/Yun 1991. Sŭng'ok Kim und Yŏng'ok Yun, „Tosolga". In: *Han'guk minjok munhwa taebaekkwa sajŏn* [Enzyklopädie der koreanischen Nationalkultur], Bd. 6, S. 860, herausgegeben von Han'guk chŏngsin munhwa yŏn'guwŏn, Seoul: Ungjin, 1991.

Knoch/Scholtissek 1994. Otto B. Knoch und Klaus Scholtissek, „Bibel: VI. Bibelausgaben". In: *Lexikon für Theologie und Kirche*, Bd. II, Sp. 371–375, begründet von Michael Buchberger. Herausgegeben von Walter Kasper u.a., 3. völlig neu bearbeitete Aufl., Freiburg; Basel; Rom; Wien: Herder, 1994.

Koeniger 1933. A. M. Koeniger, „Kanon: I. Im kirchl. Recht". In: *Lexikon für Theologie und Kirche*, Bd. V/Sp. 774f., herausgegeben von Michael Buchberger, 2. Aufl., Freiburg: Herder, 1933.

Köster 1967. Hermann Köster, *Hsün-Tzu: ins Deutsche übertragen von Hermann Köster*, Kaldenkirchen: Steyler, 1967.

Koller 1972. Werner Koller, *Grundprobleme der Übersetzungstheorie. Unter besonderer Berücksichtigung schwedisch-deutscher Übersetzungsfälle*, Bern: Francke, 1972.

Koller 1992. Werner Koller, *Einführung in die Übersetzungswissenschaft*, 4. Aufl., Heidelberg; Wiesbaden: Quelle & Meyer, 1992.

Koller 2004. Werner Koller, *Einführung in die Übersetzungswissenschaft*, 7. Aufl., Wiebelsheim: Quelle & Meyer Verlag GmbH & Co, 2004.

Kubin 2005. Wolfgang Kubin, *Die chinesische Literatur im 20. Jahrhundert* (in: Die Geschichte der chinesischen Literatur, herausgegeben von W. Kubin, ab 2002, Bd.7), München: K.G. Saur Verlag, 2005.

Kugŏ kungmunhak sajŏn [*Lexikon für koreanische Sprache und Literatur*] 1974. Seoul taehakkyo tonga munhwa yŏn'guso [Institut für ostasiatische Kulturen der Universität Seoul], „Sŏngsŏ pŏnyŏk [Bibelübersetzung]", S. 348f., Seoul: Sin'gu-Verlag, 1974.

Kwŏn 1989. Oryŏng Kwŏn, „Munhak sahoehagŭi suyonggwa hyŏnhwang [Die Rezeption der Literatursoziologie und deren heutige Sachlage]". In: Zeitschrift *Tongsŏ munhwa* [*Zeitschrift der World Literature*], Nr. 8, S. 145–151, Seoul, 1989.

Lambert 1999. José Lambert, „Massenliteratur". In: *Handbuch Translation*, aus dem Französischen übersetzt von Klaus Kaindl, S. 249–250, herausgegeben von Mary Snell-Hornby, Hans G Hönig, Paul Kußmaul und Peter A. Schmitt, 2., verbesserte Aufl., Tübingen: Stauffenburg, 1999.

Lee 1991. Dong-Joo Lee [Tongju Yi], *Koreanischer Synkretismus und die Vereinigungskirche*, Lahr-Dinglingen: Verlag der Liebenzeller Mission, 1991.

Lee 1999. Seung-Youl Lee, *Die Geschichte der Diakonie in den protestantischen Kirchen Koreas und Perspektiven für die Erneuerung ihrer diakonischen Arbeit: Eine Fallstudie innerhalb der Presbyterian Church of Korea*, Frankfurt a. M. u.a.: Peter Lang, 1999.

Lee/Lee/Chae 2006. Ik-sop Lee, Sang-oak Lee und Wan Chae, *Die koreanische Sprache*, aus dem Koreanischen übersetzt von Kyoung-In Choe und Wilfried Herrmann, 1. Aufl., Seoul: Hollym; Regensburg: Helmut Hetzer Verlag, 2006.

Leimbigler 1976. Peter Leimbigler, „Der Begriff *li* 禮 als Grundlage des politischen Denkens in China". In: *China: Kultur, Politik und Wirtschaft*. Festschrift für Alfred Hoffmann zum 65. Geburtstag, S. 199–209, herausgegeben von Hans Link, Peter Leimbigler und Wolfgang Kubin, Tübingen; Basel: Horst Erdmann, 1976.

Lenke/Lutz/Sprenger 1995. Nils Lenke, Hans-D. Lutz und Michael Sprenger, *Grundlagen sprachlicher Kommunikation: Mensch, Welt, Handeln, Sprache, Computer*, München: Fink, 1995.

Liu/Zhou 1986. Zaifu Liu und Yang Zhou, „Zhongguo wenxue [Die chinesische Literatur]". In: *Zhongguo wenxue* [Die chinesische Literatur] (2 Bd.), (in: *Zhongguo dabaike quanshu* [Das große Gesamtwerk der China-Enzyklopädien], herausgegeben von Hu Qiaomu u.a., ab 1978), Bd. I, S. 1–11, herausgegeben von Zhou Yang, Ji Zhenhuai u.a., Peking; Shanghai: Zhongguo dabaike quanshu chubanshe [Verlag Das große Gesamtwerk der China-Enzyklopädien], 1986.

Luhmann 1968. Niklas Luhmann, *Vertrauen: Ein Mechanismus der Reduktion sozialer Komplexität*, Stuttgart: Ferdinand Enke Verlag, 1968.

Luhmann 1994. Niklas Luhmann, „Unsere Zukunft hängt von Entscheidungen ab". In: *Am Ende vorbei: Gespräche mit O. Negt, N. Bolz, G. Böhme u.a.*, S. 152–174, geführt von Rudolf Maresch, Wien: Turia und Kant, 1994.

Malek 1996. Roman Malek, *Das Tao des Himmels: Die religiöse Tradition Chinas*,

Freiburg; Basel; Wien: Herder, 1996.

Matsuda 1983. Tomohiro Matsuda u. a., *A Dictionary of Buddhist: Terms and Concepts*, Tokyo: Nichiren Shoshu International Center, 1983.

Müller 2004. Eva Müller, „Luo Guanzhong". In: *Lexikon der chinesischen Literatur*, S. 208ff., herausgegeben von Volker Klöpsch und Eva Müller, München: C.H. Beck, 2004.

Müller 1994. Paul-Gerhard Müller, „Bibel: VIII. Bibelübersetzungen, 4. Neuzeitliche außereuropäische Übersetzungen. Vorbemerkung". In: *Lexikon für Theologie und Kirche*, Bd. II, Sp. 397–400, begründet von Michael Buchberger, herausgegeben von Walter Kasper u.a., 3. völlig neu bearbeitete Aufl., Freiburg; Basel; Rom; Wien: Herder, 1994.

Nama u. a. 1995. Charles Atangana Nama unter Mitarbeit von A. Abramowski, P. Horguelin u.a., „Translators and the Development of National Languages". In: *Translators through History*, S. 25–65, herausgegeben von Jean Delisle und Judith Woodsworth, Amsterdam; Philadelphia: Benjamins und UNESCO, 1995.

Nord 1995. Christiane Nord, *Textanalyse und Übersetzen. Theoretische Grundlagen, Methode und didaktische Anwendung einer übersetzungsrelevanten Textanalyse*. Heidelberg: Groos, 1995.

Nord 1999. Christiane Nord, „Textlinguistik". In: *Handbuch Translation*, S. 59–61, herausgegeben von Mary Snell-Hornby, Hans G Hönig, Paul Kußmaul und Peter A. Schmitt, 2. verbesserte Aufl., Tübingen: Stauffenburg, 1999.

Nord 2002. Christiane Nord, *Fertigkeit Übersetzen: Ein Selbstlernkurs zum Übersetzenlernen und Übersetzenlehren*. Alicante: Editorial Club Universitario, 2002.

Pae 2003. Taeon Pae, *Idu sajŏn* [Idu-Wörterbuch], Seoul: Verlag Hyŏngsŏl, 2003.

Paek 1973. Nakchun Paek, *Han'guk kaesinkyo-sa (1832–1910)* [Die Geschichte des Protestantismus in Korea], Seoul: Yeonse University Press, 1973.

Paek 1995. Nakchun Paek, *Yŏksawa munwha* [Die Geschichte und Kultur]. In: Sämtliche Werke, Bd. 6, Seoul: Yeonse University Press, 1995.

Pak 1995. Myŏngsuk Pak, „Taesan chaedan [Die Taesan-Stiftung]". In: Zeitschrift *Pŏnyŏgŭi segye* [*Die Welt des Übersetzens*], herausgegeben von der Redaktion für die Zeitschrift *Pŏnyŏgŭi segye*, Nr. 1, S. 32–35, Seoul, 1995.

Pak 1991. Sangguk Pak, „Amit'agyŏng 아미타경 (阿彌陀經)". In: *Han'guk minjok munhwa taebaekkwa sajŏn* [Enzyklopädie der koreanischen Nationalkultur], Bd. 14, S.

325, herausgegeben von Han'guk chŏngsin munhwa yŏn'guwŏn, Seoul: Ungjin, 1991.

Pak 1997. Yŏngsin Pak, „Kidokkyowha han'gŭl undong [Das Christentum und die Bewegung zur Förderung der koreanischen Schrift *Han'gŭl*]". In: *Kidokkyowha han'guk yŏksa* [*Das Christentum und die koreanische Geschichte*], S. 39–69, herausgegeben von Ryu Tongsik u.a., Seoul: Yeonse University Press, 1997.

Pang 1996. Kon Pang, „Pŏnyŏkkwŏn'gwa chŏjakkwŏnŭi segyehwa [Die Globalisierung des Übersetzungs- und des Urheberrechts]". In: Zeitschrift *Pŏnyŏkka* [Die Übersetzer], Nr. 2, S. 14–15, herausgegeben von Pak Kyŏngman, Seoul: Pŏmusa, 1996.

Pelz 1999. Heidrun Pelz, *Linguistik: Eine Einführung*, 4. Aufl., Hamburg: Hoffman und Campe, 1999.

Perpeet 1976. Wilhelm Perpeet, „Kultur, Kulturphilosophie. – A. Zur Wortgeschichte von <Kultur> ". In: *Historisches Wörterbuch der Philosophie*, Bd. 4, Sp. 1309–1324, herausgegeben von Joachim Ritter und Karlfried Gründer, völlig, neubearbeitete Ausgabe des *Wörterbuchs der Philosophischen Begriffe* von Rudolf Eisler, Darmstadt: Wissenschaftliche Buchgesellschaft, ab 1971, Basel: Schwabe & Co., 1976.

Pŏnyŏgŭi segye [Die Welt des Übersetzens] 1995. „Urinara pŏnyŏkkeŭi hyŏnjuso [Der gegenwärtige Stand des Übersetzens in Korea]". In: Fachzeitschrift für Übersetzen *Pŏnyŏgŭi segye*, Nr. 1, S. 25–27, Seoul, 1995.

Pŏnyŏgŭi segye [Die Welt des Übersetzens] 1995. „'95 Pŏnyŏk nŭngnyŏk injŏngsihŏm yogang mit taebi [Leitfaden zur Vorbereitungen auf den zertifizierte Eignungstest für das Übersetzen 1995, TCT, Translation Competence Test]". In: Fachzeitschrift für Übersetzen *Pŏnyŏgŭi segye*, Nr. 1, S. 76ff., Seoul, 1995.

Pŏnyŏkka [*Die Übersetzer*] 1996. „The Translator's Charter" und „Die Nairobi-Empfehlung". Nr. 2, S. 16–20, herausgegeben von Pak Kyŏngman, Seoul: Pŏmusa, 1996.

Pŏnyŏkka [*Die Übersetzer*] 1997. „Han'guk pŏnyŏkka hyŏphoenŭn musŭn tanch'ein'ga?" [Was ist die koreanische Gesellschaft für Übersetzer, KST, Korean Society of Translators], Nr. 3, S. 25, herausgegeben von Pak Kyŏngman, Seoul: Pŏmusa, 1997.

Pym 1998. Anthony Pym, *Method in Translation History*, Manchester: St. Jerome, 1998.

Pyŏn 1991. T'aesŏp Pyŏn, „Yŏksa [Die Geschichte]". In: *Han'guk minjok munhwa taebaekkwa sajŏn* [Enzyklopädie der koreanischen Nationalkultur], Bd. 23, S. 909–932, herausgegeben von Han'guk chŏngsin munhwa yŏn'guwŏn, Seoul: Ungjin, 1991.

Reiß 1977. Katharina Reiß, „Texttypen, Übersetzungstypen und die Beurteilung von Übersetzungen". In: *Lebende Sprachen* 3, S. 97–100, Berlin; München: Langenscheidt, 1997.

Reiß 1995. Katharina Reiß, *Grundfragen der Übersetzungswissenschaft: Wiener Vorlesungen von Katharina Reiß*, herausgegeben von Mary Snell-Hornby und Mira Kadric, Wien, 1995.

Reiß/Vermeer 1984. Katharina Reiß und Hans-J. Vermeer, *Grundlegung einer allgemeinen Translationstheorie*, 1. Aufl., Tübingen: Niemeyer, 1984.

Risku 1999. Hanna Risku, „Translatorisches Handeln". In: *Handbuch Translation*, S. 107–112, herausgegeben von Mary Snell-Hornby, Hans G. Hönig, Paul Kußmaul und Peter A. Schmitt, 2. verbesserte Aufl., Tübingen: Stauffenburg, 1999.

Ryu 1997. Myoung-woo Ryu, „Pŏnyŏkkawa pŏnyŏk sihŏm [Die Übersetzer und die Eignungstests für Übersetzer]". In: Die Monatszeitschrift *Pŏnyŏkka [Die Übersetzer]*, Nr. 5, S. 6–9, herausgegeben von Pak Kyŏngman, Seoul: Pŏmusa, 1997.

Ryu 2002. Myoung-woo Ryu, „A Study on History of Korean Translation". In: *The Journal of Translation Studies* Bd. 3/Nr. 1, S. 9–38, Seoul: The Korean Association of Translation Studies (TATRANS), 2002.

Ryu 2004. Myoung-woo Ryu, „Han'gŭl Ŏnhae Translation as an Instrument of General Education". In: *The Journal of Translation Studies* Bd. 5/Nr. 2, S. 69–89, Seoul: The Korean Association of Translation Studies (TATRANS), 2004.

Ryu 1976. Sŏngguk Ryu, *Tongyang ch'ŏlhak non'go* [Studien zur orientalischen Philosophie], Seoul, 1976.

Ryu 1973. Tongsik Ryu, „A study of the Korean Shamanism". In: *Theological thought quarterly* 2, 1973.

Ryu u.a. 1997. Tongsik Ryu u.a., *Kidokkyowha han'guk yŏksa* [Das Christentum und die koreanische Geschichte], Seoul: Yeonse University Press, 1997.

Salevsky 1999. Heidemarie Salevsky, „Bibelübersetzung". In: *Handbuch Translation*, S. 274–277, herausgegeben von Mary Snell-Hornby u.a., 2. verbesserte Aufl., Tübingen: Stauffenburg Verlag, 1999.

Salevsky 2002. Heidemarie Salevsky, „Allgemeine Translationstheorie". In: *Translationswissenschaft. Ein Kompendium*, unter Mitarbeit von I. Müller und B. Salevsky, Bd., 1, S. 55–150, Frankfurt a. M., u.a.: Peter Lang, 2002

Schäfer 1980. Peter Schäfer, „Bibelübersetzungen II: Targumim". In: *Theologische*

Realenzyklopädie, Bd. VI: *Bibel – Böhmen und Mähren*, S. 216–228, herausgegeben von Gerhard Krause und Gerhard Müller, Berlin; New York: Walter de Gruyter, 1980.

Schleiermacher 1813/2002. Friedrich D. E. Schleiermacher, „Über die verschiedenen Methoden des Übersetzens". Akademie-Vortrag, vorgetragen am 24. Juni 1813. In: *Friedrich D. E. Schleiermacher. Kritische Gesamtausgabe*. 1980ff., Abt. 1. *Schriften und Entwürfe*, Bd. 11, S. 67–93, Berlin: Walter de Gruyter, 2002.

Schmidt 1972. Siegfried J. Schmidt, „Text als Forschungsobjekt der Texttheorie". In: *Der Deutschunterricht* 4, S. 7–28, Frankfurt a. M.: Diesterweg, 1972.

Schmidt 1973. Siegfried J. Schmidt, *Texttheorie. Probleme einer Linguistik der sprachlichen Kommunikation*, München: Fink, 1973.

Schneemelcher 1980. Wilhelm Schneemelcher, „Bibel III: Die Entstehung des Kanons des Neuen Testamentes und der christlichen Bibel". In: *Theologische Realenzyklopädie*, Bd. VI: *Bibel – Böhmen und Mähren*, S. 22–48, herausgegeben von Gerhard Krause und Gerhard Müller, Berlin; New York: Walter de Gruyter, 1980.

Schöneck 2005. Werner Schöneck, „Korpus", „Korpusanalyse". In: *Metzler-Lexikon Sprache*, S. 357f., herausgegeben von Helmut Glück unter Mitarbeit von Friederike Schmöe, 3. neu bearbeitete Aufl., Stuttgart; Weimar: Verlag J. B. Metzler, 2005.

Simon u.a. 1995. Sherry Simon unter Mitarbeit von R. Bratcher u.a., „The Spread of Religions". In: *Translators through History*, S. 159–189, herausgegeben von Jean Delisle und Judith Woodsworth u.a., Amsterdam; Philadelphia: Benjamins und UNESCO, 1995.

Sin 2004. Tong'uk Sin, *Han'guk hyŏndae munhaksa* [Die koreanische moderne Literaturgeschichte], Seoul: Verlag Chimmundang, 2004.

Snell-Hornby 1988. Mary Snell-Hornby, *Translation Studies: An integrated Approach*, Amsterdam; Philadelphia: John Benjamins Publishing Company, 1988.

Snell-Hornby 1994. Mary Snell-Hornby, „Übersetzen, Sprache, Kultur". In: *Übersetzungswissenschaft – eine Neuorientierung: zur Integrierung von Theorie und Praxis*, herausgegeben von Mary Snell-Hornby, 2. durchgesehene Aufl., Tübingen; Basel: Franke, 1994.

Snell-Hornby 1999. Mary Snell-Hornby, „Translation (Übersetzen/Dolmetschen)/ Translationswissenschaft/Translatologie". In: *Handbuch Translation*, herausgegeben von Mary Snell-Hornby, Hans G. Hönig, Paul Kußmaul und Peter A. Schmitt, 2. verbesserte Aufl., Tübingen: Stauffenburg, 1999.

Son 1991. Insu Son, „Samgang oryun 삼강오륜 (三綱五倫)". In: *Han'guk minjok munhwa taebaekkwa sajŏn* [Enzyklopädie der koreanischen Nationalkultur], Bd. 11, S. 276f., herausgegeben von Han'guk chŏngsin munhwa yŏn'guwŏn, Seoul: Ungjin, 1991.

Song 2001. Ki-joong Song, *The Study of Foreign Languages in the Chosŏn Dynasty (1392–1910)*, Seoul; Somerset: Jimoondang, 2001.

Song 1986. Tongjun Song, „Kommentar (zum Beitrag von Herrn Yi)". In: *Seoultaehakkyo hangmun yŏn'gu 40yŏn* (I) [*40 Jahre Lehre und Forschung an der Universität Seoul*] (2 Bände), Tagungsband des wissenschaftlichen Symposiums zum 40-jährigen Jubiläum der Gründung der Universität Seoul, Bd. 1, S. 180–183, Seoul: Universitätsverlag, 1986.

Störig (Hg.) 1969. Hans J. Störig, *Das Problem des Übersetzens*. Darmstadt: Wissenschaftliche Buchgesellschaft, 1969.

Stoll 1999. Karl-Heinz Stoll, „Interkulturelle Anglophonie". In: *Lebende Sprachen* 1, S. 14–21, Berlin; München: Langenscheidt, 1999.

Stolze 1997. Radegundis Stolze, *Übersetzungstheorien. Eine Einführung*, Tübingen: Gunter Narr Verlag, 1997.

Vater 2001. Heinz Vater, *Einführung in die Textlinguistik*, 3. überarbeitete Aufl., München: Wilhelm Fink Verlag, 2001.

Vermeer 1992. Hans-J. Vermeer, *Skizzen zu einer Geschichte der Translation*, Bd. 1: Anfänge – Von Mesopotamien bis Griechenland, Rom und das frühe Christentum bis Hieronymus und 2: Altenglisch, Altsächsisch, Alt- und Frühmittelhochdeutsch, Frankfurt a. M.: Verlag für Interkulturelle Kommunikation, 1992.

Vermeer 1994. Hans-J. Vermeer, „Übersetzen als kultureller Transfer". In: *Übersetzungswissenschaft – Eine Neuorientierung: Zur Integrierung von Theorie und Praxis*, S. 30–53, herausgegeben von Mary Snell-Hornby, 2. durchgesehene Aufl., Tübingen; Basel: Franke, 1994.

V. Eckhardt 1951. Th. v. Eckhardt, „Bulgarische Literatur". In: *Die Weltliteratur. Biographisches, literarhistorisches und bibliographisches Lexikon in Übersichten und Stichwörtern* (3 Bände), Bd. 1, S. 230–233, herausgegeben von E. Frauwallner, H. Giebisch und E. Heinzel unter Mitwirkung von K. Ammer, E. Doleschal u.a., Wien: Verlag Brüder Hollinek, 1951.

V. Strauss 1870. Viktor v. Strauss, *Laotse's Tao Te King*, aus dem Chinesischen ins Deutsche übersetzt, eingeleitet und kommentiert, Leipzig: Verlag von Friedrich Fleischer, 1870.

Vos 1977. Frits Vos, *Die Religionen Koreas*, (in: Die Religionen der Menschheit, Bd. 22,1), herausgegeben von Matthias Schröder, Stuttgart; Berlin; Köln; Mainz: Kohlhammer, 1977.

Wang 1997. Wang Xianqian, *Xunzi jijie* 荀子集解 [Erläuterung der gesammelten Schriften von Xunzi], 2 Bd., Peking: Zhonghua shuju, 1997.

Wanke 1980. Gunther Wanke, „Bibel I: Die Entstehung des Alten Testamentes als Kanon". In: *Theologische Realenzyklopädie*, Bd. VI: *Bibel – Böhmen und Mähren*, S. 1–8, herausgegeben von Gerhard Krause und Gerhard Müller, Berlin; New York: Walter de Gruyter, 1980.

Weibel 1994. Peter Weibel, „Das Bewußtsein stimulieren, um dadurch einen anderen Blick auf die Wirklichkeit zu bekommen". In: *Am Ende vorbei: Gespräche mit O. Negt, N. Bolz, G. Böhme u.a.*, S. 316–351, geführt von Rudolf Maresch, Wien: Turia und Kant, 1994.

Wellek/Warren 1949. René Wellek und Austin Warren, *Theory of Literature*. London: Cape, 1949.

Wilhelm 1926. Richard Wilhelm, *Die chinesische Literatur*. In: *Handbuch der Literaturwissenschaft*, Bd. 5, herausgegeben von Oskar Walzel unter Mitwirkung von A. Baumstark, E. Bethe, H. Borelius u.a., Wildpark-Potsdam: Akademische Verlagsgesellschaft Athenaion M. B. H., 1926.

Wilss 1977. Wolfram Wilss, *Übersetzungswissenschaft. Probleme und Methoden*, Stuttgart: Klett, 1977.

Wilss 1988. Wolfram Wilss, *Kognition und Übersetzen. Zu Theorie und Praxis der menschlichen und maschinellen Übersetzung*, Tübingen, 1988.

Wŏn 2000. Yŏnghi Wŏn, „Han'gŭlsŏnggyŏng pŏnyŏksangŭi pŏnhwa yŏn'gu" [Untersuchung der Äquivalenz der koreanischen Bibelübersetzung]. In: *The Journal of Translation Studies* Bd. 1/Nr. 2, S. 89–110, Seoul: The Korean Association of Translation Studies (TATRANS), 2000.

Woodsworth 1999. Judith Woodsworth, „Geschichte des Übersetzens". In: *Handbuch Translation*, S. 39–43, herausgegeben von Mary Snell-Hornby, Hans G. Hönig, Paul Kußmaul und Peter A. Schmitt, 2. verbesserte Aufl., Tübingen: Stauffenburg, 1999.

Yi 2000. Hogwŏn Yi, „Yugyo inyŏmŭi pulgyojŏk silhyŏn, yongjusap'an »Pumo ŭnjunggyŏng ŏnhae« [Die buddhistische Anwendung der konfuzianischen Gedanken, die Ausgabe des buddhistischen Tempels Yongju »Die koreanische Übersetzung des buddhistischen Sutras über die endlose elterliche Liebe zu ihren Kindern und deren Wiedervergeltung an den Eltern, 恩重經諺解«]". In: *Chŏngjodaeŭi han'gŭl munhŏn* [Die koreanischen (Quellen-)Texte unter König Chŏngjo], S. 151–167, herausgegeben von Chŏng Chaeyŏng, Seoul: Verlag Munhŏn'goa haesŏk, 2000.

Yi 2000. Hyŏnhŭi Yi, „武藝圖譜通志 (Muyedobo t'ongji 무예도보통지)". In: *Chŏngjodaeŭi han'gŭl munhŏn* [Die koreanischen (Quellen-)Texte unter König Chŏngjo], S. 205–221, herausgegeben von Chŏng Chaeyŏng, Seoul: Verlag Munhŏn'goa haesŏk, 2000.

Yi 1991. Kibaek Yi, *Han'guksa sinnon* [Neue Thorie zur koreanischen Geschichte], Seoul: Ilchogak, 1991.

Yi 1991. Kimun Yi, „Sohak ŏnhae [Die koreanische umgangssprachliche Übersetzung des *Lehrbuches für Kinder*]". In: *Han'guk minjok munhwa taebaekkwa sajŏn* [Enzyklopädie der koreanischen Nationalkultur], Bd. 12, S. 800f., herausgegeben von Han'guk chŏngsin munhwa yŏn'guwŏn, Seoul: Ungjin, 1991.

Yi 1998. Kimun Yi, *Kugŏsa kaeron* [Einführung in die Geschichte der koreanischen Sprache], 3. verbesserte Aufl., Seoul: T'aehaksa, 1998.

Yi 1990. Kwangsik Yi, „Ilbon [Japan]". In: *Han'guk kŭn·hyŏndaesa sajŏn* [Lexikon für die neuzeitliche und moderne Geschichte in Korea], S. 39f., herausgegeben von Kwangsik Yi u.a., Seoul: Karam Verlag, 1990.

Yi 1998. Mihye Yi, „Han'gugŭi pulmunhak suyongŭi t'ŭksŏnge kwanhan pigyo yŏn'gu [Eine vergleichende Studie zur koreanischen Rezeption der französischen Literatur]". In: *Enseignement de Langue et Littérature françaises*, Bd. 6, S. 411–434, herausgegeben von der Société Coréenne d'Enseignement de Langue et Littérature françaises, Seoul, 1998.

Yi 1986. Sang'ok Yi, „Sŏyang munhagŭi kyoyukka yŏn'gu [Die Lehre und Forschung der abendländischen Literaturen]". In: *Seoultaehakkyo hangmun yŏn'gu 40yŏn* (I) [*40 Jahre Lehre und Forschung an der Universität Seoul*] (2 Bände), Tagungsband des wissenschaftlichen Symposiums zum 40-jährigen Jubiläum der Gründung der Universität Seoul, S. 158–179, Seoul: Universitätsverlag, 1986.

Yi 1997. Tŏkchae Yi, *Han'guk pyŏsŭl sajŏn* [Wörterbuch der koreanischen Beamtentitel], unter Oberaufsicht von Pak Yŏngsŏk, Seoul: Verlag Yŏngjisa, 1997.

Yi 1991. Tongnim Yi, „Sŏkpo sangjŏl [Kompakte Biographie Buddhas]". In: *Han'guk minjok munhwa taebaekkwa sajŏn* [Enzyklopädie der koreanischen Nationalkultur], Bd. 12, S. 123, herausgegeben von Han'guk chŏngsin munhwa yŏn'guwŏn, Seoul: Ungjin, 1991.

Yi 1991. Wŏnho Yi, „Samgang haengsilto 삼강행실도 (三綱行實圖)". In: *Han'guk minjok munhwa taebaekkwa sajŏn* [Enzyklopädie der koreanischen Nationalkultur],

Bd. 11, S. 277, herausgegeben von Han'guk chŏngsin munhwa yŏn'guwŏn, Seoul: Ungjin, 1991.

Yu 1991. Chunyŏng Yu, „Oryun haengsilto [Das Bilderbuch von den fünf Beziehungen vorbildlicher Taten]". In: *Han'guk minjok munhwa taebaekkwa sajŏn* [Enzyklopädie der koreanischen Nationalkultur], Bd. 15, S. 858f., herausgegeben von Han'guk chŏngsin munhwa yŏn'guwŏn, Seoul: Ungjin, 1991.

Yu 1991. Yŏngik Yu, „Chosŏn [Chosŏn-Reich, 1392–1910]". In: *Han'guk minjok munhwa taebaekkwa sajŏn* [Enzyklopädie der koreanischen Nationalkultur], Bd. 20, S. 418ff., herausgegeben von Han'guk chŏngsin munhwa yŏn'guwŏn, Seoul: Ungjin, 1991.

Yun 1991. Pyŏngno Yun, *Han'guk kŭn·hyŏndae munhaksa* [Die neuzeitliche und moderne Literaturgeschichte in Korea], Seoul: Myŏngmundang Verlag, 1991.

Yun 1980. Yong'uk Yun, „Kugŏ [Die Nationalsprache Koreanisch]". In: *21-segi Woongjin munhwa taebaekkwa sajŏn* [Ungjin-Enzyklopädie des 21. Jahrhunderts], Bd. 1, S. 40–54, herausgegeben von Ungjinredaktion, Seoul: Verlag Ungjin, 1980.

Zetzsche 1999. Jost Oliver Zetzsche, *The Bible in China: the history of the Union Version or the culmination of protestant missionary Bible translation in China*, Monumenta serica institute, Sankt Augustin: Steyler Verlag, 1999.

Zilsel 1976. Edgar Zilsel, *Die sozialen Ursprünge der neuzeitlichen Wissenschaft*, herausgegeben und übersetzt von Wolfgang Krohn, Frankfurt a. M.: Suhrkamp, 1976.

Zimmer 2002. Thomas Zimmer, *Der chinesische Roman der ausgehenden Kaiserzeit* (in: Die Geschichte der chinesischen Literatur, herausgegeben von W. Kubin, ab 2002, Bd. 2/Teilband 1 und 2), München: K.G. Saur Verlag, 2002.

Zöllner 2007. Reinhard Zöllner, *Einführung in die Geschichte Ostasiens*, 2. überarbeitete und erweiterte Aufl., München: Indicium Verlag, 2007.

Http://www.aiic.net/.
Http://www.ciuti.org/about-us/.
Http://www.gsit.puts.ac.kr/.
Http://www.home.ewha.ac.kr/~gsti/ vom
Http://www.hufs.ac.kr/.
Http://www.itt.kmu.ac.kr/.
Http://www.klti.or.kr/
Http://www.uni-muenster.de/Jura.itm/hoeren/material/berner_uebereinkommen. htm.

Sabest
Saarbrücker Beiträge zur Sprach- und Translationswissenschaft

Fachrichtung Angewandte Sprachwissenschaft
sowie Übersetzen und Dolmetschen
der Universität des Saarlandes

Alberto Gil – Johann Haller – Erich Steiner – Elke Teich
(Hrsg.)

Band 1 Alberto Gil / Johann Haller / Erich Steiner / Heidrun Gerzymisch-Arbogast (Hrsg.): Modelle der Translation. Grundlagen für Methodik, Bewertung, Computermodellierung. 1999.

Band 2 Uwe Reinke: Translation Memories. Systeme – Konzepte – Linguistische Optimierung. 2004.

Band 3 Stella Neumann: Textsorten und Übersetzen. Eine Korpusanalyse englischer und deutscher Reiseführer. 2003.

Band 4 Erich Steiner: Translated Texts: Properties, Variants, Evaluations. 2004.

Band 5 Sisay Fissaha Adafre: Adding Amharic to a Unification-Based Machine Translation System. An Experiment. 2004.

Band 6 Tinka Reichmann: Satzspaltung und Informationsstruktur im Portugiesischen und im Deutschen. Ein Beitrag zur Kontrastiven Linguistik und Übersetzungswissenschaft. 2005.

Band 7 María Jesús Barsanti Vigo: Análisis paremiológico de *El Quijote* de Cervantes en la versión de Ludwig Tieck. 2005.

Band 8 Christoph Rösener: Die Stecknadel im Heuhaufen. Natürlichsprachlicher Zugang zu Volltextdatenbanken. 2005.

Band 9 Fadia Sami Sauerwein: Dolmetschen bei polizeilichen Vernehmungen und grenzpolizeilichen Einreisebefragungen. Eine explorative translationswissenschaftliche Untersuchung zum Community Interpreting. 2006.

Band 10 Rosario Herrero: La metáfora: revisión histórica y descripción lingüística. 2006.

Band 11 Ursula Wienen: Zur Übersetzbarkeit markierter Kohäsionsformen. Eine funktionale Studie zum Kontinuum von Spaltadverbialen und Spaltkonnektoren im Spanischen, Französischen und Deutschen. 2006.

Band 12 María José Corvo Sánchez: Los libros de lenguas de Juan Ángel de Zumaran. La obra de un maestro e intérprete de lenguas español entre los alemanes del siglo XVII. 2007.

Band 13 Vahram Atayan: Makrostrukturen der Argumentation im Deutschen, Französischen und Italienischen. Mit einem Vorwort von Oswald Ducrot. 2006.

Band 14 Alberto Gil / Ursula Wienen (Hrsg.): Multiperspektivische Fragestellungen der Translation in der Romania. Hommage an Wolfram Wilss zu seinem 80. Geburtstag. 2007.

Band 15 Anja Rütten: Informations- und Wissensmanagement im Konferenzdolmetschen. 2007.

Band 16 Valerio Allegranza: The Signs of Determination. Constraint-Based Modelling Across Languages. 2007.

Band 17 Andrea Wurm: Translatorische Wirkung. Ein Beitrag zum Verständnis von Übersetzungsgeschichte als Kulturgeschichte am Beispiel deutscher Übersetzungen französischer Kochbücher in der Frühen Neuzeit. 2008.

Band 18 Ramona Schröpf: Translatorische Dimensionen von Konnektorensequenzen im Spanischen und Französischen. Ein Beitrag zur linguistisch orientierten Übersetzungswissenschaft Romanisch – Deutsch. 2009.

Band 19 Windyam Fidèle Yameogo: Translatorische Fragen der Ambivalenz und Implizitheit bei Mephistopheles. Dargestellt an französischen Übersetzungen von Goethes Faust I. 2010.

Band 20 Manuela Caterina Moroni: Modalpartikeln zwischen Syntax, Prosodie und Informationsstruktur. 2010.

Band 21 Kerstin Anna Kunz: Variation in English and German Nominal Coreference. A Study of Political Essays. 2010.

Band 22 Sandra Strohbach: Die Übersetzungen der chemischen Werke von Stanislao Cannizzaro. Ein Beitrag zur Geschichte der Fachübersetzung im 19. Jahrhundert. 2010.

Band 23 Cornelia Zelinsky-Wibbelt (ed.): Relations between Language and Memory. Organization, Representation, and Processing. 2011.

Band 24 Ana Hoffmeister: Qualitätssicherung in der Technischen Dokumentation. Am Beispiel der Volkswagen AG "After Sales Technik". 2012.

Band 25 Won-Hee Kim: Die Geschichte der Translation in Korea. 2012.

www.peterlang.de